上海交通大学新媒体与社会研究中心
上海交通大学舆情研究实验室　主办

New Media and Society
(The Second Edition)

# 新媒体与社会

## （第二辑）

谢耘耕　陈　虹　主编

社会科学文献出版社
SOCIAL SCIENCES ACADEMIC PRESS (CHINA)

# 内容提要

随着经济全球化和信息化进程的加快，新媒体对社会的影响日益增强。处于转型期的中国社会，在经济加快发展、各项制度逐步完善的同时，也面临着信息社会引发的新问题，迫切需要相关理论和研究的及时跟进。

《新媒体与社会》是上海交通大学舆情研究实验室面向全国推出的新媒体与社会方面的学术展示、交流平台。本辑由"观点荟萃"、"专题策划"、"研究报告"、"舆情热点"、"学术论坛"、"他山之石"栏目组成。其中"观点荟萃"主要摘录新媒体研究领域权威专家的新锐观点；"专题策划"——本辑的核心，着重就新媒体环境下公共卫生舆情及其传播进行专题研究；"研究报告"栏目重点发布 2011 年中国政务微博报告和企业舆情报告；"学术论坛"则就热点理论问题如意见领袖、社会流行语、微博对道德重建和社会网的影响等进行研究；"舆情热点"主要介绍 2011 年中国公共卫生领域的热点事件和话题；"他山之石"则用于分析国外公共卫生领域的舆情处理经验，以资国内借鉴。

本书是"新媒体与社会"相关论文的合辑，既可作为学界、业界深入研究新媒体的参考资料，又可作为普通读者了解新媒体、认知新媒体的案头读物。

# 卷首语

整个世界似乎进入了乌尔里希·贝克所描述的"风险社会"。随着改革的深入和社会转型的加速，我国面临的社会风险也日益增加。

纵观 2011 年，"瘦肉精"、"地沟油"、"塑化剂"、"染色馒头"、"合法牛肉膏"、"问题血燕"、"勾兑门"、"毒豆芽"、各类"黑作坊"……一系列食品安全事件不断加剧着人们对食品的担心。

与此同时，在医疗行业内日益紧张的医患矛盾背景下，"医跑跑"、"拆线门"、"八毛门"、"缝肛门"等新名词在引起舆论关注的同时，也折射出人们对医疗卫生行业的不满和质疑。

环境方面也爆发了一系列热点事件和热门话题："PM2.5"的环境空气测量法、渤海湾石油污染、石家庄缺水，等等。

…………

食品安全、医疗卫生、环境问题等共同构成公共卫生问题。公共卫生是一门有组织地努力防止疾病、延长人类寿命、提高人们健康水平的科学艺术；是将组织的努力和各种正确的决策告诸社会、组织、公众和私人、社团和个体的一门学科。①

《新媒体与社会》第二辑主打"专题策划：公共卫生篇"。基于上海交通大学舆情研究实验室的调查研究结论，本栏目有针对性地梳理了涉及我国公共卫生具体行业的舆情现状与对策，选取了近年来备受关注的食品安全、医疗业和环境三个领域进行研究，其中，《我国食品安全舆情现状与对策》在分析盘点了全国热点舆情事件后，对其中 53 起影响较大的个案进行了深入的专题研究、学术讨论，在个案研究、相关数据的分析以及总

---

① C. E. A. Winslow, 1920, 参考 Wikipedia 中 "Public health" 条目的解释 . http：//en. wikipedia. org/wiki/Public_ health.

结国内外经验教训的基础上初步形成报告，并参考多方意见，反复修改后定稿；《我国医疗业舆情现状与对策》的形成与《我国食品安全舆情现状与对策》类似，选取了影响较大的 90 起医疗业突发舆情事件；而《我国环境舆情现状与对策》选取了近三年影响较大的环境舆情事件共计 100 起。三份报告是团队智慧的结晶。

一系列社会公共卫生突发事件，暴露出社会"诚信"和社会"道德"在当下的缺失问题，并引起社会性集体反思和学术讨论。本辑以新闻传播学为基础，融合社会学、心理学、健康学、管理学等学科，在突发公共卫生事件的基础框架下，展开一系列学术讨论，探究媒体信息传播机制，讨论道德风险语境下媒体和社会公众所面临的机遇与挑战。本辑采用个案研究、实证研究和经验研究等多样的研究方式，希冀能抛砖引玉，为学术的繁荣和发展添砖加瓦。

新媒体时代，中国社会生活各个方面悄然发生着变化。截止到 2011 年 12 月底，中国网民规模突破 5 亿，达到 5.13 亿。其中，微博用户数达到 2.5 亿，比例高达 48.6%。① 以微博为代表的新媒体日益成为公民维权、参与民主政治，各级政府部门网络问政和企业营销的重要平台。

为此，"研究报告"延续《新媒体与社会》的传统优势，重点主打上海交通大学新媒体与社会研究中心、舆情研究实验室独家发布的《2011 年中国政务微博报告》和《2011 年中国企业微博报告》。两份报告以"新浪微博"为研究对象，对中国政务微博和企业微博进行了系统、全面、深入的剖析。同时秉承学术交流、海纳百川的思想，本栏目节选了武汉大学以"腾讯微博"为研究对象的《2011 年政务微博发展分析报告》。相同的选题、不同的研究团队、研究对象、研究方法和研究成果，希冀为学术交流提供一个百家争鸣、百花齐放的平台。

其他几个栏目中，"学术论坛"详细解析和探索当今新媒体与社会前沿理论问题，侧重讨论微博时代带给人们的诸多影响。"观点荟萃"汇聚国内外关于新媒体与社会的前沿论述。"舆情热点"和"他山之石"为"专题策划"和"研究报告"的补充，前者分别罗列医疗卫生、食品安全、环境舆情热点事件与话题；后者旨在开阔视阈，介绍国外经验。

---

① 中国互联网络信息中心．第 29 次中国互联网发展状况调查统计报告．2012 - 1.

# 目 录 Contents

# 观点荟萃

新兴媒体的崛起不仅对传统媒体的存在提出了前所未有的严峻挑战，而且还对传统的新闻学、传播学也提出了前所未有的学术挑战。中国许多传播学者很早就敏锐地意识到，虽然我们成功地引入了传播学理论，但多年来一直基本上处于介绍和解说的水平，离本土化的要求还差得很远，离中国化的要求差距更远。

——尹韵公（中国社会科学院新闻与传播研究所所长，研究员，博士生导师）

我曾经用三句话定义过对新媒体的理解：1. 新媒体是一个相对的概念。广播相对报纸来说是新媒体，电视相对广播来说是新媒体，网络相对电视来说是新媒体。2. 新媒体是一个时间的概念。在一定时间段内，总有一种占主导地位的媒体形态。200 年前的报纸、100 年前的广播、50 年前的电视和今天的计算机网络代表着不同时代的新媒体形态。3. 新媒体是一个发展的概念。它不会也不可能终止在某一固定的媒体形态上，新媒体将一直并永远处于发展的过程中。

——熊澄宇（清华大学新闻与传播学院教授，博士生导师）

微博作为"个人信息即时共享综合平台"，正在深刻改变中国社会。作为促进社会民主开放和社会健康平衡的一个重要手段，不能用"文革"的手段或"文化原教旨主义"逻辑去对待微博中出现的不太符合官方口味的内容。"微博辟谣"是个伪命题，微博的本质精神是平等参与、营造合意。总的来说，微博利远大于弊。

——喻国明（中国人民大学新闻学院副院长，教授，博士生导师）

媒体融合的转型期是一个丰富的发展机遇与制度建设相对空白相互交错的时刻，在这个时刻中，原来约定俗成相对稳定的规则面临重新洗牌，而许多问题便容易集中体现出来。媒体转型期对于新闻专业主义和道德来说，既是一次发展机遇，同时也提出了新的挑战。在融合新媒体的转型期中应坚守新闻专业主义及把握道德底线。

——范以锦（暨南大学新闻与传播学院院长，博士生导师）霍慧（暨南大学新闻与传播学院硕士研究生）


历史将证明：微博的诞生标志着一个新时代的来临，意味着一种新文化和新生活的出现。只有那些与这一时代的标志性媒介微博相匹配的人和事物才能获得飞速发展，而那些与之不匹配的或相抵触的人和事物将因此而受到损害并在竞争中处于劣势。因此，了解、熟悉和亲近并善用微博将决定我们的未来。

——邵培仁（浙江大学传播研究所所长，教授，浙江大学传媒与文化产业研究中心主任）


当微博客对网络信息传播及整个传媒格局产生越来越大的影响时，专业媒体必须主动出击，其中，将微博作为媒体的一个新的营销和传播平台，是媒体机构利用微博的一种主要方式。媒体微博有三个主要功能，即形象塑造、关系建设和公共信息服务。

——彭　兰（中国人民大学新闻学院教授，博士生导师）


微博的社会意义在于推动社会的民主化，促进企业营销，有助于公民社会的形成。但是，微博亦是一把双刃剑。微博已经走过了知晓、劝服、决定、确定四个阶段，正步入下降阶段。

——匡文波（中国人民大学新闻学院；中国人民大学新闻与社会发展研究中心）


网络问政对于推动当今中国政治沟通具有重要作用。一是创新政治沟通方式。网络环境促使传统的科层制沟通转向扁平制沟通方式，极大缩短了政府和民众之间的沟通距离，使得政府形象更具亲和力。二是拓宽政治沟通通道。网络问政改变传统单一通道的信息传输机制，建立多通道信息传输体制，弥补传统政治沟通时间长、成本高、互动不足的缺陷。三是扩大政治沟通范围。

> ——钟瑛（华中科技大学新闻与信息传播学院教授）罗昕（华南师范大学新闻传播系副教授）

互联网传播具有互动联动、去中心化的特点，对全球信息的单向传播、集中化传播格局形成了直接冲击。随着互联网传播的深入发展和不断演变，以博客、播客、维客等为代表的第二代互联网传播模式勃兴，使得力量较弱的媒体甚至个人随时都能面向世界发布信息、传播观点，影响舆论的能力增强；使得传统的国际信息传播中心特别是强势媒体对信息的绝对控制力下降，对舆论的主导作用降低。

网络传播的社会化，充分表现在网络所具有的民意表达、诉求汇聚、政治参与、社会动员功能之中。如何发挥网络的社会化功能，汇聚起强大的民意力量，对国际舆论形成压力，是争夺国际话语权的重要环节。

> ——谢新洲（北京大学新闻与出版学院教授，博士生导师）黄强（北京大学新闻与传播学院硕士）田丽（北京大学新闻与传播学院博士研究生）

# 专题策划：
# 公共卫生篇

# 突发公共卫生事件研究的进路、议题与视角

高云微

**摘　要**：自 2003 年以来我国突发公共卫生事件频发。本文在追溯我国突发公共卫生事件研究历史的进路基础上，试图厘清该研究领域的学术渊源、研究视阈和研究议题。文章认为，对突发公共卫生事件的研究立场已从相对单一的官方立场逐步走向学术、官方等多种立场，研究方法也从单一学科走向多元化多学科的融合。研究议题主要集中于突发公共卫生事件的预防与预警机制、传播机制与媒体呈现、应对能力与举措效果等方面。从现有研究来看，存在研究思路相对单一、研究方法创新不足、核心问题与规律挖掘亟须深入等问题。

**关键词**：突发公共卫生事件；研究；议题；视角

# Approaches，Issues and Standpoints：
# A research of Public Health Emergencies

Gao Yunwei

**Abstract**：It is noteworthy that public health emergencies have been frequently reported in recent years. This paper tries to sort out the academic origin，research prospective and research issues based on tracking back to the research history of public health events in China. This paper points out that the research standpoint of public health events has shifted from single government to multiple positions of academic and authority；the research method has transferred from single subject to multiple disciplines. The research issues mainly focus on the following aspects：prevention and early warning mechanism，communication mechanism and media presentation, coping capability and measure effect, etc. However, some problems still exist, such as relative onefold research idea, lack of creation in research method, sketchiness in core issue discussion and law digging.

**Key Words**：Public health emergencies, Research, Issue, Standpoint

突发公共卫生事件，即突然发生，造成或者可能造成社会公众健康严重损害的重大污染病疫情、群体性不明原因疾病、重大食物和职业中毒以及其他严重影响公众健康的事件。[1]自 2003 年以来，特别是近三年，突发公共卫生事件频发，舆论热度高涨，其中食品安全、环境和医疗等类型的突发事件往往成为突发公共卫生事件中的显著类别。

突发公共卫生事件，在国外通常对应 "Public Health Emergencies/Events" 这一表达，而相关领域的研究通常以社会风险理论和管理学中的危机管理为基础，进行实证和理论研究。同时，因涉及政府决策方面，所以不少国家有专门的机构对此进行策略研究。

而我国对于突发公共卫生事件的重点研究是基于我国独特的政治生态、媒介生态和历史环境的。张自力认为突发公共卫生事件是健康传播学中的单独一个研究方向，并指出："研究这类事件发生的原因、机制，以及危机发生后的有效传播和应急预案不仅有很强的学术价值，更有着重要的实践指导意义。"[2]同时也指出了该研究方向是自 2003 年 SARS 事件之后才逐渐兴起的。

随着研究的深入，风险社会理论思路开始被国内研究者所借鉴，部分研究者开始学习西方的研究思路，"议程设置理论"、"风险传播决策的建构理论"、"形象修复理论"、"社会管理理论" 等开始被用于对突发公共卫生事件的研究和讨论。

## 一 我国突发公共卫生事件研究的兴起与发展

本文研究和统计的数据截止到 2012 年 3 月 4 日，笔者在 "中国知网CNKI" 上进行搜索后发现，自国务院发布《突发公共卫生事件应急条例》后，我国才出现了较为集中的针对 "突发公共卫生事件" 的研究。图 1 从整体上反映出我国对突发公共卫生事件的研究状况。

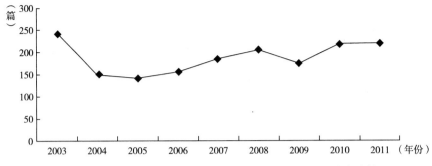

图1　2003～2011年突发公共卫生事件相关论文年份分布趋势

在中国知网上以"突发公共卫生事件"、"危机"AND"食品安全"、"危机"AND"医疗"OR"卫生"、"危机事件"AND"环境"为"题名",对2003～2011年公开发表的期刊论文、硕/博士论文和重要会议论文进行检索,共得1839篇。在此基础上,筛选出发表在国内核心期刊[3]上的文章,并剔除不符合研究主题的论文,共获得相关论文108篇。

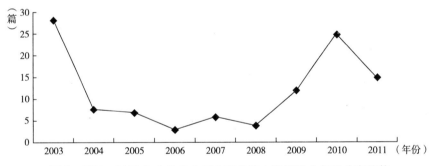

图2　2003～2011年突发公共卫生事件核心期刊论文年份分布趋势

大体上,国内的突发公共事件研究可以划分为三个阶段(图2):2003年为起步阶段,2004～2008年为初步发展阶段,2009年至今为深入研究阶段。

在起步阶段,受国务院出台《突发公共卫生事件应急条例》以及2003年的突发公共卫生事件SARS的影响,学者们对于突发公共卫生事件的研究表现出一种井喷式的高关注度。突发公共卫生事件开始给政府带来全新的挑战。在这一阶段,研究内容主要是对突发公共卫生事件进行现象描述,提出策略建议,总体上对策层面的研究较多。这一阶段的研究大多是从政府立场进行的研究，一定程度上反映了研究者对突发公共事件的关注和担忧，大多数研究者都在一定程度上指出我国各级政府应对突发公共卫生事件时存在的不足，并从各具体学科出发，"介绍国外管理应急预案"[4]，明确"立法保障"[5]，呼吁行政体制改革和建立国家"城市防灾减灾长效机制"[6]，强调了 SARS 对国家财政收入的消极影响，并提出"发行国债"等解决方案[7]，"完善医疗保险制度"[8]，提出"媒体互动"[9]等。

在此阶段，隶属于 SARS 疫情预警与控制研究课题组的王一先，总结了我国政府已有的公共卫生危机应急反应系统的构成，指出其中的不足，并建议从机构、立法、资金和信息公开制度等角度加以完善。[10]而梁山、严青则从金融安全角度提出建立"金融事件应急机制的必要性"，从"建立检测与预警制度，完善快速报告制度，建立组织协调机制，完善紧急救助机制，建立存款保险机制，建立信息披露机制，建立法制机制"[11]等角度出发，提出了建立一个应急机制的构想。这种对应急机制的研究构想，为随后学界研究预警应对机制奠定了一定的基础，但总体而言，2003 年针对突发公共卫生事件的研究大体停留在总体描述和预测、猜想层面。此外，突发公共卫生事件的研究者主要是高校研究者和社会各界学者，且二者参半，学科背景涉及政治学、经济学、法学、新闻传播学等，尽管学科背景所涉广泛，但学者对突发事件的研究同质性较强，研究者态度也大多表现为对当时政府应对举措的不满，但在提出建议和构想时，却鲜有创新点。

在经历了井喷式的起步阶段之后，学界对突发公共卫生事件的研究热度较 2003 年有所下降，但学科视角和研究方法均有新的突破。2004～2008 年为初步发展阶段，突发公共卫生事件的研究开始从同质性较强的研究转入有针对性的研究，新闻传播学领域的研究贡献较为突出。

新闻传播学开始使用新闻报道的文本内容分析、个案分析等研究方法，但总体上，介绍性的定性分析仍居多。张自力发现，在突发卫生公共事件的报道中，"民意诉求"与"传媒报道"存在一定程度的对应关系和合作关系，事件"爆发阶段"中民众"心理危机"和媒体"疏导式报道"并非总是存在，传媒应坚持"提供信息"并兼顾民意诉求。[12]此阶段，乌尔里希·贝克的"风险社会"被引入我国突发公共卫生事件的研究中，郭小平在简单梳理了风险传播研究路径的同时，就媒体在争议中的风险沟通展开了论述,肯定了媒体的积极作用,也建议媒体就放大风险保持理性。[13]此外,刘建平从公共安全问题史的角度阐释了"公共安全问题化和问题的扩大化",提出了重建"共体精神"的解决方案。[14]

经历了初步发展之后,随着食品安全、医疗业等舆情的频繁爆发,公众舆论对此给予高度关注。自2009年始,医学卫生学、财政经济学和新闻传播学在突发公共卫生事件研究中的作用凸显出来。总体上,此阶段的研究进入一个深入研究的阶段。其研究的视角进一步扩大,研究内容的广度和深度进一步增加。实证研究在此阶段较为突出,而更具体、更具操作性的对策建议也散见于此阶段的研究中。

有学者从风险认知的视角讨论了突发公共卫生事件(三聚氰胺事件)会对中国消费者的国家形象感知及本土偏好产生显著的负面影响。[15]还有学者认为,政府将公共服务的管理职能委托给新农合经办机构,形成了包括供方、需方、管理方和监督方在内的"四方关系的合同购买模式",有助于改变医疗与预防保健分离的局面,实现"医疗预防一体化"。[16]此外,基层医疗业可以考虑机制优化,并使用绩效考评。[17]

而突发公共卫生事件可以具体划分为食品安全事件和涉及医疗业的事件,不少学者试图从建构风险的视角,对风险中的不同主体:政府、媒体等进行分别研究。调查问卷和实证研究在此阶段被广泛运用。由于社会管理主体呈现多元化特征,政府履行职能的内容和方式则根据危机发生的阶段特性有所不同,政府履行职能可以分别从"法律法规保障"、"预防预警能力建设"、"应对能力建设"和"危机后管理"[18]等角度着手。而媒体报道突发公共卫生事件在获得大多数好评时,也暴露出"报道形式较为单一"[19],"脱敏现象和同质化"[19],"报道体裁分布与公众信息需求错位"[20],"消息来源比例失衡"[20],"过度强调政治话语导致民生话语式微"[20]等弊端。涉及医疗业事件的研究,在此阶段以描述性流行病学研究方法为主。陈虹、汪鹏等进行了较深入的研究,建立了军队数字化医院突发公共卫生事件应对能力评价指标体系及应对能力综合评价体系[22],对该领域的发展有着贡献作用。

## 二 我国突发公共卫生事件研究的主要议题

突发公共卫生事件从某种意义上具有危机事件的多重属性,根据危机的四个阶段——潜伏期、发展期、蔓延期和消散期——所呈现的特征以及不同研究者不同的学术背景和目的，可将我国突发公共卫生事件的研究议题归纳为：预防与预警机制、传播机制研究和媒体呈现、应对能力和举措的效果研究以及其他议题研究。

### （一）突发公共卫生事件的预防与预警机制

"突发公共卫生事件"一词是由我国国务院通过法律法规条文的形式加以定义的。在这个概念由政策术语向学术词汇发展的过程中，早期突发公共卫生事件的研究是沿着为政府决策和管理提供借鉴而展开的，而预防和预警机制的研究成为众多研究者展开研究的切入点和立足点。

早期研究多半直接借鉴国外政府的相关管理经验，不少研究从法律、行政管理等方面多角度提出了预防突发公共卫生事件的必要性，并建议建立预警机制。清华大学危机管理研究中心 SARS 危机应急课题梳理了"美国的炭疽危机"[23]，并指出我国在处理危机时立法、政府机构、预警发布机制等方面的不足。

不同学科背景的研究者就"如何预防"提出了一些具体的举措，从"应急处理责任"、"行政信息报告、公开和发布责任"、"经费提供责任"等角度明晰政府责任。[24]研究者也试图描绘"行政应急性原则"[25]、"应急反应系统"[26]、"建立城市防灾减灾长效机制"[27]等不同预防机制的蓝图。围绕着导致突发公共卫生事件的病因和预防措施的研究，以 SARS 为代表的突发公共卫生事件折射出临床医学急需与公共卫生融合的需求，因而加强对"传染病"的研究、"团队合作"[28]、"加强专业人才建设"[29]和"完善医疗保险制度"[29]则成为有效预防的举措。

在经历了 2003 年井喷式的研究热潮后，学者对预防与预警机制的研究视野进一步扩展，预防和预警机制的相关主体也通过学术研究更为明晰。尽管大部分研究仍旧视"政府"为突发公共卫生事件的责任主体，但研究中开始出现对"政府"级别的细分，同时"政府"的职能和责任进一步明晰，传统大包大揽式的政府开始转向服务型政府。此外，其他责任主体如企业、医院、军队等，也纷纷成为研究者的研究对象。

霍增辉从国家与社会的二元结构出发，考察了行政应急责任主体——政府的职能，提出了应对突发公共事件中的"行政法治原则"、"比例原则"、"基本原则"和"政府主导原则"。[30]也有学者对食品安全危机事件进行了实证分析，比较山东大蒜产业群在面临食品安全壁垒提高时各主体的行为，提出了不同的责任主体，如政府和企业在"生产方式"、"组织方式"、"管理方式"和"领导方式"上需要有所创新，并强调地方政府需要发挥积极作用、承担更多责任。[31]也有学者将医院医护人员视为直接的责任主体，结合医学和信息学的特点提出"医护人员直接网络报告"、"加强基层医疗机构网络直报"、"多渠道收集信息"等建议。[32]此外，研究者展开了对急性病理性试验的研究，归纳出在大型活动、不明原因中毒事件和突发公共卫生事件中，急性病理学试验的应用能够有效地预防危机，并对具体的预防和工作模式进行了探讨。[33]

大多数研究者都或多或少地提出了预防原则和建立预警机制的必要性和迫切性，并且也从行政、法律、经济等角度分别展开了论证，介绍了一些具体原则。但是由于本议题的研究以宏观的假设居多，而微观研究和实证研究略显得薄弱，不少原则的实际成效和执行效果还有待进一步论证。

### （二）突发公共卫生事件的传播机制与媒体呈现

就传播机制而言，突发公共卫生事件的信息传播往往存在自上而下和自下而上两种传播路径。鉴于突发公共卫生事件的特殊性和重要性，政府的信息发布往往是最具权威性和公信力的。因而，在借鉴美国和加拿大等国外信息管理与发布经验的基础上，有研究者认为亟须"建构应急体系，制订应急预案；闻风而动，统一口径；把握原则，科学传播；做好技术专家和记者的培训工作"[34]。从我国政府信息发布的历史经验和现状而言，政府重视新闻发布会，因而有必要实现"以人为本"、"改善新闻发言人制度"、"推行政府信息公开"、"实现民众知情权，话语权的最大化"。[35]

除了政府作为信息发布主体研究对象外，媒体往往主动参与突发公共卫生事件的传播过程，通过议题设置、框架构建等能够在一定程度上影响公众的认知。早期的研究以探索研究为主，研究者从经验出发，总结媒体报道的特点，强调"媒体与突发公共事件互动"[36]，以及在网络传播和全球化传播背景下，要"防止以讹传讹"[37]、"注重新闻价值与新闻政策的结合"[37]、"坚持'客观、真实、公正'的原则"[37]。

结合健康传播，描述性的策略研究和内容分析的个案研究在第二和第三阶段得到了发展。张自力提出突发公共卫生事件中媒体报道的策略："抢占先机，掌握主动"；"明辨是非，区别对待"；"分清主次，酌情用力"；"注重权威，满足知情"；"专业领域专业报道"。[38]此阶段，食品安全问题开始频繁爆发，"民意诉求"与"传媒报道"呈现一定程度的对应和合作关系[39]，而传媒需坚持"提供信息"[39]为首要任务。

在引入贝克"风险社会"以及经济学管理学中的"危机管理"等概念后，传播机制与媒体呈现的议题研究视阈进一步打开。随着全球化和现代化中风险社会的到来，在完整的风险传播过程中，媒体的风险沟通能够有效地"促进决策民主"，但也要警惕媒体"过于追求风险争议"，"忽略风险理性"，"导致公共话语的萎缩"。[40]而风险的建构往往由媒体、政府、专家、企业和公众等共同作用产生，媒体在此过程中暴露出一定的弊端，有学者认为媒体是"信息载体"而非"信息爆料者"，媒体需要警惕"单一的因果思维"，媒体应当坚持"舆论监督"而非"追查责任"。[41]危机管理理论的引入也为突发公共卫生事件传播过程中的媒体缺失提供了新的研究思路，有学者提出警惕"潜伏期预警失灵，突发期哑然失语，解决期'善后不足'"的问题。[42]刘春娟以医疗业突发事件为切入点，研究发现报纸在报道甲型流感疫情时，能够"对疫情及时、持续监察和通报"，"使用不同的报道策略"，"体现专业性和权威性"，能够"做到信息公开化"，但指出"报道形式单一"，平缓期有"脱敏现象和同质化表现"等弊端。[43]

总体而言，突发公共事件的传播机制与媒体呈现的议题成为近年的研究热点，同时学界对传播机制中的媒体呈现的态度，也从此前的一味乐观转为更加客观和理性。从早期盲目乐观肯定媒体的巨大作用转到如今意识到媒体在构建风险中也存在放大风险、报道失实等缺点。而如何尽可能规避或降低风险，也成为不少研究者关心的话题和深入研究的可能方向。

### （三）突发公共卫生事件的应对能力与举措的效果研究

突发公共卫生事件应对能力与举措的效果研究是将突发公共卫生事件视为已经发生的假设下的一种研究思路。此议题往往表现为微观层面对个体的研究，其研究视角和方向也相对较广、较多。

早期的研究大多从心理学视角展开，在 SARS 这一典型的突发公共卫生事件发生后，有研究者对 SARS 发生期间和发生后的心理咨询热线进行了研究，探讨了心理咨询热线在应对突发公共卫生事件中的作用、特点和效果，建议热线咨询服务应"把握时间"、"注重媒体宣传"、加强"专业队伍与合作"、完善"效果评估与督导机制"。[44]而突发公共卫生事件发生时，社会心理因素对其的控制效果和进程的影响也越来越显著，针对不同群体所呈现的情绪问题，应当区别应对，将"疑病"、"恐慌"、"焦虑"、"抑郁"、"强迫"和"伴随症候"等诸多心理因素加以区别，对患病人群、隔离人群、一线人员及家属、普通就医者、一般公众进行不同的心境障碍治疗和疏导。[45]

研究进入第二、第三个阶段后，农村、基层地区，以及这些地区中的机构、农民个体应对突发公共卫生事件的能力研究，政府采取不同应对举措的效果研究等成为研究发展的新方向。就整体应对而言，"建立新型的农村合作医疗制度"[46]和"多层次的医疗保险制度"[46]能够有效地预防风险。而政府加大并有效地投入基层卫生机构补助，采取"投入机制优化"和"绩效考评"[47]等经济手段能够有效地实现政府职能。

对个体的突发公共卫生事件应对能力的研究，研究者往往采用问卷调查的方式。有研究者群组分层抽样了杭州市和合肥市农村居民的情况，结论表明农村居民应对突发公共卫生事件的能力不足。[48]因而，政府有必要为农民购买公共卫生服务项目，而从资金的安全性和使用效率、农民的参与程度等六个方面比较行政管理模式、三方关系的合同购买模式和四方关系的合同购买模式，论证了四方关系的合同购买模式最具优势。重新构建政府支付农村基本医疗业服务框架，有利于改变医疗与预防保健分离的局面，实现医疗预防保健一体化。[49]

（四）其他议题

突发公共卫生事件的评估指标体系等研究也获得了一定的发展，其中有着较大贡献的是建构军队数字化医院——突发公共卫生事件的应对能力评价指标体系及综合评价体系。[50]

近年来，也有研究者尝试从突发公共卫生事件发生后的"修复"阶段展开研究。围绕国家形象感知及本土品牌偏好进行消费者研究，以"三聚氰胺"这一突发公共卫生事件为前因变量，采用"模拟的前后测设计"进行试验，检验了三聚氰胺事件对中国消费者国家形象感知及本土品牌偏好的影响——三聚氰胺事件对中国消费者的国家形象感知及本土品牌偏好均有着显著的负面影响。[51]

另有研究者采用分层群体抽样的方式，对河南郑州大学1195名学生进行了调查，指出"大学生对突发公共卫生事件知晓率较低，知识与态度和行为密切相关；在对大学生进行健康教育时要注意其态度和行为转变"。[52]

此外，在突发公共卫生事件中，如何对信息数据进行收集、处理和分析的方法论研究也散布于一些信息学范畴的研究中。

## 三　突发公共卫生事件研究的立场、视角与方法

我国研究者早期对突发公共卫生事件大多持消极负面的价值判断。多半研究将突发公共卫生事件定性为会给政府机构、社会带来不便的负面事件，并屡屡提及突发公共卫生事件主体的诸多不足之处。由此可见，对突发公共卫生事件的研究立场从一开始就是为国家、机构提供决策判断服务的。但随着风险社会概念的引入和普及，突发公共卫生事件越来越被认为是现代化、全球化下的必然产物，因而研究态度就转向较为中立和客观，越来越多的研究开始从经验研究扩展到理论建设和对内在规律的探究。

就研究视角和研究层面而言，早期的研究多半为宏观层面的概括式研究，近年来逐渐朝着微观层面的研究和实证研究的方向发展。有别于其他方面的研究，突发公共卫生事件研究的学科视角从一开始就呈现多元化但相对孤立的特征。多元化具体表现为：其一，研究者身份、学科背景的多元化。研究者不仅来自高校学院，还来自国家科学院实验室、大众媒体、财政厅、银行、医院等机构。其二，研究内容的多元化。较早涉及该方面的研究文献，各作者学科背景不同，研究内容也基于各自不同的学科立场来开展，不少研究者分别从法律、政治、经济、管理、传播、医学等多角度提出了一些建议。相对孤立则表现为：大多数研究者的研究内容和方法仅仅局限于各自的学科，宏观上对突发公共事件的整体判断不够，微观上提出的建议受单一学科的限制往往点到为止，不够深入和细化，亦不够全面。

随着我国突发公共卫生事件的频繁发生，研究的不断细化以及风险社

会概念等理论的引入，近两年的研究视角逐渐从多元化但相对孤立朝着多学科交叉的研究方向发展，新闻学传播学的视角和医学卫生学的视角的融合——健康传播下的突发公共卫生事件研究视角成为"显学"。学科交叉的特点使得突发公共卫生事件呈现相对丰富的研究视角与路径。医学卫生学者侧重从突发公共卫生事件的病理原因和社会预防角度着手；政治学和管理学科侧重从事件中的管理决策入手，通过比较国内外情境，就政府决策、应对能力等展开分析；新闻传播学者擅长从信息传播机制分析突发公共卫生事件中的媒体呈现、作用和失范，并从多路径进行分析；经济学、金融学的研究者往往倾向于实证研究，研究突发公共卫生事件下适用于不同地区的经济模式，探讨保险、绩效机制等具体应对策略和举措。

基于多元化和学科交叉的研究视角，突发公共卫生事件的研究方法也逐渐呈现多样化。早期，大多数论文的研究方法属于简单的现象描述、文献资料的梳理、国外经验的借鉴、理论的归纳推演。随着时间的发展，越来越多的量化分析等方法被运用于本领域的研究中。例如，描述性流行病学方法被大量运用于医学卫生学研究中。近年来，对不同报纸的某些议题进行编码，并采用内容分析法的研究方法则被广泛运用于突发公共卫生事件的个案研究中。

而问卷调查等的使用率也越来越多地出现在受众效果研究中。此外，建构评价指标体系的研究也为该领域的研究提供新的思路，有研究者通过文献调研、层次分析法、专家咨询法和因子分析法等，建立了军队数字化医院突发公共卫生事件应对能力评价指标体系及应对能力综合评价体系。[53]该体系包括了6个一级指标、20个二级指标和56个三级指标，不仅填补了突发公共卫生事业的评价指标体系的空缺，更扩展了研究思路和方法。

当然，突发公共卫生事件的关键论题和核心论题依然有待深入。尽管众多研究都提及了突发公共卫生事件的应对策略，但多数研究受策略研究思路和相关学科背景的限制，尽管在法律、政策、经济和媒体等方面均有所涉猎，但具体策略的实施过程和策略实施效果等的研究还有待进一步探讨。此外，虽然学科的融合为突发公共卫生事件的研究开拓了新的路径，但现有的融合角度仍停留在对某个观念或某种方法的借鉴上，而非深层面的融合，因而研究方法上的创新略显不足。同时，大多数量化研究停留在个案研究上，而整体研究又多半为描述性研究，二者的结合可能是未来研究的新方向。就研究视野而言，对突发公共卫生事件的研究不应仅停留在策略研究上，更应该挖掘其背后的规律性，本质和理论层面的研究还较为薄弱。

（作者为华东师范大学传播学院硕士研究生）

## 参考文献

[1] 中华人民共和国国务院. 突发公共卫生事件应急条例 [S]. 2003.5.7.

[2] 张自力. 健康传播研究什么——论健康传播研究的9个方向 [J]. 新闻与传播研究, 2005 (3): 42-48.

[3] 国内核心期刊刊名的筛选参考《中文核心期刊要目总览》（北京大学, 2011）.

[4] 清华大学危机管理研究中心 SARS 危机应急课题组. 突发公共卫生事件的应急管理: 美国与中国的案例 [J]. 世界知识, 2003 (10): 8-15.

[5] 陈俊. 非典防治的立法保障研究 [J]. 复旦学报（社会科学版）, 2003 (4): 79-86.

[6] 金磊. 建立城市防灾减灾的长效机制: SARS 留给城市可持续发展的重大启示 [J] 红旗文稿, 2003 (11): 2-4.

[7] 高培勇. 防治"非典"与财税安排: 影响及对策 [J]. 税务研究, 2003 (6): 8-11.

[8] 王一新. 对北京医疗基本保险制度的思考 [J]. 北京社会科学, 2003 (4): 66-70.

[9] 郑保章. 媒体互动与突发公共卫生事件 [J]. 新闻爱好者, 2003 (9): 14.

[10] 王一先, 李英. 我国政府应对公共卫生危机事件的应急反应系统研究 [J]. 东北大学学报（社会科学版）, 2003 (7): 275-277.

[11] 梁山, 严青. 建立高效灵敏应急机散切实维护金融秩序稳定: 从处置 SARS 事件看建立突发金融事件应急机制的必要性 [J]. 南方金融, 2003 (9): 30-32.

[12] 张自力. 突发公共卫生事件中的传媒报道与民意诉求——以"苏丹红事件"为例 [J]. 新闻大学, 2005 (10): 19-22.

[13] 郭小平. "怒江事件"中的风险传播与决策 [J]. 国际新闻界, 2007 (2): 26-29.

[14] 刘建平. 社会史学视野中的公共安全问题 [J]. 中国图书评论, 2006 (6):

8 – 13.

[15] 王鹏，贵军，张涛. 三聚氰胺事件对中国消费者国家形象感知及本土品牌偏好影响的研究 [J]. 软科学，2009（11）：69 – 72.

[16] 安徽省财政厅课题组. 政府为农民购买公共卫生服务政策研究 [J]. 学术界，2009（2）.

[17] 财政部财政科学研究所课题组. 基层卫生投入机制优化与绩效考评研究 [J]. 经济研究参考，2010（6）：2 – 25.

[18] 王高玲，别如娥. 社会管理视角下突发公共卫生事件中政府职能的探析 [J]. 中国行政管理，2011（11）：20 – 24.

[19] 刘春娟. 上海主流报纸突发公共卫生事件报道的描述性分析 [J]. 新闻与传播研究，2011（7）：6 – 7.

[20] 陈辉. 略论中国食品安全报道的问题及对策 [J]. 国际新闻界，2011（1）：54 – 59.

[21] 王宇. 食品安全事件的媒体呈现：现状、问题及对策 [J]. 现代传播，2010（4）：32 – 35.

[22] 陈虹，汪鹏，李刚荣等. 军队数字化医院突发公共卫生事件应对能力评价指标体系的构建 [J]. 中国卫生事业管理，2011（10）：726 – 728.

[23] 清华大学危机管理研究中心 SARS 危机应急课题组. 突发公共卫生事件的应急管理：美国与中国的案例 [J]. 世界知识，2003（10）：8 – 15.

[24] 徐继敏. 突发公共卫生事件中政府、社会组织和个人的责任研究 [J]. 探索，2003（4）：140 – 143.

[25] 赵肖筠，季亚丽. 对突发公共卫生事件中的行政应急性原则的思考 [J]. 理论探索，2003（5）：62 – 63.

[26] 王一先，李英. 我国政府应对公共卫生危机事件的应急反应系统研究 [J]. 东北大学学报（社会科学版），2003（7）：275 – 277.

[27] 金磊. 建立城市防灾减灾的长效机制：SARS 留给城市可持续发展的重大启示 [J]. 红旗文稿，2003（11）：2 – 11.

[28] 殷大奎. 从 SARS 危机事件看临床医学与公共卫生的融合 [J]. 中国循证医学杂志，2004. vol4. 2：73 – 75.

[29] 陈伟. 论新形势下省疾控中心人才建设 [J]. 山西财经大学学报，2008（11）：225；李建勇，林周孟，姚郎. 素质模型与应急型公共卫生人才的培养 [J]. 医学与哲学，2009（3）：74 – 75.

[30] 霍增辉. 行政应急责任体系化研究——以突发公共卫生事件应急为例 [J] 求是学刊，2009（9）：82 – 87.

［31］郑凤田，顾丽萍. 我国农产品出口面临的食品安全危机事件实证分析——山东大蒜产业簇群案例分析［J］. 中国农村观察，2007（3）：41－50.

［32］陈伟达，刘羽欣. 公共突发事件应急统计中信息快速收集方法和机制研究［J］. 科技管理研究，2010（1）：232－234.

［33］邓瑛，穆效群，赵超英. 急性病理学试验在公共卫生保障工作的应用［J］. 毒理学杂志，2009（4）：166－168.

［34］毛群安，李杰，陈笑申. 加、美突发公共卫生事件的信息管理与发布［J］. 国际新闻界，2005（5）：24－26.

［35］张明，婧鸣. 政府新闻发布会与民众知情权、话语权冲突——以松花江污染事件为例［J］. 新闻大学，2006（1）：111－116.

［36］郑保章. 媒体互动与突发公共卫生事件［J］. 新闻爱好者，2003（9）：14－15.

［37］郑保章，周文杰. 网络时代的全球化传播与我国应对突发公共卫生事件的策略［J］. 社会科学家，2003（11）：129－132.

［38］张自力. 突发公共卫生事件中的媒体策略［J］. 中国记者，2005（10）：17－19.

［39］张自力. 突发公共卫生事件中的传媒报道与民意诉求——以"苏丹红事件"为例［J］. 新闻大学，2005（10）：19－22.

［40］郭小平. "怒江事件"中的风险传播与决策［J］. 国际新闻界，2007（2）：26－29.

［41］黄旦，郭丽华. 媒体先锋：风险社会视野中的中国食品安全报道——以2006年"多宝鱼"事件为例［J］. 新闻大学，2008（4）：6－12.

［42］杨桃莲. 突发公共卫生危机传播存在的问题［J］. 新闻爱好者，2009（5）：6－7.

［43］刘春娟. 上海主流报纸突发公共卫生事件报道的描述性分析［J］. 新闻与传播研究，2011（7）：6－7.

［44］高文斌，陈祉妍. 心理咨询热线在突发性公共卫生事件中的应用分析［J］. 心理科学进展，2003（11）：400－404.

［45］王一牛，罗跃嘉. 突发公共卫生事件下心境障碍的特点与应对［J］. 心理科学进展，2003（11）：387－392.

［46］蒲晓红. 医疗保险制度应完善对突发事件的应急机制［J］. 四川大学学报（哲学社会科学版），2005（1）：53－56.

［47］财政部财政科学研究所课题组. 基层卫生投入机制优化与绩效考评研究［J］. 经济研究参考，2010（6）：2－25.

［48］程庆林，胡连鑫，李杰，徐勇. 农村居民突发公共卫生事件应对能力调查［J］. 中国卫生事业管理，2010（8）：547－549.

［49］安徽省财政厅课题组．政府为农民购买公共卫生服务政策研究［J］．学术界，2009（2）．

［50］陈虹，汪鹏，李刚荣，周来新，陈俊国．军队数字化医院突发公共卫生事件应对能力评价指标体系的构建［J］．中国卫生事业管理，2011（10）：726 – 728.

［51］王鹏，贵军，张涛．三聚氰胺事件对中国消费者国家形象感知及本土品牌偏好影响的研究［J］．软科学，2009（11）：69 – 72.

［52］于二曼，王重建，李文杰等．大学生突发公共卫生事件相关知识、态度和行为［J］．中国公共卫生，2011（7）：920 – 922.

［53］陈虹，汪鹏，李刚荣，周来新，陈俊国．军队数字化医院突发公共卫生事件应对能力评价指标体系的构建［J］．中国卫生事业管理，2011（10）：726 – 728.

# 我国医疗业舆情现状与对策

上海交通大学舆情研究实验室

**摘　要：**2011 年，医疗业事业负面舆情风潮迭起，医药纠纷、医疗事故、医疗改革、医患关系等问题无不触动着人们的神经。"医闹"现象愈演愈烈，医疗行业频频被推至舆论的风口浪尖。互联网的普及使得与医疗业有关的社会矛盾变得更为复杂和急剧，对舆情应对提出更为严峻的挑战。2011 年的诸多医疗业舆情事件反映出完善独立的第三方调查机制势在必行。同时，医疗业相关部门要警惕媒体的"弱势思维"，掌握有效的媒体应对策略。医疗业舆情事件的应对与各个医疗业部门、医务人员、患者、社会，包括新闻媒体、公众都息息相关。建立和谐的医患关系，需要所有人的共同努力。

**关键词：**医疗舆情；医患关系；人文医学；媒体策略

# The Report on Medical Public Opinion in 2011

Public Opinion Research Laboratory of
Shanghai Jiao Tong University

**Abstract：**In 2011, negative public opinion of the medical care and health services has aroused continuously. Medical negligence, medical disputes, health care reform, and doctor – patient relationship and other issues have all touched people's nerves. The growing medical disputes have made the medical industry the most important one in public opinion. With the popularity of the Internet, the social contradictions resulting from the health care industry have become more and more complicated, posing severe challenge to public opinion response. Many hot events of medical industry in 2011 have reflected that the independent third – party investigation mechanism should be improved. At the same time, the relevant departments of the medical profession must be alert to the "inferior thinking" of the media, and master effective media strategies. The response to public opinion has been closely bound up with the health departments, medical staff, patients and community, including the news media and the public. To create a harmonious doctor – patient relationship, it requires the joint efforts of all.

**Key Words**：Medical public opinion, Doctor – patient relationship, Humanistic medicine, Media strategies

2011 年以来医疗业舆情高潮迭起，从"两会"期间热议的计划生育"二胎"政策，到 8 月的"上海'医跑跑'"、"八毛门"等事件，再到 11 月份热议的广东"三重门"事件等，医疗业频频被推至舆论的风口浪尖，各类医疗纠纷（如医疗事故、医疗意外、药品安全以及医德医风问题等）、医药资源问题和相关医疗政策出台等成为引爆医疗舆情的导火索。

由于医疗业与民生问题联系紧密，各种医疗纠纷和医疗改革较容易触及社会敏感神经，引起社会舆论热议。尤其在当今互联网时代，信息会在极短时间内裂变式传播，迅速蔓延至整个社会。在这种环境下，如何提高卫生部门和各医疗机构的舆情监测和应对能力，更好地了解、引导网络民意表达，成为各级政府部门、医疗机构乃至医药企业亟须正视的问题。

基于此，上海交通大学舆情研究实验室对 2009 年至 2011 年三年中影响较大的 90 起医疗业舆情热点事件进行了统计分析，重点分析了 2011 年医疗业的舆情事件呈现的特点、所存在问题及医疗舆情高发的原因，并结合国外经验提出相关的对策、建议，从而为相关部门和机构研判、评估目前医疗舆情及其应对现状，了解、掌握社情民意，准确科学决策提供借鉴、参考。

## 一 医疗业舆情特点分析

（一）时间分布：医疗业舆情连续三年持续走高，2011 年第三季度医疗舆情事件最为集聚，8 月份达到舆论沸点

2009～2011 年影响较大的 90 起医疗业舆情事件中，2009 年有 24 起，

占 26.5%；2010 年共 29 起，占 32.2%；2011 年总数达到最高，共计 37
起，占三年医疗舆情事件总数的 41.1%。其中，2011 年第三季度医疗业舆
情事件最为集聚，占全年的比例为 48.7%，并于 8 月份达到舆论沸点。

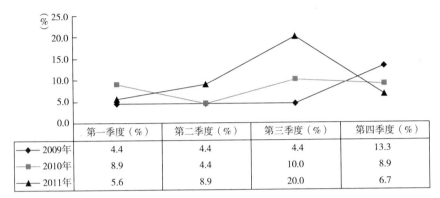

| | 第一季度（%） | 第二季度（%） | 第三季度（%） | 第四季度（%） |
|---|---|---|---|---|
| 2009年 | 4.4 | 4.4 | 4.4 | 13.3 |
| 2010年 | 8.9 | 4.4 | 10.0 | 8.9 |
| 2011年 | 5.6 | 8.9 | 20.0 | 6.7 |

**图 1　2009～2011 年影响较大的医疗业舆情事件时间分布**

整个 8 月份，医疗业基本上都处于舆论的焦点。8 月 5 日武汉"拆线
事件"、8 月 23 日"医闹"事件、8 月 24 日"医跑跑"事件等暴露出医患
间的信任危机，使得医患关系再次成为公众聚焦的热点。10 日的浙江急诊
科主任自杀一事再次掀起舆论高潮，医药回扣和医德问题也成为舆论热点
话题。此外，深圳"八毛门"事件和台湾"误植艾滋病感染器官"再度引
爆医疗业舆情。前者涉及过度医疗和媒体放大医疗风险的问题，后者则是
一起由于医方失误而造成的重大医疗事故。这些事件引起热议侧面印证了
我国医疗业处于舆情的风口浪尖上。

**表 1　2011 年 8 月份影响较大的医疗事件**

| 事件名称 | 发生时间 |
|---|---|
| 武汉拆线事件 | 8 月 5 日 |
| 浙江急诊科主任自杀 | 8 月 10 日 |
| 江西南昌医院斗殴事件 | 8 月 23 日 |
| 上海"医跑跑"事件 | 8 月 24 日 |
| 台湾误植艾滋病感染器官 | 8 月 26 日 |
| 北京代人体检中介曝光 | 8 月 29 日 |
| 《深圳经济特区心理卫生条例》出台 | 8 月 30 日 |

### （二）地域分布：广东省成为医疗舆情的高发地

从地域分布上看，2009～2011年热度较高的90起医疗业舆情事件中，20.0%的属于全国性舆情，广东省与全国性的舆情事件数量并列第一，占样本的20.0%，共计18起，远远高于其他省份成为医疗业舆情的绝对高发地区。北京的医疗业舆情数量排在第三，占样本的8.9%。上海（5.6%）和湖北（5.6%）紧随其后。

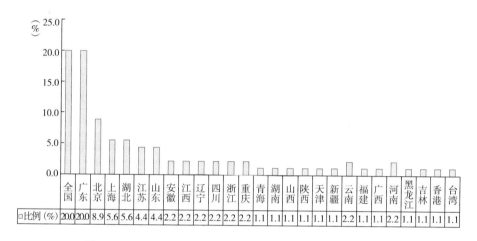

| 　 | 全国 | 广东 | 北京 | 上海 | 湖北 | 江苏 | 山东 | 安徽 | 江西 | 辽宁 | 四川 | 浙江 | 重庆 | 青海 | 湖南 | 山西 | 陕西 | 天津 | 新疆 | 云南 | 福建 | 广西 | 河南 | 黑龙江 | 吉林 | 香港 | 台湾 |
|---|---|---|---|---|---|---|---|---|---|---|---|---|---|---|---|---|---|---|---|---|---|---|---|---|---|---|---|
| 比例（%） | 20.0 | 20.0 | 8.9 | 5.6 | 5.6 | 4.4 | 4.4 | 2.2 | 2.2 | 2.2 | 2.2 | 2.2 | 2.2 | 1.1 | 1.1 | 1.1 | 1.1 | 1.1 | 1.1 | 2.2 | 1.1 | 1.1 | 2.2 | 1.1 | 1.1 | 1.1 | 1.1 |

**图2　2009～2011年影响较大的90起医疗舆情事件地域分布**

对医疗业的"广东现象"进行分析，发现2011年的舆情较为突出，且全年各季度分布较为平均，第四季度相对集中。相关案例有：第一季度的广东护士微博抱怨深夜收尸事件、广州天价产房事件，第二季度的广东病人死后欠天价医疗费事件、深圳二院劣质医疗器械事件及南医三院"漏斗胸女孩"死亡事件，第三季度的《深圳经济特区心理卫生条例》和沸扬全国的"八毛门"事件，第四季度的广东"录音门"事件、南海早产儿"被死亡"事件、深圳北大医院天价药利润、医院为吓唬家属藏匿新生男婴事件、东莞儿童静脉滴注死亡后医生撕病历事件等。

有鉴于此，广东省政府推出了一系列应对举措。医疗纠纷调解委员会（简称医调委）的设立为医疗纠纷提供了除患者与医院自行协商、行政调解和司法诉讼途径外的第四个解决途径。截至2011年10月底，广东省医调委共正式接受医疗纠纷案件 189 宗，成功调解 139 宗，成功率达到 73%。[1]此外，2011 年年底出台的《广东省医疗纠纷预防与处理办法》引入第三方调解制度，要求每个地市都要成立"医疗纠纷调解委员会"，从制度上为缓解医患纠纷提供新出路。

（三）曝光路径：医疗业舆情的曝光主要来源于媒体，辅以民众爆料

从事件首次曝光形式来看，媒体曝光为主要方式。2009～2011 年，媒体均是医疗业舆情事件的主要曝光渠道，比例远高于民众爆料和政府部门监管等路径。2011 年影响较大的 37 起医疗业舆情事件中，有 29 起是由媒体首次曝光的，占比 78.4%，民众爆料的事件占比 21.6%；因政府部门监管而曝光的医疗事件数量较少。由此可见 2011 年医疗业事业已然成为全民和媒体的重点关注领域，致使相关事件多由民众和媒体曝光，包括诸多医疗业相关条例的公布，如广受争议的《老年人跌倒干预技术指南》的发布等，大多由媒体渠道首告公众。因民众爆料而引发的舆情事件呈现显著增多的趋势，由 2009 年的 12.5%、2010 年的 20.7%增至 2011 年的 21.6%。民众爆料的方式主要有三种，一是向院方或相关职能部门举报，力求问题尽快得到解决；二是向媒体提供信息，希望借此扩大影响；三是在网络上发帖求助，信息最终引起媒体关注，经报道后引发舆论热议。

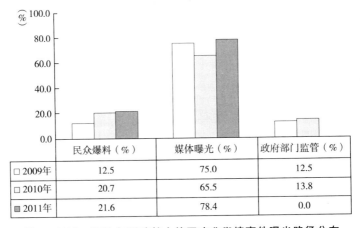

| | 民众爆料（%） | 媒体曝光（%） | 政府部门监管（%） |
|---|---|---|---|
| □ 2009年 | 12.5 | 75.0 | 12.5 |
| □ 2010年 | 20.7 | 65.5 | 13.8 |
| ■ 2011年 | 21.6 | 78.4 | 0.0 |

图 3　2009～2011 年影响较大的医疗业舆情事件曝光路径分布

（四）首曝媒介类型：传统媒体是医疗事件的主要监督媒体，近半数舆情事件由报纸首曝

首次曝光的媒介类型中，报纸占比接近一半，为48.9%，其中都市类报纸仍为舆论监督的主力，例如张海超开胸验肺事件、产妇肛门被缝事件、张悟本事件、上海"医跑跑"事件、东北农业大学实验感染事件等均由报纸曝光。网络新闻排在其次，由于其即时性较报纸更强、编发速度快，在医疗业舆情事件的曝光中也占据较大比重，为18.9%。微博首发的事件仅占样本的6.7%。此外，论坛、博客总共占比不足10%，广播、电视、杂志等传统媒体的首发比例分别为2.2%、7.8%、1.1%。

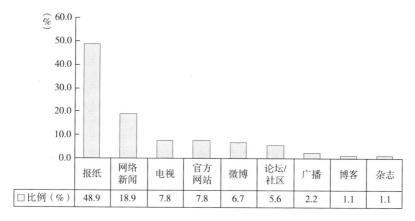

| 比例（%） | 报纸 | 网络新闻 | 电视 | 官方网站 | 微博 | 论坛/社区 | 广播 | 博客 | 杂志 |
|---|---|---|---|---|---|---|---|---|---|
| 比例（%） | 48.9 | 18.9 | 7.8 | 7.8 | 6.7 | 5.6 | 2.2 | 1.1 | 1.1 |

图4　2009~2011年90起影响较大的医疗业舆情事件首曝媒介类型分布

（五）舆情持续时间：逾五成事件不超过两周，舆情持续时间整体较短

舆情持续时间方面，2011年有8起影响较大的医疗业舆情事件持续时间1周，占21.6%，而11起事件的持续时间在1~2周，占比29.7%。如此看来，逾五成舆情事件的持续时间不超过两周。与2009年和2010年相比，2011年的医疗业舆情持续时间整体上有所缩短。尤其在2011年下半年，多数医疗业事件的相关舆情都在一周内迅速消退，如江苏女婴被偷事件、人肉胶囊事件等。然而，仍存在部分事件由于后续处理不得力，使

得舆情长期无法消退，2011 年舆情持续时间长达半年以上的事件占 8.1%。

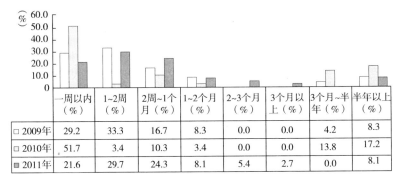

| | 一周以内（%） | 1~2周（%） | 2周~1个月（%） | 1~2个月（%） | 2~3个月（%） | 3个月以上（%） | 3个月~半年（%） | 半年以上（%） |
|---|---|---|---|---|---|---|---|---|
| □ 2009年 | 29.2 | 33.3 | 16.7 | 8.3 | 0.0 | 0.0 | 4.2 | 8.3 |
| □ 2010年 | 51.7 | 3.4 | 10.3 | 3.4 | 0.0 | 0.0 | 13.8 | 17.2 |
| ▨ 2011年 | 21.6 | 29.7 | 24.3 | 8.1 | 5.4 | 2.7 | 0.0 | 8.1 |

图 5　2009~2011 年影响较大的医疗舆情持续时间分布

## （六）"医闹"现象愈演愈烈，暴力事件频频发生

卫生部统计资料显示，2006 年全国医疗暴力事件共发生 10248 件，到 2010 年陡增至 17243 件。近期一项针对全国 270 家医院的调查显示，73.3% 的医院出现过病人或家属殴打辱骂医务人员的现象；61.5% 的医院发生了病人去世后，家属在医院内摆花圈烧纸设灵堂、多人围攻威胁医生等事件。据不完全统计，中国每年被殴打受伤的医务人员已超过 1 万人，2000~2010 年 10 年间，共有 11 名医务人员被患者杀害。[2]

2011 年频繁发生了不少引起舆论广泛关注的医疗暴力事件。据不完全统计，2011 年的医疗暴力事件至少造成了 2 名医务人员死亡，多名受重伤。具体事件如表 2 所示。

表 2　2011 年影响较大的医疗暴力事件一览表

| 月份 | 事件 |
|---|---|
| 2011 年 1 月 | 上海新华医院数名医生被患者家属持刀捅成重伤 |
| 2011 年 4 月 | 重庆涪陵区妇幼保健院党委书记被打成重伤，25 名警察被不同程度抓伤 |
| 2011 年 5 月 | 江西上饶市人民医院医生被患者家属打残 |
| 2011 年 8 月 | 东莞长安医院发生一起故意伤害案，致两名医生一死一伤 |
| | 南昌市第一医院患者家属与医院保安共 100 余人互殴，致 15 人受伤、3 辆面包车被毁 |

| 月份 | 事 件 |
|---|---|
| 2011 年 9 月 | 11 日，北京大学人民医院医生穆新林在医院被患者家属殴打，致颈部受伤、左胫骨骨折 |
| | 4 天后，北京同仁医院耳鼻喉科主任徐文被患者砍成重伤，酿成震动业界的"徐文事件" |
| | 21 日，武汉协和医院患者与医院保安发生冲突，受伤者达十余名，其中一人重伤 |
| 2011 年 11 月 | 广东潮州男科医院发生凶杀案，一名男子因不满治疗效果持刀砍向医务人员，造成医院副院长当场死亡，两名医务人员受伤 |

医患纠纷之所以愈演愈烈，其中一个重要原因就是医患间的不信任感日益加剧。"因医患间不信任导致的医疗暴力事件，反过来又会使医患关系急速恶化。"[3]卫生部新闻发言人邓海华则认为该行为不是医患纠纷，也不属于医患关系的正常现象，而是严重的违法犯罪行为，应该受到法律的严惩，应该由有关部门追究犯罪分子的刑事责任。卫生部将进一步配合公安部门加强平安医院的建设，依法严厉打击针对医疗机构医务人员的违法犯罪活动，维护医院正常的诊疗秩序。

## 二 医疗业舆情主体应对特点

（一）所涉主体分布：医疗业舆情事件绝大多数发生于服务机构，远超其他机构

2009～2011 年影响较大的 90 起医疗业舆情事件中，涉及服务机构的事件最多，共有 64 起，占比 71.1%。服务机构包括医疗服务机构和公共卫生服务机构，前者为医院、社区卫生院、乡镇卫生院，后者有疾控中心、妇幼保健站等。2011 年发生的"八毛门"、"录音门"、"死婴门"等重大医疗业舆情事件均发生在医院内。

紧随其后的为涉及制造机构和监管机构的舆情事件，分别占比 22.2% 和 21.1%。前者如疫苗等涉及制造机构的药品安全问题。而随着新医改方案的逐步深化，监管机构陆续出台了大量配套的政策、规定等，也在很大程度上了引发了医疗业的舆情。

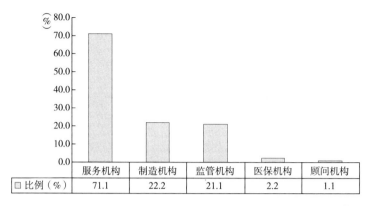

**图 6  2009~2011 年影响较大的 90 起医疗业舆情所属主体分布①**

## （二）事件责任方：责任方在医院和医生的舆情事件占据半数

在 2009~2011 年影响较大的 90 起医疗业舆情事件中，医院和医生都是最主要的事件责任方，占比 46.7%。在众多医疗业舆情事件中，有些医院疏于管理，导致了诸如沈阳病人上吊自杀、江苏女婴被偷等事件。此外部分医生职业道德和医德欠缺，私自收受回扣等，也使得医患关系日益白热化。

此外，药企也成为较大的责任方，占比 20.0%。药企成为责任方，主要与假药和天价药等问题有关。部分药企在药品销售中层层加价，已成为"看病贵"问题难以解决的一个重要原因。

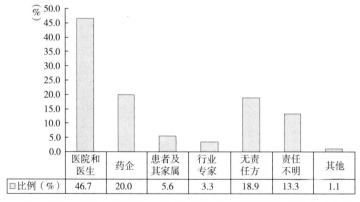

**图 7  2009~2011 年影响较大的 90 起医疗业舆情事件责任方分布②**

---

① 因部分医疗业舆情事件的主体不止一个，所以总比例相加大于 100%。
② 因事件部分责任方不止一个，存在重复统计，所以总比例相加大于 100%。

（三）事发原因：药品安全和药价问题广受关注，各类医疗纠纷所引发的舆情不断

从事发原因上看，由药品安全和药价管理问题引发的舆情在2009~2011年影响较大的医疗业舆情事件中占21.1%，共有19起。药品安全问题如广西的假疫苗事件、减肥药退市等，药价管理问题则涉及天价药事件，反映了目前药价虚高的现实，急需相关部门的调整和监管。其他原因依次为医疗事故或差错、医风不正和其他非医疗过失纠纷，其事件数量分别为17起（19.0%）、16起（17.8%）和13起（14.4%）。

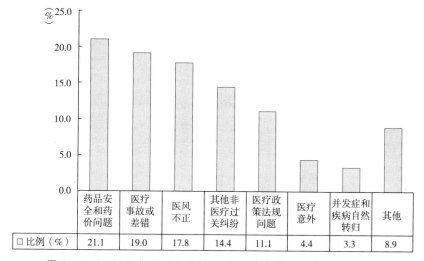

| | 药品安全和药价问题 | 医疗事故或差错 | 医风不正 | 其他非医疗过失纠纷 | 医疗政策法规问题 | 医疗意外 | 并发症和疾病自然转归 | 其他 |
|---|---|---|---|---|---|---|---|---|
| 比例（%） | 21.1 | 19.0 | 17.8 | 14.4 | 11.1 | 4.4 | 3.3 | 8.9 |

**图8　2009~2011年影响较大的90起医疗舆情事件事发原因分布**

（四）主体干预：政府机构对近半医疗业舆情有明显干预，而医疗机构的干预则明显不足。

从2009~2011年影响较大的医疗业舆情事件的舆情干预方面来看，医疗机构有明显干预的事件较少，只有24起，占26.7%；而政府机构则对超过一半的舆情事件进行了明显的干预，占总数的57.8%。卫生部门、警察、法院等政府机构，在舆情干预方面更为主动积极。究其原因，可能是由于一旦发生舆情事件，医疗机构的自纠自查行为常常会受到人们的质疑，所得的调查结果不但很难使舆情消退，反而容易引起舆论的再度高

涨。而作为第三方的政府机构，首先需要履行相应的职责，其次也具备更高的公信力，给出的结论更能获得公众的认可。

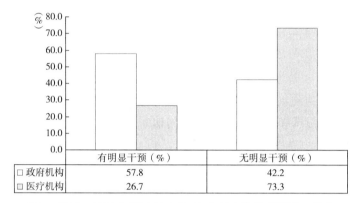

| | 有明显干预（%） | 无明显干预（%） |
|---|---|---|
| □ 政府机构 | 57.8 | 42.2 |
| □ 医疗机构 | 26.7 | 73.3 |

**图9　2009～2011年影响较大的90起医疗舆情干预情况分布**

## 三　医疗业舆情与媒体应对

### （一）媒体参与

#### 1. 微博等新媒体成为公民维权的工具

从2011年发生的众多医疗热点事件，特别是"微博求血"事件中可以看出，随着新媒体的广泛运用，公民利用新媒体的能力正在逐渐加强。借助于这种低成本、使用方便且影响范围广的传播方式，很多棘手的医疗问题得以迅速解决。

同时，人们利用新媒体进行维权的意识也大大增强。在2011年引起广泛关注的医疗事件中，当事人由于与相关医院或当地政府沟通不畅，上访无果，当地媒体也不予报道，最后往往会诉诸新媒体，寻求网友和异地媒体的帮助。在医疗事件中，公民选择利用新媒体途径进行维权还有一个重要的原因是医疗纠纷的民事诉讼历时过长，而处理结果有时又难以服众。从这方面看，选择目前影响最大的新媒体来维护自身的权益实属无奈之举。

比如深圳二院劣质医疗器械事件是由网友"坏男人2012"首先在新浪微博发表消息和图片，后经多方转发，吸引了上万网友对此关注。患者本人紧接着也在天涯论坛、凯迪社区等网站陆续发帖，引起广泛的讨论。而山东利津的超生孕妇事件也是由网友"老百姓1987"首先在新浪微博发表消息和图片，进而引起民间维权人葛树春的关注。但是，这两起事情的处理结果目前仍不明了，维权效果尚不可知。在这两起事件中，新浪微博都发挥了很大的作用。

当越来越多的新闻事件通过微博来表达和传播时，"自媒体"的力量也被逐渐释放。一些原本弱小的声音，也可能在口口相传中被放大，但是否能改变事件的走向仍有待观察。我们发现在"微博求血"事件中，很多网友建议当事人通过"@"功能联系当地传统媒体，形成了微博与传统媒体的联动，进而推动了事件的解决。但在前文提及的深圳二院劣质医疗器械事件和山东利津超生孕妇事件中，并无传统媒体进行关注，这可能与事件的特性以及媒体自身的局限性有关。但是，也正因为缺少专业媒体的报道，加上存在大量删帖行为，容易导致谣言四起，猜测不断，舆情难以平息。

**2. 部分媒体报道方式不当，放大风险**

保罗·斯洛维奇等人通过研究公众对风险的感知过程，提出了"风险的社会放大"的概念框架。在这个框架中，媒体对于信号的放大起着重要的作用。许多风险都不是由个人直接体验到的。在缺乏个人体验时，媒体说什么，怎样说，报道是否准确，往往成为影响舆论的关键因素。医疗业存在风险已是业内共识，因此，媒体在报道医疗事件特别是医疗纠纷时，要遵循一些基本的原则，既不能忽视风险，也不要放大风险，应避免有意地采取戏剧性的报道方式。

但在闹得沸沸扬扬的"八毛门"事件中，部分媒体最初就采取了戏剧性的报道方式。一名婴儿最初在深圳市儿童医院就诊时，医生建议做造瘘手术，全部费用约数万元；而孩子的父亲拒绝了手术，到另一医疗中心再次看病，仅开了0.8元的石蜡油，即缓解了孩子症状。这件事经媒体曝光后被称为"八毛门"，相关新闻在标题中有意突出了"10万"和"8毛"这两个悬殊的数值，关注其中的戏剧性变化，放大了该事件所带来的风险。而其他媒体的盲目跟风报道更是促使这一事件迅速成为舆论焦点。一时间，深圳市儿童医院成为众矢之的，有关医德医风的讨论见诸报端，医患矛盾再次加深。但是不久后该婴儿患者的病情再次恶化，其到武汉一所医院接受治疗，诊断结果与深圳市儿童医院一致，治疗方法也基本相同。该家长最终向深圳市儿童医院公开道歉。事件发展至此，舆论一片哗然，纷纷将矛头指向媒体，认为部分媒体对医学概念的误用和对事实的误解直接引发了人们的过度担忧。

某些媒体为了吸引读者，往往选择有戏剧性的医疗事件或者过度渲染细节作为报道重点，如死亡人数、潜在的威胁、灾难性画面等，并安排在显著位置加以突出（报纸的头版、大字标题等，电视新闻的头条和连续报道，网站专题等）。在此情境下，媒体的报道往往会影响人们对于风险的准确感知，引起不必要的恐慌。待真相大白时，这些媒体势必陷入尴尬的境地，而其在社会上所造成的负面效应一时也难以消除。

广东省卫生厅副厅长廖新波曾说，爱岗敬业的好医生事迹往往出不了医院大门，只在病人群体中口耳相传。坏医生虽是少数，但更容易广为传播，甚至成为行业"代言"，造成不信任的情绪在患者中扩散。因此，媒体在处理涉医报道时，必须慎重，不能以片面的报道来误导人们的价值导向，要做到"准确"地理解局部与全局、个体与公众，以及追求轰动效应与维护社会稳定的关系。

## （二）医疗业舆情事件与媒体应对策略

医疗业是关系千家万户幸福安康的重要民生领域之一，新闻媒体在做涉医报道时，应该尊重医学科学，加强医学科普知识的宣传，做到信息全面、准确，以此引导患者和家属科学地认识生命，理性地对待医疗风险，合法地维权，进而重塑医患间的信任，构建和谐医患关系。

医疗业舆情事件主体在进行应对时，也应该采取合适的媒体策略。每一个舆情事件其本质就是一个危机事件，如果应对得当，将有助于最大限度地避免危机并减少某个事件对医院或相关部门产生的负面影响。

### 1. 建立医院新闻发言人制度，及时公布信息

有学者对《北京青年报》、《新京报》、《京华时报》三家有影响力的北京都市类日报的医疗报道的倾向性进行研究后发现：其报道议题偏向医改类、诊疗类和医药类；其引用消息源偏向"官方"；"医方"正面形象多于负面形象，但负面形象比例高于"患方"和"官方"；医疗报道受社会语境、记者报道操作等因素影响，存在"系统性偏向"，对各方意见和各

类议题处理有失"平衡"。[4]

在发生医疗业事件，特别是出现医患纠纷时，患者常常被认为处于天然的弱势地位。此时，媒体在进行报道时，如果医方所提供的信息量不足，很容易造成媒体将天平倾向患者一方，报道不够公正。综观2011年引起人们广泛关注的医疗业舆情事件，媒体主动设置议题往往是引发此类舆情备受关注的重要因素。因而在出现舆情事件后，有关医疗机构应该积极主动地应对媒体，及时公布信息。因此，建立新闻发言人制度就显得尤为必要。

根据卫生部公布的名单，截至2008年4月，全国31个省、自治区、直辖市卫生厅局和新疆生产建设兵团卫生局已经初步建立了新闻发布和发言人制度，这对于逐步改善医疗机构与群众医疗信息不平衡的状况起到了积极作用。作为与患者直接接触的医院部门，也应该设立专门的新闻发言人。建立新闻发言人制度后，医院可以定期向媒体通报有关重要举措、重要工作安排及进展情况，接受记者采访，与媒体建立良好的沟通机制。这样，在医疗业舆情事件出现时，医院就可以及时地通过召开新闻发布会、通气会等形式向媒体和公众公布事件最新情况，并对公众关心的问题作出合情合理、公正公平的解答，尽可能地满足公众的知情权。然而，自2009年南京友谊医院、北京同仁医院高调推出专门的新闻发言人制度以后，国内并未见其他大型医院有仿效之举，可见这一方面还有待完善。

**2. 根据舆论发展阶段，主动利用媒体加以引导**

在现代信息社会中，媒体在塑造公众价值观念、强化公众意识、反映和引导社会舆论等诸多方面发挥着巨大的作用，是相关医疗部门在进行舆情应对时不可忽视而且必须依靠的一支重要力量。在舆情应对时，相关医疗部门应该把握舆论发展的各个阶段，主动利用媒体发布信息，进行舆论引导，尽快化解负面舆情。

通常，舆论可分为三个阶段：潜伏期、发展期和消退期。在舆论潜伏期，相关信息主要集中在医院内部，反馈也来自于院内人员（包括医生、患者及其家属）。此时，医院应该以院内的沟通为主。如有需要，也应及时地向大众媒体提供一定的信息。同时，医院应该加大自身的形象宣传建设，通过媒体发布有助于提升医院及医务人员"白衣天使"正面形象的新闻报道。

在舆论发展期，部门信息公之于众医院内部人员及公众对具体细节有着极大的信息渴求。这一阶段，相关医疗部门要充分运用媒体保障院内人士及公众知情权，注意信息的通畅和内容的一致。医院所设立的新闻发言人这时应出面，以适当的发布形式有针对性地向媒体提供信息，如舆情事件的原委、事态的进展、院方处理态度等，建立医院与公众平等互动的关系，培养传受双方的信任。此外，医院还要积极根据大众的反馈制定应对措施，以尽快平息可能出现的社会恐慌，防止谣言等不实信息的滋生。

进入舆论消退期，医院依然不能松懈，应该继续重视媒体的信息传播。这一时期虽然媒体可能会对事件进行后续报道，但报道量和关注度都会下降。此时，医院可以策划一些公关活动吸引媒体的关注，借以重塑医院的形象。有专家认为，危机管理与形象管理相辅相成，特别是危机事故发生后，重建形象更为重要。[5]

### 3. 进行换位思考，主动设置新闻议题

医疗业舆情的应对主体，通常为医院，其拥有最多的信息量，也最具有信息发布权。但是由于医疗业事件的特殊性，需要专门的医学鉴定机构进行鉴定，可能无法很快做出结论。即便如此，医疗机构也不能让媒体处于"信息真空期"，导致公众猜测不断，在结论未出来之前医疗机构应该及时召开新闻发布会或通气会，与媒体、公众进行沟通。这时，医疗机构应该进行换位思考，从记者的角度出发，尽量为他们提供充足的信息，其中必须遵循的一条是"速报事实，慎讲原因"。医疗机构可以对事实进行初步公布，但对事故原因的判断要慎重，不宜太过详尽。最终的鉴定报告是需要由专门的鉴定机构或调查组出具的。

如果事件造成了患者的伤亡，医疗机构应该表达关切之意。医疗机构如存在明显过错，则应主动承担责任，向患方和公众致歉，体现医者对生命的尊重，但不要过多提及医疗机构的损失。同时，医疗机构要及时公布善后处理或吸取教训方面的措施，修补该事件所带来的损害。此外，针对某些媒体的失实报道，医疗机构应尽快做出澄清，要求有关媒体进行更正，消除负面影响。

在与媒体进行沟通时，新闻发言人要做到态度诚恳，尊重媒体并设身处地地为之考虑问题，关注公众所关心的焦点问题及对该事件的看法等。同时，应对主体的回应不能局限于自身的权利和义务，还要强调社会和道

德责任感,使沟通在更宏观的利益框架下进行。如此,医院与媒体的沟通便可取得事半功倍的效果。

就媒体自身而言,也需要建构并维护自己的公信力,这是其赖以生存和发展的基础。媒体的公信力基于媒体借助客观公正的新闻报道来向社会公众解疑释惑。媒体如果出现新闻造假、片面报道、刻意炒作等行为,尽管可能获得一时收益,但长此以往,必然会遭人唾弃,丧失自身的公信力,得不偿失。因此,媒体和医院应该搭建友好的沟通平台,互利共存。

### 4. 配合媒体报道,促进有效的健康传播

杰克松(Jackson)于 1992 年首先提出了健康传播这一概念。他指出,健康传播是以大众媒体为信道来传递与健康相关的资讯,以预防疾病,促进健康。在这个过程中,大众媒体在将医疗成果转化成大众健康知识加以传播,正确构建社会图景以帮助受众建立预防观念等方面发挥着重要作用。从更为宽泛的意义上来说,"凡是人类传播的类型涉及健康的内容,就是健康传播"。[5]国家癌症学会及疾病控制中心指出:"健康传播是指借助各种媒介渠道,结合多种传播手段,为维护和促进身体健康与生命安全而制作、传播、分享健康信息的过程。"[6]

为了促进有效的健康传播,医疗机构作为主要的信息提供主体之一,应该同媒体建立长期、友好的合作关系。首先,医疗机构应该通过媒体做好日常的健康资讯传达工作,增长民众的健康知识,树立疾病预防的观念,进而提高其健康素养。其次,如果医疗机构在医学医术上有重大突破,或者取得了重要的医学成果,可以借助媒体这一信道告知公众。这样不仅能提升自身的品牌形象,也会让人们了解更多的医学知识,增强其抵抗疾病的信心。如果做到以上两点,那么一旦发生医疗事件,医疗机构就能与媒体进行更为顺畅地沟通,安抚民众可能出现的恐慌心理。同时,每个医疗事件可能会涉及一些医学上的专业知识或内部规章等,医院等医疗机构可以使用更为通俗的语言通过媒体向公众进行解释和说明,满足其好奇心,避免出现不必要的误解。比如,各个医院出现的多起"求血"事件,经过媒体报道后,公众就对"熊猫血型"这一稀有的血型有了基本的认识;在"八毛门"事件中,人们也从中知道了先天性巨结肠这一疾病可能出现的症状以及如何治疗等知识;而通过媒体对深圳护士"被精神病"事件的报道,公众可以了解医院鉴定"精神病"的一些程序和国家精神卫

生法的制定情况。

综上所述，医疗机构在与媒体进行沟通时，不仅仅是为了处理医疗业舆情事件，更为重要的是促进我国的健康传播事业发展。从更高的层面上对健康传播予以重视，将有助于化解危机，解决问题。

**5. 邀请权威专家，为媒体提供专业依据**

长期以来，人们对记者的印象一直是"杂家"——十项全能，样样都懂一点，但都不精通。随着社会的进步和媒体的发展，"专家型记者"越来越成为媒体的新宠。专家型记者除了具备一个记者的各项基本素质外，还必须具备某一方面的专业知识，对该领域有着独到的研究和见解。但是，从"杂家"变成"专家"并非易事，完成这个身份转变是需要前提条件的，也不是每位记者都能顺利做到的。

医学本身有其特殊性和复杂性。医学的研究对象是人，人有其特殊的社会属性，是有自主意识的社会动物。在社会层次、文化层次、经济层次、情感道德层次等方面，人均存在着很大的差异性和复杂性。同时，医学也有其局限性。在全世界，尚有许多疾病没有被医学所认知，更谈不上诊断。还有的疾病虽然能够诊断，但是仍缺乏有效的治疗手段，医生也只能够一定程度上缓解患者的痛苦。

在处理涉医报道时，某些记者很可能会因为缺乏相关的医学知识，导致出现报道偏差。因此，在发生医疗业舆情事件时，医院应该尽量邀请到该领域权威的第三方专家出席新闻发布会。这些专家最好能实名，在社会上具备一定的公信力。这样做既能让院方避嫌，也能让记者与专家面对面，最大限度减少记者的主观臆断。记者如果自行采访专家，在报道时最好不要使用"资深专家"或"有关专家"等称呼进行模糊处理，也要使用实名。新闻记者与专家相结合，可以相对准确地传达出某个事件本身的衡量标准，同时也能传达出专家对该问题的看法，有助于新闻报道的客观、公正。

此外，记者在报道舆情事件时，应力求多角度多方位地报道，既应有危害方面的详尽报道，也应该报道有益或者是可以防范危险的一面；应该既注重数字的报道，也注重故事的报道，只有这样才可能在公众的内心建构比较完整的信息结构。[7]

### 6. 提高新媒体素养和使用能力，与民众真诚交流

根据腾讯微博于 2011 年 8 月公布的数据，目前已经有 1.3 万个政务机构以及公务员开通微博。根据新浪微博于 2011 年 11 月公布的数据，通过新浪微博认证的各领域政府机构及官员微博已经超过 18500 家，其中个人官员微博 8628 个，覆盖全国 34 个省、自治区、直辖市及特别行政区。[8]

越来越多的医疗业类官员也开通了自己的微博。但是，真正在微博上积极发声并获得认可的并不多，其中广东省卫生厅副厅长廖新波就是医疗行业中最为活跃也最受尊重的一名官员。其新浪微博名为"医生哥波子"，截至 2011 年 12 月 17 日 22 时，共关注 1974 人，发表了 4121 条微博，拥有 733696 个粉丝。在人民网舆情监测室 2011 年 8 月评选出的"十大公务人员微博排行榜"中，廖新波榜上有名。他的微博内容几乎关注到了所有的医疗热点，曾在广东产妇事件、"死婴门"等事件中积极发表看法，有效地引导了舆论。

事实上，新媒体是一把双刃剑，如何使用得当，也是大有学问的。与廖新波不同，同为广东省卫生系统的官员，东莞市卫生局副局长林卫平则是一个反面典型。

2011 年 12 月 22 日上午，广东省东莞市卫生局副局长林卫平协同该局七科室负责人参加市政府主办的部门领导微访谈活动。网友提问尖锐，问题集中在医药回扣、看病排队、红包等现象上，市卫生局官员惊慌失措，常常答非所问或回避问题，有的甚至让人啼笑皆非。然而他们却详尽回答了一个叫"东莞才子"网友的温柔提问，后来发现，该网友竟是卫生局办公室副主任、该局新闻助理吴宗才。被网友发现后吴宗才竟说："我也是网友啊，也有提问的权利啊。"东莞卫生局这种自问自答的形式主义严重伤害了网友们的热心，不仅官员个人形象受到损害，政府形象也随之减分。

在具有了新媒体素养和使用能力的同时，官员们更需要的是一颗真诚交流的心，与民众进行真诚、有效的交流和沟通。假如只是用微博来做一些形式大于内容的"微博秀"，我们只能说，有百害而无一利。所有官员都应该吸取东莞卫生局的教训，并引以为戒。

### 7. 积极进行引导，警惕医疗报道的"弱势思维"

纵观 2011 年的诸多医疗报道，其中存在着一个较为突出的问题——

"弱势思维"。记者在进行医疗报道特别是面对医疗纠纷时，通常容易站在患者一方，认为患者处于天然的弱势地位，如此一来，媒体在进行报道时就很难保持中立客观的态度。所以，医院应该警惕记者在进行报道时出现"弱势思维"，积极进行沟通，予以引导，使记者的报道符合事实真相。

在深圳"八毛门"事件中，首曝媒体的记者就是过于轻信患者的一面之词，匆忙发表了《婴儿被诊断要做 10 万元手术 最终吃 8 毛钱药痊愈》的报道，在社会上掀起了一场关于"10 万"和"8 毛"的争议。其他媒体可能未经核实，便纷纷进行转载和评论，导致医患矛盾加剧。实际上，原报道传开后，患者一方感觉压力很大，随后约见媒体，就表示"从未说过8 毛钱治愈"。这就等于间接指出：记者所提供的报道是不实的，违背了新闻最基本的"真实性"原则。

医疗机构应该加强与媒体的沟通，让记者在进行报道时祛除"弱势思维"，不要仅仅听取患者的声音，避免出现"偏听则暗"的结果，真正取得"兼听则明"的效果。媒体准备作为医疗相关的报道时，在采访患者和医者的同时，也可多邀请一些医疗行业的专业人士及机构对事件进行解读，比如民间第三方的医疗专家、医学协会、卫生部门等，从中得到更多权威性的建议与意见，借此尽量减少错误引用、错误解释、扭曲夸张的可能。医生、医疗机构及相关管理部门要及时为媒体释疑解惑，与之形成良性互动，进而减少不必要的社会冲突。否则个别记者如果继续坚持"立场先行"，认为相对强势的是医方，患者更需要帮助与同情，那么，无论医疗机构如何解释与回应，都会被放到一个不平等的位置上。因此，医疗机构要警惕记者出现这种同情心被滥用与误用的情况，主动寻求均等的发言机会。医疗报道只有做到公正，才有利于打造一个健康理性、相互信任的良好医疗环境。

总之，医疗机构在与媒体沟通时，要主动配合，而不要形成对抗。其一，与媒体对抗，几乎没有成功的案例。《财富》杂志主编谢尔曼说："向媒体宣战，虽然听上去很诱人，但实际上却是一场无法打赢的战争，与媒体对抗只能使你的形象受损，即使打赢了官司，也是一个输家。"[9] 其二，医疗机构等应对主体也要理解媒体，记者们处理问题的方法和角度是出于媒体的专业精神，只有医院也和媒体一样本着专业精神，理性、客观、专业地解决问题，才能推动整个危机事件的良性解决。[10]

当然，良好的媒体应对技巧固然重要，但更重要的是相关医疗机构在日常管理中做到尽职尽责。在处理舆情事件时能够客观、冷静，确实是医疗机构的责任，是医师的责任，医疗机构、医务人员不能推诿，要勇于承担起相应的责任，履行相应的义务。而且，相应的监管部门也必须做到依法办事，保证公开公平公正，问责到位，维护医患双方的合法权益。只有这样，医疗机构在与媒体进行沟通时，才能够做到心中有底，用事实证明自己，进而赢取媒体和公众的信任。

## 四 对我国医疗业的建议

### （一）建立健全医疗法律机制

中国目前解决医疗纠纷最直接的法律依据，是2002年9月1日起实施的《医疗事故处理条例》，其中明确了医疗事故的概念、等级、分类方法，还增加了医疗事故及相关争议的处理渠道。条例中所称的医疗事故是指医疗机构及其医务人员在医疗活动中，违反医疗业管理法律、行政法规、部门规章和诊疗护理规范、常规，过失造成患者人身损害的事故。由此可以看到，本条例所针对的只是医疗事故，而医疗事故只是引起医疗纠纷的原因之一。2009年年底，深圳出台了全国首个《医患纠纷处理暂行办法》，在法规层面上规定，到医院聚众"讨说法"，干扰医院运转秩序，由公安机关依法及时处理，涉嫌犯罪的，移送司法机关追究刑事责任。随后，其他各省市也陆续建立了类似的暂行办法。这点对"医闹"问题的解决是很关键的。但是，我国目前仍没有一套能够规范医疗行为、调整医患关系的行之有效的法律体系，而医学学科又具有高风险、不确定以及行业垄断等特性，不能仅仅按劳动纠纷判定。

随着医疗纠纷案件的逐年增多，解决的难度也在日益加大。2011年发生的影响较大的医疗事件中，大多数都属于医疗纠纷案件，包括上海"医跑跑"事件、台湾误植艾滋病感染器官、北大学生校医院输液后死亡事件、"八毛门"事件、武汉拆线事件、沈阳病人在医院内上吊自杀事件和南海红会医院早产男婴"被死亡"事件等。纵观这些事件的处理结果，除"八毛门"以一场闹剧收场，其他事件基本上都是以院方道歉或赔偿而结束。但是，值得注意的是，即使院方放低姿态，主动示弱，患者也并不一定愿意领情。比如在武汉拆线事件中，院方道歉后，表示愿意免费给当事人提供后续治疗，但当事人却婉拒了这个提议。而在沈阳病人上吊自杀事件中，院方表示愿意拿出5万元作为补偿，但死者家属则不要补偿，而要当班医生承担相应的法律责任。这充分反映了医疗机构想要以金钱补偿的方式息事宁人，并不是最好的解决办法，还有可能助长职业"医闹"的气焰。而在2009年的徐宝宝事件中，吊销医疗执照这一处理就被法律界人士认为缺乏法律依据。因此，我们最需要做的是尽快建立健全医疗法律机制，从法律层面上健全和完善各项制度，明确相关的考核标准和惩罚规定，切实维护好医患双方的合法利益。

## （二）完善独立的第三方调查机制，力求公正

2010年9月，深圳提出在12家医院先行试点建立医患纠纷调解工作室，引入相对独立的第三方来解决医疗纠纷，维护医患利益。但是，就目前情况来看，这些调解工作室受到市民的冷落，并未很好地发挥其实际作用。究其原因，多数市民表示患者和医院对簿公堂时，患者的信息获取存在困难，除非医院有明显过失，否则讲道理肯定讲不过医院。因而，一旦遇到医疗纠纷，患者们通常会选择找媒体曝光，通过这种"闹"的方式给医院方面施压。其深层原因在于人们对机构能否真正做到中立的"第三方"存在疑虑。只有有效地保障并落实相关机制，才能让医患关系的调解做到公正公平，进而赢得更多人的信任和拥护。

我国的《医疗事故处理条例》第二十条规定：对需要进行医疗事故技术鉴定的，应当交由负责医疗事故技术鉴定工作的医学会组织鉴定。[11] 各地均设有地方医学会，负责组织首次医疗事故技术鉴定工作。必要时，中华医学会可参与其中。在近几年发生的多起医疗事件中，也曾多次涉及第三方的调查。比如2010年轰动全国的山西疫苗事件就有中华医学会介入调查。但是，令人遗憾的是，医学会的调查多是协助当地调查组，而非真正意义上独立的第三方，最终得出的结论仍难以服众。纵观近三年较有影响的医疗事件，2009年发生的南京徐宝宝事件中所引入的第三方调查做到了独立、公正，且调查结果获得公众的认可。在该事件中，所引入的第三方是联合调查组，由卫生行政部门、医患纠纷调解部门、中央及省市新闻单

位、综合性医院及网民代表组成。这些调查组成员是获得患儿家属认可的。调查组共分为三个小组：一组负责诊疗问题的调查；另一组负责医风医德的调查；还有一组是技术组。最终，这个由专家、网民、记者等组成的联合调查组使得真相大白。

虽然有学者认为，依靠第三方是法治不健全的表现，也是法定监督机关缺位的表现。[12]但是就我国国情而言，第三方调查应该成为常态，而且国家也一直在探索第三方介入调解医疗纠纷的模式。第三方的介入可以避免医院与患者的直接冲突，其中间人的角色容易取得患者的信任，有利于医患纠纷的化解。徐宝宝事件中由政府牵头、社会各界参与的第三方调查机制值得推广，它可以用最小的成本解决问题、化解危机。当然，我国行政部门的监督机制也需要进一步完善。

2011年11月10日，在卫生部的新闻发布会上，发言人也指出医疗机构要建立独立于医患双方以外的第三方调解机制和医疗风险分担机制，搭建一个公正的、中立的沟通协商的平台，最大限度地消除不和谐因素，妥善地化解医疗纠纷，维护医患双方的合法权益。

### （三）加强多方沟通，注重沟通策略

国内外大量研究证实，影响患者对医患关系评价的最主要因素并不是一直以来医院着力改善的医疗条件和医疗水平，而是医患之间的直接交往和沟通。[13]《生命时报》一项大型调查显示，在患者最不喜欢医生说的话中，排名第一的就是"跟你说了你也不懂"[2]。

一旦发生医疗事件特别是出现医患纠纷时，医疗机构和医务人员作为应对主体，应该加强多方沟通。这种沟通既包括内部沟通，也包括外部沟通。外部沟通具体分为与当事人的沟通、与媒体的沟通和与公众的沟通。在同仁女医师被砍事件中，正是由于医院的内部沟通工作做得不充分，出现其他医生在上班时间自发的捐款祈福行为，导致网上误传为"停诊一小时"，再度引发舆论。在8·23江西南昌医院斗殴事件中，院方与患者家属沟通不畅，竟然选择以暴制暴的方式，实在有违医院救死扶伤的精神。有媒体在评论中指出，在这起事件中，医院更稳妥的处理方式应该是求助于警方和法律的援助。

这就涉及沟通策略的问题。医疗事件多有发生，但每个事件都有其自

身的特性，根据具体情况区别对待。我们虽然强调要加强沟通，但并非每个事件都需要——沟通，有时只要及时公开事实真相，舆论就会自然消退。在浙江急诊科主任自杀事件中，浙江省政府就采取了避而不谈的处理方式。因为政府正在进行"医院回扣专项治理活动"，是利国利民之举，而事件的发生似乎也验证了反贿风暴取得了一定的成果。再加上当事者自身身份的特殊性和曝光者的态度倾向，该舆情得以较快平息。因此，即使未采取任何应对举措，这次事件也并未如以往的突发事件一样引起网友的胡乱揣测。而在沈阳病人上吊自杀事件中，院方本是被谴责的一方，由于认错态度较为诚恳，网友的负面舆论稍有改善。但是卫生部新闻发言人随后回应病人上吊医生视而不见事件称其不实时，却模仿当时盛行的"高铁体"，说："医院发生这样的事，不管你信不信，反正我不信。"这句话遭到了微博网民们的强烈抨击。在发布会上对公众采取这样的态度进行回应，实属不该。这种沟通不仅不利于解决问题，反而会再度挑起公众和死者家属的悲愤情绪。因此，医疗机构在处理医疗事件时，在加强沟通的同时，一定要注重沟通策略，千万不能随意处之。

与此形成鲜明对照的是，在台湾误植艾滋病感染器官事件中，台大医院院长陈明丰在医院前面对众多记者向民众道歉，并表示："该负责就要负责。"虽然这起医疗事故被称为"全球医学史上最严重的疏失"，但民众和患者的态度都较为平稳，未出现"医闹"事件。有效的沟通在该事件的应对上起到了积极的作用，在一定程度上，有利于台大医院赢得支持，重塑形象。

### （四）建立和完善医疗类常设性微博沟通平台

网络的出现改变了传统信息的传播模式，大大突破了地域和时间的限制，使信息能够在极短的时间内扩散到网络覆盖的所有地域。微博因其独有的信息传播优势而逐渐成为网络救助的主要平台。具体到医疗业，医疗机构如能建立常设性的网络沟通平台，不仅能为患者的咨询和问诊提供很大的便利，也可以为自身增加对外发布信息的平台。

网络问诊已存在多时，而微博平台已成为网络问诊的又一阵地。看病难、看病贵、医疗资源紧张已经成为我国医疗业事业的顽疾，新医改方案的出台和实施正在改变这种局面，但仍然任重道远。微博问诊的出现，为医患双方提供了更加平等和便捷的沟通平台。2011 年 8 月，甘肃省明确要求省内的医生开通微博，在网上回答群众提出的各类医疗问题，将微博问诊推到了风口浪尖，赞誉声与反对声共存。截至 10 月底，甘肃省全省一共有 5800 多名卫生系统的职业医师开设了个人微博。

微博平台在"微博求血"等救助类事件中更是发挥着不容忽视的作用。"微博求血"，顾名思义，就是当病人急需某一特定血型输血，而当地血库储量不足时，当事人通过微博这种新媒体渠道向社会发出求助和呼吁，寻找相同血型的人员为病人献血治病。"微博求血"的出现直接反映了近年来"血荒"现象的严峻和血液供需矛盾的紧张，同时也说明了我国在特殊和稀有血型的血液储备及相关管理方面仍存在不足。通过这一求助方式，许多患者及时获得了血液捐献。

目前，我国不少行业的机构和人员微博已颇具规模，但是就医疗业而言，目前除甘肃省提出明确要求外，其他各省份并未有明确规定。为此各大医疗机构或医务人员、相关律师等应该提升媒介素养，主动利用微博这一平台，积极进行认证，重视微博的服务性功能，加强与网友的互动，最好能保证实时在线。如果医疗机构及相关人员能合理利用这一平台，真正为患者提供服务，相信它对解决我国的看病难、看病贵问题能起到一定的推动作用，同时也能借此加强与公众的沟通，缓解目前紧张的医患关系。

（五）注重心理干预，加强人文关怀

卫生部部长陈竺认为医患关系的实质是"利益共同体"。医生和患者间不仅有着战胜病魔早日康复的共同目标，而且这个目标的实现既要靠医生精湛的医术，又要靠患者战胜疾病的信心和积极配合。因此，医务人员在与患者及其家属沟通的过程中，应该注重人文关怀，进行适度的心理干预。有关数据表明，国内 60% 以上的医疗纠纷是因为医务工作者的服务态度所引起。[14] 病人在患病期间心理承受能力下降，医生应在服务的过程中注重人文关怀，在关心其身体状况的同时，也应多多关心其心理情绪，及时给以辅导。

2011 年 11 月 3 日潮州男科医院凶杀案中，凶犯只是因为花费约 3000 元医疗费但效果不佳且费用无法退还，遂怀恨在心，持刀砍向医院医务人员，造成医院院长当场死亡和两名医务人员受伤。而 9 月份发生的女医师被砍事件，也是由于患者对治疗效果不满，心理一直不平衡，加上三年诉讼未果，最终酿成血案。在这两起事件中，从医疗专业角度或法律责任上来说，医疗机构和医务人员很可能是没有过错的。但是，两起事件暴露了我国目前既没有建立独立的医疗鉴定机制，也没有建立完善的心理救济机制的不足。

我国人文医学教育比较落后，其根源在于我国医生在看病时，注重医疗技术，对病人的感受顾及不足。就人文医学而言，仅仅告知患者病情这个环节就很复杂。首先，医生要调整自己的情绪；随后对相关病情进行铺垫，让病人了解；再告之诊断结果；接下来，医生表达难处，有同情感；最后提出解决办法，尽最大努力给病人希望等。但是，目前绝大多数医务人员的做法都未达到这一标准，而只是简单地履行告知义务。

此外，就特殊的精神病患者和艾滋病等传染性疾病患者的治疗而言，除了基本的药物治疗，心理方面的辅导显得更为重要。因此，我国应尽快建立健全起患者心理干预制度，有条件的医院最好能成立专业的患者心理辅导团队，在制度建设层面上给予保障，真正意义上加强医疗人文关怀。同时，医院还应考虑患者心理和身体舒适度，对医院的物理环境进行人性化的配置和管理。

美国学者佩里格利诺（Edmund D. Pellegrino）指出："医学居于科学与人文之间，并且非二者中的任何一方，而是包含了双方的许多特性。医学是最人文的科学，最经验的艺术，并且是最科学的人文。"[15]这段话精辟地阐明了医学的人文本性。医学在古今中外，一直被视为治病救人的"仁术"，是最讲人文精神的。而就我国目前状况来看，医学与人文的关系急需改善。

被誉为"提灯女神"的南丁格尔在克里米亚战争中，每天晚上总是提着灯为伤病员盖衣被；我国妇产科的奠基者林巧稚看望产妇时，总是用自己的手温暖铁床架，以免产妇接触冰冷的床架；手外科权威顾玉东院士一再感谢病人和家属的理解和支持，真诚表示病人才是真正的"恩人"，等等，这些都是人文素养的生动体现。

值得一提的是，中央关于新一轮医改的文件中，明确了医疗业作为"公共产品"的性质，并强调公立医院的"公益性"。如果能得到逐步落实，医学和人文的关系则有望好转。

### （六）完善医疗信息化建设，满足公众需求

医疗服务信息化已成为国际上诸多国家医疗行业的发展趋势。随着信息技术的快速发展，国内越来越多的医院正在加速实施基于信息化平台、国家信息系统（Hospital Information System，简称HIS）的整体建设，以提高医院的服务水平与核心竞争力。完整的HIS系统实现了信息的全过程追踪和动态管理，从而做到简化患者的诊疗过程，优化就诊环境，可以有效改变目前排队多、等候时间长、秩序混乱的局面。

2005年12月，卫生部印发了《卫生部关于启用"12320"全国公共卫生公益电话的通知》，正式启动了全国"12320"公共卫生公益电话网络建设，推动了我国医疗信息化的进程。"12320"拥有"全国12320健康信息资源库"，涵盖了传染病、食物中毒、职业中毒、慢性病、营养和食品卫生、环境卫生、卫生法律法规等18个专题，多方位满足公众健康知识需求。截止到2011年9月底，各地"12320"共计受理公众来电约385.8万件，其中受理公众投诉6.6万件，举报600余件。[16] 50%以上的投诉由"12320"解释并协调化解，其余全部转至相关卫生部门办理并对公众进行反馈。随着公众健康需求的不断提高，"12320"已从启动之初的公共卫生领域拓展到了医疗业全行业，并有望在2012年年底前建立覆盖全国的服务体系，实现"12320"平台建设的规范化和制度化。

随着医疗信息化的逐步普及，目前电子病历也越来越受到重视。2010年年底，卫生部组织制定了《电子病历系统功能规范（试行）》，以便更好地发挥电子病历在医疗工作中的支持作用，促进以电子病历为核心的医院信息化建设工作。

2011年7月1日，北京市预约挂号统一平台试运行，致力于打造全方位的医疗信息化体系。虽然各方普遍反映这一平台为患者提供了很大的方便，但也存在着不少问题，需要进一步完善。网络预约挂号平台总体上在费用投入、服务质量方面有优势，但是应该充分考虑患者的不同需求。比如对没有接触过网络和没有网络环境的老年患者来说，电话预约挂号是预约挂号的主要渠道，另有一些患者则希望通过手机或其他渠道也能进行预约。

此外，卫生部在2011年9月16日召开的会议上要求各省（区、市）

电子健康档案建档率 2011 年年底前争取达到 40% 以上。电子健康档案是与个人健康有关的信息资料库，建成后会形成以人为主体的、完整而连续的个人健康档案。

医疗行业实现信息化不仅可以提升医生的工作效率，使医生有更多的时间为患者服务，也能提高患者的满意度和信任度，在公众中树立起医院的现代化形象。我国在加速推进医疗信息化服务的同时，也应及时完善相应的举措，切实满足患者不断提高的健康需求。

卫生部统计信息中心主任饶克勤表示，新医改 8500 亿元的投资中，信息化建设投资的比例"肯定不止 100 亿"。除推行电子病历、建立居民健康档案和打造区域化平台以方便资源共享外，考虑到农村及边远地区的医疗需求，互联网技术也将发挥重要作用。远程诊断、远程会诊、在线检查等将使更多居民享受快捷便利的医疗服务，也将为视频通信、会诊软件、可视电话等产品及方案提供商带来巨大商机。

（七）增强医患间的信任，使之趋于和谐

纵观所有医疗事件，之所以会频发医疗纠纷，其根本原因在于医患间的信任度缺失。医患关系是医疗中最基本最重要的关系，也是最复杂的人际关系，建立良好的医患关系是保证医疗工作顺利进行的必备条件，但是这种关系从一开始就是有矛盾的。由于医疗服务专业的复杂性，患者方面对医学知识和信息比较缺乏，因此医患双方是处于信息不对称的位置上。如果患者及其家属对医生不信任的话，一旦发生意外，即使医院方面尽到了自己的责任，患者方面也一定会怀疑医院没有尽心尽力。

信息经济学理论认为，人与人的不信任会导致合作交易成本大大增加，会导致很多本来不该有的社会矛盾。这就会使"看病贵"的问题日益严重，医患矛盾再次加深，如此反复，就形成了一个恶性循环。"八毛门"事件就是个典型的案例，婴儿父亲凭着自己的一些牙医方面的医学常识进行判断，认为院方故意抬高医疗费用，拒绝治疗。最终事实证明，院方的诊断无误，而且当事人由于对医生的不信任，反而大大增加了自己的就医成本，并且给婴儿的治疗制造了更多的风险。随后发生的广州"录音门"事件，更是让医患信任危机升级。患儿家长和医生彼此不信任。父亲很紧张，详细记录诊疗过程，医生通话也录音；医生也很紧张，没有睡过好觉，很多治疗要家长签字。

我国正处于社会转型的重要时期，信任危机并非只出现在医患之间，在其他政治、经济、价值领域及人际交往中都有体现。由于社会转型期传统与现代的断裂、当前制度的不健全及人的生存压力等原因，造成了目前各个领域出现信任危机。那么，如何加强医患之间的信任感，使之趋于和谐呢？首先，整个社会要从制度健全、文化继承和个人修养等方面重建信任；其次，具体到医疗业这个行业，我们应该探寻更有效的医疗服务监督制约机制，完善医院的管理体制，树立"一切为了患者"的理念，强化医务人员的职业精神、职业操守和道德良知，同时要从法律上保护医患双方的合法权益。

（上海交通大学舆情研究实验室课题负责人：谢耘耕、陈虹。执笔者：郝希群。万旋傲对本文数据分析有贡献；梁俊民、高云微、陶婧、王凤娇、张宏对文本案例分析有贡献）

## 参考文献

[1] 陈枫，曹斯．每个地市都要成立"医调委"［N］．南方日报，2011-11-09（A05）.

[2] 田野，胡楚青，王月．暴力伤医生何时休［N］．生命时报，2011-11-11.

[3] 佚名．医疗暴力事件频发反映纠纷解决机制不畅［N］．生命时报，2011-10-03.

[4] 徐璐，杜伟钊．医疗类新闻报道倾向性研究［J］，新闻爱好者，2011（15）：32-33.

[5] 金花．浅议医院危机公关中的媒体应对策略［J］．医院管理论坛，2007（11）.

[6] 邵臧芝红．论健康传播的演进及前瞻［EB/OL］．人民网，2006-11-13，http：// media.people.com.cn/GB/22114/73900/73902/5033205.html.

[7] 刘金平．理解 沟通 控制：公众的风险认知［M］．北京：科学出版社，2011：173.

[8] 李妍．透视政府官员微博：厅级官员发微博数最多［J］．中国经济周刊，2011（49）.

[9] 吴帅．医疗报道要祛除"弱势思维"［EB/OL］．新华网，2011-10-24，http：// news.xinhuanet.com/comments/2011-10/24/c_122189323.htm.

[10] 王淑芳．医疗危机的媒体应对策略［J］，中国医药导报，2007（13）：44，53.

［11］中华人民共和国国务院令（第351号）——医疗事故处理条例［EB/OL］．卫生部网站，2002 - 04 - 04，http：//www. moh. gov. cn/publicfiles/business/htmlfiles/mohzcfgs/s3576/200804/18307. htm.

［12］南风．"第三方调查"是监督机关失职的表现［EB/OL］．网易博客，2009 - 11 - 27，http：//monicatw. blog. 163. com/blog/static/371073420091027114155548/.

［13］张自力．健康传播学［M］，北京：北京大学出版社，2009：88.

［14］陈荞．委员建议医院建患者心理辅导队［N］．京华时报，2011 - 03 - 14（005）．

［15］沈铭贤．医学与人文：如何相处？［N］．文汇报，2011 - 12 - 05（12）．

［16］卫生部2011年11月10日新闻发布会实录［EB/OL］．卫生部网站，2011 - 11 - 11，http：//www. moh. gov. cn/publicfiles/business/htmlfiles/mohbgt/s3582/201111/53331. htm.

# 我国食品安全舆情现状与对策

### 上海交通大学舆情研究实验室

**摘　要**：2011 年度食品安全舆情事件频出，其特点为：食品安全问题频发，季节性和联动性较强；跨地域成为一大特点；曝光路径以群众举报为主，媒体监督与政府督查为辅；舆论传播路径为传统媒体与网络媒体各有所长，网络媒体弊端初现；在舆情应对上，责任主体缺失，监管主体单一；多数危机主体表现为预防机制不足，应对态度良好，效果平平。

**关键词**：食品安全；舆情；风险沟通

# The status survey on Public Opinion of Chinese Food Safety

### Public Opinion Research Laboratory of Shanghai Jiao Tong University

**Abstract**：As annual problems, food safety issues have become frequent in 2011. There are some features of food safety public opinion, such as the strong seasonality, linkage and cross – region and so on. The public reporting becomes the main exposure way, followed by media and government supervision. The opinion propagation paths of both news media and cybermedia have increased, whereas the latter exposed some shortcomings. As far as the responding capacity is concerned, the responsibility of the main is lack, meanwhile the supervision of the subject is in a single. Considering the lack of prevention mechanism of crisis subjects, the subjects show positive attitude towards, while the effect evaluation is so so.

**Key Words**：Food safety, Public opinion, Risk communication

## 一　2011年食品安全类事件的主要舆情特点

食品安全是指"对食品按其原定用途进行制作和/或食用时，不会使消费者受害的一种担保"[1]。根据性质、危害程度和涉及范围的不同，我国将食品安全事故划分成一般、较大、重大和特别重大安全事故四个等级。2011年，我国食品安全事件呈现出数量众多、种类多样、此起彼伏的特点。这与食品安全事件本身的复杂性、隐蔽性、持续性及我国国情密切相关。为此，上海交通大学舆情研究实验室在2011年500多起食品安全事件库的基础上，选取了53起影响较大的食品安全舆情热点事件进行分析。

### （一）食品安全事件频发，舆情的季节性和联动性较为突出

**1. 食品安全舆情事件主要集中于春、夏两季**

2011年，我国食品安全事件频频爆发，几乎每一天每一地都有大小不等的食品安全舆情事件。就事件发生的时间而言，食品安全事件舆情相对集中在全年的春季4、5月份，以及夏季7、8月间（见图1）。导致这种情况产生的原因主要如下。

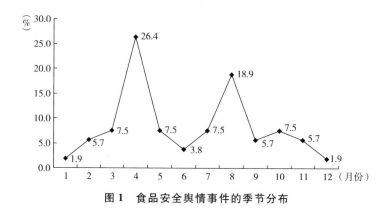

**图1　食品安全舆情事件的季节分布**

其一，2011年上半年，关于食品安全的法律法规频出，一般而言，一部法律法规出台或者政府出台针对性的举措的前后，媒体也会设置相关的议题。4月21日，国务院发布了《严厉打击食品非法添加行为切实加强食品添加剂监管通知》[2]，当月媒体也集中曝光了一批涉及添加剂的食品安

全问题,例如墨汁粉条、染色馒头等;而重庆花椒问题等的曝光,也是由于政策出台后,当地政府加大了食品安全的治理力度。此外,在3·15打假期间媒体也曝出一批食品安全类舆情事件,如震惊全国的双汇"瘦肉精"事件最早就是由央视在3月15日这天报道的。

其二,食品安全问题集中在夏季,这与食品的特性和人们的消费习惯有关:夏季气温较高,食品容易变质;同时,人们更容易选择外出就餐。2011年影响较大的几起食品中毒事件如海底捞勾兑事件、肯德基"后厨风波"、甘肃陇西县特大食物中毒事件等均发生在8月份。

### 2. 食品安全舆情事件的联动性明显

2011年,在诸多食品安全舆情事件中,联动性成为另一较为明显的特征。联动性的构成主要有两种方式:其一,此类联动性犹如多米诺骨牌效应,具体表现为当一个个案事件发生后,各地多家媒体会呈现出集体报道类似事件的现象。其二,不同食品安全个案的叠加,最终形成一个话题,从而引发更多食品安全事件的舆情讨论。联动性既有相对简单的直线单向联动,也有比较复杂的互动式联动,比较典型的例子体现在对"洋快餐"食品安全事件的集中报道上,见表1。

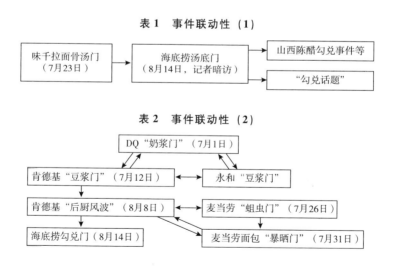

表1 事件联动性(1)

表2 事件联动性(2)

从食品安全的"勾兑话题"的形成(见表1)可以看出,味千拉面最早爆发了"骨汤汤底门"风波,并产生了巨大的连锁反应。之后山东青岛《城市信报》记者暗访进入"海底捞"后厨,报道了"海底捞汤底门"。

由于山西陈醋在同一时间段也被媒体曝出"勾兑"的嫌疑，加上 2011 年以来的众多"勾兑"事件，最终形成了年度食品安全重大话题——"勾兑话题"。

而表 2 的联动性表现更为复杂：由冰激凌的制作问题关联到豆浆冲泡，DQ "奶浆门"直接导致了肯德基"豆浆门"的曝光。肯德基曝出"豆浆门"事件后，其联动性表现出了不同的路径渠道，其一，就"豆浆"话题引出同样出售豆浆的永和公司，曝出永和豆浆存在利用豆浆粉冲泡豆浆的问题。其二，继续对肯德基公司加以深度挖掘，几天后，记者暗访曝出肯德基后厨在食品安全加工制作过程中存在安全隐患问题。其三，媒体将目光转到和肯德基同一性质的快餐公司"麦当劳"上，并曝光了麦当劳同样存在着食品安全问题，先后曝光出麦当劳"蛆虫门"和面包"暴晒门"。其四，自 7 月 1 日媒体由暗访 DQ 爆料出"奶浆门"后，暗访给记者带去诸多灵感，肯德基后厨风波和海底捞"勾兑门"事件均通过记者暗访曝光。

不同的食品安全事件存在着不同的联系，某一具体事件可能引发一个话题，而话题又往往带出一批类似的事件，关联性成为 2011 年的食品安全事件舆情中尤为突出的一大特点。

## （二）地域特点：跨地域成为一大特点，舆情主要集中于东、西部

由地域分布来看，2011 年食品安全舆情事件跨地域的现象最为突出，而就单个地区而言，江苏、山东、甘肃和重庆等地的食品安全舆情事件较多。

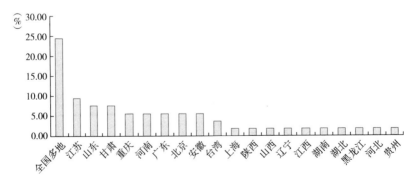

**图 2　影响较大的食品安全舆情事件的地区分布**

**1. 2011 年全年食品安全类事件具有很强的跨地域性**

首先，食品的生产、销售、流通过程中的跨地域性。此种跨地域性往往会造成一旦某一种类食品出现问题，其舆情将不局限于某一个地区，而是向全国其他地区扩散。例如，台湾饮料陷入"塑化剂"问题的同时，香港、广州等地的加工工厂也被查出同样的问题。又如，2011 年年初影响巨大的"大米镉超标"问题，湖南为"重灾区"，但是甘肃、广东也有类似污染。"毒豆芽"问题是在沈阳地区集中曝出并查出的，但是各地都存在类似的"毒豆芽"生产情况。

其次，各地媒体会主动对同一类食品安全问题的话题进行议题设置，客观上促使某些舆情事件往往具备跨地域传播的巨大影响力。例如，保健品血燕，有着较为小众的消费人群，而且其并非日常生活必需品，但是问题血燕仍然成为年度重大食品安全案件。问题血燕事件牵扯地区诸多，广州、福建、浙江等地均有波及，甚至血燕的原产地马来西亚等地也有所涉及。而此食品安全舆情就是典型的最早由地方媒体纷纷披露各地的"问题血燕"，从而促使各地的问题汇总成为一个议题，并最终引起了国家的重视。

再次，针对食品安全问题，政府的严打行为具有更为显著的跨地域性。在"瘦肉精"事件的调查中，就牵扯到跨省追捕问题，最终由河南警方与江苏警方联合抓捕了犯罪嫌疑人。而公安部侦破特大制销"地沟油"案件中，更是涉及浙江、山东、河南等地。此案例中，首先由浙江宁海警方抓获安徽籍的地沟油收集犯罪嫌疑人，之后顺藤摸瓜牵扯出山东和江苏两地的收购地沟油商户，而在地沟油商户的主要销售地河南和山东，公安部门又有针对性地对销售地进行了调查取证行动。

**2. 地区舆情主要集中于东、西部**

从单个地区的舆情案例来看，江苏、山东等东部地区成舆情高发地区。

江苏作为我国经济重镇、农业和商业大省，2011 年成为食品安全类舆情事件的重灾区，在食品安全类舆情事件发生地中高居榜首。相关舆情事件有西瓜膨大剂、可燃面条、水银刀鱼等因食品添加剂引发的危机和俏江南回锅油、五芳斋"霉粽子"及湾仔码头"细菌门"等。

山东地区的舆情事件中，青岛首当其冲。青岛地区的食品安全舆情事件呈现出较为明显的地域特征，水产类食品安全事件舆情遭遇曝光较多，如青岛福尔马林浸泡小银鱼事件、海鲜保鲜滥用添加剂和含剧毒化学品事件等。从曝光方式来看，地方媒体《城市信报》记者的暗访行动成为曝光的重要方式。DQ 奶浆门中，记者暗访了一整天；俏江南"死鱼换活鱼"事件中，记者进行了为期三天的暗访；而海底捞事件中，记者从 8 月 15 日到 22 日进行了为期一周的"打工"。记者的这种暗访行动有助于媒体及时掌握第一手资料，能够在报道中突出细节描写，并通过对后厨的"揭秘式"的暗访充分激发公众的好奇心，从而获得广泛的舆论关注。

西部舆情以重庆、甘肃为主，其中重庆的食品安全事件舆情较为突出，从舆情曝光的途径来看，政府主动监管与群众举报成为主要的曝光方式，"政府严打"的特点突出。2011 年，重庆市政府主动开展一系列针对食品安全的严打活动。在具体的执法过程中，也表现出较为严厉的姿态，比如针对沃尔玛出售虚假绿色猪肉事件，重庆政府开出 269 万元的罚单，并责令其关门整顿。另外，重庆当地居民食品安全意识相对较强。当消费者发现问题时，能够积极主动地上报问题。如沃尔玛出售虚假绿色猪肉最早就是由群众举报的。

（三）非法添加问题频出，生产、加工过程中的违法或不合格现象严重

近年我国食品安全问题主要分为如下三类：第一类为农药残留超标问题，第二类为非法添加问题，第三类为生产安全和品质问题。[3] 2011 年，非法添加问题突出，近一半的重大食品安全舆情事件都是由非法添加剂引起，占比达 50.9%。典型者如瘦肉精、牛肉膏、墨汁粉条、山西陈醋勾兑、毒豆芽、染色椒、毒血旺、水银刀鱼、味千拉面"骨汤门"、小肥羊火锅底料添加剂等。其次食品生产、加工过程中缺少监管，产品品质不合格的现象亦很严重，占比 20.8%，如俏江南回锅油问题、北京黑心烤鸭、五芳斋"霉粽子"、麦当劳蛆虫和"暴晒门"等。食物中毒、伪造或冒用其他品牌、农药残留超标等问题在 2011 年食品安全类舆情事件中也有体现，分别占比 7.5%、5.7%、5.7%。此外，产品原料问题的舆情案例占

比 3.8%，在监管、举报过程中出现的一些谣言案例，占比 3.8%，由产品的保质期问题引发的舆情占 1.9%。

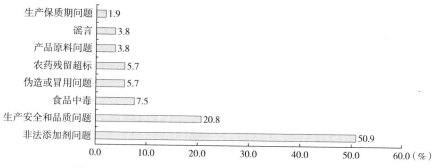

图 3　2011 年影响较大的食品安全类舆情事件的类型分布

## （四）"洋快餐"回应态度强硬，引发行业危机

纵观 2011 年全年食品安全舆情，其中较为突出的一类事件为外国在华的快餐行业集体被曝出各类事件。从味千拉面的"骨汤门"、肯德基的"黄金蟹斗臭鱼肉"、"全家桶增白剂超标事件"、"豆浆门"、"后厨风波"到麦当劳的"蛆虫门"，面包"暴晒门"，以及之后的 DQ "奶浆门"，等等。这些"洋快餐"食品安全事件集中爆发在 7、8 两个月中，且呈现出环环相扣的"多米诺骨牌"效应，一家企业一个事件往往连带出其他多家企业，不仅仅包括外企，还有众多民族品牌也纷纷受其影响。例如味千拉面的"骨汤门"立即引发了海底捞的"汤底门"事件，随后直接引发了复杂而影响深远的"食品勾兑"话题。

在爆发出不同的食品安全问题或者相关问题后，几乎所有的涉事在华"洋快餐"都表现出了强势的态度，往往在首次曝光时采取漠视态度，或者较为生硬地通过官网进行否认和反驳，随后在巨大的舆论压力下，又修改措辞，进行辩解，之后或者下架涉事产品，或者以简单的道歉了事。典型的案例如肯德基的"N 重门"，3 月份曝出肯德基"黄金蟹斗"事件，肯德基通过官网予以否认。当其"豆浆"被质疑是由豆浆粉冲泡而成时，肯德基在否认其以"现磨现做"做宣传后，仍旧利用官网说明其使用豆浆粉是由于"传统的现磨工艺无法满足对品质划一及食品安全的要求"。而 8 月曝出"冷冻鸡过水就下锅，新油勾兑旧油，生产日期随便改，员工无上岗培训"等一系列"后厨风波"后，肯德基才利用官网首次发出致消费者的公开信，就上述问题一一道歉。

（五）曝光路径特点：以群众举报为主，媒体监督与政府督查为辅

2011 年度国内各种涉及食品安全的事件遭到曝光，其显著特点是以群众的举报行动为主，占 37.7%，政府在执法过程中主动披露的案例也较多，占 32.7%，由媒体披露的占 24.5%，其他占 5.6%。

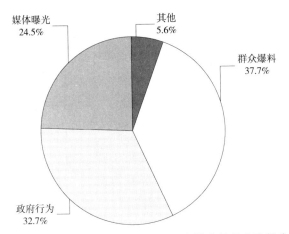

图 4　2011 年影响较大的食品安全类舆情事件曝光路径分布

群众举报的途径主要有三种：其一，群众向当地政府机构工商局等部门进行举报，借助政府的力量来处理社会上存在的不合格食品以及相关生产销售者。如"水银刀鱼"事件、广东"墨汁粉条"事件、沃尔玛"绿色猪肉"事件、河北石家庄臭豆腐黑作坊事件等。其二，群众直接向媒体爆料，再借助媒体平台扩大该食品安全事件的地区和全国影响力。比较有代表性的是"北京香精包子"事件，2011 年 9 月 7 日在北京霍营地铁站附近一家包子店使用不明香精调制包子馅，同时北京朝阳、昌平等地也出现类似事件。该事件是由"知情群众"向《新京报》举报的。其三，不少群众选择直接与公司交涉，维护自己的利益，但是这种方式效果极为有限，最终往往依靠政府部门的监管解决。

此外，随着新媒体的高速发展，网络论坛、微博等成为公众直接曝光食品安全问题的重要平台和途径。肯德基出售"黄金蟹斗"的食品中涉嫌

用"臭鱼肉"为原料，是 2 月 27 日由网友"凉皮"在华商论坛发帖爆料的；5 月中旬，"飘动的树叶"等网民纷纷在天涯论坛发帖称在北京西单、前门等地买回的"北京烤鸭"是"黑心烂肉烤鸭"；"匿名人士 71224"则于 7 月 31 日在猫扑论坛上曝光北京密云县麦当劳所使用的"汉堡"在日光下暴晒。7 月 12 日网友"付小小 ki"发微博称肯德基用成本只有 0.7 元的豆浆粉冲泡 7.5 元一杯的豆浆；10 月 16 日，网友"偶叫三胖"在微博上图文并茂地披露了京沪高铁上保质期 10 个月的早餐油条，引发舆论关注。

而媒体通过调查发现和曝光食品安全问题往往比群众举报的食品安全问题更能引起爆点，引发全国舆论关注的热潮。2011 年不少重大的食品安全事件均为传统媒体首曝。由于媒体记者在曝光某一具体事件前会进行较长时间的调查，其报道的内容不仅客观全面而且细节突出，图文并茂，再加上传统媒体对事件进展的后续报道、深度评论，往往能够深化公众对事件的认识和理解。中央电视台《每周质量报告》成为其中的典范，其在 3 月 15 日曝光了"健美猪的真相"，矛头直指双汇企业，瘦肉精事件引起全国舆论高度关注；央视财经频道制作的"超市馒头这样出炉"的节目披露了上海染色馒头的状况；青岛《城市信报》的记者多次以打工者的身份进行暗访，曝出了海底捞勾兑汤底问题；《证券日报》记者采取同样的方式对肯德基后厨出现的诸多问题加以曝光。

此外，政府不少部门主动出击，在对食品市场进行调查时也发现不少问题并予以公告，一定程度上降低了食品安全潜在风险。添加剂"牛肉膏"进入公众视线是由于 2011 年 4 月初，安徽合肥工商部门在查处劣质肉松时，顺藤摸瓜带出小作坊使用"牛肉膏"将鸡肉变"牛肉"的问题。10 月 19 日，思念水饺被查出含有金黄色葡萄球菌，11 月 3 日三全水饺陷入"细菌门"，11 月 16 日湾仔码头出事，三家公司前赴后继曝出问题，信息来源于北京、广州、南京工商局公布的报告。

媒体对食品安全问题进行监督并加以曝光，政府主动查处并披露食品安全问题成为继群众举报行为后 2011 年度食品安全事件曝光路径的重要补充。

（六）事件曝光方式：传统媒体占主导地位，网络媒体以微博为主

从 2011 年影响较大的食品安全舆情事件的首曝媒介来看，79.2% 的事

件均由传统媒体曝光，而经网络媒体曝光的仅占 18.9%。另外 1.9% 的食品安全事件的首曝途径不详。其中，参与曝光的传统媒体的类型多样化，报纸成为占据主导地位的首曝媒介，电视紧随其后；而网络媒体具体媒介类型中则以微博为主。

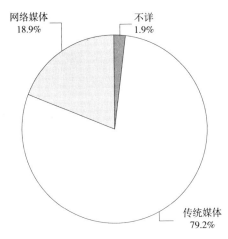

图 5　2011 年影响较大的食品安全类舆情事件的曝光方式

可见，2011 年影响较大的食品安全类舆情事件，遭遇曝光途径的特点为以传统媒体为主，网络媒体为辅。而且影响较大的事件例如双汇瘦肉精、染色馒头、墨汁粉条等往往都由传统媒体首曝。

食品安全事件成因复杂，且具有很强的隐蔽性，经常处于社会死角处，不易察觉。传统媒体的专业性、权威性能够保证调查扎实，报道内容翔实，既有记叙，更有深度评论，相对客观且富有说服力。因此，传统媒体报道的往往都是一些在全国范围内引起舆论热议的重大食品安全事件。而网络媒体在此方面的能力和表现均欠佳，且容易滋生谣言。例如 2011 年日本地震核辐射扩散时，网络谣言纷纷传碘盐可以防辐射，导致了公众疯抢碘盐的危机。

（七）事件特性：集中于长期存在的顽固性社会弊病

从 2011 年影响较大的食品安全事件首次曝光距事件发生的时间差来看，当天曝光的占 5.7%，事件发生 1 天后被曝光和 2～3 天后被曝光的比例均为 7.5%，4～7 天后被曝光的占 9.5%，而发生后 1 周以上曝光的案例比较少，1 周至 1 个月和 3 个月至半年的分别占 9.5% 和 7.5%，52.8% 的案例是发生半年以上才被媒体曝光的，可见，2011 年影响较大的食品安全类舆情事件多半为长期存在的顽固性社会弊病。如震惊全国的瘦肉精事件，湖北、河北、兰州等地的豆腐黑作坊，大米镉超标，问题血燕，黑心烤鸭事件等，其中不少食品安全问题相对集中于小作坊、黑作坊的街头小吃，隐蔽性强，流动性大，监管难度高。

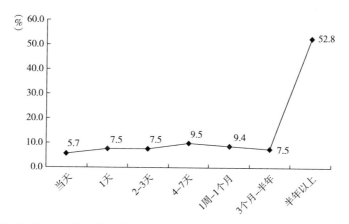

**图 6　2011 年影响较大的食品安全舆情事件发生距曝光时间差分布**

## 二　2011 年食品安全舆情应对特点分析

### （一）舆情应对能力不足，近半数企业无明显干预

2011 年影响较大的 53 起食品安全舆情事件中，从舆情应对主体介入距事件发生的时间差来看，事件发生后当天介入的占 1.9%，1 ~ 3 天后介入的占 9.4%，4 ~ 7 天介入的占 1.9%，1 周至一个月介入的占 11.3%，1 ~ 3 个月介入的占 5.7%，3 个月至半年介入的占 1.9%，而事件发生到干预的时间在半年以上的占 43.4%，有些甚至长达几年，无干预的则占 22.6%。

可见就食品安全类舆情应对时效而言，近一半案例的应对存在滞后性，近四分之一舆情事件中的涉事主体无明显应对。这折射出我国企业在应对舆情危机时，可能存在危机意识欠缺，有效的应对举措相对不足等问题。

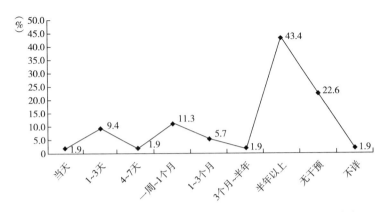

**图7  2011年影响较大的食品安全舆情事件曝光距干预时间分布**

（二）责任主体缺失，监管主体单一，"洋快餐"行业舆情曝监管缺失

尽管2011年各级政府严打食品安全违法犯罪行为，推出不少新规保障食品安全，但是就全年频发的食品安全舆情事件而言，食品安全领域仍暴露出不少监管问题。追根究源，责任主体缺失、风险预防机制不足、监管单位主体单一、监管力度不足是主要原因。

就食品安全管理体系而言，我国食品安全实行分段管理，养殖、生产、流通、餐饮环节分别由农业、质检、工商、卫生等部门管理。此外，药监、出入境管理局等也会涉及食品安全问题。分段管理有其积极一面，能够细化职权，并能够使管理主体相互监督，但另一方面，分段管理不仅需要设立多家机构，加大成本，而且可能造成责任主体不明晰、不同部门之间相互推诿的弊端，从而使得责任主体缺失。例如在沈阳"毒豆芽"事件的后期，为了从根本上解决"毒豆芽"的监管问题，2011年4月19日上午，沈阳市打假办同公安、工商、质检、农委等部门召开了专题会议，会上各部门均称"不归我管"。虽然，最后统一由农委部门对该事件进行了负责和处理，但前期互相推诿的过程一定程度上暴露了责任主体缺失的现状。在大米镉超标舆情事件中，抽查的样品10%存在镉超标问题。2011年2月14日镉超标问题被媒体曝光，由于缺乏一个明晰的责任主体，直到3月4日，卫生部才回应"正在调查'镉大米'事件"，而后广州查封了两家大米镉超标加工工厂。

另外，2011 年食品安全类舆情的一大特点是——"洋快餐"舆情集中爆发，这也折射出了我国法律和政府对在华企业，特别是快餐服务行业监管的诸多不足。首先，这些事件由于缺乏政府相关部门的强有力的调查处理，其结果往往是不了了之，政府有关部门也并没有对上述企业采取处罚行为。其次，缺少针对洋快餐行业的法律法规，导致了政府在进行监管时缺乏依据，执法力度也略显薄弱。

### （三）政府问责力度尚显不足，后续举措欠缺

2011 年国家出台了多项举措规范食品生产、保障食品安全，但总体而言，政府的问责力度尚显不足，危机应对主体轻视事后的修复举措，危机修复管理能力缺乏。2011 年影响较大的 53 起舆情热点事件中，政府有问责的仅占 47.2%，而无问责的占 50.9%，另有 1.9% 至今仍未处理或未明确是否有问责。而有相关事后举措的仅占 28.3%，无事后举措的占 69.8%。从问责力度来看，问责主要集中于几起影响较大、危害性强的事件，如瘦肉精案、沈阳毒豆芽、甘肃平凉牛奶中毒事件等。另外，问责力度与政府监管力度有关。在重庆染色花椒和毒血旺事件中，重庆市政府积极采取举措，对当事人予以法律和经济上的严处，显示了较强的监管力度。政府问责当然并非以惩处为最终目的，但是食品安全关乎百姓日常生活，有效问责一定程度上能够防患于未然，保障食品卫生安全。

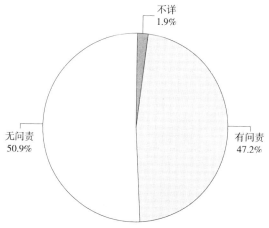

图 8　2011 年影响较大的食品安全类舆情事件政府问责情况

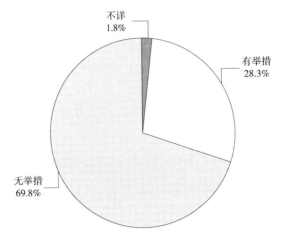

图9　2011年影响较大的食品安全舆情事件危机应对
主体事件有无事后举措情况

（四）不少危机应对主体预警机制缺乏，应对时效性不强，公关问题重重

在2011年频发的各类食品安全事件中，众多民族企业被推上风口浪尖。如双汇瘦肉精事件，雨润火腿被疑二次加工，三全、思念及湾仔码头集体陷入"细菌门"，小肥羊、海底捞因火锅汤底等问题被公众质疑，俏江南陷入"回锅油门"，五芳斋因"霉粽子"而遭到舆论叩问等。总体而言，这些企业在应对食品安全问题时普遍存在缺乏风险预警机制、应对时效性不足等问题。风险预警机制的缺乏使得民族企业面临食品安全问题时一度陷入困境，相对滞后的官方声明往往引发对企业的诟病。几乎所有的民族企业都在事发后几日才通过官网或者向媒体发来"声明"，例如雨润公司在事件曝光后的第6天，俏江南在事发后的第3天才发表声明否认公众对其的质疑。

同时，不少企业严重依赖公关公司。必要的公关行为一定程度上能够使得企业摆脱危机，但是本末倒置的公关活动往往使民族企业陷入新一轮舆论压力之中。以双汇瘦肉精事件的公关为例，公关速度较快，在当天就对此事进行了回应。就其回应举措和公关举措而言，双汇集团也采取了一系列举措（见表3）。但是就其沟通的效果而言，双汇集团的道歉并没有让公众感觉到真诚，后期曝光出"万人大会"为公关公司的手笔，更是反映出双汇集团并没有真正从消费者利益和企业责任出发，而是试图以公关秀来挽回公司的形象。另外，"万人大会"为公关公司手笔，也从侧面反映出以双汇集团等为代表的民族企业缺乏完善的危机公关系统。

**表3 双汇集团陷入"瘦肉精"事件后的公关举措**

| 时间/阶段 | 双汇反应/公关举措 | 备注 |
|---|---|---|
| 3月15日 | 双汇集团副总经理表示，双汇集团"不可能出现这样的事情"，并承诺给消费者一个交代 | |
| 3月16日 | 双汇发表声明，表示道歉，同时停产自查 | 推翻了前一日的说法，出现前后口径不一致 |
| 3月17日 | 双汇发表第二份声明，将每年3月15定为"双汇食品安全日"，并罢免相关责任人 | |
| 3月31日事件爆发后15天 | 双汇在河南漯河召开"万人职工大会"，所有管理层、漯河本部职工、经销商、部分新闻媒体等参加，董事长亲自道歉 | 会上背景板出现拼音拼写错误，以及会上大呼"双汇万岁"被人质疑为公关作秀 |
| 双汇下架20天后 | 区域经理为证明自己的东西没问题而在超市现场大吃火腿肠 | |
| 3月18日始 | 大规模销毁生猪肉 | |

## 三 食品安全舆情事件与媒体应对策略

### （一）食品安全事件的传播途径和特点

纵观2011年的重点食品安全事件，其事件和议题的传播途径与方式如下。

其一，消费者求助传统媒体曝光事件。此种情况下，当消费者遭遇食品安全问题时，首先寻求传统媒体的帮助，以维护自身合法权益；而事件一经媒体曝光，特别是传统媒体曝光后，往往在社会上形成巨大的影响力。麦当劳的"蛆虫门"事件为典型代表，消费者在现场维权未果之后，第一时间求助电视台的民生类栏目，该事件也借电视这一渠道得以传播。

此类传播途径也包括另一种形式，如俏江南"回锅油"事件，事件最初是由消费者怀疑果汁系勾兑而投诉当地报纸。该报社派记者介入此事，深入挖掘，曝光该店在废油回收使用方面确实存在一定的问题，从而引起了社会关注。

其二，媒体主动设置议题揭露事件。此时媒体往往会采取必要的暗访举措，主动参与相关舆情事件的曝光。区别于上述消费者投诉、记者随后暗访的方式，此处的暗访是媒体的主动介入行为。在现实中，媒体与食品安全监察部门等政府机构和相关企业往往有着一定的信息沟通渠道，能够及时获知政府机构或者企业的消息，迅速介入事件。比如"问题血燕"事件中，媒体最早是从广东省检验检疫局获得检验结果，媒体报道后，该事件广泛传播。而海底捞"勾兑门"事件的源头为传统媒体对网上流传的"海底捞的病毒式营销"的关注，随后青岛当地媒体主动派记者暗访，将此事曝光。

其三，网络"自媒体"以点带面，放大事件影响力。在新媒体环境下，微博、社交网络等兼有"自媒体"性质的信息平台和信息渠道，发挥着越来越重要的作用，其影响力也日益增长，如"动车油条保质期"事件就是由网友主动在微博上发布，并在短时间内得到众多网友转发，进而由公众议题进入媒体议题，经由当地媒体曝光，产生较大影响的事件。

基于上述传播途径及影响力，食品安全事件传播也呈现一定的特点。

报纸、电视、广播等传统媒体牢牢把持着舆论的主导权，成为食品安全事件爆发时消费者信任和诉求的重要对象。同时，不少经由网络媒体首发的事件，往往也需要传统媒体的介入和跟进报道，才能引发社会更大范围的关注，形成舆论热点事件。

以微博等为代表的网络自媒体发展迅猛，已成为网络社会重要的信息来源和信息传播平台。其极为便捷的评论、转发等功能，更是促进了网络化的人际传播，一定程度上实现了信息的指数级扩散。但也应看到其负面影响，如"新疆艾滋病人滴血感染"谣言事件就是通过微博放大了谣言和风险。因此，面对微博等新媒体的高速发展，既要鼓励其发挥优势，又必须对其加以引导和规范，使之成为食品安全事件传播新的支柱。

## （二）媒体报道食品安全事件的责任

媒体在食品安全事件的报道中往往发挥着双重作用。一方面，媒体在食品安全事件等的报道过程中，发挥着积极作用，在一定程度上促进社会资源的整合，为政府决策和管理提供参考，促进食品安全事件个案的解决效率，提高公众乃至社会对食品安全的重视程度。首先，新闻媒体在食品监管过程中能及时发现违法事件，履行监督职能。这是由于媒体自身特性决定的，其信息来源广，对新闻事件敏感，有着报道的及时性和评论的深入性等特点。其次，媒体还是重要的信息发布平台和沟通渠道。政府机构能够在第一时间将信息传达给公众，而公众意见也能够通过媒体反馈给决策机构。民生新闻栏目就是其中的典型代表，如 2011 年 8 月麦当劳"蛆虫门"中的受害者就是第一时间向当地电视台的民生新闻栏目求助的。在不少公众心目中，媒体尤其是民生新闻栏目在食品卫生事件中担当"救火队"角色。此外，媒体还担当了宣传食品卫生相关知识的传播者角色。

然而另一方面，也出现了一些媒体夸大风险、报道失实的问题。近几年，国内的不少食品安全事件报道陷入一种报道模式，即食品卫生安全事件发生，经由媒体曝光后，引发受众哗然，接着政府、专家进行澄清或是道歉，公众最终无法判断谁是谁非，对专家和政府机构产生怀疑和不满情绪。因而，媒体在参与食品安全事件过程中，必须履行相应的媒体职责。

其一，客观真实报道。客观性和真实性是媒体新闻报道中需要坚守的根本，但有些媒体为了抢占新闻资源，夺人眼球，往往对食品安全事件夸大报道。前几年的"纸包子"事件，最终被证实是"媒体记者"为了吸人眼球的造假事件；2011 年的"西瓜膨大剂风波"、"山西陈醋 95% 为勾兑"等就经过了部分媒体的炒作，影响了瓜农以及山西陈醋产业的经济利益，在社会上造成了不小的影响。因此食品安全事件报道过程中，媒体需要坚持客观公正的态度。

其二，理性分析。受到媒体行业的激烈竞争和经济条件等的影响，在报道食品安全等新闻事件时，部分记者和媒体往往不愿意对某单个事件投入巨大人力物力进行深度调查，从而容易导致有些事件中媒体观点和态度前后出入、信息含糊不清。"可燃面条"事件中，有记者直接断定面条添加了化学用品，不能食用，直到经过《扬子晚报》记者深入调查后，才打消了公众的疑虑。这一事件为媒体食品安全事件报道敲响了警钟。媒体只有保持客观理性的分析态度，才能有效地降低食品安全事件误报率。

其三，公正评价。不少媒体在报道食品安全事件时，往往会同情弱者，直接断定过失在于商家。在这种媒体议题设置影响下，公众对国内食品安全普遍持有怀疑态度。他们通过网络等发泄不满情绪，最终上升到对整个食品安全的不信任。值得警惕的是，公众往往对外国公司生产的食品持有较大的宽容和信任，却对国内民族企业生产的食品表示出极不相信的态度。如肯德基、麦当劳洋品牌即使暴露出问题，也仍然是公众选择消费的对象。媒体长期负面议程设置带来的弊端由此可见一斑。因此媒体在报道食品安全事件时，要时刻恪守新闻职责，对新闻事实进行客观公正的评价，重塑中国食品在公众心目中的地位。否则一个媒体就可能毁掉一个苦心经营的百年老店，毁掉一个国家食品的形象以及国人对其的信心。

## （三）媒体与谣言

人类社会中谣言伴随着信息传播而出现。谣言的出现不仅传播了错误信息，而且形成社会恐慌心理，成为信息社会中的不稳定因素。1947 年奥尔波特和波斯特曼给出了一个决定谣言的公式：谣言 = 事件的重要性 × 事件的模糊性。[4]由此可见事件越重要，模糊程度越高，谣言产生的概率也就越大，因此有效控制谣言就要做到信息透明化。媒介作为信息的传播渠道有时能扼杀谣言于摇篮中，有时却助长了谣言的传播。

### 1. 媒体对谣言的助长

新媒体时代，人人都能成为信息的发布者，微博等网络媒体赋予公众更多地表达意见、进行沟通和交流的机会，成为当下最具传播力的新媒介。而微博的匿名性、碎片化特征也助长了虚假信息的快速传播，各种虚假信息通过微博平台迅速裂变传播。首先，在匿名环境下，一些人缺乏必要的媒介素养和自我约束能力，容易参与谣言的传播。其次，长期"宁可信其有，不可信其无"的心态，使得一些人在面对谣言时，容易相信谣言。在"沉默的螺旋"效应作用下，越来越多看到谣言的公众更容易接受谣言，尤其人们对某些消息根本不了解时，从众情况更加严重，再加上微博等新媒体的推动，谣言更易滋生蔓延。

2008 年的四川广元橘蛆事件，就是通过网络、手机短信的传播，造成四川橘子的滞销。2011 年 2 月郑州传出的"可燃面条"以及 11 月出现的"新疆艾滋病人滴血投毒"谣言，就是部分用户通过微博、腾讯 QQ 及手机短信的形式进行传播，一时间造成较为严重的社会负面影响。而在此过程中，不少公众既是谣言的受害者，也成为谣言的传播主体，进一步扩大了谣言的传播范围。

除了新媒体外，传统媒体有时欠考虑的失实报道也容易滋生和助长谣言。2011 年 6 月"海南香蕉乙烯利事件"，就是传统媒体夸大报道了海南香蕉的催熟情况，造成海南香蕉大面积滞销。

**2. 媒体对谣言的遏止**

当谣言已严重侵害到个人利益，造成社会恐慌时，如何消解网络谣言呢？美国桑斯坦教授说过，将人们置于均衡的信息环境，并以事实真相取代谬误。[5] 因此，如果媒体能够提供客观全面真实的信息，对公众加以适当引导，在一定程度上就能够起到遏止谣言的作用。2010 年新浪门户网站开辟了"辟谣小组"，专门应对其微博中出现的各种真假难辨的消息。2011 年的"海南香蕉滞销事件"、"黄瓜使用避孕药"、"西瓜膨大剂有害"等谣言出现后，传统媒体在事后做了回应、更正，遏止了谣言的扩散。

但有时，传统媒体或政府官方的辟谣并不能有效地遏止谣言。首先，澄清速度不及谣言速度。以 2011 年的海南香蕉滞销事件为例，早在 4 月 23 日就有媒体报道"乙烯利"催熟香蕉对身体有害，但直到 5 月中旬央视才对此进行辟谣，其澄清速度远远落后于谣言传播速度。其次，部分媒体报道的前后矛盾和失实报道影响了公众的判断，使得部分公众信"谣言"不信"真实"，信"小道消息"不信"专家意见"。

食品安全事件谣言四起时，媒体应做到：第一，及时回应，充分呈现。谣言发生后要第一时间进行传播，向公众充分展示真实信息，普及科学知识，遏止谣言扩散。第二，多渠道发布消息。新媒体环境下，电视、报纸、广播、网络全面出击，单项传播与互动传播相结合，共同打击谣言。第三，加强媒体公信力。媒体要进行自我反思和自我监督，保障新闻报道的客观公正，提升媒体公信力。

## 四 食品安全卫生事件应对的策略与建议

### （一）政府应对策略与建议

#### 1. 完善食品卫生相关法律，加强政府执法力度

纵观 2011 年度食品卫生安全状况，从屡禁屡出的"地沟油"到上海染色馒头事件，食品安全问题依旧非常突出，成为本年度的舆论高发点。食品安全舆情频发，首先是因为巨大的利益驱使，使得食品生产商们冒着风险，顶着法律制裁，生产不合格食品，牟取暴利。其次是国内食品相关法律制度不健全。国内的食品市场巨大，门类多、消费大，立法的不完善，增加了执法的难度。因此有必要完善食品卫生的相关法律制度。

2011 年 2 月 25 日，十一届全国人大常委会第十九次会议通过了刑法修正案。此次刑法修正案，单独明列出食品安全监管部门渎职的刑事责任，从经济上加大了处罚力度，并明确指出"致人死亡或有其他特别严重情节的事件，处十年以上有期徒刑、无期徒刑或者死刑"[6]。刑法修正案中关于食品安全问题的提出从根本上对以上行为形成约束，这是值得肯定的。但在法案通过以来的将近一年时间里，仍罕闻因食品安全事件遭受法律严重制裁的案例发生，不得不说上有政策、下有对策，新刑法修正案的此项条款在执行中依然有很大回旋余地。要真正实现法律的"紧箍咒"，在实施细则和量刑尺度上，仍需要进一步加强和完善。

此外，我国食品安全专门法律规制仍存缺陷。近年来，我国新颁布了《中华人民共和国食品安全法》、《中华人民共和国食品安全法实施条例》，基本构建食品安全法律体系雏形。而在发达国家，以美国为例，既有纲领性的《联邦食品、药物和化妆品法》、《食品质量保护法》和《公共卫生服务法》，也有非常具体的《联邦肉类检查法》、《禽产品检查法》和《蛋类产品检查法》等，这样既保证了条线上上位法对下位法的明确指导关系，也在覆盖面上对食品安全所涉及的各个领域均有法律进行规范，形成了健全的食品安全法律保障体系。同时，相较而言，我国食品安全法律对责任主体结构的认定存在一定偏颇，片面强调食品生产加工者的责任，而

对政府在食品安全问题过程中的监督职责选择性忽视。事实上，作为食品安全的第二责任主体，政府职责举足轻重，尤其在依托市场机制运转不灵的时候，如果仍过分看轻政府职责，无有效的政府问责机制，那将必然导致政府监管的懈怠甚至缺失。

随着经济的发展，民众愈发重视生活品质，尤其是食品卫生问题。但食品行业标准过低，暴露出食品行业不少问题，也引发公众的质疑。2011年公众对乳制品新国标的质疑和不满，就是公众不满国内奶制品行业标准的体现。较低的食品安全标准不能有效保障我国消费者日益增长的对食品卫生标准需求，食品卫生行业的公信力受到一定损害。然而在食品出口方面，由于按照国际食品卫生标准生产，我国不少出口食品质量相当优良，在国际市场上有着良好的口碑。这一里一外、一中一洋的差异，不断挑战着国内公众的忍耐度。

总之，我国食品安全标准的缺陷直接导致了政府相关部门监管与执法力度不够，甚至形成事前无从下手、事发后匆忙弥补的尴尬局面。因此，建立健全合理、公平的食品安全标准和执法标准，使之成为食品安全的"紧箍咒"，才能有效提高政府执法力度。

**2. 政府严打黑作坊，规范企业行为**

近年食品安全问题中很大部分为黑作坊生产出的有毒有害食品。黑作坊，顾名思义是指没有在国家工商部门注册的私人作坊，一般生产假冒伪劣三无产品，主要是食品和药品。黑作坊生产的食品药品等不仅对相关行业造成了影响，同时也成为威胁公众生命健康的元凶之一。

表4　2011年影响较大的黑作坊案件

| 时间 | 事件 | 政府举措 |
|---|---|---|
| 1月 | 湖北黑作坊用工业原料制作豆腐 | 湖北省工商执法人员查处取缔 |
| 3月 | 重庆黑作坊生产"福尔马林"炮制的毒血旺 | 当地工商局，警方联合行动，逮捕嫌疑人，对市场进行调查。 |
| 4月~5月 | 北京"黑心烤鸭" | 北京公安，工商联合调查抓获犯罪嫌疑人；并取缔了河北生产黑心烤鸭的黑作坊 |
| 6月 | 兰州黑作坊"黑油"煎炸豆腐 | 兰州市工商局城关分局巡查大队查处取缔 |
| 7月 | 兰州黑作坊洗发精、洗发水制作豆腐 | 兰州市工商局经济检查分局查获 |

续表

| 时间 | 事件 | 政府举措 |
| --- | --- | --- |
| 7月~9月 | 公安部侦破"特大地沟油"事件 | 公安部统一指挥浙江、山东、河南等地公安机关，捣毁生产销售地沟油的黑窝点6个，并抓获主要犯罪嫌疑人32名 |
| 8月 | 石家庄黑作坊硫酸亚铁加工臭豆腐 | 臭豆腐窝点被端，公安人员已立案查办 |
| 12月 | 南京非法鸭血黑作坊 | 工商，公安机关加以取缔和逮捕嫌疑人 |

黑作坊的存在由来已久，各级政府对其一贯予以高度的关注，严厉打击。2011年8月22日起，公安部部署全国公安机关集中开展"打四黑除四害"专项行动，其中就包括严厉打击整治制售假劣食品药品的"黑作坊"、制售假劣生产生活资料的"黑工厂"，各地纷纷开展严打活动，其成果斐然。[7]截止到2011年12月1日，仅广东省地区，就抓获违法犯罪嫌疑人1339人，共打掉食品药品犯罪团伙5个，端掉"黑窝点"11个、"黑作坊"7个、"黑工厂"6个、"黑市场"3个，破获"9·15"特大制贩"地沟油"案件等。[8]在这样的严打背景下，2011年，全国各地捣毁了大量生产销售地沟油的黑窝点及其地下产业链。7月，公安部统一指挥浙江、山东、河南等地公安机关，摧毁了一条采集、粗炼、倒卖、精加工、销售地沟油的地下产业链，捣毁生产销售地沟油的黑窝点6个，并抓获主要犯罪嫌疑人32名。

政府的严打举措有助于从根源上消除黑作坊。但纵观这些黑作坊，其生产加工所在地十分隐蔽，或为城市中老城区的巷弄里，例如兰州工商局捣毁的黑豆腐作坊均在老城深巷中；或为相对偏远的乡镇农村，例如石家庄查获的豆腐黑作坊在栾城县楼底镇邵家庄村南一废弃养殖场内，而"北京黑心烤鸭"为河北博野县黑作坊生产。因其隐蔽性和流动性等特点，使得政府在管理过程中难免出现漏网之鱼，而仅仅依靠相关政府部门的严打行动显然不足，而是需要公众、媒体、行业等共同协作。不少黑作坊之所以被媒体曝光，进而被有关部门查处，受到公安机关严打，很多离不开群众的举报。例如石家庄臭豆腐黑作坊就是相关部门接到群众举报进行调查处理的。此外，媒体的监督也在其中发挥着重要的作用，"北京黑心烤鸭"事件最早由网友在天涯论坛发帖控诉，引起了媒体的关注，新华社"中国网事"记者专门进行了实地探访并将此事曝光，随后北京警方、工商部门等通力合作，才最终调查出源头黑作坊，抓捕了犯罪嫌疑人。政府的严打举措，表明了国家保障食品安全的决心，有助于我国食品安全行业形象重塑，改善我国食品安全的环境。

**3. 鼓励多样化的第三方，建立风险框架理论下的多元模式食品安全风险机制**

多样化的第三方机构能够对食品安全事件发挥一定的监督作用，有助于我国食品安全的健康发展。第三方机构包括行业协会、食品安全检验所、民间自发团体等，它们在食品安全卫生中发挥着不容忽视的作用。尤其是近年来民间自发团体作为独立第三方的出现，为我国食品安全舆情应对提供了新兴力量。如在"雀巢婴儿米粉含砷"等热点食品安全事件中，"科学松鼠会"、"果壳网"等基于新兴网络平台团体的科普协会、专业机构等，独立于政府机构或商业团体，从科学视角解读事件、现象及其动因，善用微博等新媒体信息传播方式和渠道，主动发布文章和消息，并在不断发展过程中积累了一定的权威性和公信力，成为民间力量的第三方团体中的表率。鉴于此，政府机构应适度鼓励发挥着积极作用的食品安全第三方力量，使之成为食品安全的助推器。

就国家食品安全委员会的职能框架而言，当前，根据《食品安全法》第四条第一款的规定，"国务院设立食品安全委员会，其工作职责由国务院规定"。在此法规下，我国对于食品安全问题的监管工作具体落实到各个不同的部门。然而，由于部门之间的地位和职能平行，有时候会在具体的管理过程中存在职能的重叠和推诿现象。因此，有学者在此基础上提出了在国务院食品安全委员会和具体部门之间增设政策委员会及专家组的构想（见图10），而专家组基于风险沟通的不同环节具体分为风险评估、风险沟通、风险控制、风险应急处理等多个小组，具体负责前期预警到流通环节的监管，以及之后的应急反应等不同环节。

同时，我国现有的食品安全规制模式是以政府管理为基础的。政府对食品安全直接管理，其成本相对市场而言更为低廉，但也存在着监管盲区等的制约。[10] 因此，在政府行政管理、制定标准、建构法律体系的同时，也需要结合市场运作和法制责任追究等，建立和完善多元参与的食品安全风险治理机制。在此多元机制下，政府与食品企业以及消费者之间还存在一个社会中间层。社会中间层[11]是为政府干预市场、市场影响政府和市场

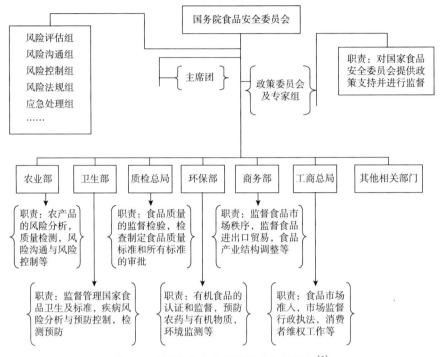

图 10　我国食品安全风险治理架构设想[9]

主体之间的相互联系起中介作用的主体，具有辅助政府管理的作用。在当下的食品安全管理中，社会中间层的作用更多表现为行业协会的协管、企业联盟的自治，以及媒体的舆论监督作用。同时，食品安全中直接利益攸关者——消费者，也应当积极发挥监督政府行为、社会中间层行为的作用，参与到食品安全日常监督体系中去。此外，一旦发生突发食品安全问题时，政府部门也应建立健全风险预警和反应机制，实现对问题食品的追根溯源和实时监控，同时与医疗业机构进行联动，为食品安全提供有力保障，解除消费者的后顾之忧，从而实现政府机构主导、行业协会协管、市场主体自律、公众积极参与、社会舆论监督、医疗机构保障的"多位一体"的食品安全多元规制模式。

**4. 打造经典品牌，提升国内食品卫生行业形象**

从 2011 年发生的诸多食品安全事件来看，有一点引人深思，就是尽管麦当劳、肯德基、雀巢等洋品牌屡屡被曝光存在食品安全的问题或隐患，但消费者依然对其趋之若鹜。一些消费者认为这些洋品牌遭到曝光，更多的只是个别事件，其品牌的历史和信誉仍值得信任。这就体现出我国国内食品行业的窘境：百姓对国内食品行业品牌普遍缺乏信心。而三鹿、双汇等民族品牌重大食品安全事故的发生，也一再刺激着中国消费者对本土食品安全的信心。民族传统食品是国民消费的主要食物组成部分，因此重塑我国公众对食品安全的信心应从打造民族食品经典品牌做起。

首先政府机构要在资金、技术上支持民族食品品牌。对一些民族食品品牌，要加大资金支持、政策扶助和经营指导，但在其发展过程中，也应注意避免官商勾结的现象。其次，运营品牌，提高企业竞争力。归根结底，就企业而言，应该以食品质量和安全保障为起点，切实把质量放在第一位，练好内功，否则，任何的宣传造势皆是无源之水，品牌经营也如空中楼阁。民族食品品牌的塑造是一个循序渐进、缓慢积累的过程，需要政府机构、企业、行业协会、社会的共同努力。

**5. 普及食品卫生安全知识，提升国民食品安全知识水平**

2011 年食品安全事件的频发，在某种程度上反映了公民对食品安全的认知度提高。这一方面说明由于近年来屡屡发生的食品安全问题让人警觉性提高，另一方面也表明在国民食品安全意识提高的前提下各种食品安全的隐患更难有藏身之所。在公众意识不断提高的过程中，切忌讳疾忌医。

2011 年，中共中央政治局常委、国务院副总理李克强对全国食品安全宣传周作出重要批示，指出："为进一步贯彻实施《食品安全法》，举办以'人人关心食品安全，家家享受健康生活'为主题的食品安全宣传周系列活动，有针对性地普及食品安全法律和知识，十分必要。希望各界积极参与，营造全社会共同关注、支持、维护食品安全的良好氛围，形成重典治乱、依法深入开展专项整治的强大合力，努力提高食品安全水平，保障人民群众身体健康和生命安全，促进经济社会协调发展。"[12] 这是政府层面为全面普及食品安全知识所作的纲领性规定，具体实施上，除了常规的曝光违法行为、宣传模范典型以外，更应考虑如何将这种集中宣传融入日常工作中的宣传机制，避免出现"集中宣传讲排场，日常工作走过场"的敷衍行为。

同时，应重视社会团体和非官方机构在食品安全宣传中的积极作用。鉴于国内民众对于专家的普遍不信任感，在一些食品添加剂含量是否超标、某些成分是否会影响健康等问题上，人们往往不愿意相信传统意义上的权威。反而，一些具有独立性质的社会团体，或者网络时代涌现出来的如"科学松鼠会"、"果壳网"等科普性质的网站，其调研结果更能得到大众认可。因此，应充分重视这些机构、社会团体在新时期新形势下的作用，主动将其与传统的宣传教育方式结合起来，并纳入整个食品安全宣传、普及乃至监管的体系中来，以期能够对国民的食品安全知识水平的提高有一个持续长效的推动力。

### （二）舆情应对策略与建议

#### 1. 主动及时公开信息，避免信息不对称出现

传播学鼻祖施拉姆曾经指出："对于公众危机，首先应该是信息公开。"[13]尤其在当今网络信息爆炸的时代，一点风吹草动都有可能在网络上掀起一场轩然大波。在这样的环境下，再想用传统的方式全面封锁事件是完全不可能的了。这一点，在近年来高发的地方群体性事件的传播途径上已经得到印证。因此，基于负责任的态度，在食品安全事件发生的情况下，当事方应该及时主动地公开信息，并以诚恳的态度对事件进行合理说明，以便抢先占领舆论制高点。2011年发生的"动车油条保质期"事件，动车上的盒饭、油条等食品保存合乎规范，并无越轨之处。但经网友曝光其"超长保质期"后，相关方并未第一时间以合理的方式向公众说明情况，相反因为铁道部近年来其他的丑闻影响，在公众中形成一种"铁道部的解释都不靠谱"的固有思维，导致整个事件曝光后，当事方处于极为不利的局面。最终，即便铁道部原本并无过错，但仍然不得不通过修改相关管理条例以平民愤，导致舆论应对成本过大，同时影响自身品牌形象。

其实关于这一点，我国已出台不少相关法规政策。2004年的《关于改进和加强国内突发事件新闻发布工作的实施意见》（2007年8月29日对其进行了再次讨论修订），2005年的《关于进一步加强和改进舆论监督工作的意见》，2006年的《国家突发公共事件总体应急预案》，2007年的《中华人民共和国突发事件应对法》，2007年的《中华人民共和国政府信息公开条例》，都对突发事件中的新闻发布、舆论引导和媒体管理工作做了相当详尽的规范。这些政策法规对突发食品安全事件的舆论应对起到了很好的规范和指导作用。只有主动、及时、诚恳地将信息在第一时间发布，才能有效避免信息不对称的情况，从源头上规避舆论争议的出现，以致影响

整个事件的发展。

**2. 创建多元化沟通平台，与民众有效互动**

食品安全事件作为最受公众关注的重大突发事件焦点之一，其最主要的原因在于"吃"是与人们日常生活最为息息相关的。就 2011 年的食品安全事件舆情而言，每有食品安全事件消息流出，都会引起民众的普遍关注，进而转变为舆论热点。在事件的整个发展演进过程中，民众能够从网上网下等不同渠道获得信息，并采取传统媒体、网络等各种渠道进行维权。因此食品安全事件主体应针对不同食品安全事件开辟多元化的沟通平台。

当下，新媒体技术发展迅猛，近几年，尤其是以微博为代表的网络媒体已经完全介入食品安全事件中。事件当事人通常通过微博平台发布消息，曝光事件，引起社会关注。针对食品安全事件曝光渠道的改变，原有的通过传统媒体发布消息的渠道已经远远不够，必须迅速搭建网络沟通平台。有针对性地建立各种安全事件类别的相关信息网站，在政府与受众间搭建有效的网络沟通渠道。另外还可以引入一些知名的门户网站，对食品安全事件做详细报道，披露事件真实信息，同时也能及时把控网络舆论，第一时间引导舆论发展方向，促进社会和谐。

**3. 培养意见领袖，影响舆论导向**

网络时代的开放与多元让每个人的声音都能在公共平台上评价突发事件，越来越多的公众不甘于成为"沉默"的一员。但并非每一个个体的声音都能获得公众认可，而且大部分个体意见的表达往往属于人云亦云。新媒体环境为每个个体提供了平等发布和交流信息的平台，然而部分个体却因媒介素养的局限，缺乏对事件真实性的判断和甄别；或随手转发、评论，容易成为谣言的受害者和传播者。

从近年来其他重大突发事件的案例分析可以看到，以"公民记者"、"公共知识分子"、"独立评论人"等形式存在的公众意见领袖，不仅能够在众多突发事件中发表观点，引导意见，拥有大量的支持者，并产生显著的影响力，有时候还能影响事件的进展，成为左右公众舆论的重要力量和公众信任的意见源地。

因此，面对食品安全事件，应对主体更应重视意见领袖，并通过培养新闻发言人、网络评论员、专家学者等，使之成为信息发布的另一种主体和渠道。支持并尊重公众意见领袖的意见，与公众意见领袖保持良好关系，使其在危机中能够对舆论走向起到积极作用。当然，这一切仍需要建立在主体的食品安全质量和服务质量基础之上，万万不可将舆论公关置于安全生产之前。否则，本末倒置，得不偿失，一旦食品安全事件发生，必然会产生更为严重的后果。

**4. 构建舆情监测机制**

2007年11月1日起施行的《中华人民共和国突发事件应对法》第三十九条规定："地方各级人民政府应当按照国家有关规定向上级人民政府报送突发事件信息。县级以上人民政府有关主管部门应当向本级人民政府相关部门通报突发事件信息。专业机构、监测网点和信息报告员应当及时向所在地人民政府及其有关主管部门报告突发事件信息。有关单位和人员报送、报告突发事件信息，应当做到及时、客观、真实，不得迟报、谎报、瞒报、漏报。"[14]

在新媒体时代，快速发达的网络使得食品突发事件一经曝光，就能迅速地传遍各地，因此网络媒体的应对显得十分重要。上海、四川等省市率先构建了风险沟通预警机制，采取突发事件控制措施等机制，为其他各省市的相关工作提供了可供借鉴的参考示范。在食品安全领域，政府部门应该在日常工作中完善食品安全舆情机制，加强风险控制，及时掌握舆情动向，结合食品安全监察工作中发现的情况，研究判断可能发生的食品安全事件的风险概率并及时处理。

（上海交通大学舆情研究实验室课题负责人：谢耘耕、陈虹。执笔者：高云微、陶婧。王平对本文数据分析有贡献。梁俊民、郝希群、王凤娇、张宏对本文案例分析有贡献）

# 参考文献

[1] 世界卫生组织. 加强国家级计划指南 [S]. 1996.

[2] 中国国务院办公室. 国务院办公厅关于严厉打击食品非法添加行为切实加强食品添加剂监管的通知 [EB/OL]. 中国政府网，http://news.qq.com/a/20110421/001471.htm.

[3] 胡可璐，金发忠. "膨大剂"问题与食品质量安全关系不大 [EB/OL]. http://

www. people. com. cn/h/2011/0614/c25408 - 1 - 2794289590. html.

[4] 霍良安，黄培清. 突发事件中的谣言扩散问题研究——以日本大地震为例 [J].
情报杂志，2011 - 10（10）：77.

[5] [美] 桑斯坦. 谣言 [M]. 北京：中信出版社，2010.

[6] 赵超，刘奕湛. 刑法修正案规定食品安全犯罪最高可判死刑 [EB/OL]. http：//
news. xinhuanet. com/2011 - 02/25/c_ 121123983. htm.

[7] 中新网. 各地公安机关部署深入开展打四黑除四害专项行动 [EB/OL]. 中国新闻
网，http：//www. chinanews. com/fz/2011/09 - 01/3300029. shtml.

[8] 高靖. 今年八类重案同比降 26.4% [N]. 广州日报，2011 - 12 - 1.

[9] 詹承豫. 中国食品安全风险治理架构研究 [J]. 标准科学，2009（7）：77 - 81.

[10] 张锋. 我国食品安全多元规制模式研究综述 [J]. 中国工商管理研究，2009
（7）：62 - 66.

[11] 张锋，胡婉峰. 论我国食品安全的社会性规制 [J]. 社会科学辑刊，2007（5）：
74 - 79.

[12] 周婷玉. 全国食品安全宣传周在京启动 李克强作重要批示 [EB/OL]. 中央政府
门户网站，http：//www. gov. cn/ldhd/2011 - 06/13/content_ 1883435. htm.

[13] 施拉姆，波特. 传播学概论 [M]. 北京：新华出版社，1984：276.

[14] 中华人民共和国突发事件应对法 [EB/OL]. http：//baike. baidu. com/view/1177495.
htm，2007 - 11 - 1.

# 我国环境舆情现状与对策

上海交通大学舆情研究实验室

**摘　要：** 2011 年环境污染舆情事件大量涌现，如大连 PX 项目、康菲石油漏油事件、血铅系列事件等都曾一度引发舆论热议。本报告重点对 2009～2011 年影响较大的 100 起环境舆情热点事件进行了统计对比分析，发现 2011 年环境污染事件骤增，江浙两省为高发地区；其次，过半事件都是由网络新闻首次曝光，曝光形式主要有民众举报和媒体监督；再次，因环境污染引起的群体性事件在 2011 年也达到高点。就企业应对来看，大多应对不积极，企业对抗行为时有发生；政府表现也不尽如人意，往往事前疏于监管，媒体一旦曝光，常常"被作为"，当地政府部门为问题企业"背书"的行为大量存在。最后，本报告对近年来环境舆情高发的原因进行了简要分析，并针对环境舆情应对和环境治理提出了一些建议对策。

**关键词：** 环境危机；舆情特点；应对

## The 2011 Public Opinion Analysis Report of Environmental Pollution Events

Public Opinion Research Laboratory of
Shanghai Jiao Tong University

**Abstract：** In 2011, there were large numbers of public environmental pollution events, such as the PX project, the Penglai oil spill accident and series of blood lead events. This report focuses on the top100 environment public events, which happened during 2009 – 2011. With statistical comparison and analysis, we found that the environmental pollution events increased sharply in 2011, and most events took place in Zhejiang and Jiangsu province. Secondly, more than half of the events were first exposed by network news, and the main exposure means were civil and medium supervision. Thirdly, the group events caused by the environmental public accidents were to the top in 2011. Regards of the companies' reaction, most of them didn't handle it positively, and some of them even against the government. On the other hand, the governments' performance was also not perfect. Some local governments didn't supervise strictly in routine time, so that they were always in passive condition. When local companies suffered environmental crisis, some local governments even took actions to protect them. At last, this report analyzes the reason why so many environmental public events happened in recent years. According to the public opinion reaction and environment management, this report also put forward some suggestions.

**Key words**：Environmental crisis, Public opinion Character, Reaction

随着中国经济社会的高速发展，我国的环境污染问题也日益突显。近年来，我国进入环境污染事故的高发期，各种环境污染事件频频爆出，主要涉及化工、医药、石油、采矿、光伏、蓄电池等工业行业，以及农业、交通运输业等，环境污染问题一时间成为社会舆情关注的焦点问题之一。2011年更是环境污染舆情事件大量涌现的一年，大连 PX 项目、康菲石油漏油事件、台州血铅事件等，都曾一度引发社会舆论热议。

上海交通大学舆情研究实验室通过对 2009～2011 年三年来影响较大的100 起环境舆情热点事件（其中 2009 年 18 起，2010 年 16 起，2011 年 66 起）进行统计分析，重点研究 2011 年环境污染舆情事件的特点、舆情应对问题及环境舆情高发原因，并提出相关对策、建议。

## 一　环境舆情特点分析

（一）时间分布：2011 年环境污染事件骤增，逾三成环境舆情事件积聚于 2011 年第四季度

2011 年影响较大的环境污染事件发生频率最高，占三年环境污染舆情事件的66%。其中，不乏一些影响较大的事件，如大连 PX 项目、康菲石

油漏油事件、南京梧桐树、台州血铅事件等都曾一度引发社会舆论热议，甚至引发局部地区的社会不稳定。

2011 年第四季度，更是成为环境舆情积聚爆发的时间点，共有 35 起影响较大的环境污染舆情事件，占 2011 年热点环境污染舆情事件总数的 53%。究其原因，2011 年前三季度，大连 PX 事件、南京梧桐树事件等几起重大的环境舆情事件爆发并造成较大的社会反响之后，通常会在很大程度上集聚公众对各种环境问题的关注，因此，第四季度环境污染舆情事件骤增，某种程度上属于 2011 年几起较大环境舆情事件的后期连锁反应。

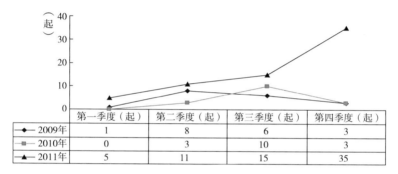

| | 第一季度（起） | 第二季度（起） | 第三季度（起） | 第四季度（起） |
|---|---|---|---|---|
| 2009年 | 1 | 8 | 6 | 3 |
| 2010年 | 0 | 3 | 10 | 3 |
| 2011年 | 5 | 11 | 15 | 35 |

图 1　2009～2011 年影响较大的环境舆情时间分布

（二）地域分布：江浙两省为环境污染舆情事件高发地，中部地区以河南为集中爆发区

从地域分布上看，2009～2011 年影响较大的环境舆情事件所涉地区包括江苏、河南、浙江等 24 个省级行政区和北京、上海、天津三个直辖市。环境舆情事件数量最多的地区为江苏省，诸如南京梧桐树、南京地铁施工不当污染近千平方米湖面、扬农化工"子公司废气污染事件"、徐州铜山县企业污染、盐城水厂受污染事件等环境事件层出不穷，占三年总环境舆情数量的 14%。其中江苏省 2011 年的污染事件有 8 起，发生于南京的就有 5 起。

其次，河南省的环境舆情事件占三年总环境舆情数量的 11%，位居第二。典型的事件包括 2011 年金大地公司化工产品废料车被阻、河南正阳抗窑厂污染、华英农业"潢川水污染事件"等，还有 2010 年发生的平禹四矿瓦斯爆炸事件，以及 2009 年的济源儿童血铅超标事件和杞县钴 60 事件。一系列的环境污染事件在河南省频频爆发，河南省成为环境舆论的主要聚焦区之一。

浙江、广东两省也为环境舆情事件高发地区，二者三年的环境舆情事件均占比 10%，舆情也都较为集中爆发于 2011 年。如浙江省的台州血铅超标、苯酚泄漏事件、海宁污染事件、德清血铅超标以及江山化工"居民区污染投诉事件"；发生于广东省的有大亚湾石化区油库爆炸、番禺新建垃圾焚烧发电厂被阻、比亚迪电池厂污染、紫金县 136 人血铅超标等，环境舆情事件不断。

改革开放以来，工业突飞猛进的发展也为环境留下了较大隐患。工业较为发达的东部地区和一些中部地区，同时成为环境舆情事件的高发区。总体而言，以江浙两省为代表的东部沿海地区环境污染问题最为严重；中部地区则以河南为集中爆发区，其次为湖北省。西部地区，即工业发展相对较为落后的地区，环境污染事件相对较少。

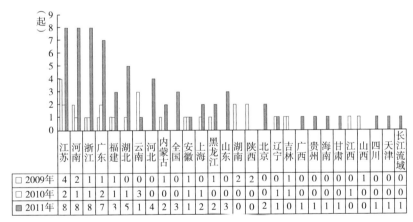

| | 江苏 | 河南 | 浙江 | 广东 | 福建 | 湖北 | 云南 | 河北 | 内蒙古 | 全国 | 安徽 | 上海 | 黑龙江 | 山东 | 湖南 | 陕西 | 北京 | 辽宁 | 吉林 | 广西 | 贵州 | 海南 | 甘肃 | 江西 | 山西 | 四川 | 天津 | 长江流域 |
|---|---|---|---|---|---|---|---|---|---|---|---|---|---|---|---|---|---|---|---|---|---|---|---|---|---|---|---|---|
| 2009年 | 4 | 2 | 1 | 1 | 1 | 0 | 0 | 0 | 1 | 0 | 1 | 0 | 1 | 0 | 2 | 2 | 0 | 0 | 1 | 0 | 0 | 0 | 0 | 0 | 1 | 0 | 0 | 0 |
| 2010年 | 2 | 1 | 1 | 2 | 1 | 1 | 3 | 0 | 0 | 0 | 1 | 1 | 0 | 0 | 0 | 0 | 0 | 1 | 1 | 0 | 0 | 0 | 0 | 1 | 0 | 0 | 0 | 0 |
| 2011年 | 8 | 8 | 8 | 7 | 3 | 5 | 1 | 4 | 2 | 3 | 1 | 2 | 2 | 3 | 0 | 0 | 2 | 1 | 0 | 1 | 1 | 1 | 1 | 0 | 0 | 1 | 1 | 1 |

**图 2　2009～2011 年影响较大的环境舆情事件地域分布**

（三）环境污染物形态：废气、废水污染引发舆情最为普遍，固体废弃物和噪音污染的舆情事件也较多

2009～2011 年发生的影响较大的环境污染舆情事件中，涉及废气污染的舆情事件过半，占比 52%；涉及废水污染的事件也占比 50%，涉及固体废弃物及噪音污染的事件有 21 起。空气和水源，是人类日常生活离不开的

必需品，其污染也很容易在较短时间内造成人体疾病，对居民生活的破坏性较大；且空气与水源受到污染的途径较多，工农业发展、居民生活等都较为容易造成，因而涉及空气和水源污染的舆情事件也相对较多。

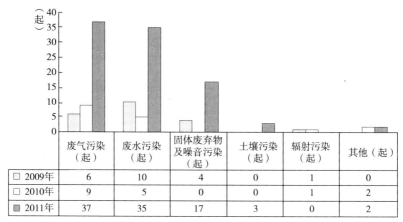

| | 废气污染（起） | 废水污染（起） | 固体废弃物及噪音污染（起） | 土壤污染（起） | 辐射污染（起） | 其他（起） |
|---|---|---|---|---|---|---|
| 2009年 | 6 | 10 | 4 | 0 | 1 | 0 |
| 2010年 | 9 | 5 | 0 | 0 | 1 | 2 |
| 2011年 | 37 | 35 | 17 | 3 | 0 | 2 |

图3　2009~2011年影响较大的环境舆情事件污染物形态分布①

（四）环境污染来源：环境污染来源于工业污染的舆情事件高居榜首

在100起影响较大的环境污染的舆情事件中，污染来源为工业污染的舆情事件共计87起，其比例占据绝对高位。可以说，工业引起的环境污染问题，通常会大范围影响居民的健康生活，也更容易引起人们的不满和抗议，是引发社会冲突与舆论热潮的重要因素。而三年以来影响较大的100起舆情事件中，涉及生活污染（8%）、交通运输污染（4%）、农业污染（2%）及其他（3%）的事件数都占比较低。

（五）环境污染原因分布：企业违规建设或排污所引发的舆情事件最多

因企业违规建设或排污引发的舆情事件占2009~2011年所有环境舆情事件的71%，远高于其他三项污染原因——突发事故所致（17%）、人为失职所致（7%）、其他（5%）引发的舆情事件。突发事故和人为失职引

---

① 因个别环境舆情事件涉及多种污染形态，因此在分类时有重复划分，三年数量总和超过100，特此说明。

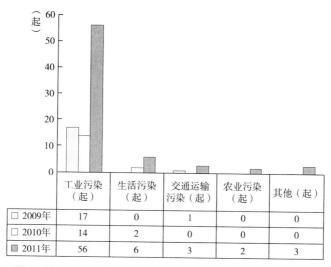

| | 工业污染（起） | 生活污染（起） | 交通运输污染（起） | 农业污染（起） | 其他（起） |
|---|---|---|---|---|---|
| 2009年 | 17 | 0 | 1 | 0 | 0 |
| 2010年 | 14 | 2 | 0 | 0 | 0 |
| 2011年 | 56 | 6 | 3 | 2 | 3 |

**图4　2009～2011年影响较大的环境舆情事件污染来源分布**

起的环境污染事件，通常也会引起一定的舆论热潮，但是其具有较大的偶然性。从环境舆情的总体数量来看，因突发事故和人为失职所引起的舆情事件占比均较少。而企业违规建设或排污造成的污染问题，才是舆论所关注的焦点问题。

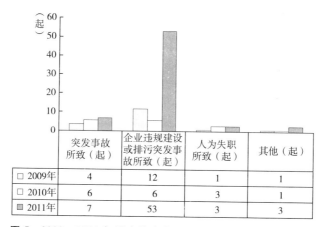

| | 突发事故所致（起） | 企业违规建设或排污突发事故所致（起） | 人为失职所致（起） | 其他（起） |
|---|---|---|---|---|
| 2009年 | 4 | 12 | 1 | 1 |
| 2010年 | 6 | 6 | 3 | 1 |
| 2011年 | 7 | 53 | 3 | 3 |

**图5　2009～2011年影响较大的环境舆情事件污染原因分布**

（六）曝光方式：主要来源于民众举报、媒体监督和政府的主动监管

环境问题的主要曝光形式，以民众举报、媒体曝光和政府主动监管三

种形式为主。据统计，100 起影响较大的环境污染舆情事件中，民众举报的环境污染问题占比最高，三年共计 39 起，其中 2011 年有 33 起事件系民众举报而曝光；其次，媒体曝光的环境污染事件高达 30 起，其中 2011 年有 20 起；政府主动监管并曝光的环境污染事件共 22 起，2011 年有 13 起；而 100 起热点环境舆情事件中，企业主动披露信息的仅有 1 起。可见公众监督、媒体监督、政府监管是我国环境污染问题最主要的几种监督形式。

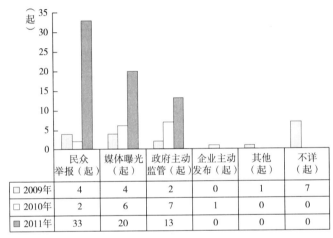

| | 民众举报（起） | 媒体曝光（起） | 政府主动监管（起） | 企业主动发布（起） | 其他（起） | 不详（起） |
|---|---|---|---|---|---|---|
| 2009年 | 4 | 4 | 2 | 0 | 1 | 7 |
| 2010年 | 2 | 6 | 7 | 1 | 0 | 0 |
| 2011年 | 33 | 20 | 13 | 0 | 0 | 0 |

**图 6　2009～2011 年影响较大的环境舆情事件曝光形式分布**

（七）首次曝光的媒体类型：由网络新闻首次曝光的环境污染事件过半，报纸位居第二

2009～2011 年影响较大的环境舆情事件首次曝光媒介类型占比最高的为网络新闻，其曝光的环境事件过半，共占三年 100 起影响较大的环境舆情事件总数的 53%；其中，2011 年网络新闻曝光占比 33%，尤以新华网发挥了最主要作用。另外，传统媒体——报纸首次曝光的环境事件共占比 25%，其中 2011 年占比 18%。可见，传统媒体依然是监管我国环境污染问题的重要力量。而其他新媒体如论坛（5%）、微博（5%）、博客（1%）和传统媒体广播电视（6%）所占的比例都较低。

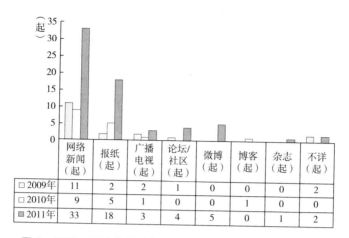

| | 网络新闻（起） | 报纸（起） | 广播电视（起） | 论坛/社区（起） | 微博（起） | 博客（起） | 杂志（起） | 不详（起） |
|---|---|---|---|---|---|---|---|---|
| □2009年 | 11 | 2 | 2 | 1 | 0 | 0 | 0 | 2 |
| □2010年 | 9 | 5 | 1 | 0 | 0 | 1 | 0 | 0 |
| ■2011年 | 33 | 18 | 3 | 4 | 5 | 0 | 1 | 2 |

**图7　2009～2011 年影响较大的环境舆情事件首曝媒介分布**

（八）社会动员：因环境污染引起的群体性事件频繁发生，2011 年达到高点

因环境污染问题所触发的社会动员和群体性事件频频发生，2011 年更为集中，影响较大的事件高达 14 起。较为典型的事件如大连 PX 项目、南京梧桐树事件、浙江海宁污染事件、金大地公司化工产品废料车被阻、河南正阳抗窑厂污染、徐州铜山县企业污染、江山化工"居民区污染投诉事件"，等等。分析其原因，这主要在于：一方面，环境问题通常会损害到一定区域的居民的集体利益，受损群体较为容易团结起来，集聚力量；另一方面，人民维护权益、表达诉求的机制尚不健全，所以较多通过集结的方式进行示威抗议，以引起关注。此外，环境污染问题严重危害居民生活，但是通常较短时间内难以解决，容易引起矛盾积累、爆发。

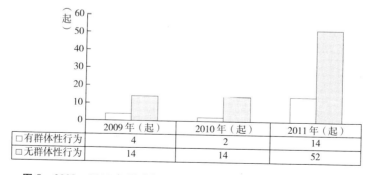

| | 2009 年（起） | 2010 年（起） | 2011 年（起） |
|---|---|---|---|
| □有群体性行为 | 4 | 2 | 14 |
| □无群体性行为 | 14 | 14 | 52 |

**图8　2009～2011 年影响较大的环境舆情事件中群体性事件分布**

## 二　环境舆情事件应对分析

环境污染突发事件频发使得处理环境危机已经成为环境保护中的一项重要任务。处理过程中信息的传播、时机的选择、方式的运用、效果的认定不仅考验着企业和政府处理危机事件的能力，更重要的是关乎公众的生命财产安全。

### （一）企业应对

**1. 大多应对不积极，或任其发展，或否认推脱，企业对抗行为时有发生**

就 2011 年的企业环境舆情事件来看，约七成的企业在环境污染事件曝光后，或采取"鸵鸟政策"，不采取任何应对措施，试图让舆情随时间慢慢平息；或矢口否认，推卸责任。如福鼎市黑工厂有毒污水直排至海、山东潍坊华昊焦化厂污染环境、河南省固始县陈集乡石料厂严重污染和盗采煤炭资源等事件，由于事件经由网友爆料，并未引发媒体报道和较高关注，因此涉事企业并未采取任何措施。再如媒体曝光的冀东水泥武川项目污染水源事件，该公司环保负责人否认污染地下水，并称"村民是想我们给他们安装自来水"。[1] 还有"中国长寿之乡"山东莱州市的排污企业董事长面对"癌症村"的说法不以为然，在接受记者采访时，称村民是"大惊小怪，说话不负责任"。[2]

另外，有21%的企业甚至出现对抗行为，有的是拒绝媒体采访，如河北永洋钢铁有限公司和金大地公司，以相关负责人不在为由拒绝媒体采访。更有甚者，个别企业还与记者发生激烈冲突，如大连 PX 项目董事长宣称"放进一个记者，要你们的命"，不仅阻止媒体采访，还殴打记者。海宁污染事件中，钱江频道记者在采访浙江晶科的过程中与当值保安人员发生冲突，摄像器材被损毁。

**2. 部分"大"企业态度强势傲慢，反应迟缓，排污屡禁不止**

2011 年 66 起影响较大的环境舆情事件中，约三分之一的事件"当事人"都是小有名气的"大"企业（见表1）。其中，17 家企业都是上市公司，另3 家企业尽管没有上市，但在当地都是"明星企业"、纳税大户。

表 1　2011 年 "大" 企业环境舆情事件

| 环境舆情事件 | 所属企业 | 环境舆情事件 | 所属企业 |
| --- | --- | --- | --- |
| 哈药总厂 "污染门" | 哈药集团 | 湖北金环再曝污染黑洞 | 湖北金环 |
| 涉铅污染事件 | 江森自控 | 浙江海宁污染事件 | 晶科能源 |
| 潢川水污染事件 | 华英农业 | 大亚湾石化区油库发生爆炸 | 中海油 |
| 居民区污染投诉事件 | 江山化工 | 比亚迪新能源电池厂被指污染 | 比亚迪 |
| 废气污染事件 | 扬农化工 | 华润雪花啤酒受环保部通报 | 华润雪花啤酒 |
| 水源地污染事件 | 恒邦股份 | 重金属污染事件 | 北矿磁材 |
| 天马精化被勒令停产 | 天马精化 | 冀东水泥东川项目污染水源 | 冀东水泥 |
| 三力士排放污水事件 | 三　力　士 | 长江铝业落户后污染频发 | 长江铝业 |
| 苹果 "污染门" | 苹果公司 | 云南曲靖陆良化工铬污染 | 陆良化工 |
| 康菲石油漏油事件 | 康菲石油 | 东方希望铝业污染环境 | 东方希望铝业 |

上述企业环境舆情事件中，仅有中海油惠州分公司的应对较为积极，反应迅速，不仅及时控制油库爆炸，还有力掌控了舆论事态。而其他企业在应对上大多态度傲慢，财大气粗，倚仗对当地的 "贡献"，利用地方官员 "利税大户，不敢得罪" 的心理，面对群众举报和媒体曝光，或置之不理，或 "封口" 搪塞，致使排污问题 "屡禁不止"。

（1）反应迟缓，拖延应对。2011 年 8 月 31 日，刚经历过 "毒苹果事件" 的苹果公司再度陷入 "污染门" 舆论漩涡。面对舆情鼎沸的 "污染门"，苹果公司时隔 10 天都没有做出实质性回应[3]，中国消费者大呼 "伤不起"。同样，康菲公司在渤海漏油事件后也没有及时向公众道歉，尽管国家海洋局在 8 月 9 日曾责成康菲公司就清污不力向公众道歉，康菲公司也是在 10 天后才正式道歉。之后，溢油清理不力、推诿责任、拒绝赔偿、几度推迟新闻发布会、屡曝 "雷语" 事件等，都导致民众更大的不满，康菲被推至舆论的风口浪尖。

（2）治污整顿流于形式，污染问题屡治不止。冀东水泥、湖北金环污染、哈药总厂排污事件都不是 2011 年首次曝光的，早在 2010 年 5 月 14 日，冀东水泥属下的 6 家公司在环保部发出的《关于上市公司环保核查后督察情况的通报》中就榜上有名；无独有偶，湖北金环在 2010 年因污染问题也曾被当地环保部门勒令整改；哈药总厂在过去十多年间已投入 4 亿元治污资金，始终在进行治污工作。但这些企业 2011 年纷纷再度曝出污染问题，可见"整顿"的效果还有待提高，实质性的治污措施也有待进一步推出。

（3）态度强势，无视地方环保管理部门。不少涉污企业仗着自己是当地的利税大户，地方官员"不敢得罪"的心理，无视环境保护和管理部门的处罚，态度极其嚣张、蛮横。如扬农化工近年来一直因为环保问题被举报，但该公司对此一直未予以披露，在公司2010年年报中也隐瞒了这一情况。对于子公司的"环保门"事件，公司负责人称："这只是一份通知书，而不是整改令。真的要停产，我们难办，地方政府也难办。"[4]再如东方希望铝业，面对污染事实拒不承认，坚称排污管道是排雨水与生活用水的；尽管其审批手续不全但仍违规上马，对于环保检查拒不配合。

### （二）政府应对

尽管大多数环境舆情事件的涉事主体是企业，但由于环境问题带来的社会影响是广泛的，不仅需要涉事企业积极应对，更需要当地政府管理部门切实履行好监管职责，在促进经济发展的同时协调好环境保护工作，统筹全局，共谋可持续发展。然而，2011年的环境舆情事件中，不少地方政府的表现却不尽如人意。

**1. 事前疏于监管，研判不足；事件经媒体曝光后，政府常常"被作为"**

环境舆情事件不同于其他突发公共事件，环境问题往往是长期积累的结果，有一个量变到质变的过程，政府管理部门在事前的审查过程中，如果能严格监管，通常是可以提前发现问题、及早治理的。但不少地方环保部门往往在舆情事件爆发前疏于监管，非要等到媒体曝光后才被迫采取行动，且反应迟缓，处处被动。

如2011年浙江频发企业污染致病事件——浙江德清血铅超标、台州血铅超标、海宁污染事件，多少让人有些猝不及防。更具有讽刺意味的是，这几起事件都是因当地村民"集体维权"才得以浮出水面。德清县3月初就有海久公司职工和周边村民自发体检并发现血铅超标，但未引起新市镇、德清县两级政府重视；其间又发生部分职工群众在企业门口讨说法的群体事件，仍未引起县、镇两级政府足够重视，直到血铅超标事件被新闻媒体曝光、环境保护部下发督查通知书及发生200人围堵公路和冲击工厂的群体事件后，当地政府才开始采取应对措施处置此事件。台州血铅超标事件中，上陶村的 200 多名村民在得知体检血铅超标后，开始多方反映问题，才引起相关部门重视。海宁污染事件中，当地环保部门早在 2011 年 4 月就已查出晶科能源公司污染环境，但一直到 9 月 17 日事发，该企业仍未完成整改。由于当地职能部门的失语和缺位，没有及时澄清"集体致癌"传闻，最终导致当地数百群众暴力袭击晶科能源公司。还有云南曲靖铬污染事件，当地环保部门早已知道陆良化工的铬渣堆在南盘江边是一大隐患，但一直未令其清理，在《云南信息报》首度曝光后，仍旧敷衍推脱，称村民患癌与铬渣堆放无关。

**2. 地方政府部门敷衍塞责，为问题企业"背书"的行为大量存在**

面对由来已久的企业污染问题，一些地方政府常常"睁只眼闭只眼"，面对群众举报和媒体质疑，也是摆出各种理由，推脱责任，如河南正阳县一窑厂致庄稼绝收，而县环保局却称"管不了"，自己没有执法权，只是按照企业排污量征收排污费。[6] 还有福州某居民向城管投诉小区旁的工程深夜施工扰民，但官员建议其"自认倒霉"，该工程是市政府重点工程，"允许通宵施工，不要去扰乱它"[7]。

部分地方管理部门出于利益考虑，甚至为污染企业"捂被子"、"背书"，不断抛出各种令人啼笑皆非的"雷语"：江西铜业集团下属多家矿山企业，多年将工业废水排入乐安河，矿山企业和环保部门却将排污责任推给唐宋，称"现代企业不应代历史受过"[8]；某记者发现河北武安的焦化厂和钢铁厂都存在严重污染，当地环保局负责人不仅拒绝接受采访，还称记者"反映的污染情况都不存在"[9]；长江铝业落户白马溪村后，污染频发，桥边镇副镇长却称"现在还没有确切的数据来表明癌症和长江铝业污染有直接关系"[10]。

**3. 政府沟通能力、信息公开仍待提高**

当舆情危机事件发生后，第一时间向公众和媒体通报事件进展，公开相关信息，有效进行沟通互动，不仅有助于稳定社会情绪，更有利于主导舆论态势。然而，综观 2011 年影响较大的环境舆情事件，仍有部分地方政府在舆情应对中态度强势，封闭信息，不善于与公众沟通交流，严重影响危机的有效解决。

如 2011 年轰动一时的大连 PX 事件，面对市民的集会游行，大连市政府一度出动武警"维持秩序"，而最终大连市委市政府尽管决定 PX 项目停产并尽快搬迁，但拒绝透露搬迁的地点和时间，此举也引起群众不满。还有贵州省桐梓县委宣传部针对铜锌工厂超标排放氯气事件召开的新闻发布会，不仅时间短，而且"吞吞吐吐"，发布会两度被主持人打断，称"情况还在调查，无需详细介绍"。[11] 舞阳县环保局局长面对记者就群众反映的金大地公司污染问题谈看法时，双唇紧闭，一言不发。南京气象局官方微博"南京气象"在国内率先发布PM2.5数值，本是对民意诉求的积极应对，但该微博随后以"误发"为由被删除，南京气象台称他们"对PM2.5的浓度数据没有发布权"，并对发布者进行了追责，该"乌龙"行为则被认为是对公众权利和感情的戏耍。[12]

## 三 环境舆情高发原因分析

随着经济的快速增长，环境问题成为威胁环境安全和社会稳定的重要因素：环境类舆情事件数量激增，影响力较大的舆情事故不断，其中不少引发群体性事件，社会影响广泛。环境类舆情兴起，主要有以下原因。

### （一）工业高度发展造成环境污染和损伤

纵观近年的环境舆情热点事件，工业高度发展导致的环境污染和损伤事件所占比重最大，也极容易引起社会舆论热议。从宏观经济背景来看，经济体制改革是对社会生产力的极大解放，能刺激国民经济的高速增长，但与此同时，对资源开发利用规模加大，各行业污染物排放量也会随之高速增加。这一类的舆情热点事件层出不穷，如湖北金环的工业废水直排附近湖泊，严重影响周边环境；华润雪花啤酒（河北）有限公司超标排放污水；还有江苏省徐州市铜山县柳新镇孙庄村，煤矿、造纸、玻璃数十家企业云集，主要河流受污严重，污水处理肆意排放；等等。

### （二）突发环境事件频发，危害严重

近年来，突发事件频发，其中不少突发事件都涉及生态环境。环保部副部长张力军就曾表示，当今经济社会快速发展，突发环境事件处于高发态势，环境安全问题已成为经济社会持续发展的重要制约因素。突发环境事件的后果往往非常严重，舆情持续时间也较久，容易引发较大的社会影

响。如 2011 年 6 月，康菲公司在渤海湾一油田发生漏油事故；云南省曲靖市陆良化工公司将总量 5000 余吨的重毒化工废料铬渣非法丢放，致珠江源头南盘江附近水质污染；2010 年 7 月 16 日中石油大连储油罐输油管线发生起火爆炸事故致大连海域污染；2010 年 7 月 3 日福建紫金矿业事故导致汀江部分水域严重污染，以及 2009 年的赤峰水污染事件等。

**（三）公众对生活环境要求日益提高，公民权利意识增强**

随着公民意识的逐步增强，公众对生活环境的要求也日益提高，尤其是涉及公共安全和生态环境的重大项目，地方政府如果盲目追求经济效益和政绩而将市民的安全置于不顾，必然会引发民众的不满和恐慌，招致舆论的强烈反对和声讨。

以 PX 事件为例，无论是早年的厦门 PX 事件，还是 2011 年的大连 PX 事件，地方政府事先都未广泛听取民意，而是直接上马立项，以至于事发被公众知晓后，引发一系列的民众抗议行为。例如，2007 年 3 月，105 名政协委员联名提案，厦门 PX 项目被厦门市民获知。6 月 1 日市民集体"散步"抵制 PX 项目，随后厦门市政府宣布暂停工程。同年 12 月 13 日，厦门市政府举办"市民座谈会"听取公众意见，最终做出对该项目进行迁址的决定。

公民权利意识的觉醒，还带来了环境公益诉讼的日益增多，导致环境舆情频频引发热议。如 2011 年，"自然之友"和重庆市绿色志愿者联合会状告因铬渣污染而被媒体持续曝光的云南省陆良化工实业有限公司和其关联企业云南省陆良和平科技有限公司。对这次诉讼的立案，司法界、公益界人士认为，这是草根 NGO 第一次获得环境公益诉讼的原告资格，具有"里程碑式"意义。

**（四）一些地方政府及环保部门对污染行为的袒护，更易激化舆情**

经济利益与环境保护常常存在冲突。多年来，部分地方政府以牺牲环境发展经济，在审批立项中存在违规审批、越权审批、降低环评等级以及不落实环保政策等违法违规行为。可以说，地方政府及相关环保部门在处理环境问题时表现出的对污染企业的偏私袒护、执法不力，也是环境舆情一旦爆发难以平息的原因之一。

以 2011 年"哈药门"污染事件为例，如某网友所说："哈药的污染行为已经不是一年两年了，它一直在当地政府及其职能部门的眼皮底下发生和存在着，既没有得到纠正和改变，也没有得到治理和改进，那这就不是失察或失职，而是纵容和犯罪了。"[13]哈药总厂的利税占当地规模以上工业企业的近三成，巨大的经济效益和 GDP 贡献使得企业在与政府博弈过程中获得相当筹码。再如，2011 年 11 月 22 日有网友发微博称，其居住小区旁工程深夜施工影响附近百姓生活，向城管投诉，但接电话执法人员回复称该工程是市政府重点工程，允许通宵施工，不要去扰乱它，还建议投诉者"自认倒霉"。

另外，当前有关环境损害评估和因果关系鉴定的法律制度并不完善，在具体环境刑事诉讼过程中举证存在诸多困难，也成为近年环境舆情不断升温的原因之一。

## 四　环境舆情应对与环境治理建议

### （一）环境舆情应对建议

#### 1. 着手解决现实问题，妥善化解舆论压力

面对环境污染事件，及时处理和解决现实问题才是重中之重。诸多舆情推至高潮都是因为相关政府、企业不作为，问题迟迟得不到关注和处理才酿成舆情危机的。因此，建议相关政府部门和企业在面对环境问题时，应加强对问题的重视，第一时间着手污染问题的调查和处理，以最快的速度阻止污染问题继续恶化；并积极加强与当事方、受害者和网民的沟通，对已造成的损失进行赔偿，公开向受害方道歉，化解流言，赢得人民群众的理解和尊重，从根本上降低网络舆情的负面影响。

#### 2. 尽快发布权威信息，随时公布最新消息，提升网络舆情危机的化解能力

在当今信道多元、开放的网络社会，传统的舆情应对模式已经不能完全适应新形势下对环保工作提出的新要求，相关部门应当提高认识，做到及时提供真实可靠的信息，稳定公众情绪，同时动员公众积极配合政府共

同应对危机。

另外，在处理现实问题的同时，要建立信息发布制度，在主流媒体或重要门户网站，及时将重点、热点工作信息公布，通报事件进展，满足公众知晓信息的心理需求，打消网民的猜测及怀疑，预防谣言的产生和传播。

**3. 积极利用新媒体，新旧媒体联动反应，增强及时有效沟通的能力**

网络媒体具有覆盖面广、传播速度快、信息容量大、交互性强、查询方便、复制简易、形态多样、设备投资相对较少等优势和特征，在环境舆情发生特别是突发环境事故发生时，是传播信息的良好媒介和载体。因此，相关部门应当积极利用新媒体，及时有效传播信息，满足公众知情权。

当下发展势头最惹人注目的当属微博，已有部分地方的环保部门意识到新媒体的巨大影响力，并利用新媒体做好应对环境突发事故的处理工作。微博正在成为一种官民有效沟通的形式。如 2011 年 8 月，浙江省嘉兴市的一起化学品恶臭突发事件，嘉兴市环保局长章剑发出的 13 条微博，一时成为国内众多媒体关注的热点。微博在处理事件的过程中发挥了重要的沟通平台作用，起到了良好效果。

同时也要争取传统媒体的支持，尽管新媒体在时效性、传播广泛性上有得天独厚的优势，但传统媒体在深度和公信力上更具权威，更具说服力。因此，争取传统媒体的理解、合作与支持，新旧媒体联动反应，有助于提高沟通效果。

**4. 建立环境污染事件应急管理系统，构建一套完备的预警研判、危机管理体系**

环境突发事件及其舆情的应对需要充足的应急资源以及专业的人力储备，因此，应建立健全环境突发事件应急管理组织体系，建设前后衔接、功能齐全、综合配套、运转灵活的舆情危机管理体系。可以从以下几个方面入手。

一是设立分管部门，对环境突发事件进行实时信息监测和预警研判。

二是完善舆情监控运转制度。密切监控重要舆情动态，在掌握舆论动向的同时，还要依照舆情反映的对象是否具体、线索是否翔实、情节是否严重、后果是否值得关注等诸多变量仔细研判环境舆情的发展走势，做好风险评估，确立舆情危机等级，并启动与之相对应的反应机制。

三是建立舆情引导制度，组建专门网络队伍，运用专业技术手段，时刻关注媒体和舆论中有关环境污染的信息和评论，对舆情迅速分析研判，及时回应公众疑问。

## （二）环境治理建议

### 1. 建立有效的法律机制，依法落实环境保护

环境问题的整治离不开法律手段。我国《环境保护法》于1989年颁布施行，至今已经20余年，急需进一步修订和完善。同时应明确或补充相应的、完善的程序性规定，细化实施细则，以便实际操作，如完善有关环境损害评估和因果关系鉴定的法律制度，减少具体环境刑事诉讼过程中的举证困难等。

针对部分地方政府对污染行为的袒护，还应出台相应的规章制度进一步规范和制约政府影响环境的行为，完善政府职能。为避免环保工作中"权力高于法律"现象的出现，还需健全环境法律的问责机制和环境激励机制。正如有的学者所建议的："应当是从实体法和程序法上，尤其是从程序法上，全面加强政府的环境保护公共职能，使环境价值和经济价值在政府各个部门中真正统一起来，使我们的政府成为一个能够完整统一地行使环境保护公共职能的政府。"[14]

### 2. 进一步落实环境影响评价制度，严格审查

环境影响评价制度要求在做出有关经济开发活动的宏观决策，如有关的政策、规划和计划，以及各种开发项目建设之前，考虑其对环境可能造成的各种影响，以减轻或避免对环境的不良影响。但在现实中，不少地方的环境影响评价制度常常沦为"走形式"。如比亚迪新能源电池厂的环评报告四天便匆匆完成，项目未批先建；福建一铅锌选矿厂，投产十年环评一直没有验收，其产生的废水、尾矿废渣直接污染有"闽南西双版纳"之称的省级自然森林保护区"牛姆林"；浙江德清血铅超标事件中，也涉及环评单位评价严重失实。

环境影响评价制度实施得当，可以预防因规划和建设项目实施后对环境造成不良影响，促进经济建设、城乡建设和环境建设的协调同步发展。因此建议进一步强化公众对环境影响评价制度的参与程度；通过相应规定

保障涉及公共环境和公共安全的项目的信息公开与透明,确保公众的知情权和参与度。

设立专门的监管机构,形成相互监督、相互制衡的有效机制,确保环境治理有序开展。

**3. 加强环保信息宣传,提升全民环保意识,推广环保理念**

普及环保知识,提升公众环保意识,树立环保观念十分重要。虽然环保传播在国内已经慢慢起步,不少人已具备一定的环保意识,但由于环境问题本身具有一定的专业性,要使大多数公众完全理解也存在一定的难度。比如近两年多发的血铅超标、长寿村变癌症村等事件,当地企业的污染问题早已长期存在,但当地不少村民并不了解企业排污会导致血铅超标和患癌的后果。因此,建议环保组织和更多的社会团体积极展开环保信息传播,推广环保理念,普及环保知识,鼓励各企事业单位、社会团体、NGO 组织、环保学者、大众传媒广泛参与,提升全民环保素质。

**4. 发挥大众传媒的监督作用,共促可持续发展**

大众传媒是社会的瞭望者和领航员。政府除了通过大众传媒及时、快速地传播真实、准确的信息,进行日常的环保传播外,还要充分利用其社会监督功能,鼓励大众传媒曝光破坏环境的行为。在环境舆情事件爆发后,政府可以借助媒体合理引导舆论,正确分析、报道来自社会各方的意见建议,从而安抚民心,稳定社会情绪,同时也有助于政府部门妥善、迅速地处理冲突,甚至化危机为转机,形成合力,推动社会更好发展。

(上海交通大学舆情研究实验室课题负责人:谢耘耕。作者:吕晴、万旋傲、宫玉斐。上海交通大学李慧君、何筱媛、董吟雪,四川大学刘莉、肖光毅对本数据统计有贡献)

## 参考文献

[1] 马东红,梁文艳. 冀东水泥武川项目:废水污染地下水悬疑 [EB/OL]. 中国产经新闻,http://finance.sina.com.cn/chanjing/gsnews/20110727/183110216600.shtml,2011 – 07 – 27.

[2] 王文志. 长寿之乡受污染部分变癌症村 回应村民大惊小怪 [N]. 经济参考报,

2011 - 11 - 15.

[3] 谢庆裕. 苹果"污染门"爆发 10 天无回应 [N]. 南方日报, 2011 - 9 - 9.

[4] 佚名. 子公司废气排放污染问题严重扬农化工深陷环保门 [EB/OL]. http://istock. jrj. com. cn/article, 600486, 4009935. html, 2011 - 9 - 7.

[5] 郭嘉. 东方希望铝业被指污染环境不配合检查. 中国经济网 [EB/OL]. http://legal. people. com. cn/GB/188502/16393734. html. 2011 - 11 - 25.

[6] 齐永. 河南一窑厂污染致庄稼绝收 县环保局长称管不了 [EB/OL]. 中国新闻网, http://www. chinanews. com/sh/2011/11 - 17/3467119. shtml, 2011 - 11 - 17.

[7] 张书舟. 福州台江居民投诉噪音 官员建议"自认倒霉" [N]. 南方都市报, 2011 - 11 - 23.

[8] 佚名. 江西矿业公司排污责任推给唐宋 年人均难赔 1 元 [EB/OL]. 中国新闻网, http://www. chinanews. com/ny/2011/12 - 08/3516463. shtml, 2011 - 12 - 08.

[9] 佚名. 河北武安焦化厂污染严重 环保局成企业"挡箭牌" [EB/OL]. 健康中国新闻网, http://www. aqzyzx. com/system/2011/11/21/005301169. shtml, 2011 - 11 - 21.

[10] 佚名. 长江铝业落户后污染频发 [EB/OL]. 新浪环保, http://news. sina. com. cn/green/news/roll/2011 - 12 - 01/100223556437_ 2. shtml.

[11] 佚名. 贵州桐梓 106 名小学生中毒 因工厂排氯气所致 [EB/OL]. 人民网, http://news. dayoo. com/china/201106/18/53868_ 17420284. htm, 2011 - 06 - 18.

[12] 梁江涛, 高君波, 郭鑫. 南京气象局"误发"PM2.5, 还要追究相关责任? [N]. 南方都市报, 2011 - 11 - 18.

[13] 于璐. 网民热议哈药："做良心人"行昧心事 [EB/OL]. 人民网, http://news. cntv. cn/20110610/100614. shtml, 2011 - 6 - 10.

[14] 王曦. 修订《环保法》完善政府履行环保职能 [EB/OL]. 中国网, http://finance. sina. com. cn/roll/20100312/22467557276. shtml, 2010 - 03 - 12.

# 论医疗议题与媒体传播策略

## ——解读"缝肛门"事件中的媒体表现

郝希群

**摘　要**：时隔一年多的"缝肛门"事件再度掀起舆论热潮。诸多媒体对该事件给予了持续的关注，其中出现了大量的失衡报道。研究结果表明：在"议程设置"的影响下，媒体对"缝肛门"事件的失衡报道，扩大了该事件的社会影响，并直接导致了医患关系再度恶化。在进行医疗议题的报道时，媒体应该强化自身的舆论引导功能，注重医患双方的话语平衡，并提高从业记者的专业能力。

**关键词**："缝肛门"事件；内容分析法；报道框架；话语失衡

# Medical Issues and Media Strategies：

## A Case Study of "Sewing her anus" Event

Hao Xiqun

**Abstract**：More than a year after the "Sewing her anus" event happened，it reignited the upsurge of public opinion once again. A lot of media have paid close attention to it，and there have been many unbalanced reports. The result showed that：under the influence of "setting the agenda"，the unbalanced reports on "Sewing her anus" event have expanded its influence in society，and been likely to be directly responsible for making tense doctor – patient relationship worse. When reporting the medical issues，the media should strengthen their own ability to guide public opinion，focus on the balance of discourse from doctors and patients，and improve the professional competence of reporters who report medical topics.

**Key Words**："Sewing her anus" event，Content analysis，Media frame，Unbalanced discourse

## 一 研究目的和概念解读

2010 年 7 月，深圳一名孕妇在凤凰医院顺产下男婴后，被丈夫发现其肛门处被缝线了。这一事件经由各大媒体的广泛报道引起舆论强烈关注，被称为"缝肛门"事件。由于助产士和产妇家属各执一词，虽时隔一年多，该事件目前仍无定论。本文旨在从传播学、风险管理的视角，考察媒体在其中的表现，并从整个医疗业的角度，探讨媒体应该采取怎样的传播策略来有效地控制医疗事件可能带来的风险。

德国社会学家乌尔里希·贝克（Ulrich Beck）在其《风险社会》一书中首次使用了"风险社会"的概念并提出了风险社会理论。他指出：人类已经进入风险社会，"风险可以被界定为系统地处理现代化自身引致的危险和不安全感的方式"[1]。贝克认为，风险在知识里"是可以随意被社会界定和建构的"[2]。而与科学和法律等部门共同掌握着界定风险的权利的大众媒体，在风险的建构和治理过程中起着至关重要的作用。

随着社会的进步，医疗业体制改革的深化，以及人们对医疗保健的重视等，医疗这个具有高风险的行业已经成为媒体报道的一个重点内容。医学和生命科学是这个世界上最复杂的一门科学[3]，具有不可预知性和极端复杂性。而人民群众对于健康的需求和期盼，可以说是无限的。两者的不对等就构成了矛盾。因此，媒体在做医疗报道的同时，也正是在进行着风险传播。每个医疗事件，在一定程度上，就是一个风险事件。频发的医疗纠纷案件，更是充满着报道风险。其中，发生于 2010 年并持续至今的"缝肛门"事件就是一起典型的医疗纠纷案件。

本文的"医疗议题"，主要是指发生在医疗业的各类新闻议题。在"风险社会"的视域下，医疗议题大多属于"风险议题"，容易引起较大的行业风险乃至社会风险。新闻报道具有"议题设置"的功能，而对于医疗类具有风险的议题而言，其报道方式、手段和策略是否应该与其他议题有所不同？

## 二　研究内容和结论

### （一）媒体传播内容框架分析

早在 1922 年，美国著名新闻学家 W. 李普曼就注意到人们对社会环境的认知并非都是源自经验性的接触。人们对经验世界之外的事物的感知，很多是通过传播媒介提供的材料来完成的。也就是说，现代人对外部世界的认识，很大程度上不是通过对客观真实环境的现场接触来进行的，而是通过对传播媒介构建的"拟态环境"（pseudo‑environment）的感知来进行的。"'媒介现实'成了人们认识世界的主要来源"，人们"对事物的感知、判断及采取的行动，大都以他们看到、听到的媒介现实为依据"[4]。

众所周知，媒体具有议程设置的功能。在对医疗类特别是涉及医疗纠纷的风险议题进行报道时，媒体能否平衡、适度、有效地传播是决定其成败的关键。在"缝肛门"事件的发生和发展过程中，无论是传统媒体还是新媒体都对其进行了跟踪报道。一时间，关于该案件的各种信息，传得沸沸扬扬，迅速成为人们关注的焦点。

面对这样一个风险议题，媒体的此次传播行为所产生的作用可以从两方面概括：一方面是积极作用，首先，媒体及时、详尽地报道了该事件，发挥了一定的舆论监督作用。其次，不少报道特别关注了患方的声音，充分满足了患方的发言权，引起了全社会的高度关注，推动了事件的进一步发展。另一方面则是消极作用，即媒体传播放大了这一事件所形成的社会风险，提高了风险发生的概率，媒体信息传播在某种程度上加剧了该事件的复杂程度，使得事件的处理难度加大，甚至影响了医患双方的正常生活。

笔者分别从传统媒体和新媒体上搜集了有关"缝肛门"的主要报道，经过分析和总结发现，多家媒体集中报道和关注了以下几个方面的内容框架。

1. 新闻要素框架。包括时间、地点、人物、事件、起因、经过等。其中，很多媒体重点关注了该事件的发展经过，比如专家组的调查情况、医院的处理举措、法医的鉴定结果，以及该案的几次审判结果、赔偿情况、双方的近况等。媒体针对此类议题的报道，属于新闻媒体的本职工作，是其对新闻事件的天然反应。

2. 公众反响框架。主要指的是公众在得知此事后的反应，尤其是网友的态度等。如，南都网和奥一网对此做了相关调查。截至 2010 年 7 月 30 日 22 时，共有 6099 人参与投票，其中 53 人（占 0.87%）相信助产士是在产后为产妇处理痔疮，5948 人（占 97.52%）不相信助产士好心处理痔疮的说法，另 98 人（占 1.61%）不参与评论。[5] 从中可以看出，绝大多数网友是站在患者这一方的，对医者持高度怀疑的态度。值得注意的是，网民们的信息来源也主要是媒体。他们的观点在很大程度上反映着媒体自身的报道倾向。

3. 失衡话语框架。在报道医疗纠纷案件时，记者通常容易站在患者一方，认为患者处于天然的弱势，容易忽略医方的话语，所采写的内容主要是患方对事件的细节描述和主观猜测。这就容易使得新闻报道中出现话语失衡的情况，容易导致新闻失实。因此，媒体在报道中应该注意话语的平衡，避免出现"弱势思维"。而在"缝肛门"的报道中，媒体在报道初期普遍关注的大多是患者一方的声音。比如，作为首次报道该事件的纸质媒体之一，《南方都市报》根据读者提供的线索于 2010 年 7 月 28 日刊发了《疑少送红包 产妇肛门被缝》一文。全文共有 994 个字，其中 690 个字的内容都是在转述产妇家属的话语，多次使用"陈先生说"、"陈先生称"、"陈先生认为"[6] 等字眼。医院的回应来自于该院的院长，而案件所涉及的直接当事人——张助产士，文章并未提及。另外，深圳的《晶报》也于同日发表了《疑嫌红包给得太少 助产士缝了产妇肛门》一文。该报道就是以张助产士所说的三段话来开篇的，直接呼应了标题中所说的"嫌红包太少而缝肛门"[7] 这一说法。事实上，这一说法至今仍疑点重重，很难成立。更值得一提的是，这三段话并非出自张助产士本人之口，记者也没有任何有力的证据可以证实，只是在话后标上了"以上张助产士所言由患者家属提供"字样。或许，媒体认为这样做至少标明了信息的出处，并无大碍。但是，带有倾向性的标题和由患方的猜疑而构成的主要文字内容，无疑都在向读者传递一个明显的信息：患者是弱势的，医者是无德的。这对目前紧张的医患关系而言，无异于雪上加霜，有百害而无一利。

如果媒体在进行医疗报道时，不能做到医患双方话语的平衡，就会放大医疗案件所带来的风险。当然，很多医疗事件是由患者先向媒体进行爆料的。但是，媒体在接到患者的来电来访时，不应急于进行报道，而要心平气和、积极主动地去采访院方和主治医生，强调报道内容的客观性、真实性和全面性。记者在采访中一定要警惕"维权"的姿态，而应以"沟通"的心态去进行交流。

综上所述，从新闻传播内容的角度分析，有些媒体的报道还仅仅停留在"有闻必录"的层面，新闻报道被动且有失公正。当医疗纠纷事件发生时，没能够采取积极主动的报道策略，可能受到时间、经费等的限制，只是简单地相信自己的经验，理性不足，会对未经证实的消息进行大肆报道和评论，在一定程度上误导了人们的价值导向，没有做到应有的"准确"，即准确地理解局部与全局、个体与公众，以及追求轰动效应与维护社会稳定的关系。

### （二）传播对象分析

任何传播行为都有其相应的传播对象。就新闻媒体而言，传播对象是广大的社会公众。中国社会科学院社会学研究所和社会科学文献出版社在京联合发布的 2011 年《社会心态蓝皮书》透露，2010 年，对北京、上海、广州三市市民的调查结果显示，三市市民总体社会信任属低度信任水平。三地市民认为药品行业和房地产行业、食品行业的信任危机均严重。其中，药品行业的严重程度得分最低，为 64.0 分，属"严重"范围。[8] 因为"不信任"药品行业，有些人对整个医疗行业都怀有敌对情绪，甚至存在着报复心理。因此，媒体在报道中不能忽略这群人的存在，要更为慎重地报道医疗纠纷等敏感的话题。

中国医师协会 2010 年对全国 114 家医院进行的调查显示，每家医院平均每年发生医疗纠纷 22 起。《人民日报》刊文指出：近十年间，医患暴力冲突呈井喷式爆发，且有愈演愈烈之势，医生普遍感到执业中的人身安全和人格尊严得不到保障，医生成为一个高危职业。[9]

2011 年 8 月，中国医师协会发布的《第四次医师执业状况调研报告》也显示，48.51% 的被调查医师对当前的执业环境不满意。82.64% 的被调查医师认为，目前医患关系紧张主要是由于体制造成的，主要包括医院管理体制、补偿机制、医疗保障制度、法律法规等因素。[9] 11 月初，丁香园综合了 2000 多名医生会员的意见发布的一份《医生工作场所防暴力行为中国版指南》，更是一石激起千层浪，引发多方的讨论。由此可见，医院和医生在医患关系中并非是绝对强势的一方，而是承受着巨大的压力。

由于医疗服务专业的复杂性，患方在医学知识和信息等方面往往比较缺乏，医患双方处于信息不对称的位置上。如果患者及其家属对医生不信任的话，一旦发生意外，即使医院方面尽到了自己的责任，患者方面也会怀疑医院和医生没有尽心尽力，容易引发医患矛盾。

媒体在传播某一新闻事件时，为了吸引更多的眼球，一般会力图造成观点冲突，习惯于抓住医疗事件中的戏剧性方面（如死亡人数、潜在的威胁、灾难性画面等），并安排在显著位置加以突出（报纸的头版、大字标题等，电视新闻的头条和连续报道，网站专题等）。但是，并非所有的传播对象都能理性地看待媒体所报道的内容。比如一些原本对某些医生存有偏见的人，就会感性地认为媒体是站在自己这边的，会显得更理直气壮。

考虑到这些传播对象的存在，媒体在进行医疗报道时就应该更为谨慎，需要事先弄清应该传递什么信息，如何传递，掌握相应的传播策略。

### （三）传播策略分析

在风险社会中，不同风险的最终承受主体应该都是社会中的个体，每一个公民都有权利获知与自身生活和生命息息相关的风险信息，以便采取相应的措施，进而阻止和降低风险发生的可能性。作为大众传播工具的媒体，更应充分满足公众的知情权。但是，采取什么样的传播策略，仍然是值得我们探讨和深思的。针对医疗报道，国外已经做了很多这方面的专门研究。

美国上世纪早期就成立了全美科学记者协会（NASW），目的是促进以普通公众为传播对象的媒体重视科学方面的报道，保障报道的科学、规范、准确、客观，奖励优秀的报道，以阐述科学及其对社会的意义。与我国情况相似，美国新闻界也不时出现虚假医疗新闻、恶炒卫生事件、卫生问题政治化等现象。为此，全美科学记者协会对医疗报道记者提出了三点要求，分别是：科学的态度、广博的知识和严谨的作风。[10]此外，该协会还积极采取了一些相应的措施。例如，经常举办有医学专家和记者参加的研讨会、恳谈会、演讲会等，让双方交换意见，共同探讨改进医疗报道的途径，寻找提高医疗新闻质量的对策。

美国媒体认为：医疗报道的关键在于媒体要拥有一支高水平、专业化、多年如一日扎根医疗报道的资深记者、编辑队伍。[10] 在《纽约时报》等媒体的著名记者中，许多是拥有医学博士学位、具有行医执照的专家型记者。为了促进不同媒体的科学、医学信息传播工作，美国还成立了"科学报道振兴评议会"（CASW），该组织为非营利的公益法人机构。科学报道振兴评论会在一些财团的资金援助和大学、研究所、企业的支持下开展多种形式的培训活动。"他山之石，可以攻玉"，美国的做法对我国有着重要的借鉴意义。

媒体的风险传播，既赋予了传媒作为风险沟通主体之一的地位，也建构了社会风险。风险议题有赖于媒体的呈现，大众传播提高了风险情境的"社会能见度"。风险的"不确定性"加剧了公众对新闻信息的渴望与焦虑。[11] 有研究者认为一个完整的"风险传播"构成，至少要包含三个构成要素：媒介传递或交换风险信息；以传媒为中介的风险沟通主体之间的互动；一种有目的的行为。[12] 不难看出，这三个要素主要是基于媒体工具论的观点。实际上，传媒在风险传播中不仅作为一个载体，更作为一个传播主体参与到社会风险治理中。[13]

回顾2009年发生在南京的徐宝宝事件，事件发生之初由于网络媒体的大肆报道，使得所涉医院和医务人员遭到网民的口诛笔伐，整个医疗行业也面临着严重的信任危机。当地政府所公布的调查结果也饱受质疑，不但无法平息民怨，反而使舆情高涨。后来，在有关媒体正确地介入之后，事件方才出现了转机。这些来自中央和地方的媒体记者们，与卫生行政部门、医患纠纷调解部门、综合性医院及网民代表们通力合作，最终让真相大白，获得了公众的认可。此事件可谓是媒体参与风险治理的典型案例。由此可见，媒体如果在报道时，注重与多方的合作，正确地引导舆论，就能以传播主体的身份参与到风险的治理当中。

而在"缝肛门"事件中，部分媒体仅仅做到了信息的公开透明，舆论引导的作用却未能发挥。首先，有关媒体主要听信了患者的一家之言，在没完全了解事件真相的情况下就匆忙进行了报道。比如，曝光该事件的几家媒体，都未采访到事件的关键人物——张助产士，集中报道的只是患者的声音，消息来源过于单一。其次，一些媒体记者对医疗类专业名词和专业问题缺乏正确的认识，在报道中出现用语不准确的现象。在"缝肛门"事件中，不少媒体将"缝住"与"缝扎"相混淆，以致闹出"缝痔疮"变"缝肛门"的笑话。《南方都市报》持续报道该事件的记者在节目中接受采访时表示，他报道的依据是基于自己亲友看病后曾经告诉他的情况和判断。显然，这种个人经验和"常识"是靠不住的，或者说，是不具有说服力的，也是媒体对公众不负责的一种表现。

虽然事后有官方部门出面辟谣，证明这家医院和这位助产士是清白的。但是，那些关于"勒索红包"、"手术报复"、"医德败坏"、"黑心医院"的糟糕印象已经在迅猛传播中，很难在短时间内消除。这家医院和这位助产士的命运也因为这起事件被彻底改变：涉事凤凰医院获准停业一年，张吉荣助产士也因为"缝肛门事件"丢了深圳的工作，回到陕西老家，生活拮据。

目前，我国医疗资源总体不足。我国人口占世界人口的22%，但医疗业资源仅占世界的2%[14]，不少地方医疗资源水平不高，人民群众不能享受到优质的医疗业服务。"看病难、看病贵"问题依然存在，医患关系在短期内难以缓和。因此，医疗风险事件可能一触即发，这对医院机构、相关政府部门以及媒体等都提出了严峻的考验。而媒体如何发挥自身的作用，正确而有效地引导舆论，就显得尤为关键。如何恰当、平衡、理性地进行医疗报道，是摆在关注医疗业的所有媒体面前的重要课题。有关医疗类风险议题的报道，全世界范围内都很少有专门的法律可以援引，媒体的报道行为主要依靠行业规范和自律。在上文中，我们已经看到了国外一些相应的报道规范，但在中国，这方面仍有待完善。笔者认为媒体应该从以下几方面加以改进。

第一，强化媒体的舆论引导功能。大众媒介引导社会舆论的唯一法宝是社会信息。李普曼在《舆论学》一书中认为："公众不是去读新闻，而是去读新闻中所暗示的那种行动的方向。"[15]舆论学把新闻事实看做表达意见的材料，同类事实数量的积累，是造成某种意见的基础，同类事实传播、积累的数量越大，也就越容易形成意见。当受众从新闻媒介中多次接触同类的事实，自然会由这些事实的共性做出相似的判断，对现实问题得出相对一致的结论。所以，媒体要善于利用有效的医疗信息与素材，在向受众传递信息的过程中有意识地引导舆论，进而化解医疗事件可能产生的社会风险。面对新闻事件，"把关人"应当综合考虑它的新闻价值和社会影响，而不是单纯地追求轰动效应。

第二，注重医患双方的话语平衡。在接到患者或其他群众的投诉或爆料后，记者应该尽快赶到事发现场进行采访。不仅要采访患者本人、患者家属等，也要采访医院的主治医生或相关医务人员，千万不能只听一面之词。此外，记者还应查看诊疗记录，辨析受访者的身份。如果医方或患方拒绝接受采访，也不能急于下结论，而要理性地进行分析。因为，与普通的民事案件相比，医疗纠纷案件的专业性更强，常常需要引入司法进行鉴定和审判。所以，当事方可能需要时间来进行调查，不便接受采访。总之，从采访到撰稿，再到编辑出版的整个过程中，媒体报道应尽可能做到客观、公正，最大限度地保证医患双方话语的平衡，避免产生不必要的负面影响。

第三，提高从业记者的专业能力。在美国，医疗报道属于科技报道的范畴，该领域记者也归于科学记者的行列。美国人认为：科学性是医疗报道最重要、最本质的特征。[16] 而在我国，医疗新闻通常被归为社会新闻类，负责采写医疗报道的记者很少具备专业的医疗知识。不少记者在处理涉医报道时，因为缺少专业的基础，对"临床科学"的科学性和不确定性也没有深入的理解，难以对相关事件有整体上的把握。因此为了做好医疗报道，记者必须要做好相应的功课，提高自身的专业能力。对于有条件的新闻机构，可以着力培养医疗方面的专业记者；而对一般性的社会新闻类记者而言，一方面要在平时多多积累医学方面的知识，另一方面也应在事件发生后关注这一领域的专家的看法，尽量准确地传达出某个事件本身的信息，同时也能传达出专家对该问题的看法，做到客观、公正。

总之，记者在报道医疗议题时，应力求多侧面、多方面地报道，既有危害方面的详尽报道，也应该报道有益或者是可以防范风险的一面；应该既注重数字的报道也注重故事的报道，只有这样才可能在公众的内心形成比较完整的信息结构。[17] 如此，媒体便可以在一定程度上有效地减少和化解事件背后的风险。

"缝肛门"事件虽然尚未终结，但是无论如何，它所造成的损失都是无法挽回的。综观已有的报道，不难发现我们当下不少媒体对医疗类风险议题的报道仍处于"有闻必录"的阶段，缺乏必要的风险意识。从 2011 年发生的"八毛门"事件中，我们不幸地看到有些媒体并未积极地吸取教训。这一事件的发生无疑再次为我们敲响了警钟，如何有效地运用媒体参与到社会风险的治理和预防中，必须成为媒体和学界今后多加关注的话题。

（本文作者为华东师范大学传播学院硕士研究生）

## 参考文献

［1］〔德〕乌尔里希·贝克著，何博闻译.风险社会［M］.南京：译林出版社，2004：19.

［2］〔德〕乌尔里希·贝克著，何博闻译.风险社会［M］.南京：译林出版社，2004：20.

［3］邓海华.希望媒体报道重大医药卫生问题加强与主管部门沟通［EB/OL］.北京：中国经济网，2010 – 04 – 06，http：//www. ce. cn/xwzx/gnsz/zg/201004/06/t20100406 _ 21235350. shtml.

［4］张国良.传播学原理［M］.上海：复旦大学出版社，2009：63.

［5］肖友若，刘勇.医院正式处理：助产士离岗检查［N］.南方都市报，2010 – 7 – 31（A13）.

［6］肖友若，郭现中.疑少送红包产妇肛门被缝［N］.南方都市报，2010 – 7 – 28（A10）.

［7］张国防.疑嫌红包给得太少 助产士缝了产妇肛门［N］.晶报，2010 – 7 – 28（A04）.

［8］陈郁.2011 年《社会心态蓝皮书》发布［EBOL］.北京：中国经济网，2011 – 05 – 04，http：//district. ce. cn/zg/201105/04/t20110504_ 22400095. shtml.

［9］白剑锋.医生成为高危职业［N］.人民日报，2011 – 10 – 13：19.

［10］陈小申.美国医疗报道理念与实践［J］.中国记者，2006（12）：38 – 39.

［11］郭小平."风险传播"研究的范式转换［J］.中国传媒报告，2006（3）：33 – 43.

［12］郭小平."怒江事件"中的风险传播与决策民主［J］.国际新闻界，2007（2）：26 – 29.

［13］谢进川.传媒治理论［M］.北京：中国传媒大学出版社，2009：11.

［14］吴龙贵.8500 亿医改资金最须着眼公平分配［N］.信息时报，2009 – 04 – 13（A14）.

［15］李普曼著，林珊译．舆论学［M］．北京：华夏出版社，1989：224 – 236.

［16］陈小申．美国医疗报道理念与实践［J］．中国记者，2006（12）：38 – 39.

［17］刘金平．理解·沟通·控制：公众的风险认知［M］．北京：科学出版社，2011：173.

# 探析医患关系人文回归的必要性

## ——以"死婴门"为例

王凤皎

**摘　要**：医患关系是人类文化特有的组成部分。近年来，日趋紧张的医患关系不但严重冲击着医疗市场，更在某种程度上成为影响社会和谐的重要因素。本文从医患关系的基本概念和属性出发，简要分析了我国医患关系的现状，并主要结合广东佛山"死婴门"事件的概况、舆情及传播过程，对其中缺失的医患关系人文性进行分析，最终得出呼吁医患关系人文回归的必要性这一结论。本文认为：无论从生命权还是伦理学的角度，医患关系的人文性都十分必要，其对实现医患互信、构建现代和谐医患关系乃至促进整个社会的安定都具有十分重要的意义。

**关键词**：医患关系；人文性；医患互信；"死婴门"

# Research On The Necessity Of Humanity Between Doctors And Patients:

## A case study on "dead infant" scandal

### Wang Fengjiao

**Abstract**：Doctor – patient relationship is a specific component of our human culture. However, the increasing tension in doctor – patient relationship today will affect not only the healthy medical market, but also the harmonious society. Based on the conception and nature of doctor – patient relationship, and on account of the "dead infant" scandal in Foshan city, Guangdong province, including its overview broadcasting and propagation process, this paper will define the current doctor – patient relationship, elaborate on its lack of humanity, and most importantly, point out the necessity of humanity between doctors and patients. From any point of view, the humanity between doctors and patients will mean a lot both legally and ethically, and it will help a lot in building the mutual trust, promoting the doctor – patient's harmony, and furthering our society's harmony and stabilization.

**Keywords**: Doctor – patient relationship, Humanity, Mutual trust, "Dead infant" scandal

自有医疗行为始，医患关系便开始存在。医患关系是生命伦理学的核心问题[1]，亦是现实存在的社会关系。随着社会主义市场经济体制的建立和不断完善，传统的医患关系被打破，传统的医疗服务观念也受到强烈冲击[2]，医患关系变得愈加复杂，其中隐含的深层次矛盾和道德问题也渐渐浮出水面，引发了广泛的关注和热议。

医患关系是人类文化中一个特有的组成部分[3]，它包括医务人员的思想道德品性和实际治疗活动、患者对医者治疗过程及结果的评价和患者群体的就医素质，是医疗人际关系中的关键。近年来，日趋紧张的医患关系不但严重冲击着医疗市场，更在某种程度上成为引发群体性事件和破坏社会和谐的一大因素。如2008年轰动全国的福建南平"医闹"事件，就是由于患者术后死亡之后家属打骂医护人员而医生反击引起的打斗事件，严重危害了社会稳定和医患关系的和谐。而医者缺乏责任心和人文关怀而引发医患关系紧张的事件也不胜枚举，如武汉拆线事件、上海东方医院麻醉不开刀事件、沈阳病人医院内上吊自杀事件、"录音门"，以及本文重点论述的2011年10月26日发生的广东佛山"死婴门"。

"死婴门"事件发生后，媒体报道量呈现井喷式的增长，网友也纷纷在各大论坛、微博等媒介上对此事展开热议，其中，不少评论聚焦于追问医生职业道德素质和人文素养、呼吁缓和当下医患关系等。本文中，笔者以后果严重、影响恶劣的"死婴门"事件为例，通过对其舆情的梳理和分析，结合当下医患关系的现状，呼吁医患关系的人文回归。

## 一 医患关系概述

### （一）医患关系的含义

医患关系具体是指患者与医生或医疗机构在诊治或缓解疾病的医疗实践过程中形成的相互间的关系，是双方结成的特定的医学伦理关系，也是医疗活动中最基本和最重要的关系，是医疗人际关系中的关键。[4]作为医方和患方在医疗过程中所形成的社会关系，医患关系的表现形式主要涉及三个方面：伦理关系、经济关系与法律关系。事实上，医患关系最初是一种人伦关系，随着社会经济的发展和医院内部分工的变化，医患关系也发生了一定的变化，由此也带来了价值观念的变化。近现代，医患冲突开始出现，医患关系逐渐紧张。只有确立医学专业精神，树立医生的道德责任，回归医学人文精神，才能有效地重建医患互信，使双方利益趋于一致，构建和谐的医患关系。[1]医患关系与生产力的发展水平密切相关，始终处于变动状态中，反映了当下社会文明程度和社会经济发展水平。因此，在不同的历史时期，对医患关系的界定是不尽相同的。笔者在本文中探讨的医患关系，是指"死婴门"事件中医护人员与婴儿及其家属之间的关系。

### （二）医患关系的重要性

著名医史学家格里斯曾说，每一个医学活动始终涉及两类人群：医师和病人，或者更广泛地说，医学团体和社会，医学无非是这两群人之间多方面的关系。[6]随着社会经济的发展和现代医学的进步，这一概念也得以拓展，"医"演变为参与医疗活动的所有从业人员，"患"也从求医者演变为与之联系的亲友、单位等社会关系。因此，医患关系实质上是一种社会关系。在"死婴门"事件中，医护人员乃至佛山市南海区红十字会医院所有工作人员与婴儿及婴儿家属之间的关系，明显属于一种社会关系。

医患关系对医疗效果十分重要，构建和谐的医患关系更成为广大医疗机构乃至全社会共同关注的问题。从总体来看，医患关系的重要性主要体现在以下两个方面。

第一，良好的医患关系是医疗活动得以顺利开展的基础。医患之间只有建立良好而互信的关系，医者才能确切地采集到患者的相关病史资料，为之后的诊疗奠定基础，而患者也能更好地遵从医嘱，配合医者进行治疗，以早日康复。

第二，和谐的医患关系，有助于医疗业组织从整体上提高医疗服务质量，实现医患间共同的价值目标，也关系到整个医疗服务市场的安定，乃至全社会的和谐。良好的医患关系不仅有利于医务人员发挥其最佳技术水平，也有助于病人获得更好的心理支持。医患关系的融合，可以增强患者对医务人员和医疗机构的信任感，提高患者对医者的满意度，从而有效减少医疗纠纷和群体性事件的发生，提升医疗机构的社会和经济效益，对全社会的和谐稳定也将起到积极的促进作用。近年来，日趋紧张的医患关系越来越受到政府部门、医疗机构、专家和普通民众的重视，医患关系是否和谐也变得尤为重要。科学分析医患关系的影响因素，努力化解医患矛盾，对构建和谐的医患关系具有重要意义，是全面建设小康社会的重要内容，也是构建和谐社会的题中应有之义。

## （三）我国医患关系的现状

2011 年 11 月 10 日，针对"死婴门"这一事件，卫生部举行了新闻发布会。会上，卫生部医政司副司长赵明钢表示，当前医患关系总体上是和谐的，但个别现象确实存在并有非常大的社会影响，这类事件是中国快速发展过程中一些社会矛盾在医疗服务领域中的体现。[7]发言人邓海华提出，通过建立独立第三方调节机制等措施，构建和谐医患关系。单个独立事件发生后即引发卫生部的高度重视，这在近年来的医患关系中时有发生。由此可见，医患关系是医疗活动中最为重要的人际关系，也是极为敏感的社会关系，其引发的问题很容易成为全社会的关注焦点。"医患关系紧张"是近年来最受关注的话题，中国卫生部和国家中医药管理局在召开的管理会议中也多次坦言目前医患关系紧张、医疗纠纷增加，多地均发生过暴力攻击医务人员事件，甚至影响范围更广的群体性事件。综合来看，目前医患关系主要表现在以下方面。

### 1. 医患双方的市场意识日益增强

随着社会主义市场经济的建立和发展，医院和患者的市场意识逐渐被唤醒。在医患关系中，患者属于消费者，其权益意识日益增强，要求得到医院更好的照顾，享受更多的权益；医者的市场观念也频频增强，很多医院均通过成立市场部、完善医院配套设施等措施，扩大收治范围，促进医院发展。但医者作为经营者，其风险意识和维权观念相对薄弱，前瞻性思考不够，致使突发事件发生时难于从容应对、果断处理，不可避免地出现较多医疗纠纷舆情。

### 2. 患方对医方的不满情绪日益增加

由于我国医疗资源分布不合理，较多资源都集中在大城市中条件比较好的医院，而和人民群众生活密切相关的社区医院、中小医院、卫生所等条件相对较差，因此许多患者都愿意直接去大医院看病，这就容易导致"看病难"的发生。医院级别越高，社会信誉就越高，患者则会相应增多，而医生的工作负荷就会越大。在繁重的工作压力下，不少医生对患者往往疲于应付，无暇对患者提出的每个疑问做出详细解释。

随着社会的发展和人民生活水平的提高，人们的自主意识日益增强，患者在就医过程中也更加注重对自身知情权的维护，要求医患之间的平等主体关系和相互尊重关系，而有些医生在行医过程中缺乏对患者权利的充分尊重，这也极易引发患者的不满。

### 3. 医患互信十分缺乏

一方面，患者对医者不信任。如在医生的正常检查和诊断中，开处方时患者普遍误认为医生在误导其额外消费，认为医生为了多收费而令其做了多余的检查。另一方面，随着医患纠纷和一些医闹事件的发生，医生对患者一方的不信任也日益增加。有的患者在就医过程中随身携带录音笔、摄像机，或始终不信任医生的治疗措施和方案，因此引发恶性循环，医患互信面临重大危机。

### 4. 医疗纠纷呈现上升趋势

近年来，医疗纠纷不断增多，卫生部统计数据显示，全国每年发生的医疗纠纷逾百万起，平均每年每个医疗机构发生医疗纠纷的数量为40起左右，医闹和医患冲突等恶性事件时有发生[8]，这均严重影响了医患关系乃至整个社会的和谐。医患纠纷成了媒体的报道焦点、人民群众议论的热点、医疗机构和政府部门处理的难点。

## 二 "死婴门"事件概况

2011年10月26日清晨,佛山市南海区红十字会医院,刘冬梅在两名护士的帮助下早产下一婴儿。护士告知家属是女婴,生下来已死亡,并将婴儿装进塑料袋丢进厕所。半个多小时后赶到的亲属要求查看,却发现"死婴"居然还在动,并且是一名男婴。

"死婴门"事件发生一周后,11月3日下午,广东佛山南海区卫生局举行发布会,对事件作出回应。南海区卫生局表示,已经责令医院对相关人员作出停职处理,包括妇产科主任李景玲、医生曹晓峰、护士薛凤兰、助理护士麻桂棉,承诺将进一步查清责任,对其严肃处理。当事医院(南海红十字会医院)相关负责人承认,当事医生未使用任何仪器检测,只根据主观经验便判定婴儿已死、放弃抢救,严重违反了卫生部门关于判定新生儿死亡的方法规定。而妇产科主任黄利川则称"当时家长也没有主动要求抢救",这一荒谬而不符合常理的言辞,激起了婴儿家属乃至公众的愤怒与不平。

总之,这是一起由院方缺乏完善的管理制度和医务人员缺乏责任心双重原因导致的对婴儿生命权的漠视事件,是一起"严重医疗责任事件"[9],影响极其恶劣,经媒体曝光后引发强烈反响,并引起了社会各界的广泛关注。这则"婴儿被弃死而复生"的消息,被媒体和网友称作"死婴门"。事情发生过程中疑点重重,多处细节均透露出医务人员的不负责任和人道主义关怀的缺乏,如称夜间取药"不方便"、对孕妇体检过程的敷衍、对出生婴儿性别的误判、医生只让护士处理分娩现场而自己却置身事外,等等。这些细节经媒体报道后,引发了网友对医院管理情况和医务人员职业道德素养的谴责,一定程度上加剧了医患矛盾的恶化。

## 三 "死婴门"医患关系的媒体构建

笔者于2011年12月23日12时,在百度新闻中,以"活婴当死婴"和"死婴门"为关键词进行检索(如图1)。对该舆情事件舆论变化和医患关系情况分析如下。

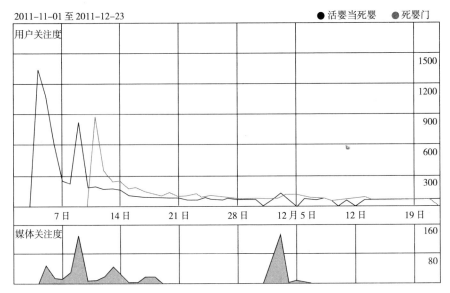

**图1　"死婴门"事件用户关注度和媒体关注度**[10]

图表来源：百度指数

（一）舆论潜伏期：医患矛盾初发，媒体报道缺失

"死婴门"事件发生于10月26日清晨，但事发当日至11月2日，共7天时间，在传统媒体和网络上均无任何关于此事的报道。在这长达一周的时间，事件悄然发展，但由于未被曝光，因此没有引起公众关注，真相也未浮出水面。

但从之后的媒体报道中，可以窥见在舆情潜伏期家属与院方的初步协商情况。10月28日，孕妇刘冬梅出院，而婴儿仍在南海红会医院的监护室观察，家长不能进入探望，这引发了婴儿家属对医院的不满，医患矛盾初发。婴儿情况处于慢慢恢复中，但具体赔偿事宜仍未达成，事件无明显进展，笔者推测这也是潜伏期媒体无作为的原因之一。

（二）舆论爆发期：《南方都市报》首发，中央级媒体跟进，形成媒体合力，医患矛盾加剧

11月3日早上，《南方都市报》以《南海红会医院活婴当死婴丢厕所》为题，对"死婴门"事件进行报道，当日和隔日均有多家媒体进行转载。从报道内容看，舆论集中在：对当日事发过程进行详细报道；对医务

人员不负责任的态度和对婴儿人权的不尊重表示谴责；对婴儿的恢复情况进行关注；对医院、卫生局等各方态度进行阐明。

舆论爆发期从 11 月 3 日持续至 11 月 5 日。11 月 3 日下午，广东省佛山市南海区卫生局举行新闻发布会，对此事件第一次正式回应。南海区卫生局表示，接产护士的行为违反相关诊疗规范，已责令医院对相关人员作出停职处理，将查清责任、严肃处理。这也成为了舆论爆发期的媒体关注点之一。

除聚焦对事件本身的讨论外，媒体还对事件背后的其他问题予以剖析（见表 1），如和讯网、中国江苏网发文对问责太轻问题予以批判，人民网《拿什么来拯救你，麻木的医德》对事件中医德的麻木和医务人员责任心的缺失予以抨击，《广州日报》发文《全民焦虑时代，如何化解医患危机》对化解医患信任危机建言献策。多家媒体的报道聚焦于对相关医护人员进行免职等处分，认为他们的人文关怀严重缺乏，对此事件理当负全责。其中，人民网在跟进事件过程中频频发声，较好地发挥了中央媒体的喉舌作用，在 3 日至 5 日的舆论爆发期，人民网发布或转载其他媒体的报道有《把活婴当死婴丢在厕所四医护人员被停职调查》、《佛山误判死男婴患先心病 副院长等医务人员免职》等。人民网的跟进，引发了更多媒体的转载，形成了媒体合力，对促进事件解决起到了很好的推动作用。

表 1　2011 年 11 月 3 日至 11 月 5 日媒体主要报道统计表[11]

| 时间 | 媒 体 | 报 道 | 转载量 |
|---|---|---|---|
| 11 月 3 日 06：00 | 《南方都市报》 | 南海红会医院活婴当死婴丢厕所 | 49 |
| 11 月 4 日 03：20 | 新京报网 | 活婴当死婴弃佛山四人停职 | 2 |
| 03：30 | 新京报网 | 红会医院误把活婴当死婴丢弃 | 201 |
| 08：03 | 大洋网 | "死婴"案涉事医院 产科主任当班医生 护士停职 | 4 |
| 08：04 | 《南方都市报》 | 南都社论：活婴当死婴，医院乌龙彻底搅动医患信任 | 20 |
| 08：42 | 人民网 | 把活婴当死婴丢在厕所四医护人员被停职调查 | 42 |
| 10：04 | 腾讯网（转自《广州日报》） | 把活婴当死婴扔掉，医德滑坡到何种程度 | 5 |

| 时间 | 媒体 | 报道 | 转载量 |
|---|---|---|---|
| 14：18 | 和讯网（转自：中国江苏网） | "活婴当死婴"，问责岂可轻飘飘？ | 9 |
| 17：46 | 人民网（转自：中国江苏网） | 拿什么来拯救你，麻木的医德 | 3 |
| 22：44 | 中国广播网 | 活婴当死婴被抛弃 父亲：孩子还好 只希望能健康 | 22 |
| 23：16 | 中国广播网 | 活婴当死婴被抛弃 孕妇曾经多次呼救无人理会 | 9 |
| 11月5日01：48 | 人民网 | 佛山误判死男婴患先心病 副院长等医务人员免职 | 41 |
| 04：05 | 《广州日报》 | 全民焦虑时代，如何化解医患危机 | 19 |
| 05：54 | 《南方都市报》 | 活婴被当死婴弃置续：南海红会医院三领导被免职 | 63 |
| 08：38 | 大洋网 | 同行：医生不可能不熟流程 律师：这是医疗事故 | 6 |
| 11：54 | 中国新闻网 | 广东佛山早产男婴被弃续：目前生命体征稳定 | 10 |
| 19：22 | 北方网 | 活婴儿丢厕所事件的多重追问 | 5 |

从论坛中的跟帖回复情况来看，公众对医患关系的改善十分重视，对医务人员的责任心和人文关怀也频频进行呼吁。笔者以"活婴当死婴"为关键词，在天涯社区进行搜索后发现，这一时期，事件已经引发了不少网友的关注，但网帖多为转载传统媒体的报道，如网友"duobibest"发帖"南海红会医院活婴当死婴丢厕所 家属查看在动"[12]、网友"hang360035600"转载深圳卫视关于本事件的报道的帖子"［新闻事实］红会医院误把活婴当死婴丢弃 四医护人员停职（转载）"[13]等等。从诸多帖子的回复中可以看出，绝大多数网友对事件持愤怒和不满的态度，并呼吁对相关人员进行严惩，如网友"夜芙蕖2009"表示"疑点重重。应该让警方介入调查是否涉嫌婴儿拐卖"[12]以及网友"任侠好义"发表评论"必须严查！！看是否医院医生、护士和人贩子勾结合作贩卖婴儿！"[12]但网友的这种态度并未引起大规模的关注。还有网友表示，此事件的曝光过程中，凸显了视频证据

的重要性，在医患关系紧张的当下，证据记录和保护的方式选择十分重要，当医方确实可信赖和患方没有必要记录这些所谓"证据"时，医患关系的真正和谐便指日可待。[16]

（三）舆论发展扩散期：事件反映制度缺失，呼吁医学人文关怀、医患互信与媒体担当

笔者将 11 月 6 日至 13 日归纳为舆论的发展扩散期。除了对事件后续情况进行事实报道外，媒体普遍从多个层面进行反思，如制度缺失、医患互信、媒体责任等等（见表 2），报道对医患关系的人文性也进行了反思，如光明网《活婴当死婴扔是"天使"还是恶魔？》、《羊城晚报》的《钟南山批"活婴当死婴弃"为"医学人文沦落"》等文，均聚焦于"天使"医者的人文沦落等层面进行分析。而 11 月 10 日卫生部的新闻发布会中，发言人也对此事件进行梳理和反省。媒体和公众对"死婴门"表现出的医疗制度与医生责任感的双重缺失表示担忧，纷纷呼吁医患互信与制度重建。

表 2　2011 年 11 月 6 日至 11 月 13 日媒体主要报道统计表[17]

| 时间 | 媒体 | 报道 | 转载量 |
| --- | --- | --- | --- |
| 11 月 6 日 08：59 | 凤凰网（转自：正义网） | 活婴当死婴丢续：生命体征稳定赔偿暂被搁置 | 65 |
| 11 月 7 日 01：20 | 人民网 | 活婴被扔厕所　红十字会医院称与红十字会无瓜葛 | 26 |
| 08：24 | 《东方早报》 | 沈彬：医患关系不应被极端事件误导 | 4 |
| 11：42 | 和讯评论（转自：湖南在线） | "活婴被当死婴扔进厕所"背后的制度之失 | 3 |
| 11 月 8 日 09：06 | 人民网（转自：《新华日报》） | 制度最怕仅仅挂上墙 | 12 |
| 19：57 | 中国新闻网 | 广东卫生厅：误弃活婴为严重医疗责任事件 院长被免 | 109 |
| 11 月 9 日 04：01 | 人民网（转自：《广州日报》） | 全省医院加强管理整顿 | 108 |
| 07：34 | 《南方日报》 | 解决医患"纠纷门"每个地市都要成立医调委 | 24 |

续表

| 时间 | 媒体 | 报道 | 转载量 |
|---|---|---|---|
| 08：36 | 《南方都市报》 | 广东省卫生厅厅长：医疗业行政部门监管有缺失 | 2 |
| （不明） | 华声在线 | "八毛门"到"活婴被弃门"细数纠葛不清的医患矛盾 | 2 |
| 11月10日04：05 | 《广州日报》 | 呼吁民众客观看待医患关系 | 4 |
| 15：52 | 人民网（转自：中新网） | 卫生部：将搭建公正中立协商平台化解医疗纠纷 | 90 |
| 11月11日 | 《京华时报》；03：29，《新京报》 | 卫生部分析活婴当死婴丢弃事件 要一追到底 | 67 |
| 11：51 | 光明网 | 活婴当死婴扔是"天使"还是恶魔？ | 2 |
| 17：51 | 人民网 | 红十字会回应活婴被弃事件：取消事故医院冠名 | 269 |
| 11月12日23：46 | 广东新闻网 | 粤卫生厅将加强医疗管理 保障医疗质量 | 1 |
| 11月13日03：58 | 金羊网－《新快报》 | 钟南山：医患关系差是人文医学缺失公益投入少 | 6 |
| 07：22 | 金羊网－《羊城晚报》 | 钟南山批"活婴当死婴弃"为"医学人文沦落" | 48 |
| 23：53 | 燕赵都市网 | 改善医患关系不妨从"录音"开始 | 3 |

　　11月7日早上，《东方日报》发文《医患关系不应被极端事件误导》，文中认为："八毛门""死婴门"等事件引发了舆论对医生的控诉，直指医德滑坡；本已紧张的医患关系在一些个案中继续激化，此文呼吁有责任感的公民看到医患关系的正反两方面，不要将个案扩大化；也呼吁媒体应有所担当，客观、中立、全面、中立报道医患矛盾，努力促进医患双方的互信。[18] 这篇报道是对医患关系较为理性的分析，也从媒体责任方面做了适当考量。

　　和讯网的评论文章《"活婴被当死婴扔进厕所"背后的制度缺失》从医院管理和事发时医务人员对婴儿的具体处理方式等细节出发，对医院的做法进行批判，坦言"漏洞百出的整个助产及弃婴过程，曝出的是医院管理方面的诸多规章管理的一系列漏洞"，呼吁医务人员医德医风的转变和有关部门监管力度的加大。[19]

11月9日，华声在线发表的评论文章《"八毛门"到"活婴被弃门" 细数纠葛不清的医患矛盾》中，对改进当下医患关系提出明确的建议："不仅需要推进医疗体制改革，增加政府投入，加强管理，协调医疗资源，从制度层面上为医患关系走向和谐提供保障；同时要加强医患之间的有效沟通，培育崇高的医德风尚，提高患者的就医素质，使医生能够负责任地行医，患者信任医生"，呼吁医患风波就此平息，医患关系走上和谐之路。[20]以上媒体对于医患关系鞭辟入里的分析，均是从较深层面对事件进行解读，表现出媒体的担当。

在舆论扩散期的媒体舆情中，不可忽视的是11月10日下午卫生部举行的新闻发布会。针对医患关系的紧张，发言人邓海华称将加强医疗质量的安全管理，从源头上防范医疗损伤，并通过建立第三方调节机制，搭建公正的沟通平台，妥善化解医患纠纷。"八毛门"、"录音门"等医患间不信任的事件屡有发生，发人深省。卫生部对"死婴门"高度重视，呼吁重建医患互信，并认为新闻媒体也应有所作为，全面准确地进行涉医报道，以促进医患和谐。

11月12日，中国工程院院士钟南山在广东省医师协会举办的论坛中，对"死婴门"等医患纠纷做出点评，他表示，"医患关系差是人文医学缺失"[20]，并认为医生在人文医学方面应加紧补课。钟南山对人文医学和医患关系人文回归的呼吁，对"死婴门"事件在舆论扩散期的舆论转向起到了重要作用，此后几日的媒体报道将重点转向该论坛中钟南山院士的观点，提出当下呼吁医患关系的人文性已是迫在眉睫。

这一时期，事件引发网友更大规模的关注。以"活婴当死婴"为关键词在新浪微博进行检索，从11月6日至13日共找到22876条微博，通过分析，发现网友对此事件的态度较为多样，但主要表现在以下三个方面。

### 1. 对相关部门监管缺位表示不满

很多网友认为，医疗机构和相关政府部门在日常监管中存在严重缺位现象，总是等到出现较大医疗事故或医患纠纷之后才介入，严重滞后。网友"康ksy"表示："都是要等出了大问题的时候才重视的，这样有意义吗，而且对于小孩来说，是影响别人一辈子的事情啊。"[21]

### 2. 怀疑事件背后必有隐情，甚至会是婴儿倒卖现象

男婴误判为女婴、活婴被当成死婴，种种对事实的明显颠覆不禁让网友怀疑事件背后是否有更多隐情未被挖掘，而有些博友（如新浪微博"给我氧气吧"）更是较为直白地评论说"怀疑是要卖孩子"[21]，对"死婴门"事件及其处置明显表示不满，对医疗体制表示严重的怀疑和不信任。

### 3. 对当事医务人员的责任心和人文关怀的缺失表示强烈谴责

对新浪微博的相关博文进行分析后，笔者发现网友意见最为集中的便是对"死婴门"中医务人员缺乏责任心和人文关怀的不满和谴责，如网友"媛定今生"博文"活婴当死婴处理，究竟还有 nm 的人性没有？？？是玩忽职守，还是利欲熏心？只有当事人自己心里最清楚"[21]；网友"一只很坚强的老鼠"的评论"没有一点医德"[21]；网友"O‐CASEY 要回家吃火锅"的评论"现在的人怎么都这么冷漠啊，这样还有谁愿意相信医院呢，生命被交付到你们手上不是给你们扼杀的"[21]等等，对事件背后的医德问题表示痛心与不满。

这些观点和态度的背后，体现的是公众对于医护人员对患者（婴儿）漠然态度的失望和谴责，以及对医患关系人文回归的呼吁。只有医疗业组织、医疗从业人员对此高度重视，医患关系的和谐性才能指日可待。

## （四）舆论消散期：对信任危机进行反思，对医疗质量安全管理予以重视

随着对"死婴门"事件剖析和反思高潮期的结束，11 月 14 日之后，舆情逐渐消散。但仍有媒体报道对医患信任危机进行分析，如 11 月 15 日《羊城晚报》的评论文章《录音录像可作信任危机"急救药"》，文中对钟南山客观、公众、理性的分析表示赞同，并认为作为人道主义最重要载体的医生，一部分确实已经出现严重的医德问题，并导致信任危机，而将录音录像正式带入就医现场，这样虽然会伤害医生的感情，但"先小人后君子"的做法也是机制无能情况下求诸机器的无奈之举。此文对医德进行呼吁，也为患者出谋划策，引发了更多媒体的关注。

从图 1 的百度指数可以看出，"死婴门"事件的用户关注度和媒体关注度在前期基本趋于一致，但媒体关注度于 12 月 2 日出现了另一个高潮，原因在于卫生部网站发文《红会医院活婴当死婴处置曝医疗管理漏洞》，

对广东佛山"死婴门"事件相关情况和处理结果进行正式通报，当日即有252家媒体予以转载。卫生部认为，"死婴门"在社会上引起强烈反响，事件暴露出南海红会医院在医疗质量安全管理和医务人员行为规范方面存在较大问题，呼吁各级卫生行政部门和医疗机构吸取教训、引以为戒，并切实加强医疗质量安全管理。

这一阶段，媒体对"死婴门"事件中医者人文性缺失和医患关系信任危机的情况进行阐述和分析，而相关报道中对医德的呼吁也引发了微博和论坛网友的热议，公众对医患关系人文性表现出强烈的呼吁，渴望能够引起政府、媒体和医疗业组织的重视。

## 四　呼吁医患关系人文回归的必要性

"死婴门"事件中，婴儿险遭抛弃，这荒谬的事件虽然是在短短半小时内发生的，但其背后的问题值得我们深思。毋庸置疑，医务人员的行为触犯了法律法规，严重违反《医疗机构管理条例》和《执业医师法》中关于出具死亡证明书的相关规定。而抛开误诊死亡不谈，即使婴儿确已死亡，将婴儿当做垃圾置于厕所也严重违反法律法规、违背道德人伦，因此，呼吁医患关系的人文回归，已是迫在眉睫，其必要性主要包括以下几个方面。

首先，无论是婴儿还是其他患者，其最基本的生命权理当被尊重。传统医患关系往往强调医生权威的至高无上，而忽视患者的尊严和基本权利；但现代社会对人的认识和理解越来越深刻，人的权利意识也不断增强，生命权是最基本的人身权利，这也是为什么藐视生命权的行为会在短时间内引发道德评论和社会热议的一大原因。因此医者必须尊重患者的生命和医疗权利，尊重患者身为一个"人"的尊严。俗话说，"医者父母心"，但"死婴门"事件中的相关医务人员着实愧对这句俗语。有无医德，是评价一名医生职业道德素养的重要条件，尽管医德是一个较为宽泛的概念，而且仅仅呼吁医德并不能解决医疗过程中的所有问题，但是相比普通民众而言，医务人员对就医者生命权的尊重和维护尤为重要，理当引起其高度重视。

其次，欲建立良好的医患信托关系，必须呼吁医患关系的人文回归。

医患信托关系在法律上表现为医患契约关系。当患者在医院就诊时，就意味着患者承认了医院的各项章程，医院也承认了患者的各项要求的合理性。医患关系分为技术和非技术两个层面的意义，技术关系由专业规范加以确定，而非技术性关系是由道德伦理规范来制约和掌控。因此，医患信托关系实质上是建立在诚信基础上的"医患权利托付"的医学伦理模式。[22] 在信托关系中，医患双方具有独立人格，其以信任为基础，双方自愿建立关系，互相尊重。因此，只有医患关系回归人文，才能使医者更具责任心和道德感，也使患者对医者更加趋于信任并配合治疗，最终促进医患关系的良好发展。

再次，从伦理学的角度，医生的德性正在从义务性向公益性转变。[1] 传统医学伦理中把医生为患者服务作为绝对的义务和责任，很少考虑医疗行为的效果和价值，而现代医学已经把医患关系发展为社会性事业。因此，医务人员应当从社会和人类的利益出发，公正合理地解决医疗活动中的利益冲突，使医疗活动不仅有利于患者的康复和其对医者的信任，更有利于全社会的和谐和稳定。因此，医患关系中的人文性和社会性就变得尤为重要，广大医务工作者只有深刻认识到这个问题，才能有效地防范"死婴门"等事件的再次发生，将医患关系引入平等、互信的轨道。

最后，医患关系的人文回归，不仅对于促进医患关系的和谐有重要意义，更是社会和谐稳定的题中应有之义。只有回归医学人文精神，树立医生的道德责任，以尊重为前提，以诚信为原则，以医术为保障，才能更好地构建现代和谐的医患关系，一定程度上杜绝医患冲突和群体性事件的发生，促进社会安定。

## 五　结语

发生于2011年10月的"死婴门"事件，是一起严重的医疗责任事故，院方管理制度的不完善和医方责任心和道德感的缺失，险些酿成悲剧。事件经媒体曝光后立即引起社会各界的广泛关注，中央媒体也频频发声，表示关照，卫生部、广东省卫生局在事件的后续处理中也有所作为。"死婴门"事件虽然看似得以初步解决，但我们不该忽视，事件的背后是医患关系人文性的缺失，也是医生道德责任感漠然的现状表现。

创造一个和谐而宽松的医疗环境，是医患双方共同的愿望。随着整个社会的发展和医疗业事业的进步，公众对于医患关系的关注度日益提升。构建医患关系的和谐，需要全社会的共同努力。在医疗业组织和医护人员提高道德责任意识、医患之间增强互信的基础上，和谐而富有人性化的医患关系前景可期。

（作者系华东师范大学传播学院硕士研究生）

## 参考文献

[1] 彭红，李永国. 中国医患关系的历史嬗变与伦理思考 [J]. 中州学刊，2007，11 （6）．

[2] 王世清，罗家有，李万军. 当代医患关系与医生服务观念的思考 [J]. 当代医学，2006，11．

[3] 谢博生. 医学概论 [M]. 台北："国立"台湾大学医学院，2003：127.

[4] 引自"医患关系"百度百科 [EB/OL]. http：//baike. baidu. com/view/688724. htm.

[6] 宁伯晓. 对我国当前医患关系的思考 [D]. 华中师范大学硕士学位论文，2008.

[7] 卫生部分析活婴当死婴丢弃事件，要一追到底 [N/OL]. 京华时报，2011 - 11 - 11.

[8] 佚名. 如何建立和谐的医患关系. 慧聪网，http：//info. pharmacy. hc360. com/2012/03/120906385401. shtml.

[9] 红十字会. 红十字会回应"死婴门"事件：取消对事故医院冠名 [N/OL]. 全球医院网，2011 - 11 - 12. http：//xinwen. qqyy. com/a/111112/700f. html.

[10] 百度指数 [EB/OL]. http：//index. baidu. com/main/word. php？ type.

[11] 百度新闻 [EB/OL]. http：//news. baidu. com/ns？ from = news&cl.

[12] duobibest. 天涯杂谈 [N/OL]. http：//www. tianya. cn/publicforum/content/free/1/2311113. shtml，2011 - 11 - 03.

[13] hang360035600. 天涯杂谈 [EB/OL]. http：//www. tianya. cn/techforum/content/665/392816. shtml，2011 - 11 - 04.

[16] yyc6000. 天涯杂谈 [EB/OL]. http：//www. tianya. cn/publicforum/content/free/1/2313030. shtml，2011 - 11 - 06.

[17] 百度新闻 [EB/OL]. http：//news. baidu. com/ns？ from = news&cl.

[18] 东方日报. 社论：医患关系不应被极端事件误导 [N/OL]. http：//epaper.

dfdaily. com/dfzb/html/2011 – 11/07/content_ 549801. htm.

[19] 和讯网评论．"活婴被当死婴扔进厕所"背后的制度之失 [N/OL]. http：//opin-ion. hexun. com/2011 – 11 – 07/134960134. html.

[20] 华声在线．"八毛门"到"活婴被弃门"细数纠葛不清的医患矛盾 [N/OL].http：//news. sctv. com/plpd/sh/201111/t20111109_ 885263. shtml.

[21] 新浪微博 [EB/OL]. http：//weibo. com/1402675471/xwCHHrJ9t，2011 – 11 – 09.

[22] 王圣军．患者权利托付的医学伦理学意义 [J].自然辩证法研究，2002（5）：6.

# 从"助人事件"看道德风险认知的建构

张　宏

**摘　要**：随着中国社会的转型和发展，道德风险已逐步渗透到日常社会生活中。建构全面健康的道德风险认知至关重要。本文主要以近年来的助人事件为例，简要介绍了道德风险认知建构的背景，着重总结了建构的三种机制及不同效果：媒体放大、政府协调和公众参与。媒体既能唤醒及加深认知也能误导认知；政府主要通过号召动员和制度保障发挥重要的指导和宏观调控作用；公众则通过意见表达和实践矫正完善和修正认知。

**关键词**：道德风险；风险认知；建构；助人事件

# Construction of Moral Risk Cognition in
# Events of Doing Good

Zhang Hong

**Abstract**：With the social transformation and development of China, moral risk has occurred in daily social life. It is vital to construct an all – sides and healthy cognition of moral risk. Taking events of doing good as examples, this article introduces the background of construction of moral risk cognition briefly and sums up three mechanisms and their different effects mainly. The amplification of risk by media can either awaken and deepen or mislead the cognition. Coordination by government by means of mobilization and system security plays an important role in guidance and control. Participation of public by expression of opinions and practice can complete and revise the cognition.

**Key words**：Moral risk, Risk cognition, Construction, Events of doing good

## 一 道德风险与风险认知

风险，指个人和群体在未来遇到伤害的可能性以及对这种可能性的判断与认知。[1]当今时代，风险无处不在。从个体生活到社会发展再到人类未来命运都受到风险的影响。

道德风险最早为20世纪80年代西方经济学家提出的一个经济哲学范畴的概念，其定义为："从事经济活动的人在最大限度地增进自身效益时做出不利于他人的行动。"[2]目前国内研究较多的也是该领域。然而随着中国社会的转型和发展，道德风险已逐步渗透到日常社会生活中。仅仅局限于关注经济活动的道德风险远远不够。本文主要从传播学的角度并结合社会学等学科知识分析存在于社会生活领域的道德风险问题。

区别于经济领域的道德风险，社会生活领域的道德风险有其自身特点。目前关于道德风险尚无统一定义，主要有以下几种观点。高兆明认为，道德风险是指可能道德行为的不确定性。[3]郝文清认为，道德风险是指人们或社会组织在社会道德生活领域内进行道德表达时所遭遇能导致对自身、他人或社会组织等危害的可能性。[4]杨俊凯、杨文兵认为，"道德风险"，就是指行为主体在遵循道德规范、履行道德义务、塑造健康德性的过程中自身利益和现实幸福受损的可能性以及在追求自身福利最大化的过程中，违背道德规范、逃避道德义务从而使他人或社会利益受损的可能性。[5]

郭晔总结了上述几方面观点，笔者较认同其定义：道德风险应是指主体行动的道德不定性及其社会后果的不定性。[6]在助人事件中，存在两方面的风险：一是是否采取助人行动的不定性；二是采取行动所导致各种后果的不定性。第二种风险又可划分为两大类型，一是施德者为保护国家和个人利益，最终使自身和他人利益受损的不定性，其中这种助人行动既包括微不足道的帮助，也包括需要付出较大努力的帮助；二是一些人逃避义务或者违反道德规范，最终使他人和社会也包括自身利益受损的不定性。

"风险认知"指个体对存在于外界环境中的各种客观风险的感受和认识。[7]道德风险认知顾名思义指人们对于道德风险的感受和认识，即人们对主体实施道德行为的可能性以及由此产生社会后果的可能性的总体感受和认识，包括对风险的评估、对待风险的态度以及反应等。

## 二 建构背景

对风险的认知与每个社会群体的文化特征紧密相关。基于中华民族的思维方式和传统的道德准则，中国人历来对道德尤为重视。目前，道德事件频发，人们进行认知的难度加大，是道德风险认知建构的主要背景。

### （一）道德事件频发

近年来，社会环境日趋复杂，媒体频频曝出关于道德的种种负面新闻。道德感丧失、责任感淡薄、价值观与传统规范割裂、个人私利大行其道的事件不断进入人们的视野。如关于助人方面的"豆饼老人"被失主告上法庭事件、小悦悦事件、扶老人被讹、医跑跑事件，以及多起公交司机被打事件中无人伸出援手等。事件曝光后引发受众强烈反响。其中所反映出的责任分散效应即人多导致不负责的旁观者效应以及个人化倾向严重等现象给人们的日常生活带来了很多风险。

### （二）认知难度增加

风险认知强调个体的直观判断和主观感受所获得的经验。道德风险区别于科技风险、医疗风险等专业性质的风险，在人际交流中原本容易接触，体验直观。然而目前我国正处在从"熟人社会"到"陌生人社会"转变的阶段，在这种社会下，人口流动性增强，生活节奏加快，工作压力增加。匿名性、网络虚拟化、市场化等特征使人们对他人的信任感降低。这些导致人们无法像先前一样直观地感受人们的道德水平，人们对道德风险的认知难度大大增加。人们所认识的道德风险很大程度上来源于媒体、政府等提供的相关中介信息。媒体和政府等主体在设置相关议题时引发人们参与了解，讨论和思考现实生活中的道德风险。

很多外界因素只有通过人对其认知后才会发挥作用。人只有充分认识到现实中的道德风险才能有所作为。关于道德风险的认知很大程度上影响着自身的情绪状态、人们对社会的信心，以及参与建设和谐社会和社会改革的热情。如果判断失误或者没有及时认识，后果将不堪设想。各个建构主体应当让受众准确全面客观地认识到自身所面临的风险。建构健康全面的道德风险认知势在必行。

## 三 建构机制及效果

关于道德风险认知的建构主体包括：媒体、政府和公众。与之相对应，各个主体在建构中的机制有所侧重，效果也各异。

### （一）媒体放大

媒体所表述的内容是有限的，因此，通过媒体议程设置的报道，往往会对某种事件某个议题形成"聚焦"的效果，进而放大该议题。选择与风险有关的议题并呈现给受众是建构认知首先要解决的问题。媒体的塑造力主要通过符号手段组织语言和事实，进而塑造所报道的形象。这一塑造过程往往通过形象建构、阐释和改变观念完成。媒体对事件的选择、数量的多少、传播的方式都直接影响到事件所涉及人群组织或区域在其他人群中的印象。[8]

媒体在建构过程中，通过放大风险事件，从而产生以下效果。

#### 1. 唤醒及加深认知

媒体的重要作用在于通过设置风险议题从而影响人们对于风险重要性的认知。一般情况下，经由媒体报道的事件被人们主观判断为较重要，而不被报道的事件则容易被忽略。媒体所选择的道德风险事件及其报道的数量、密度和报道方式等影响人们对风险的整体判断。

一方面，反映道德风险降低的正面典型事件不断被报道，如微博筹血成功；无偿捐献器官；武汉三名的哥（被称为逼停哥）见义勇为围住肇事车辆，及时挽救了交警的生命并将肇事者绳之以法；拾荒女陈贤妹对小悦悦施以援手等。另一方面，风险增加的议题也不断涌现，主要有两个类型：第一，道德表达（实施道德行为）后自身受到危害的事件不断曝出。从天津的"许云鹤案"，到江苏司机"殷红彬案"，一系列帮扶老人反而被告的事件引发广泛讨论。第二，无道德表达（不实施道德行为）的道德冷漠事件也引起各界人士的极大震动。如广东佛山小悦悦事件，两岁女童被撞，7分钟内从她身边经过的18个路人，竟然对此不闻不问。在百度发布的 2011 年度搜索风云榜中所列举的十大怪诞现象里,小悦悦事件和扶老人被敲诈榜上有名。这些事件的报道引发人们对于人性、道德的大反思,唤醒并加深人们对于风险的认知。中国青年报社会调查中心通过民意中国网和新浪网,对 4065 人进行的在线调查发现,76.3% 的受访者直言,"小悦悦事件"让自己反思是否曾是冷漠大众中的一分子。[9] 这一结果说明媒体通过议题设置,能够使受众意识到自己所面临的道德风险,并督促其对风险进行思考。

**2. 误导认知**

大容量的信息以及失真的信息中所包含的风险会激起人们潜在的恐惧心理,使得人们对于当下的风险极度敏感甚至过度反应。风险建构的社会放大效应形成一种"一坏百坏"的污名化效应,使与风险源相连的物品、环境、情境、技术、机构和人群等都被打上"负面形象"的烙印。[10]

道德风险的存在包含四种情况,而媒体作为一种选择性机制在塑造每种情况时存在缺陷,包括关注的视角、关注的广度、关注的时长有所不同。第一,道德表达,利益受损。这种情况符合新闻的新奇性,是最有可能被报道的,例如扶老人被讹事件。第二,道德表达,利益不受损。这类情况符合道德表达的常理,若非十分显著或重大,一般被媒体关注的情况较少。第三,无道德表达,利益受损。这种情况发生时,媒体往往要通过报道,发挥其舆论引导作用,因此也容易被报道,例如小悦悦事件。第四,无道德表达,利益不受损。这种情况属于相安无事的稳定状态,无新闻性。媒体对于第一和第三种情况,如以怨报德、见危不救等持续、深度的追踪报道明显放大了道德风险,从而误导受众的认知。2011 百度搜索风云榜中十大草根英雄里,与个人道德密切相关的助人事件就有三个:最美女孩"刁娜"、佛山好人"陈贤妹"、最美妈妈"吴菊萍"。然而刁娜因救助受伤女孩而不慎被过往汽车撞断了腿;吴菊萍因救助坠落儿童,导致手臂瞬间被巨大的冲击力撞成粉碎性骨折。这样的案件比比皆是,如凌华坤驾车追击劫匪的过程中,车辆与劫匪的摩托车碰撞,其中一劫匪重伤不治身亡,而其妻儿也受伤,还伤了路人和路边车。又如各种救人牺牲等事件。这些好人好事结果多以自身利益受损为结果,使得"救人有风险,救人需谨慎"的意识不断巩固受众的认知。首都经贸大学等 3 所高校在 2011年 10 月 18 日联合发布的"社会信任问题的大陆消费者民意调查"中关于

"老人摔倒该不该扶"问题，高达87.4%的民众认为不能扶老人是因为怕惹祸上身。[11]而现实生活中，那些在默默无闻的场合，做着合乎道德的善事，利益不受损的平凡的人们则占大部分，则很少被报道。这样媒体在报道道德风险事件时，根据其媒体属性和新闻要素有目的地进行议题筛选，从而在比例上出现了偏差，这样容易误导受众的认知，使受众处于惶恐之中，减少道德表达的勇气，不利于整个社会的和谐建设。

同时一些错误的报道放大了个人道德风险系数，在一定程度上危害到受众的认知。彭宇案一直被认为是"做好事反被诬陷"的代言人，结果却是他确实与老人发生了碰撞。南京市委常委、市政法委书记刘志伟指出，舆论和公众认知的"彭宇案"，并非事实真相；由于多重因素被误读和放大的这起普通民事案件，不应成为社会"道德滑坡"的"标志性事件"。[12]这种错误的报道不仅对老人的形象产生不良影响，而且还歪曲了人们对于目前道德风险的判断，造成人与人之间信任度下降。

综上所述，媒体一方面能够让某些事件进入公众视野，让公众认识到存在的风险，唤醒和加深其认知；另一方面，因媒体的局限性以及主观错误会导致在建构上存在缺陷，误导认知。

### （二）政府协调

在中国，政府履行社会管理职能，并具备强大的动员能力，在人们道德风险的认知建构上发挥重要的指导和宏观调控作用。政府主要通过以下两种渠道参与社会道德风险认知协调。

#### 1. 号召动员

社会动员，是指人们在社会持久的、主要的因素影响下，使其态度、期望与价值取向等不断发生变化的过程。[13]我国政府以公共利益为服务目标，应当准确把握现实中的道德风险，在全局上做出引导。政府应努力加强精神文明建设，动员人们参与到道德建设中，主要手段包括表彰、鼓励开展学习交流活动等。通过这些手段来弘扬助人精神，激发人们的热情。政府通过赋予某件事情以特定的议程，提升人物或事件的显著性，能够一定程度上影响公众的风险认知。武汉逼停哥事件之前的报道主要集中在民警身上，一段时间后，政府通过微博寻人将议程转换成逼停哥，通过提升其显著性而强化了公众的认知。又如，刁娜、陈贤妹等先进事迹被报道后，相应的政府部门如烟台市政府和佛山市政府等分别动员群众向其学习，通过传达人物精神思想，影响公众的认知，以此来降低整个社会所面临的道德风险。

此外，号召动员应当建立在群众广泛认同的基础上，尊重其意愿，让群众主动参与认知，而不是强制要求。目前，很多学习先进人物的活动流于形式，不能有效地发挥积极作用，有时甚至适得其反，就是因为没有把握好动员的技巧。

因此，政府应当努力提升自身公信力，积极履行职能，注重动员技巧，不断提高号召动员能力。

### 2. 制度保障

人受到利益的驱动可能会做出危害社会和他人的行为，因此人的行为需要在一定制度体制约束下进行。这种约束具有强制性，主要表现为两个方面：一是政府应当对相关的败德行为予以批评和惩罚，完善惩恶机制、监督机制，降低风险；二是提供相关制度保障，建立和健全有关法律、政策、规章制度，对道德表达行为予以保障，其中可包括完善相关的经济保障，实施一系列的后续援助，以解决救助者的后顾之忧。目前全国各地加强对见义勇为方面制度法规的完善，加大对见义勇为人员的保护力度，是政府进行制度保障的重要举措。通过此举可以影响人们对实施道德行为受损可能性的认知。

风险一方面充满危险性，会造成各种损失，但另一方面，风险同样意味着机会和机遇，能带来积极效果。见义勇为这种优良的道德被实施后会保护别人的利益，会得到人们的认可，会得到政府在精神上的嘉奖以及物质上的奖励。这些正面的结果均是行为的积极效果。政府的协调最终有利于降低公众对风险的疑虑并增强道德表达的勇气。

## （三）公众参与

媒体的报道、政府的协调均离不开公众的支持。公众参与道德风险认知的建构将起到完善和修正作用，其主要通过以下渠道进行。

### 1. 意见表达

意见表达就是将一系列的想法、态度、认识通过语言等形式反映出来的一种行为。公众是重要的意见表达主体。人们对道德行为意见表达的频率、数量和质量等建构了人们的认知。当一系列道德风险事件发生时，公众通过传统媒体、网络媒体等平台以及日常生活交流，表达意见，围绕该话题进行讨论，最终通过辩论与协商形成具有一定话语规模和总体倾向性的意见，达成对道德风险的认同和对社会的整体归属感。

（1）意见表达特征

意见表达具有丰富多元性。如有专业性意见和普通性意见之分，意见表述上有理性和感性之别。多种观点相互碰撞从而建构丰富的认知情况。

针对老人跌倒要不要扶这一问题，新浪微博中 7329 名博友参与调查。网友中所占比例最高的为不扶老人（见图 1[14]）。这一意见表达的结果表明了这些网友认为进行道德行为会受到伤害的可能性较大。如网友"P 哥仔安"的观点："现在有太多利用人性来进行诈骗的手法，复杂得你想做好事都难；很多人为了钱，钻法律的空子，所以，除非是认识的人，或者本地自家人，其他难说哦！"[14]网友"用心倾听世界的声音"认为：没个百八十万不敢扶。[14]另外，20% 的人坚持扶老人，表达了维护道德的决心。如网友"vivi 爱家"认为：应该会帮得，家里也有老人，我不希望自己的父母在街上跌倒也没人理，将心比心，社会不应该变得如此冷漠。（2011 - 9 - 8，16：39）[14]。同时有 37% 的人认为不好说，这部分人处于现实和道德的两难考虑，在认知上还不明晰。网友 ljqsccd8984 认为：准确地说是不敢扶！现在负面的、消极的报道这么多，谁还敢扶啊？[14]这些多元的观点经过碰撞对比，从而很明了地表达了人们的认知情况。

另外，来自不同身份、地位、教育背景的群体其意见可能存在较大差异。人民网舆情监测室一项调查表明：草根网友组比其他四个精英组对社会诚信现状悲观得多，扶老人意愿较低。[15]从这个调查中，我们可以发现，同样是关于老人跌倒的意见表达，精英网友和普通网友存在较大差异。

（2）意见表达新途径

近年来，随着国家民主化进程的加快，科技手段的进步，表达意见的渠道不断增加。除人际交流、信访、电话等传统形式，网络已成为中国公民意见表达的重要途径。其中，公众越来越多地选择微博等新媒体表达诉求，各抒己见，建言献策。

网络这种更为开放的环境为意见的表达提供了多种便利。人们可以相对自由地表述自己对道德现状的不满或赞美，对道德风险的忧虑以及改善

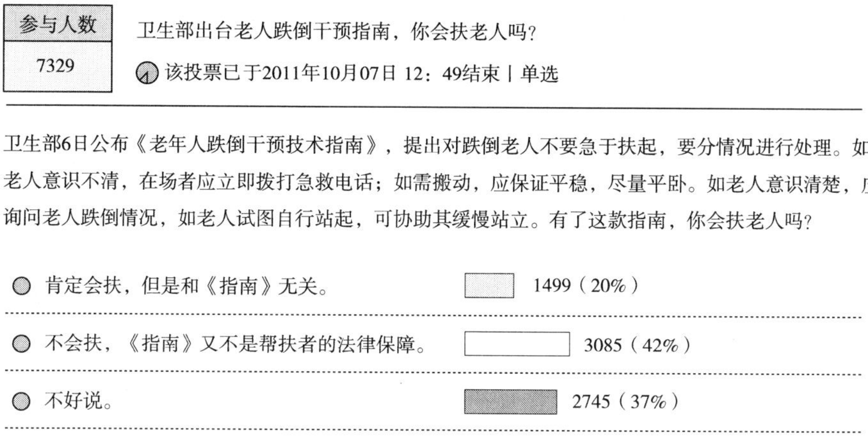

| 参与人数 | 卫生部出台老人跌倒干预指南，你会扶老人吗？ |
|---|---|
| 7329 | 该投票已于2011年10月07日 12：49结束 \| 单选 |

卫生部6日公布《老年人跌倒干预技术指南》，提出对跌倒老人不要急于扶起，要分情况进行处理。如老人意识不清，在场者应立即拨打急救电话；如需搬动，应保证平稳，尽量平卧。如老人意识清楚，应询问老人跌倒情况，如老人试图自行站起，可协助其缓慢站立。有了这款指南，你会扶老人吗？

○ 肯定会扶，但是和《指南》无关。　　　　　　1499（20%）

○ 不会扶，《指南》又不是帮扶者的法律保障。　　3085（42%）

○ 不好说。　　　　　　　　　　　　　　　　　2745（37%）

**图1　卫生部出台老人跌倒干预指南，网友意见（图来自新浪微博网友投票）**

的决心；能够与表达主体直接双向沟通；其意见能更迅速地被相关部门所关注；多种意见的吻合更能引发社会共鸣。

人民网舆情监测室的一项研究显示，在上海医跑跑事件中，网民在微博客中给予此事件充分的关注，批评声不绝于耳；29%的网友表示：太寒心了，医生道德严重滑坡。[16]这种表达在描述当今社会所面临的道德风险的同时，还通过表述自身对此行为的批评态度，展示自身道德水平，两方面结合共同影响着受众对风险的认知。

## 2. 实践矫正

实践矫正是指人们实施一些具体的行动，通过其意义的传达覆盖公众原本的认知，从而建构出新的认知。在道德领域中，道德准则是人们调节行为的基础，人们根据自己所接受和遵循的道德标准，对符合和违反此标准的行动做出反应。

实践矫正一方面表现为对不道德行为的抑制，另一方面表现为积极主动地开展道德行为。实践与意见表达相比，具有更强的说服力。

如小悦悦事件之后，全国各地掀起了拒绝冷漠的活动热潮。广州上万市民悼念小悦悦，签名寄语"拒绝冷漠"。11月11日，甘肃建筑职业学院数百名学生志愿者在该学院举行了"拒绝冷漠 传递温暖"爱心活动启动仪式，号召广大学生"不当过客、不做看客"。11月13日，"拒绝冷漠，温暖运城"万人签名活动举行，近千人进行了集体宣誓。这些抵制行为表现了人们对不道德行为的反对，有助于矫正以往认为风险加大的认知。

又如全国各地公众自发开展学习雷锋活动，通过志愿服务等实际行动，弘扬服务人民、助人为乐的奉献精神。

在对道德风险认知的建构中，媒体、政府和公众三大主体往往需要共同发挥作用。只是主导方有所差异，或是由媒体主动曝光，或是由政府组织引导，或是公众讨论发起。这种差异因事件性质、重要性等不同而有所区别。媒体多从特殊事件中唤醒认知，政府多在重大事件上进行宏观引导，公众则反映底层多元声音，配合行动。无论哪种作用占主导，都需要三个主体共同配合。

目前，对道德风险的恐慌很可能演化为公众普遍的道德风险认知。人们试图降低道德风险的行动需进一步加强。依托于媒体、政府和公众共同参与建构而形成的道德风险认知一旦形成，就可以作为利益协调的基础，成为相关主体共同的期望，成为主体行动的规范指南。因此三个主体当竭力使风险的客观可能性和主观判断性达到平衡，不夸大不忽视，全面发挥三种机制的作用，避免各种局限和差错，从而建构全面健康的道德风险认知。

（作者系华东师范大学传播学院硕士研究生）

## 参考文献

[1] 杨雪东．风险社会与秩序重建［M］．北京：社会科学文献出版社，2006：16.

[2] 约翰，伊特韦尔．新帕尔格雷夫经济学大辞典（第三卷）［M］．北京：经济科学出版社，1996.

[3] 高兆明．应当重视"道德风险"研究［J］．浙江社会科学，2000（3）：108.

[4] 郝文清．道德风险的防范与化解［J］．社会科学家，2011（5）：98.

[5] 杨俊凯，杨文兵．论道德风险［J］．连云港师范高等专科学校学报，2009（1）．

[6] 郭晔．论道德风险与道德创生［J］．南京师范大学学报（社会科学版），2003（6）：20.

[7] 谢晓非，徐联仓．风险认知研究概况及理论框架［J］．心理学动态，1995（2）．

[8] 谢进川．传媒治理论：社会风险治理视角下的传媒功能研究［M］．北京：中国传媒大学出版社，2009：14.

[9] 向楠．逾七成受访者承认"小悦悦事件"让自己反思［N/OL］．中国青年报，

2011 - 10 - 27, http：//www. chinatibetnews. com/shehui/2011 - 10/27/content _
803086. htm.

［10］保罗·斯洛维奇. 风险的感知［M］. 赵延东译. 北京：北京出版社，2007：270.

［11］杜丁. 老人摔倒该不该扶 八成人怕"惹祸"［N］. 新京报，2011 - 10 - 19.

［12］南京市政法委书记谈：不应被误读的"彭宇案" ［N/OL］. 2012 - 01 - 17,
http：//news. xinhuanet. com/legal/2012 - 01/17/c_ 111443179. htm.

［13］社会动员［EB/OL］. 百度百科，http：//baike. baidu. com/view/871723. htm.

［14］卫生部出台老人跌倒干预指南，你会扶老人吗？［EB/OL］. 新浪微博，http：//
vote. weibo. com/vid = 921657&source = feed_ info.

［15］让不让孩子扶老人？近半受访者迟疑［EB/OL］. 人民网，2011 - 09 - 23,
http：//society. people. com. cn/GB/15731863. html.

［16］庞胡瑞. 上海"医跑跑"事件舆情研究［EB/OL］. 人民网，2011 - 09 - 13,
http：//society. people. com. cn/GB/223265/15649261. html.

# 风险社会下的食品安全问题与媒体信息传播

赵路平　张　裕

**摘　要：** 近年来，随着瘦肉精、苏丹红、福寿螺、"三鹿奶粉"等一系列事件的曝光，食品安全问题被推到了风口浪尖，成为备受公众注目的焦点。在此过程中，我国媒体也加大了对食品安全问题的报道力度，成为政府、企业、消费者之间进行信息沟通的重要桥梁。本文将食品安全问题置于全球"风险社会"的大背景下，分析了当前我国食品安全领域媒体信息传播的现状、问题以及这些问题出现的原因，并进一步对媒体所应承担的角色和功能进行了深入探讨。

**关键词：** 风险社会；食品安全；信息传播

# Food Safety and Mass Communication in the Risk Society

Zhao Luping, Zhang Yu

**Abstract：** In recent years, a series of incidents, such as Sudanhong, Golden Apple Snail and Sanlu milk powder, have made food safety the focus of the public. Chinese media have enhanced the intensity of the reports and become an important bridge by which government, enterprise and consumer can exchange information. Under the background of global "Risk Society", the article analyzes the present situation, the existing problems and the root causes of media communication in the field of Chinese food safety, and further discusses about the roles and functions that media should undertake.

**Key Words：** Risk Society, Food safety, Information communication

近年来，随着苏丹红、瘦肉精、福寿螺、"三鹿奶粉"等一系列危机事件的频频爆发，食品安全问题备受关注。现代化的不断推进、高科技的快速发展以及全球化进程的加速使我们正在进入德国社会学家乌尔里奇·贝克所言的"风险社会"。作为社会风险的一部分，食品安全问题已经成为一个不断扩大的世界性难题。据世界卫生组织（WHO）的统计，发达国家每年罹患食源性疾病的人口百分比高达30%，而在一些发展中国家，食品安全甚至是导致死亡的主要原因。[1]

## 一 失语与喧哗之间：媒体信息传播的现状与问题

从 2002 年对转基因食品等问题的报道开始，我国媒体逐渐加大了对食品安全问题的关注力度，其报道模式正如《北京日报》一篇文章中所总结的："通常先由国外媒体或科研机构曝光，国内媒体转译、跟进，国外媒体加温，相关产品出现市场危机，问题公司危机公关，最后由权威机构对风险予以确认或澄清。"[2] 2003 年，以央视《每周质量报告》为代表的一批栏目迅速崛起，使得食品安全问题日渐融入公众的日常生活和消费中，成为人们关注的重要话题，在信息传播模式上也有了很大的改变。当前，我国关于食品安全方面的信息主要通过以下几个渠道进入人们的视野之中：各地报纸、电视台等传统主流媒体，香港、台湾以及国外的通讯社、卫星电视等境外媒体，网络、手机等新媒体，国内政府部门发布的检测、预警报告以及其他国际组织、民间组织和科研机构的相关信息、报告等。信息传播的途径涵盖人际传播、组织传播、大众传播。

食品市场是典型的"柠檬市场"，信息不对称导致高质量的食品被低质量的食品从市场中"驱逐"出去，市场中安全食品的有效供给和需求不足，作为食品传播链终端的消费者成为市场中的弱势群体。大众传媒对于食品安全问题的关注和报道是人们获取信息的主要渠道，也是其发挥守望社会、舆论监督功能的重要体现。媒体的舆论监督虽然不同于行政、法律、法规的监管，不能对食品安全工作产生直接的行政和法律效力，但它对各种问题的关注和调查发挥了不可估量的监督和促进作用，同时也扩大了食品安全监管部门的视角。正如《南方周末》在 2006 年《北京"陈化粮"倒卖传言是否属实》中所言，无论企业之前是否曾被粮贩操纵试图倒卖陈化粮，由于媒体的关注和此后河北天津两地加强了监督，这批陈化粮最终没机会流入口粮市场。当然，媒体舆论监督的生命力最终源于自身的公信力和报道的准确性。从目前情况看，我国食品安全方面的信息传播主要存在以下几个问题。

（一）媒体报道失实

部分媒体为了吸引读者，不经查实便抱着宁可信其有的心态，轻易地转载、引用，忽略事实的求证和原因的解释，结果不仅给商家带来了无可挽回的名誉和经济损失，也破坏了受众对食品安全的信心，从长远来看更严重损害了媒体自身的权威性和公信力。2005年，部分媒体对"国产啤酒含甲醛超标"的报道就是这方面的典型。此外，2004年，某报刊发表的《消费者当心巨能钙有毒》一文使巨能公司损失千万元，尽管卫生部通报：巨能钙双氧水含量在安全范围内，但巨能公司仍然风波未除，窘况未解。2006年台湾传出阳澄湖大闸蟹含致癌物质的消息后，台湾及大陆一些媒体在未经核实的情况下全文照登，给蟹农及两岸正常的经济往来造成了恶劣影响。

出现这些情况主要是由于几方面原因：对信息简化、形象化、符号化的传播过程致使信息扭曲；记者在知识结构、专业水平方面的欠缺；截稿时间对记者深入调查的制约；追求新闻的时效性而忽视了信息的完整性；媒体自身社会责任感的缺失，以及在各种经济利益驱动下而进行的故意扭曲等，此外，相关部门的信息、反映的滞后也为各方面的猜测、质疑提供了土壤。

在信息高度发达的现代社会，公众在信息获取和意见选择方面对大众传媒的依赖日益加深，大众媒介成为公众了解世界、获得信息的一个主要渠道。对于生活在大众传媒所营造的"拟态环境"中的人们来说，媒体对信息的筛选、甄别以及反映变得尤为重要，准确、及时、客观的信息可以成为抵御风险的工具，反之，媒体在此类事件中的失实、偏差、矛盾等则可能成为制造恐惧的祸端，成为新的社会风险的源头。

（二）新闻炒作

食品安全问题是关系到消费者健康和生命的全球性问题，对此，公众需要媒体对潜在的风险进行披露，但面对风险和危机，媒体有时候表现得并不客观和理性。为了提高发行量或收视率，吸引读者、观众"眼球"，一些媒体对此方面的问题大量频繁报道，难避新闻炒作之嫌。

1. 对不确定的信息过度渲染。对于食品安全问题，消费者关注的焦点不一定是该产品是否含有有害物质，更多的应该是有害物质对人体是否会造成伤害、造成怎样的伤害，以及在何种标准下它是安全的。但"潜在"、"可能会"、"危害不大"等不确定性提法频频出现在报道中，给受众造成新的困扰和不确定性。

2. 夸大部分新闻事实，有失公正、全面。一些媒体为了追求轰动效应对新闻事实进行过分的强调，径自放大风险，重复危险画面，遮蔽了其他社会事实。例如，在"SK-Ⅱ"事件的报道中，媒体突出报道了产品中"含有违禁重金属"，却淡化、回避了新加坡、中国台湾、中国香港等地机构认定的"含量均在安全范围内"的鉴定结论。还有一些媒体则截取并放大碎片化的信息，配以轰动性的标题，加大了风险恐惧，成为引发危机的源头。如在高露洁牙膏致癌的报道中，媒体有意无意地忽略了报告的整体内容，断章取义，夸大风险。

3. 对个别现象的过多强调波及其他企业乃至整个行业，使之利益受损。媒体如对某些现象不加解释，过多强调，容易对消费者产生误导，使之由个别推及整体，从而损害其他企业乃至整个行业利益。2001年央视《新闻30分》栏目以"月饼陈陷翻新再利用"为题对南京冠生园食品公司进行了曝光，借助央视巨大的传播效应，这一消息在消费者中迅速传开，并引起了市场的强烈"地震"。2002年南京冠生园宣告破产，冠生园这一中国百年老字号也遭到前所未有的打击，全国各地30多家"冠生园"企业无一幸免受到"株连"，仅上海冠生园一家，生产的"生"字牌月饼，销量在10天内骤然下跌50%，直接经济损失近1000万元。[3]整个月饼市场也被蒙上了一层阴影，据统计，2001年全国月饼市场与往年同期相比销售减少四成，损失在160亿元至200亿元。[4]此外，对龙口粉丝、四川泡菜、金华火腿、太仓肉松等事件的连续报道，也曾引起日、美等国相继采取设限措施，相关企业蒙受巨大损失。

4. 报道手法上过于煽情，缺乏对新闻的理性思考。针对"苏丹红"等问题的报道，大部分媒体在议题呈现上偏重于事件性或动态通告，缺乏对新闻背景的拓展和对新闻深度的挖掘。对煽情的追求和对细节的强调在突出事件冲突、吸引受众的同时，淡化了新闻主题。

（三）新媒体作用凸显，给食品安全问题中的信息传播带来挑战

网络、手机等新媒体的兴起，深刻地改变着人类的信息传播模式。近几年，在一些危机事件中常常出现新媒体"领跑"舆论的现象，给食品安全问题中的信息传播带来巨大挑战。例如在 2008 年四川广元"蛆虫柑橘"事件中，手机传播发挥了巨大威力。一条关于柑橘疫情爆发、提醒亲友暂时不要购买柑橘的短信，在全国范围内迅速蔓延，进而波及各个省市的柑橘销售市场，造成巨大的经济损失。蒙牛"特仑苏 OMP 致癌"事件也是首先由网络媒体通过个人博客的形式披露出来，无害的 OPM 造成了牛奶市场的再度恐慌，也威胁到蒙牛的生死存亡，这再一次让我们感受到新媒体作为一柄"双刃剑"在"风险社会"中的巨大威力。

（四）相关职能部门和企业的干预影响了信息的传递

有的部门或领导出于个人利益或地方保护主义的考虑，对媒体报道横加干涉，使得媒介在一些关键问题上集体失语，食品安全信息传播渠道的畅通性受阻，管理者和公众都无法获取有效的相关信息，一方面造成了政府管理的低效，另一方面也损害了公众的利益。在某些情况下，通过网络传播、人际传播等方式引发的谣言四起、流言盛行，甚至会引发严重的恐慌和危机。此外，被"三鹿奶粉"牵扯其中的"百度门"事件说明，在大多数媒体还主要依赖广告这种盈利模式来维持运行的情况下，企业也会成为媒体客观、及时、公正报道的障碍。随着我国媒体产业化、市场化步伐的不断加快，这一利益冲突已日渐凸显。

## 二 媒体在食品安全问题中的角色和功能

食品安全问题牵扯到生产者和消费者双方的利益，以及公众对政府的政治认同。媒体作为政府、企业、公众三者之间进行沟通、互动的信息桥梁，在此过程中主要发挥以下几个方面的作用。

## （一）传递信息，设置议程

市场上信息不全和不对称为掌握信息优势的市场主体采取机会主义行为提供了条件，内部性是导致市场失灵的重要原因。因此作为媒体来说，一个重要的任务就是通过信息的传递消除信息的不对称。美国传播学者麦克姆斯和肖最早提出了大众传媒的"议程设置"理论，认为：大众传媒具有一种为公众设置"议事日程"的功能，即媒介的议程设置。朱克（Zuker）则认为大众传媒对"非强制性接触议题"的议程设置效果更好，在一个特定的议题上，公众的直接经验越少，他们为获取该方面的信息就越是被迫依赖新闻媒体。对于专业性较强的食品安全议题，食品的制作加工并非大部分公众可以亲身感知的，尤其是生产高度集中的跨国食品加工业中，食品的原料采购、生产加工、包装上市都是远离大众视线的，增加了受众亲身体验和理解的难度，再加上食品安全认定的专业性，要求有专家把脉评判，这更增加了大众与此类议题的隔离程度，于是在公众严重缺乏直接经验的议题上，他们就更加依赖大众新闻媒介作为信息的来源，新闻媒介的议程设置功能也就发挥得更加直接和有效。

2008年《东方早报》对"三鹿奶粉"的报道赢得了各界的赞誉与肯定，也使之摘得了2009年中国新闻奖一等奖的桂冠。"如果没有这篇报道，三聚氰胺奶粉问题最终肯定也会被公之于众，因为真相不可能永远地被掩藏。然而，迟到的曝光、迟来的正义可能会让更多的婴儿受到伤害，这也是《东方早报》'三鹿报道'的意义所在。"[5]由此可见，媒体首先应该担负起守望社会和信息传递的功能：小心求证、如实报道，将潜在的风险信息告知公众；在危机发生的时候，及时做出反应，公布事件真相，消除公众的疑虑，稳定公众情绪，避免事态的恶化。

## （二）在提供信息、观点的基础上引导舆论

不同的国家和地区，因其社会经济发展水平不同，在食品安全方面都存在着不同性质、不同程度的问题，作为媒体来说要认真鉴别，引导舆论向有利于公共利益的方向发展。这就要求媒体在对事件进行动态报道的同时，注重解释性和评论性的报道，在官方机构和专家学者还未能对信息进行清晰解读的情况下，媒体应随着事态的发展，在对信息进行分析整合的

基础上向公众阐明事件的来龙去脉，以及业界对事态发展趋势的预测等，而非仅仅满足于向受众提供零散的信息，甚至对部分事实进行频繁的渲染。这也要求媒体从业人员有足够的专业知识和素养，从整个社会的福祉出发来全面地评判和衡量所获得信息的真实性和可靠性，致力于多种方式，全面深刻地呈现事件的全貌，不能为炒作而报道，添油加醋，耸人听闻。

### （三）发挥教育功能

对于食品安全问题的防范和处理，一方面需要政府相关部门从技术、制度等方面建立行之有效的信息收集、信息分析、风险预报、技术处理等手段，完善市场经济体系、加强有效监管；另一方面也需要媒体与政府部门通力合作，利用各种形式对公众进行风险教育，提高全社会的食品安全意识，引导生产者进行规范生产、经营者合法经营、消费者安全消费，促使管理者、生产者、消费者都能树立新的观念，在生产、消费、生活等各方面都遵照食品安全的原则，从社会、知识、心理等方面提高人们预防和化解风险的能力。

### （四）监督市场，成为公众及其他组织参与公共事务的平台

目前食品安全问题报道领域存在的重要缺陷在于媒体在信息来源的选择上过分倚重政府和生产者所提供的信息，忽视了消费者和受众的反应。作为食品安全问题上的弱势一方，公众需要将媒体作为表达意见和利益诉求的平台，参与到公共事务的管理中。比如在美国，消费者在消费者委员会的广泛授权下，积极地参与到委员会的活动中来，对食品厂商的行为形成了广泛的社会监督和舆论监督，例如消费者积极参与判别食品广告信息的披露。[6]在我国，政府要进一步释放公民参与食品安全问题管理的空间，为民间组织和个人参与食品安全问题提供更为畅通的参与机制；媒体则要采用多元化的信息来源和议题呈现方式，在采写过程中更多、更及时地请教咨询医学健康专家、法律人士、科研机构以及消费者等多方面的代表，使报道更加客观、平衡。

### （五）遵守相关政策法规，合法报道

2009 年 2 月 28 日，《中华人民共和国食品安全法》五年磨一剑，历经

四审终于出台，成为老百姓餐桌安全的重要保障。《食品安全法》规定对食品安全风险进行监测、评估和通报，同时实行信息公开，赋予媒体在开展宣传、舆论监督方面的权利。媒体一方面要致力于通过传播信息和舆论引导消除风险；另一方面在对禽流感、口蹄疫等一些重要问题的报道上，应该遵守国家相关的信息发布政策，而不能捕风捉影，盲目听从一个或者几个专家、个人及组织的意见。

风险社会带给整个人类的问题是深刻的、全面的、不可回避的，正如社会学家安东尼·吉登斯所指出的那样："我们今天生活于其中的世界是一个可怕而危险的世界，这足以使我们去做更多的事情，而不是麻木不仁，更不是一定要去证明这样一种假设：现代性将会导向一种更幸福更安全的社会秩序。"[7]食品安全问题作为一个全球都面临的问题，其形成的原因是多方面的，牵扯到科技、经济、伦理、道德等多方面的原因，也涉及生产、加工、流通、技术管理等多方面、多环节、多层次和多领域的问题，不仅需要实施"从农田到餐桌"的全过程管理，还必须建立诸如标准体系、法律法规体系、监管体系、信用体系、检验检测体系、信息体系、教育培训体系，而这些体系的建立需要政府的大力推动，[8]同时也需要社会方方面面的配合。从健全的信息传播体系到规范的媒体报道行为，处理好风险社会中的食品安全问题与媒体信息传播之间的关系，这是消除信息不对称、降低行动成本、减少决策失误的必由之路，更是规避和化解社会风险的重要途径。

（作者赵路平系华东师范大学传播学院副教授；张裕系《文汇报》记者。本项研究由2011年国家社会科学基金项目《公共危机传播中的网络舆情分析研判机制研究》（11CXW017）、2009年教育部人文社会科学研究项目《公共危机传播中的网络舆情演变机制研究》（09YJC860011）、2009年上海市社科规划课题《政务公开信息的网络舆情反馈研究》（2009ETQ001）和2008年教育部人文社会科学研究项目《互联网舆情信息分析与管理机制研究》（08JC870003）资助）

## 参考文献

[1] 世界卫生组织官方网站，http://www.who.int.

［2］郭小平．媒体也是传播风险源［J］．北京日报，2006－11－9（8）．

［3］新华网．品牌株连："冠生园"事件的另一个教训［EB/OL］．http：//news. sohu. com/02/15/news146681502. shtml，2001－9－19．

［4］吴建勋．基于南京冠生园"陈馅月饼事件"的企业信用危机管理研究［J］．全国商情·经济理论研究，2005（10）．

［5］佚名．早报"三鹿报道"获中国新闻奖一等奖［EB/OL］．http：//www. dfdaily. com，2009－10－31．

［6］吴华长．我国食品安全问题的政府管制研究［J］．内蒙古农业大学学报（社会科学版），2006（3）．

［7］［英］安东尼·吉登斯．现代性的后果［M］．田禾译．南京：译林出版社，2000：9．

［8］白献晓，张兆敏，韩蕴．食品安全政府推进行动研究［J］．科技与经济，2006（4）．

# 地沟油报道对沪上白领阶层态度影响研究

吴　艳

**摘　要**：本文首次通过问卷调查、深度访谈等研究方法，围绕地沟油报道的态度影响问题对沪上白领进行实证研究。文章站在媒介的角度通过研究沪上白领群体特征，考量他们的信息接收特点和习惯，探讨其对报道的心理作用机制、行为态度上的改变以及行为卷入度，并对地沟油报道的传播情况进行了总结性描述，以期探寻提高食品安全事件报道的力度和有效度的途径和方法，从而满足公众的信息需求并提升社会成员的食品安全素养，并为各类媒体提高与优化此类报道的效果提供科学依据。

**关键词**：地沟油报道；白领；态度；影响；问卷调查

# The Research on the Attitude and Influence from Gutter Oil Report on the Part of the "White Collar" in Shanghai

Wu Yan

**Abstract**：This paper issued by the questionnaire, depth interviews and other research methods to the Shanghai white collar; it's the first time as an empirical analysis on the attitude of gutter oil report. I tried to stand in the point of view of the media in Shanghai white collar group characteristics, consider their information to the characteristics and habits and to explore the psychological mechanism of action of gutter oil reported on the behavior and attitude change, including cognitive changes, emotional changes and behavior involved in the degree to explore the intensity of the food safety incidents reported and effective

ways and means to meet the information needs of the public and to enhance food
security literacy of the members of society, and provide a scientific basis for the
various types of media to raise awareness and optimization of citizen.

**Key Words**：Gutter oil report, White collar, Attitude, Influence, Questionnaire

## 一　调查目的和方法

"民以食为天"，食品安全涉及老百姓最基本的生活保障，与人类的生理需求、安全需求这两个最基本的需求密切相关。在众多食品安全问题之中，一直受到社会广泛关注却得不到杜绝的问题之一，就是地沟油。地沟油在国内已然不是一个新鲜的话题，甚至可以追溯到十几年乃至二三十年前，但此类问题在研究中却付诸阙如。"中国期刊全文数据库"和"中国优秀博硕士学位论文库"仅有25篇文献与食品安全报道研究相关，细化到地沟油报道研究领域，搜索结果为"0"，暂为空缺状态。本研究首次尝试运用定量研究方法对地沟油报道进行剖析。

本文从我国食品安全实际情况出发，以前人关于食品安全报道的相关研究成果为参考，通过编制"地沟油报道对沪上白领态度影响调查问卷"，辅以深度访谈，对地沟油报道的效果进行深入研究。本次问卷从投放到截止经历3个月时间（2011年12月~2012年2月），共发放问卷330份，回收问卷309份，在进行了有效的问卷控制后，获得有效问卷298份，有效问卷回收率达到90.3%。为了保证研究的代表性，本文基于白领阶层所特有的生活形态以及生活习惯，特别选取上海地区白领阶层作为调查样本。通过受众态度调查来更好地了解白领对于地沟油问题的信息需求与接收习惯，以期为大众媒体如何提高与优化相关报道效果提供科学依据。

## 二　地沟油报道对沪上白领阶层态度影响调查情况分析

### （一）沪上白领对地沟油报道的认知与接触情况分析

#### 1. 沪上白领对地沟油报道的接触情况

从图1可以看到，偶尔接触地沟油等食品安全事件的报道的人数为大多数，占总人数的 66.1%，经常接触此类报道的人数占 29.2%，几乎不接触地沟油等食品安全事件的人数所占比例较小，仅占总数的 4.7%。当问及"您在日常生活中是否会主动了解和获取地沟油相关信息"时，选择主动接触的比例占总数的 39.9%，而选择不会主动接触的占总人数的 60.1%。（见图 2）相比之下可见，被调查人群主动接触地沟油事件的频率不高，多数属于被动接受。

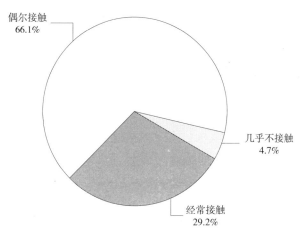

**图 1　沪上白领对地沟油报道的接触情况**

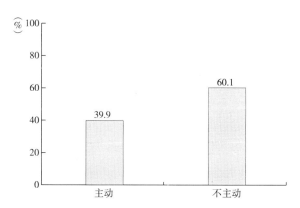

**图 2　沪上白领搜索了解地沟油信息的主动性**

### 2. 沪上白领接触地沟油报道的认知渠道

本题旨在调查沪上白领了解地沟油等食品安全信息的渠道，如图 3 所示，从高到低的排序为：互联网络 88.3%、电视广播 74.2%、身边人议论

59.5%、报纸杂志 33.7%（此题为多项选择题）。由数据可见，互联网占据着第一媒介的"王座"，成为沪上白领获取食品安全相关信息的第一渠道。但就渠道信任度调查而言，受众仍旧比较倾向于信任传统媒体电视所传达的信息；其次是网络；再次是报纸杂志。

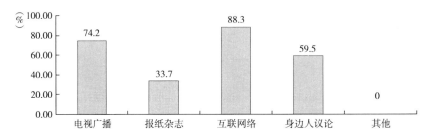

**图 3　沪上白领接触地沟油报道的认知渠道调查**

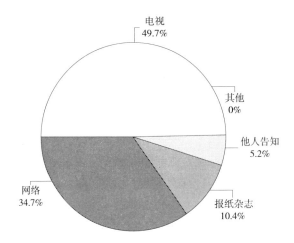

**图 4　地沟油传播方式信任度调查**

面对"在传播方式方面（电视、网络、报纸杂志等），你比较倾向和信任哪种传播方式"的问题，调查对象的回答由高到低排序如下（见图 4）：电视，占总数的 49.7%，网络占 34.7%，报纸杂志仅占10.4%。相比地沟油报道的认知渠道，就信任度而言电视上升到第一媒介的位置，这在一定程度上反映出白领并非不再青睐电视，而是从媒介选择上讲可能是基于自身长期形成的一种媒介接触习惯——"网络依赖"，在接收信息时受众一般选择自己习以为常和经常使用的媒

介。不过网络媒体仍获得沪上白领相当高的信任度，高于报纸杂志和
其他传播路径，位居第二。

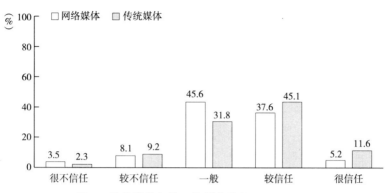

**图5 传统媒体相较网络媒体传播信任度调查**

从图5中我们可以看到，被调查者对传统媒体表示"很信任"的比
例为11.6%，"较信任"的比例则高达45.1%，两项合计达56.7%；对
传统媒体报道信任态度持"一般"的比例占总数的31.8%，"较不信
任"占9.2%，"很不信任"仅占2.3%；而被调查者对网络媒体表示
"很信任"的比例为5.2%，比传统媒体低6.4%，持"较信任"的态度
所占比例为37.6%，比传统媒体低7.5%，两项合计所占比例为
42.8%；对网络媒体报道信任态度持"一般"的比例为45.6%，"较不
信任"的占8.1%，"很不信任"的占3.5%。可见，传统媒体最大的特点
就是权威性。新媒体在输出的渠道上占有优势，而内容本身却还是传统媒
体更具竞争力。

网络媒体外延较广，本调查暂挑选出有代表性的7大类网络平台，以
期了解被调查者对以下各网络平台所传播的关于食品安全报道的信任度如
何。如图6所示，总体上来看，沪上白领信任度较高的三大网络平台从高
到低分别为：商业门户网站，传统媒体网站和教育、科研机构网站。被调
查者对以上三种平台所传达的关于食品安全信息的表示"较信任"的比例
分别为46.2%、43.9%和37.6%。被调查者对企业网站、博客/微博/个人
网站以及政府网站持"较不信任"的态度，对这三大网络平台持"较不信
任"的比例分别为27.8%、14.5%和14.5%。

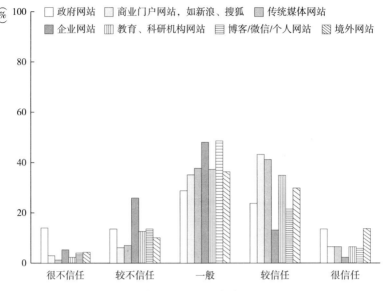

图6　网络媒体下属各种平台的信任度调查

## （二）地沟油报道对沪上白领阶层的态度影响分析

### 1. 认识接受度

从调查结果可知：沪上白领对于媒体上所报道和传播的地沟油信息的信任度参差不齐，"完全信任"的受众占总数的30.4%，而被调查者中有高达57.3%的人对媒体所报道的有关地沟油信息持"半信半疑"的态度，同时也有12.3%的被调查者持模棱两可的态度，认为自己仅仅是"随便听

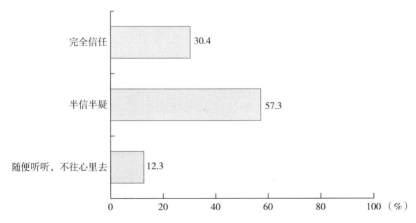

图7　受众对地沟油信息的接受信任度调查

听，不往心里去"。总体上来说，被调查者对媒体所传播的地沟油信息信任接受度偏低。

### 2. 情绪改变度

从数据结果中可以看到沪上白领接触地沟油报道后情绪层面的波动变化还是较为明显的。其中有43.9%的被调查者表示"担心，不知自己吃了多少地沟油"，29.8%的受众表示"震惊、愤怒"，此外也有26.3%的被调查者表示"无所谓，司空见惯"。可见，在接触过地沟油报道之后，被调查者内心大多受到影响，心理出现不同程度的波动且情绪也随之变化。

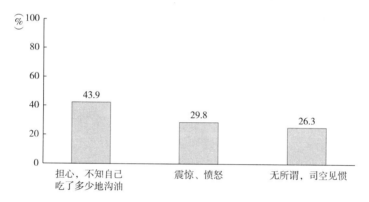

**图8　情绪改变度情况调查**

### 3. 行为卷入度

图9和图10显示的是在看完关于地沟油事件的报道后被调查者的行动、决策是否发生了改变。图9的调查题为："媒体披露了那么多的食品安全问题后，您是否会因此减少外出就餐？"被调查者对本题设置的答案的选择分布较为平均。其中认为在接触过媒体对地沟油报道后会即时选择减少外出就餐的人数比例为34.1%，而选择不会减少外出就餐频率的人数比例为33.5%，另外有32.4%的被调查者对这道问题的回答模棱两可，认为"不好说"。图10的问题设置为："如果有身边亲朋好友告诫您说：你常去的××饭店可能会使用地沟油，您会怎样做？"数据显示，周围熟识人群对被调查者选择和行动力的影响较为明显，"不予以理睬、不采取行动"和"不确定"的人数仅占总人数的4.7%和6.4%，有68.4%的人选择会"尽量不再去那家餐馆用餐，并尽快告诉相关的亲戚朋友"，将信息

传播开来，还有 20.5% 的被调查者会持"多询问几位亲友或等待媒体证
实，再确定是否采取行动"的态度。

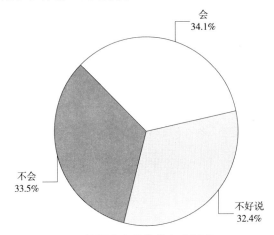

图 9　被调查者行为卷入度调查一

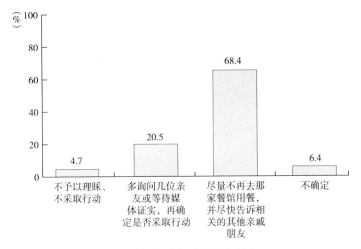

图 10　被调查者行为卷入度调查二

（三）沪上白领阶层对地沟油报道的评价情况分析

图 11 反映出被调查者关注地沟油的原因，高达 84.1% 的人选择了
"和自己生活息息相关"；其次有 67.5% 的被调查者选择了"警惕问题食
品，防止误买误食"；此外还有 9.8% 的人选择了"纯属个人喜好，喜欢看
社会新闻"（此为多选题）。显然，沪上白领大多从自身角度出发，选择与

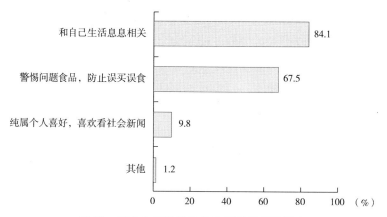

**图11　沪上白领关注地沟油报道的原因调查**

自己生活可能发生直接关联的信息加以关注。这也正与新闻价值中的接近性理论相吻合。以地沟油问题为代表的食品安全报道属于社会新闻，调查显示，真正出于喜爱看社会新闻而关注地沟油报道的被试者寥寥无几，这从一定程度上暴露出媒体关于社会新闻的处理不善，导致节目本身的黏性不高，对受众缺乏吸引力。

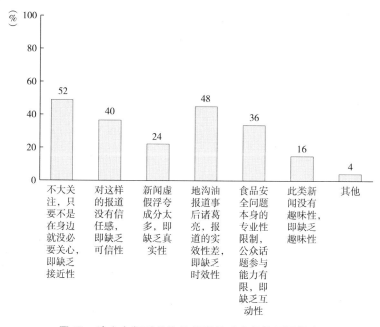

**图12　沪上白领对地沟油报道缺乏兴趣的原因调查**

　　为了求证地沟油等食品安全报道的受众收视兴趣到底在哪里，一道调查题罗列了可能造成受众流失的各种原因（见图 12），这些原因源于新闻价值学说。为了减少正面题目带给被调查者的主观引导，笔者对题目进行了反向设计，即调查那些不愿意接触地沟油报道的受众之所以不接触地沟油报道的原因有哪些。有效被试必须是"几乎不接触地沟油等食品安全事件"的受众，这个筛选条件可以有效地帮助本研究找到受众关于地沟油等食品安全报道的意见和想法。经过筛选和逻辑挑选，在全部 298 名被调查者中只有 52 人符合筛选条件。此外，为了减少强制性选择给被试者带来的心理压力，笔者将此题设置为多选题。从图 12 可以看出，这些原因均不同程度地被被试者提及，其中问题较多地集中在以地沟油为代表的食品安全报道中所存在的接近性、时效性、可信性以及互动性等问题上。笔者随即在筛选出来的 52 人中选取一名被试者通过网上即时聊天工具取得联系并进行访谈，访谈内容如下。

- 访谈时间：2011 年 1 月 6 日
- 访谈方式：腾讯 QQ 在线
- 工作年限：两年
- 访谈内容（部分）：

　　笔者：在问卷调查中，我们看到您选择的是"几乎不接触地沟油报道"，这个"不"是指没有接触过地沟油报道呢，还是不愿意接触这个类型的报道？

　　刘：从电视或者网络上是看到过有关地沟油报道的，但是就我来说，不是很喜欢看这个类型的报道。

　　笔者：原因何在？可以具体举几个例子说明一下。

　　刘：就之前看过的关于此类报道来说，第一我觉得一旦食品安全出现了问题，媒体的报道就会铺天盖地，而且内容基本相似，很多时候不管在网络上还是电视或者报纸看到的都是些重复的报道，谁愿意做重复性阅读呢？第二拿地沟油报道来说，可能会有一些比如化学用语，一般人可能比较陌生。所以我们看报道的时候，只能被动接受，即使有自己意见，也没有一个较为通畅的渠道来进行互动。还有媒体对于食品安全报道，通常就是把事情告诉我们，即使有深入的分析和专家的解释，往往也是表面行为，我们想看到的就是地沟油问题最终是如何解决的，哪些地区和地方还有类似的隐患，老百姓只是想了解到一些实用的信息而不是宏观上分析这，归咎那的。

　　笔者之所以不惜篇幅引用这段访谈，旨在说明当下我国地沟油报道在传播内容、传播方法上皆存在不容小觑的问题。从访谈可见，被调查者客观上大多接触过地沟油报道，只是主观上持消极态度，不愿意去接触这类事件的报道。媒体在报道内容上，只有量上的囤积，而没有质上的突破。各类媒体进行的只是铺天盖地的"转载"，缺乏对事件的进一步深入解读和跟进，容易给人一种虎头蛇尾的"刻板成见"，而且疯狂转载容易歪曲新闻事实，会引起公众心理恐惧。在报道方式上，尽管媒体对于以地沟油为代表的食品安全类报道越来越重视和受众的互动，但是程度远远不够。应加强以普通民众为主要报道对象的意识，将食品安全问题和消费者的切身利益相结合，通过强化媒体对食品安全的监督，从而提升公众对食品安全的关注度。[1]

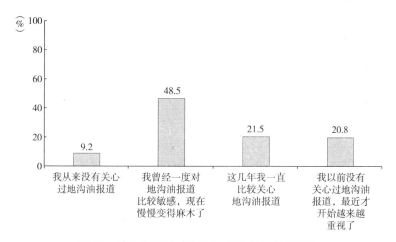

**图 13　沪上白领对地沟油报道的关心程度调查**

　　沪上白领对地沟油报道的关心程度的问题设置旨在测试被调查者对地沟油等食品安全问题的关心程度是否发生了变化，发生了怎样的变化。从图 13 的数据来看，有 48.5% 的人选择了第二项，即表示曾经一度对地沟油报道比较敏感，但现在慢慢变得麻木；其次有 21.5% 的被调查者认为自己这几年一直比较关心地沟油报道；再者，认为自己以前没有关心过地沟油报道，最近才开始越来越重视了的人数占总人数的 20.8%；最后，仅有9.2% 的被调查者选择自己从来没有关心过地沟油报道。综上可见以地沟油为代表的食品安全报道的黏性不足，导致报道的到达度不甚理想。相关媒体需结合不同层次群体的特性、共同的信息需求，借鉴国外成功经验来增强报道的黏合力。

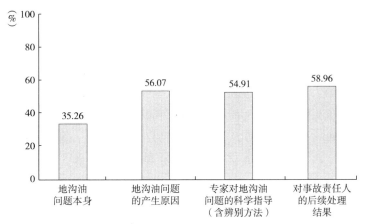

**图 14 关于"地沟油报道之存在不足"的相关调查**

针对媒体关于食品安全报道存在不足，本问卷收集了被调查者关于如何提高地沟油报道质量的若干建议，调查结果显示，大部分被调查者的选择集中在地沟油事件的后续处理结果、地沟油的科学指导以及地沟油产生的原因三大块。选择"对事故责任人的后续处理结果"的所占比例最高，为58.96%，另有54.91%的人选择了希望加强"专家对地沟油问题的科学指导（含辨别方法）"，有56.07%的被试者选择了"地沟油问题产生的原因"，最后有35.26%的被调查者选择了"地沟油问题本身"（此为多选题）。

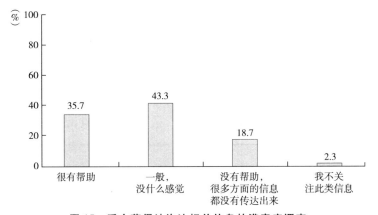

**图 15 受众获得地沟油相关信息的满意度调查**

人们接触传媒是为了满足他们的特定需求，接触行为的结果可能有两种，即需求得到满足或没有得到满足。[2] 如图 15 所示，对媒体呈现给大众的有关地沟油信息持"一般，没什么感觉"态度的人数占总数的 43.3%；认为此类报道"没有帮助，很多方面的信息都没有传达出来"的被试者占总数的 18.7%；而表示根本不关注此类信息的人数比例为 2.3%，三项合计达 64.3%；对此类报道表示对自己"很有帮助"的人群占总数的 35.7%。调查结果表明被调查者对所获信息的满意度不高。

（四）小结

本文通过对调查问卷进行详细分析，得出沪上白领群体对以地沟油为代表的食品安全报道的接触、认识和评价情况。通过对 298 份有效样本的分析，就接触情况方面而言，被调查者主动接触地沟油事件的比例不高，属于被动接受的比较多；认识和评价方面，被试者对于食品安全报道的评价和满意度不高，以地沟油为代表的食品安全报道的黏性不足，导致报道的到达度不甚理想。可见，对食品安全问题报道的反思不能止步，而媒体关于地沟油事件的报道和传播，任重道远。

## 三　研究结论与建议

（一）研究结论及研究发现

### 1. 受众在信息接收过程中"舆论场的减弱"趋势明显

从上述研究中，我们了解到互联网、电视是白领接收信息的主要渠道，同时也是食品安全类报道中信任度较高的媒介。但作为沪上白领获取食品安全相关信息的主要渠道，受众在接收电视媒体或者网络媒体发布的关于食品安全信息所引起的心理状态（愤怒或震惊）会随着时间的推移呈现一种由强转弱的态势。即在地沟油黑幕被揭开之初，受众接受信息时受到的冲击往往最为强烈，突出表现为：担心、震惊和愤恨等情绪的流露，同时他们急于在人际圈中、互联网上宣泄，奔走相告，分享自己的感受和意见，并且渴望自己的"吐槽"能够得到相应的反响与呼应。随着食品安全报道逐渐增多，受众所表达的意见数量在达到"峰值"之后，地沟油新闻对受众的影响力逐渐减弱，受众会对食品安全新闻产生疲倦感和麻木感。在调查数据中，我们看到有高达48.47%的被试者表示"曾经一度对地沟油报道比较敏感，现在慢慢变得麻木"。可见最初的强烈情绪已然逐步消失。

**2. 受众对于地沟油信息的接收存在"议程设置"效应**（The agenda-setting function）

在现代社会里，大众传播作为把关人是公众获得外界信息的主要渠道，每一次食品安全危机，大多都是发端于媒体。媒介传播的效果之一在于引起公众对地沟油的注意，以告诉人们"想什么"的方式来把他们的关心和注意力引导到地沟油等食品安全问题上来。在随后形成的强大"舆论场"中，媒体、企业、相关行业协会和政府监管机构各占一席之地，它们各自的声音和彼此的互动，极大地影响着消费者的观点和行为。在本次的调查中有60.1%被调查者表示，日常生活中不会主动接触地沟油相关信息。可见当下被调查人群主动接触地沟油事件的频率不高，属于被动接受的比较多，多数可能还是受大众传媒议程设置的影响。有研究者调查发现，目前我国公众的媒介信息处理能力处于中等偏弱水平，公众批判接受媒介信息、积极主动思考解读的情形尚不普遍。[3] 作为从事"环境再构成作业"的机构，传播媒介应在不断提高公众媒介素养的前提下，探索完善公众对媒体的监督和互动的渠道，构筑公众食品安全信息网。

**3. 受众对于地沟油信息的接收呈现"反接近性"**（Anti-proximity）**特点**

新闻价值中的"接近性"有两个方面：地理上的接近性与心理上的接近性。地沟油问题无论是地理性接近还是心理接近方面都与白领群体关联紧密，但与预期受重视的程度高相背离的是地沟油问题越来越多地被人们忽视，甚至逐渐淡出受众视野。中国预防医学科学院研究员陈君石院士称，致病微生物是食品安全的头号风险。即使在发达国家，每年也有不少人罹患因微生物引起的食源性疾病。看似小问题的"闹肚子"实则是较为重要的食品安全问题，但公众往往因为司空见惯而习以为常，媒体也因为其不够"轰动"而对其熟视无睹。可见，并不是食品安全风险越大，与公众越为接近，媒体就越发注重并加大传播力度，公众就会对此加深了解。相形之下，那些公众越是感觉陌生的食品安全事件，公众就越关注和越容易引起恐慌。2008 年的"三聚氰胺事件"产生很大影响，除了其危害程度外，"陌生"也是原因之一。在这之前，公众对"三聚氰胺"一词还较为陌生，因此事件一经报道便引发了全国较大范围的恐慌和不安，而"地沟油事件"因其存在时间较久、潜伏期不定并且事后影响滞后，公众普遍表现出麻木、淡然和习以为常的态度，即使在媒体的议程影响之下，受众的态度也未发生太大的改变。从调查来看，被试者表示因媒体披露过食品安全问题而减少外出就餐次数的只占 34.1%。因此在媒体层面，除了把握报道的真实、准确外，还要注意报道整体是否全面客观，这体现在对报道重点的把握、对舆论监督的数量和尺度的掌握等方面。

## （二）目前媒体关于食品安全报道所存在的问题及相关建议

### 1. 遣词造句须斟酌

真实乃新闻报道之生命，偏离"精准"标准，新闻就好比无土之木、无源之水，甚至导致"差以毫厘，失之千里"的谬误，尤其对于食品安全类报道来说更是如此。近年来，诸如食品安全等与科学技术紧密相关的新闻事件成为社会关注的热点和焦点，公众急于了解个中信息，媒体也紧急响应，采访专家、解析新闻背后的专业知识。食品安全类报道难免会涉及一些专业词汇、化学术语以及专家言论，直接照搬可能会造成受众的误解和迷惑，而添加解释性文字如若处理不当，便会使得专业术语在媒体上变得"不专业"，直接误导受众，损害报道的真实性和公信力，导致食品安全事件的局部放大，波及无辜相关企业，引发群众恐慌。就传播方法而言，食品安全报道应强调科学性，注重言语措辞，切勿一味追求"眼球效应"和"轰动效果"，否则媒体的报道就难以对危害主体和危害范围做出科学精准的界定。而要做到这一点，媒体要充分汲取和尊重有关专家意见，并扩大相关专业科技知识的学习和储备，让报道既能满足公众需求，又不偏离事实轨道。

### 2. 互动接近须完善

由于食品安全问题本身的专业性限制，公众话题参与能力有限，互动性较弱。在本次调查中，有 36% 的被试者认为食品安全报道缺乏互动性是对其缺乏兴趣的原因之一。媒体关于食品安全事件的报道从宏观角度出发，大多站在政府的立场上，以专家的姿态解读相关法律、政策、监管等方面的议题，对消费者维权、受害者赔偿及生活等微观互动议题的关注则相对欠缺。[4]

尽管当下食品安全事件的报道中已注意到了与受众保持互动，但重视和关注的程度还远远不够。对于突发性的食品安全事件，公众的声音和反馈是媒体选择议题、调整议题、完善议题的重要基础与依据。站在"微时代"前沿，利用新媒体展开立体式全方位互动传播模式是拉近传受双方最有效的方式之一。2009 年之后，微博在中国呈现出井喷式发展势头，其特有的"评论"、"回复"、"发私信"的功能极大地保证了用户之间信息的及时交流和反馈，一时间带动了全民的信息互动。随着 WEB2.0 甚至 WEB3.0 时代的到来，白领一代，毋庸置疑地成为网民的核心力量。鉴于此，大众媒介应该针对白领群体的网络使用特征，利用新媒介新平台进行食品安全知识的发布与普及，并及时根据受众反馈进行报道议题的调整，提高传受双方的互动性与接近性。

### 3. 媒体暴力须谨防

"媒体暴力"指报道食品安全问题时，媒体进行自说自话的批判，不给被批判对象说话的机会，更有甚者会有意无意将某些个案描述成整个行业问题，对出现问题的公司穷追猛打。[5]大众媒体向来被视为社会的"瞭望塔"和"航行灯"，媒体不仅仅有及时发现、报道事件的责任，同时大众媒体对食品安全事件本身和相关部门也负有约束监督的义务。近几年来一系列食品安全问题不绝于耳，媒体也跟风掀起了一股股食品安全问题揭黑狂潮。2009 年新《食品安全法》出台，规定"新闻媒体应当开展食品安全法律法规以及食品安全标准和知识的公益宣传，并对违反本法的行为进行舆论监督"。[6]这无疑为媒体监督提供了更为充足的法律依据，但如何在履行职责的同时理性和有分寸地报道好这一题材，真正做到不缺位不越位，沟通各方风险信息并谨防媒体暴力的发生，是各类媒体应该思考的重要问题。大众媒体要承担起责任意识，正确引导舆论，消除群众恐慌心理。媒体面对谣言除了主动出击外，还要正确引导消费者学会自我保护，同时进一步普及科学常识，提高广大消费者的判断能力。

### 4. 报道跟进须完善

"新闻六要素"即为 who、what、where、when、why、how，具体到本文的研究对象——食品安全报道，"who"指的是事件当事人，"where/

when/what"指食品安全事件本身，报道者对事件的明示性评述或者暗示性观点在传播学中一般可以认为是寻找原因的"why"，然而事实上传播模式并非健全完整，"how"在这里可以认为是事件的后续情况报道。媒体对于食品安全事件的报道缺失现象严重，国内媒体报道重心往往倾向于"六要素"中的前半部分（问题的揭露和曝光），而模式后续部分（查处结果、问责等）的相关报道影响力逐渐弱化，造成食品安全事件的报道始于媒体也止于媒体的现象。地沟油事件可以追溯到二三十年前，而当今我们仍然处于一个地沟油猖獗的世界，公众惴惴不安但又心生麻木；再者一些媒体关于事件的后续报道犹如隔靴搔痒，就像地沟油问题，年年都有报道，但是后续的事件处理结果往往不了了之。

美国新闻学教授麦尔文·门彻尔在其著作《新闻报道与写作》中提出划分新闻报道层次的理论——三层报道理论。三层报道理论是一个提出问题、分析问题、解决问题的过程。一个完整全面的食品安全新闻应该包含这三个层面。[7]事件有始有终，媒体的报道也应善始善终。作为媒体，公正客观地报道食品安全事件过程及处理结果，这样才能真正消除公众心中的疑虑，从而保证报道的完整性与全面性。

（作者系华东师范大学传播学院新闻学硕士）

## 参考文献

[1] 调查显示食品安全事件报道中 消费者话语式微 [EB/OL]. http：//info. china. alib-aba. com/news/detail/v0 – d1023479923. html.

[2] 郭庆光. 传播学教程 [M]. 北京：中国人民大学出版社，2002：184.

[3] 周葆华，陆晔. 受众媒介信息处理能力 [J]. 新闻记者，2008（4）.

[4] 王宇. 食品安全事件的媒体呈现：现状、问题及对策——以《人民日报》相关报道为例 [J]. 现代传播，2010（4）：32 – 35.

[5] 李秀利. 食品安全报道——构建科学与理性的媒介景观 [J]. 新闻世界，2009（12）.

[6] 朱长学. 食品安全报道的公众利益与行业利益如何兼顾 [EB/OL]. http：//www. bioon. com/bioindustry/foods/484545. shtml.

[7] 冯健. 中国新闻实用大辞典. 北京：新华出版社，1996：35.

研究报告

# 2011 年中国政务微博报告

上海交通大学舆情研究实验室

**摘　要**：政务微博对于我国政府社会管理和行政运作具有重要意义，尽管我国政务微博已颇具规模，但与当下网民对各级、各地政府的信息需求相比，仍存在差距。为此对我国政务微博运作提出如下建议：重视政务微博的规范化，提升政务人员的媒介素养；提高政务微博的内容质量；提升政务微博的互动功能；重视政务微博的服务性功能；加强突发公共事件中的信息传播及沟通交流；与微博运营商充分合作，强化认证机制。

**关键词**：政务微博；舆论；社会管理

# Chinese Government Microblog Report in 2011

Public Opinion Research Laboratory of
Shanghai Jiao Tong University

**Abstract**：Government microblog is of great significance for Chinese governments'social management and administrative operation. Although government microblog of our country has a considerable scale，there is still a gap compared with information demand of current users to governments of different levels and places. Suggestions of our government microblog operation are as follows：attache importance to standardization of government microblog，enhance media literacy of administrative personnel，improve content quality of government microblog，promote interaction function of government microblog，attach importance to the government microblog service function，pay much attention to service function of government microblog, strengthen informa-tion dissemination and communication in unexpected public incidents, and fully cooperate with microblog operator to strengthen the authentication mechanism.

**Key Words**：Government microblog, Public opinion, Social management

随着微博对中国社会的影响力日益增强，微博舆论场日益引起各级政府部门的重视，大量政府机构、政府官员纷纷入驻微博，将其作为信息发布、了解民意、汇集民智和官民沟通互动的重要平台。一些行政级别较高的党政领导人甚至亲自开设微博，如新疆维吾尔自治区党委书记张春贤、浙江省委组织部部长蔡奇、浙江省副省长郑继伟等。与此同时，新浪等微博运营商也积极搭建平台，组织政务微博培训为政府提供帮助，与各级政府一起共同推进政务微博的发展。

政务微博对于我国政府社会管理和行政运作具有重要意义，可以搭建政府与网民直接对话的平台，有助于推进政务信息公开，提升政府的服务性职能，完善社会管理，提升政府及政务人员的公众形象。2011 年以来，中国的微博问政日渐升温，政务微博建设蔚然成风。截至 2011 年 11 月初，新浪政务微博总数已达 18694 个，其中政府机构微博数有 10023 个，公务人员微博数 8671 个。腾讯政务微博总数为 16031 个，政府机构微博数 8021 个，公务人员微博数 8010 个。①

以新浪微博为例。从地域分布情况来看，开通政务微博的地区遍布全国 34 个省、市、自治区及特别行政区，包括 23 个省，4 个直辖市，5 个自治区，以及香港、澳门两个特别行政区。从职能部门来分，政务微博涉及多个政府行政部门，而公安部门微博独树一帜，共占全部政务微博数的 32.8%，其中公安机构微博占 23.0%，公安人员微博占 9.8%。

本报告主要分为以下三个部分：影响力前 200 位的政府机构、政务人员微博特点分析；我国政务微博存在的问题；对我国政务微博运作的一些建议。

---

① 此数据分别由新浪微博和腾讯微博提供，新浪微博数据截止时间为 2011 年 11 月 5 日，腾讯微博数据截止时间为 2011 年 11 月 1 日。

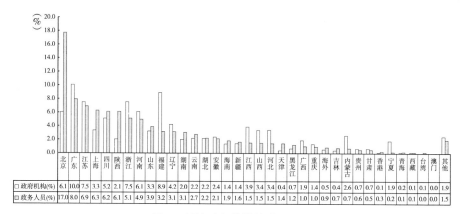

| | 北京 | 广东 | 江苏 | 上海 | 四川 | 陕西 | 浙江 | 河南 | 山东 | 福建 | 辽宁 | 湖南 | 云南 | 湖北 | 安徽 | 海南 | 新疆 | 江西 | 山西 | 河北 | 天津 | 黑龙江 | 广西 | 重庆 | 海外 | 吉林 | 内蒙古 | 贵州 | 甘肃 | 香港 | 宁夏 | 青海 | 西藏 | 台湾 | 澳门 | 其他 |
|---|---|---|---|---|---|---|---|---|---|---|---|---|---|---|---|---|---|---|---|---|---|---|---|---|---|---|---|---|---|---|---|---|---|---|---|---|
| 政府机构(%) | 6.1 | 10.0 | 7.5 | 3.3 | 5.2 | 2.1 | 7.5 | 6.1 | 3.2 | 8.9 | 4.2 | 2.0 | 2.2 | 2.2 | 2.4 | 1.4 | 1.4 | 3.9 | 3.4 | 3.4 | 0.4 | 0.7 | 1.9 | 0.4 | 0.5 | 0.4 | 2.6 | 0.7 | 0.7 | 0.1 | 1.9 | 0.2 | 0.1 | 0.1 | 0.0 | 1.9 |
| 政务人员(%) | 17.0 | 8.0 | 6.9 | 6.3 | 6.2 | 6.1 | 5.1 | 4.9 | 3.9 | 3.2 | 3.1 | 3.1 | 2.7 | 2.2 | 2.1 | 1.9 | 1.6 | 1.5 | 1.5 | 1.5 | 1.4 | 1.2 | 1.0 | 1.0 | 0.9 | 0.7 | 0.7 | 0.6 | 0.5 | 0.3 | 0.2 | 0.1 | 0.1 | 0.0 | 0.0 | 1.5 |

**图 1　新浪政务微博的地域分布**

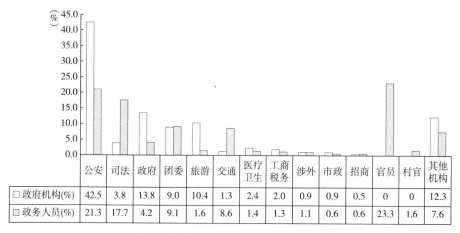

| | 公安 | 司法 | 政府 | 团委 | 旅游 | 交通 | 医疗卫生 | 工商税务 | 涉外 | 市政 | 招商 | 官员 | 村官 | 其他机构 |
|---|---|---|---|---|---|---|---|---|---|---|---|---|---|---|
| 政府机构(%) | 42.5 | 3.8 | 13.8 | 9.0 | 10.4 | 1.3 | 2.4 | 2.0 | 0.9 | 0.9 | 0.5 | 0 | 0 | 12.3 |
| 政务人员(%) | 21.3 | 17.7 | 4.2 | 9.1 | 1.6 | 8.6 | 1.4 | 1.3 | 1.1 | 0.6 | 0.6 | 23.3 | 1.6 | 7.6 |

**图 2　新浪政务微博的职能部门分布**

　　需要说明的是，本报告主要基于新浪微博提供的权威数据，在"政务微博现状与特点"部分从多个层次深入分析了新浪微博中影响力排名前 200 的政府机构微博、前 200 的政务人员微博的特点，以及在最近一年内（2010 年 10 月 31 日至 2011 年 11 月 1 日）政务微博的传播特征。

## 一　新浪微博影响力前 200 个政务微博特点分析

　　本报告参照新浪微博提供的权威数据，通过构建政务微博影响力指标体系（影响力指标体系由活跃度、传播力和覆盖度三大指标构成，通过发微博情况，被评论、转发的情况以及活跃粉丝的数量来综合评定微博账号的影响力大小），通过对新浪微博中最具影响力的前 200 个政府机构微博和前 200 个政务人员微博进行分析（数据搜集日期为 2011 年 10 月 27 日），发现其特点主要表现为以下方面。

（一）地域分布：覆盖广泛，广东、北京居前两位，东部沿海地区的政务微博运作意识较强

影响力前 200 的政府机构微博、政务人员微博地域涵盖广泛，分别涉及我国 30 个省级行政区域，以及港台地区，此外还涉及个别海外区域。

地域分布上，广东、北京两地的政务微博数远高于其他省市。政府机构微博中，广东省占比 20.3%，位居第一，北京占比 12.9%，位居第二；政务人员微博中，北京市占比 19.3%，位居第一，广东省占比 9.9%，位居第二。

并且，东部沿海地区的政务微博占比较高，相关区域的政务微博发展普遍较快。影响力前 200 的政府机构、政务人员微博中，江苏、浙江、福建、河北、山东等沿海地区数量普遍高于内陆地区，而内蒙古、新疆、甘肃、贵州等地的政务微博数则较少。

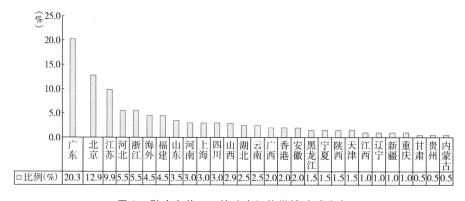

**图 3　影响力前 200 的政府机构微博地域分布**

西部地区政务微博中，四川省成为一大亮点，如"成都发布"颇具特色的政务微博影响力已跻身于全国前十之列，四川省政务人员发展政务微博的意识也普遍较强。

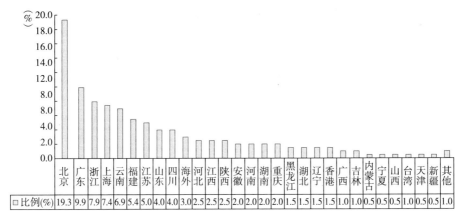

| 比例(%) | 北京 | 广东 | 浙江 | 上海 | 云南 | 福建 | 江苏 | 山东 | 四川 | 海外 | 河北 | 江西 | 陕西 | 安徽 | 河南 | 湖南 | 重庆 | 黑龙江 | 湖北 | 辽宁 | 香港 | 广西 | 吉林 | 内蒙古 | 宁夏 | 山西 | 台湾 | 天津 | 新疆 | 其他 |
|---|---|---|---|---|---|---|---|---|---|---|---|---|---|---|---|---|---|---|---|---|---|---|---|---|---|---|---|---|---|---|
| | 19.3 | 9.9 | 7.9 | 7.4 | 6.9 | 5.4 | 5.0 | 4.0 | 4.0 | 3.0 | 2.5 | 2.5 | 2.5 | 2.0 | 2.0 | 2.0 | 2.0 | 1.5 | 1.5 | 1.5 | 1.0 | 1.0 | 1.0 | 0.5 | 0.5 | 0.5 | 1.0 | 0.5 | 0.5 | 1.0 |

图 4　影响力前 200 的政务人员微博地域分布

（二）职能部门：公安部门微博尤为突出，政务人员中"官员"居多

影响力位居前 200 的政府机构微博、政务人员微博涵盖了政府的众多职能部门，包括公安、旅游机构、政府、交通、涉外、团委、司法、医疗业、工商税务、其他机构等。

其中，公安政务微博位居前列，在政府机构微博中以 56.4% 位居榜首，在政务人员微博中以 20.3% 位居第二。公安微博已然成为公安机关工作的重要工具之一，不仅协助公安机构及人员汇聚民力，提高取证、办案效率，也是第一时间发布信息的重要媒介。我国公安微博是政务微博中备受关注且最为成功的典型之一。

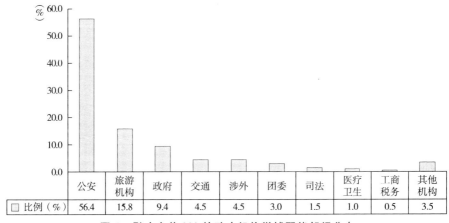

| 比例（%） | 公安 | 旅游机构 | 政府 | 交通 | 涉外 | 团委 | 司法 | 医疗卫生 | 工商税务 | 其他机构 |
|---|---|---|---|---|---|---|---|---|---|---|
| | 56.4 | 15.8 | 9.4 | 4.5 | 4.5 | 3.0 | 1.5 | 1.0 | 0.5 | 3.5 |

图 5　影响力前 200 的政府机构微博职能部门分布

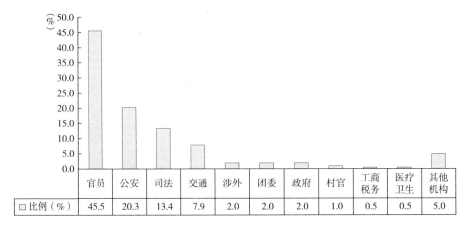

图6　影响力前200的政务人员微博职能分布

此外，政务人员微博中，"官员"类别占比45.5%，成为开通数量最多的主体类型。司法与交通部门的政务人员微博也较多，分别占比13.4%、7.9%。尤其近年司法工作日益成为网络和社会舆论关注的焦点，司法微博的建设也越来越受到相关司法部门的重视，微博在司法舆情领域彰显了巨大的影响力。

（三）行政级别：集中于县处级及以下。政府机构微博中县处级占比48.0%，政务人员微博中县处级以下占比60.4%

整体上，影响力位居前200的政府机构微博、政务人员微博呈现出以下特点：均集中于县处级、县处级以下，省部级最少。

其中，影响力居前的200个政府机构微博，占比由高到低依次为：县处级48.0%，厅局级35.1%，县处级以下13.9%，省部级3.0%；影响力靠前的200个政务人员微博，占比由高到低依次为：县处级以下60%，县处级26%，厅局级11%，省部级3%。

究其原因，县处级以下政府机构及政府人员在我国政务工作队伍中本身基数就最大，而省部级政务人员不仅基数相对较小，且部分官员职位越高对网络形象的塑造就越为谨慎，因此导致了政务人员微博行政级别的金字塔形分布。

尤为值得一提的是，在影响力排行前10位的政务机构微博中有8个为厅局级机构，充分显示了其较强的影响力与号召力。此外，县处级政府机

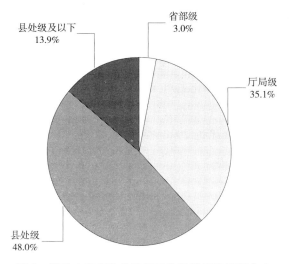

**图 7 影响力前 200 的政府机构微博行政级别分布**

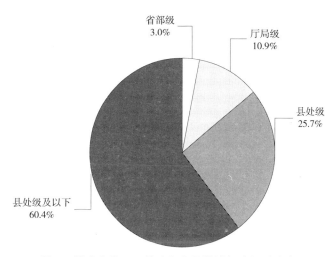

**图 8 影响力前 200 的政务人员微博行政级别分布**

构微博大部分于 2010 年完成认证，且主要由各地市公安部门开设，地域分布主要集中于东部沿海省份。

（四）微博互动：影响力较大的政务微博均能利用关注、评论、转发等基本功能实现微博互动

通过对影响力排名前 200 位的政务微博进行统计，分析其关注/被关注数量，以及近一年内评论/被评论、转发/被转发的基本情况，发现影

响力较大的政务微博均能利用关注、转发、评论等基本功能实现微博
互动。

**1. 关注：75% 的政府机构微博、23% 的政务人员微博粉丝过 10 万**

整体上，政府机构微博的粉丝数远高于政务人员。其中，政府机构微
博的粉丝均在 1 万以上，粉丝数在 1 万～20 万之间的微博超过半数，粉丝
数在 50 万以上的微博占比近 20%；而相比之下，政务人员的微博粉丝数
大多集中于 0～3 万，最少的仅为 1000 多，拥有 50 万以上粉丝的仅占
比 8.9%。

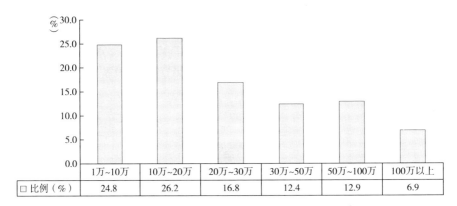

| | 1万~10万 | 10万~20万 | 20万~30万 | 30万~50万 | 50万~100万 | 100万以上 |
|---|---|---|---|---|---|---|
| 比例（%） | 24.8 | 26.2 | 16.8 | 12.4 | 12.9 | 6.9 |

**图 9　影响力前 200 的政府机构微博的粉丝数分布**

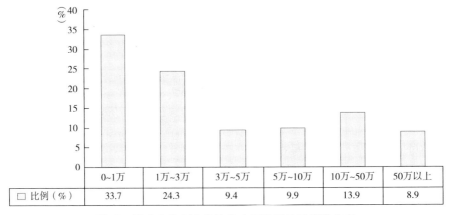

| | 0~1万 | 1万~3万 | 3万~5万 | 5万~10万 | 10万~50万 | 50万以上 |
|---|---|---|---|---|---|---|
| 比例（%） | 33.7 | 24.3 | 9.4 | 9.9 | 13.9 | 8.9 |

**图 10　影响力前 200 的政务人员微博的粉丝数分布**

然而，在关注其他微博方面，政务人员微博比政府机构微博更为
积极。政府机构微博对其他微博的关注度不高，21.8% 的机构微博关

注数在 100 以下，部分关注数甚至为个位数；而政务人员对其他微博
的关注度则较高，均高于 100，且有 61% 的政务人员微博关注数在 500
以上。

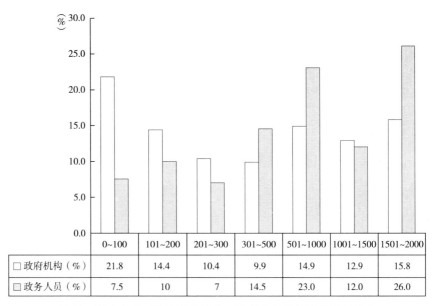

| | 0~100 | 101~200 | 201~300 | 301~500 | 501~1000 | 1001~1500 | 1501~2000 |
|---|---|---|---|---|---|---|---|
| □ 政府机构（%） | 21.8 | 14.4 | 10.4 | 9.9 | 14.9 | 12.9 | 15.8 |
| □ 政务人员（%） | 7.5 | 10 | 7 | 14.5 | 23.0 | 12.0 | 26.0 |

图 11　影响力前 200 的政府机构、政务人员微博的关注数分布

**2. 评论：政务人员微博发言活跃且被评论数较多，一年内日均评论量为 20.1 条，日均被评论量 39.2 条**

通过对政务微博一年内的评论数进行统计分析，发现政务人员微博一年内评论数较高，整体日均评论量为 20.1 条，是政府机构微博的 4 倍，61.5% 的政务人员微博一年内评论量超过 3000 条。而政府机构评论数整体较低，整体日均评论量为 5.2 条，仅有 14% 的政府机构微博一年内评论数超过 3000 条。

被评论数上，政务人员微博也略高于机构微博。通过对政务微博的一年内被评论数进行统计分析，发现政务人员微博整体日均被评论量为 55 条，79% 的微博一年内被评论数超过 5000 条。政府机构微博被评论数相对较低，整体日均被评论量为 39.2 条，63.5% 的政府机构微博一年内被评论数超过 5000 条，整体分布与政务人员微博类似，被评论数在 5000 ~ 10000 条区间的比例相对最高，其他区间分布较为均衡。

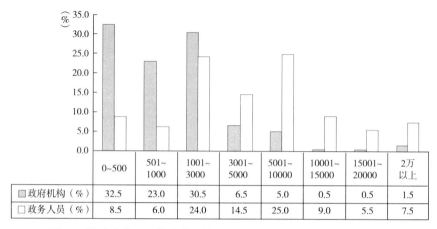

| | 0~500 | 501~<br>1000 | 1001~<br>3000 | 3001~<br>5000 | 5001~<br>10000 | 10001~<br>15000 | 15001~<br>20000 | 2万<br>以上 |
|---|---|---|---|---|---|---|---|---|
| □ 政府机构（%） | 32.5 | 23.0 | 30.5 | 6.5 | 5.0 | 0.5 | 0.5 | 1.5 |
| □ 政务人员（%） | 8.5 | 6.0 | 24.0 | 14.5 | 25.0 | 9.0 | 5.5 | 7.5 |

**图 12　影响力前 200 的政府机构、政务人员微博一年内评论数分布**

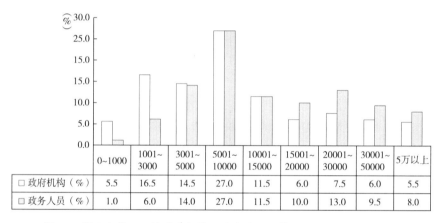

| | 0~1000 | 1001~<br>3000 | 3001~<br>5000 | 5001~<br>10000 | 10001~<br>15000 | 15001~<br>20000 | 20001~<br>30000 | 30001~<br>50000 | 5万以上 |
|---|---|---|---|---|---|---|---|---|---|
| □ 政府机构（%） | 5.5 | 16.5 | 14.5 | 27.0 | 11.5 | 6.0 | 7.5 | 6.0 | 5.5 |
| □ 政务人员（%） | 1.0 | 6.0 | 14.0 | 27.0 | 11.5 | 10.0 | 13.0 | 9.5 | 8.0 |

**图 13　影响力前 200 的政府机构、政务人员微博一年内被评论数分布**

**3. 转发：政府机构微博积极传播信息，1 年内日均被转发 74.3 次，日均转发 1.9 次**

政府机构微博一年内被转发次数颇高，整体日均被转发 74.3 次，55% 的政府机构微博一年内被转发总次数超过 10000，体现了政务微博较强的信息传播力。政务人员微博被转发数相对略低，整体日均被转发次数为 59.0，40.5% 的政务人员微博一年内被转发总次数超过 10000，整体分布与政府机构微博类似，被转发总次数较多分布在 1001 ~ 30000 之间。

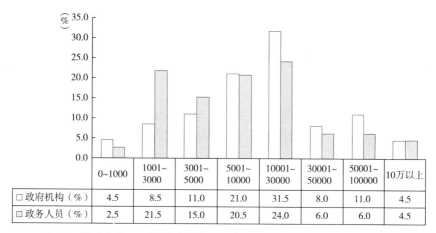

| | 0~1000 | 1001~3000 | 3001~5000 | 5001~10000 | 10001~30000 | 30001~50000 | 50001~100000 | 10万以上 |
|---|---|---|---|---|---|---|---|---|
| □ 政府机构（%） | 4.5 | 8.5 | 11.0 | 21.0 | 31.5 | 8.0 | 11.0 | 4.5 |
| □ 政务人员（%） | 2.5 | 21.5 | 15.0 | 20.5 | 24.0 | 6.0 | 6.0 | 4.5 |

**图 14　影响力前 200 的政府机构、政务人员微博一年内被转发数分布**

　　政务人员微博一年内转发次数相对较低，整体日均转发次数为 6.5，61% 的政务人员微博一年内转发总次数超过 1000。其中，老辣陈香、仲由、崔小平律师、谢思敏 x、张国律师 5 个政务人员微博，一年内的转发总次数超过 1 万，日均转发次数超过 35。而政府机构转发数整体较低，整体日均转发次数为 1.9，20.5% 的政府机构微博一年内转发总次数超过 1000，仅有 4% 的政府机构微博一年内转发总次数超过 2500。

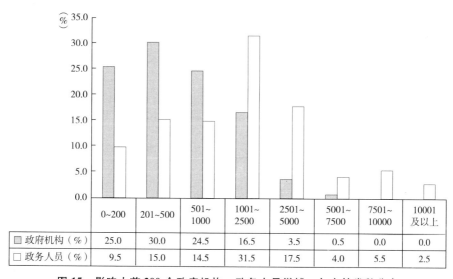

| | 0~200 | 201~500 | 501~1000 | 1001~2500 | 2501~5000 | 5001~7500 | 7501~10000 | 10001及以上 |
|---|---|---|---|---|---|---|---|---|
| ▨ 政府机构（%） | 25.0 | 30.0 | 24.5 | 16.5 | 3.5 | 0.5 | 0.0 | 0.0 |
| □ 政务人员（%） | 9.5 | 15.0 | 14.5 | 31.5 | 17.5 | 4.0 | 5.5 | 2.5 |

**图 15　影响力前 200 个政府机构、政务人员微博一年内转发数分布**

（五）活跃程度：22%的政府机构微博、56%的政务人员微博，在过去一年中平均每天至少登录1次。政务人员微博活跃程度较高

**1. 1年内登录率：22%的政府机构微博、56%的政务人员微博平均每天登录至少1次**

对影响力位居前200的政府机构、政务人员微博用户过去一年内的登录行为进行统计发现：政府机构微博用户，登录次数集中于201~300和301~400两个区间，分别占比41.1%、36.1%，即平均每天约登录1次或两天登录1次；政务人员微博用户，登录次数则集中于301~400和401~500两个区间，分别占比41.6%、40.6%。由此可见，政务人员的微博登录率更高，并且绝大部分的人平均每天至少会登录1次微博。

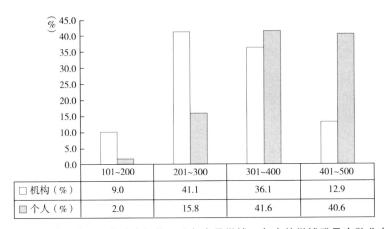

| | 101~200 | 201~300 | 301~400 | 401~500 |
|---|---|---|---|---|
| ☐ 机构（%） | 9.0 | 41.1 | 36.1 | 12.9 |
| ☐ 个人（%） | 2.0 | 15.8 | 41.6 | 40.6 |

**图16 影响力前200的政府机构、政务人员微博一年内的微博登录次数分布**

**2. 1年内微博原创数＋转发数：政务人员微博大于政府机构微博，政务人员微博的更新更快**

分析过去一年中影响力位居前200的政府机构、政务人员微博的"原创微博数＋转发微博数"之和发现：政务人员微博普遍高于政府机构微博。其中，政府机构微博主要集中在2000条及以下，占比65.7%；相较之下，政务人员的微博数整体较高，60%都集中在2000条以上，22%在5000条以上，而这个区间段的机构微博仅有6%。由此可见，政务人员微博的更新更快，相对更加活跃。

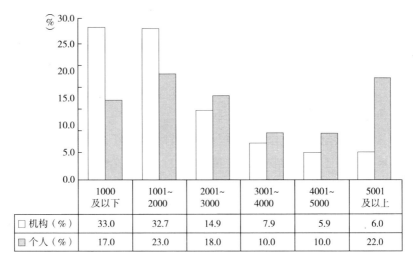

| | 1000<br>及以下 | 1001～<br>2000 | 2001～<br>3000 | 3001～<br>4000 | 4001～<br>5000 | 5001<br>及以上 |
|---|---|---|---|---|---|---|
| □ 机构（%） | 33.0 | 32.7 | 14.9 | 7.9 | 5.9 | 6.0 |
| ■ 个人（%） | 17.0 | 23.0 | 18.0 | 10.0 | 10.0 | 22.0 |

**图 17　影响力前 200 的政府机构、政务人员微博一年内的原创数＋转发数分布**

（六）微博内容：79% 的政府机构微博、41% 的政务人员微博在过去 1 年内原创数＞转发数

通过对政务微博的内容原创情况进行统计分析，发现政府机构微博内容原创性更高，有 158 家机构微博在近一年内发表的原创微博数大于转发数，占比 79%，其中"北京铁路"一年内发布的微博内容属纯原创。而政务人员的微博原创情况相对稍弱，近一年内仅有 82 个发表的原创微博数大于转发数，占比 41%。这从某种程度上间接反映出，机构微博多以公布政务信息为主，较多原创，而政务人员的微博多倾向于互动性的微博转发，原创内容整体不多。

## 二　我国政务微博存在的问题

新媒体环境下，社会信息共享日益平等化和透明化，我国政府作为社会公共管理的主角，面临着社会各个领域信息监督、信息治理带来的种种挑战，以及由此可能产生的舆情危机，对其媒介素养提出了更高的要求。目前，我国政务微博已颇具规模，但与当下网民对各级、各地政府的信息需求相比，依然存在差距。具体来说，我国政务微博存在以下一些问题。

（一）整体分布：地域、行政级别、职能部门分布不平衡，呈结构性失调

通过对开设在新浪微博平台的政务微博进行统计分析发现，目前我国政务微博的分布呈现出明显的结构性失调。

一是在地域分布上，呈现出东、西部发展不平衡，经济发达地区与经济落后地区发展不平衡的特点。新浪微博上的政府机构微博中，开设微博数排名前十的省份除四川外，全部为中东部省份；影响力最高的前200个政府官员微博大多集中于经济发达省市，仅北京、广东、浙江、上海、江苏5省（市）就占近50%的比例。可见其比例严重失调。

二是在行政级别分布上，省部级及以上高级别政府机构、政务人员微博相对偏少，基层政府机构微博不足。通过选取新浪微博中机构微博和个人微博影响力排名前200位的样本分析发现，机构微博80%以上集中在厅局级、县处级，官员微博则有60%左右为县处级以下政务人员所开设。可见，政务微博数量依然有待扩容，各级政府机构和政务人员都应借助微博这一新兴渠道，为民众提供高效便捷的服务。

三是从职能部门的领域分布来看，公安微博一枝独秀，在新浪政府机构微博中占比42.5%，政府、旅游、团委、司法等其他领域的政务微博次之，但占比较小，尤其是市政、涉外等部门占比均不足1%。可见，政府各机构的微博比例较为失衡，部分职能部门系统微博亟待开通和完善。

（二）信息发布：时效性不足，发布技巧略有欠缺

由于部分政务微博开设时间较晚，尚未形成成熟的运作机制，也未掌握恰当的发布技巧，因此出现发布不及时、无规律，数小时内连发多条、数周不发一条等情况，部分政务微博甚至沦为"空壳微博"。新浪粉丝数前200名的政务机构微博[1]中，认证距今超过一年的49家机构微博，有30家在过去1年中登录次数小于365，即登录频率每天不足1次。相关机构对47位2010年两会代表、委员微博的统计显示，这些微博从开设至2011年1月底，有1个微博号码注销，1个微博没有任何内容，6个微博内容仅

---

[1] 数据由新浪微博提供，日期为2011年10月27日，后面粉丝数同此。

为 1 条[1]。

此外，在突发事件的微博应用中，部分政务微博常常未能及时发布信息或不发布，甚至发布不当信息，使微博在突发事件危机中的作用大打折扣。如 2010 年 6 月，南京遭受 3 次秸秆焚烧带来的严重污染事件，拥有近万名粉丝的南京环保官方微博却没有对污染事件及时预警，开博以来仅发过几十条过时的、滞后的环境信息，引起公众不满。

### （三）微博内容：定位模糊，部分内容官僚化或用语不当

从微博内容上看，由于部分政务微博对自身定位不够准确，未能充分掌握微博受众面广、互动性强、公开度高等特性，导致发布内容枯燥乏味或过于随意，信息传递效果不佳甚至适得其反。

例如，不少政务微博仅仅将其作为政府公告或政府网站内容的翻版，未充分考虑微博受众年轻化、个性化等特点，导致微博内容官话、套话连篇，因特色和吸引力不足，而难得到网民关注；有些微博则因其官话引发网民反感。

另外，部分政务微博功能定位不明晰，面临着个人角色和职务角色的转换问题。此外，政务人员个人微博因操作不当而引发的舆情也时有出现。如 2011 年江苏省溧阳市卫生局局长错把微博当做 QQ，"开房微博"就曾一时引起热议。

**案例：局长微博开房事件**

2011 年 6 月，溧阳市卫生局长谢志强在微博上直播开房，引发了广大网民的"围观"，造成负面的社会影响，谢之强最终被免职处理。谢志强在接受采访时称，2011 年 4 月才注册微博，并不知道其他人可以看到他发的微博信息，谢由此被网民称为"网盲局长"。

### （四）互动交流：以单向信息发布为主，缺乏有效互动

政务微博是一个网络议政场，除第一时间发布政府机构与相关官员的官方信息外，更重要的是耐心倾听网民意见并及时反馈，实现与民意的互动。目前，我国政务微博运作过程中，部分政府机构与政务人员往往仅将

微博作为信息发布平台，而非与公众互动的平台，缺乏积极的信息回应和互动交流，在舆论引导、政民互动、促进公民社会参与等方面"缺位"。

通过对新浪粉丝数前 200 名的政府机构微博进行统计发现，认证时间超过一年的 49 家机构微博中，近一年内发表评论数在 100 条以下的有 7 个，其中某宣传部门微博在近一年内未曾发表一条评论。回复"评论"是政府机构或政务人员实现与民众微博互动最直接的方式，然而部分政务微博却忽略此功能，使微博互动性大为减弱。

此外，政务微博数据还显示，很多政务微博粉丝数（或听众数）十分庞大，然其关注人数却整体偏少，间接体现了政务微博与网民互动的缺乏，对微博资源利用的有限，造成注意力资源的闲置与浪费。新浪微博粉丝数靠前的 200 个政府机构和 200 名政务人员中，关注人数在 100 人以下的分别占 21.8% 和 7.5%，其中不乏粉丝数 10 万以上而关注人数与发表微博数仅为个位数的政务微博。

不可否认，尽管目前不少网友的意见不太理性，容易对官方发布的信息抱着一种怀疑或反对的态度，但这不能成为政务微博与之断绝对话的理由。须知，绝大部分网民的观点都是民意的一种原生态的表达，政府应秉持有则改之无则加勉的态度来对待。

（五）微博问政：缺乏制度化保障，问政效果难以保障

政务微博有助于促进我国微博问政，提升政府公共管理水平、加强执政能力建设。然而，目前我国政务微博的制度化建设却略显缺失，微博问政缺乏有序化、规范化。部分政务微博追求粉丝的数量，而不注重内容的建设；满足于自身的展示，而不积极主动与网友互动……这些都不利于政务微博的长远发展。微博问政不能仅靠相关政府机构或官员的一腔热情，更多有赖于一系列制度化的举措来保驾护航，才能激发起相关政府机构或官员使用和运作微博的积极性，才能走得更长远。

## 三 对我国政务微博运作的一些建议

转型期的中国社会不断涌现出各种社会矛盾与问题，而在当今新媒体尤其是微博舆论环境下，我国社会舆情危机出现的频率增加，解决难

度加大，对我国政府日常行政和社会管理提出严峻挑战。如果政府能够与时俱进，跟上微博发展的步伐，将有助于提高我国政府的执政能力，完善我国公共管理，促进社会问题的解决。现对我国政务微博运作建议如下。

### （一）重视政务微博的规范化，提升政务人员的媒介素养

首先，建议对我国政务微博的使用与管理予以规范，通过制度确保政务微博的规范性、权威性。建立健全政务微博信息收集、分类、交办、督察、反馈的微博问政链条，形成网上听民意、汇民智、聚民心的长效机制。设立专门机构、人员打理微博，并健全数字化政务平台。

其次，提升我国政府工作人员的媒介素养。成立由政府管理部门、专家学者、微博运营商三方组成的"政务微博使用指导委员会"，组织撰写《政务微博使用手册/指南》，为各级政府和政务人员提供指导与帮助。目前，我国不少官员在微博上颇具影响力，在与网民的充分互动中正确引导舆论，树立了我国政府官员的多元、正面形象，其微博运作经验值得借鉴。

### 案例：叶青

湖北省统计局副局长叶青倾听和反馈网友的各种意见，汇集民智。

2011 年 7 月 9 日上午，叶青微博发布"浙江丽水一女子在宝马车上吸毒后开车兜风时毒性发作被民警抓获"，与网友共同讨论了由此引发的"毒驾"、"药驾"等现象的处置问题。

### 案例：廖新波

广东省卫生厅副厅长廖新波，2006 年率先开通博客，2009 年率先开通微博，在网络上通过微博、博客积极表达对医改问题的看法，点评食品安全、社会民生等热点话题，影响公共舆论，树立了官员的正面网络形象。

**案例：伍皓**

云南省红河州委常委、宣传部部长伍皓，被称为"个性官员"。其微博发布"每日述职"，公开介绍自己的每日公职行程及所处理的政务，可谓政务信息公开的一种新形式。

## （二）提高政务微博的内容质量

政务微博为我国政府与公众提供了直接对话的平台，其内容与功能的提升有助于增强双方的互动沟通。建议加强政务微博的内容建设，以丰富多彩的内容、切合政府定位的风格吸引网民。区别政府部门的微博和官员个人的微博。政府部门的微博发表官方的立场观点，尽量避免个人意见掺杂其中；官员微博可以从普通公民、公职人员的角度发表看法，与网友平等互动。对于集体入驻微博的政府机构及相关官员，在重要事件或问题上统一口径，防止口径不统一造成负面影响。

**案例：英国《政府部门 Twitter 使用指南》的相关经验**

采用非正式用语发布切合 twitter 受众的、可信度高的信息；每天发布 2～10 条信息，每 2 条信息发布间隔不少于半小时，以免造成"灌水"嫌疑；信息内容与政府口径保持一致，但不能局限于转载新闻及通知，还可包括政策解读、社会热点分析、个人观点、人生感悟及趣味性信息等。

**案例："成都发布"**

成都市人民政府新闻办公室官方微博"成都发布"自 2010 年 6 月 23 日在新浪微博注册以来，发展势头强劲，至今已经有近 180 万粉丝关注。"成都发布"微博内容丰富多彩，涉及重要政策法规、重大活动、突发公共事件、贴近市民日常生活的便民信息、成都的城市动态等，同时配以图片、视频等多媒体形式，深受公众喜爱，取得了较大的社会影响力。并且其发布的内容创下多个官方微博"第一"，如"成都发布"对在成都举办的第十一届中国西部国际博览进行了连续 4

天、全程 24 小时的不间断的微博图文直播，开创第一次官方微博直播
国家级大型活动、第一次 24 小时不间断直播、第一次直接与网民实时
互动记录。

## （三）提升政务微博的互动功能

建议提升政务微博的互动功能，通过及时、充分的信息交流提高互动
性。同时，应转变官方话语体系，以理性、坦诚的态度对待网民，放低姿
态，与网民平等、友善地进行互动。须知，与网民展开真诚平等的交流是
党政机关和政务人员赢得网民信任的前提。

随着国内微博的发展，政务微博已经在总量、所属职能部门、地域分
布、行政级别上形成一定规模，并呈现出较为集中、有序、具有一定组织
性的特征。如能加强我国政务微博的整体联动优势，则有助于提升"官方
网络舆论场"的影响力。由此建议：一是加强政务微博系统内部的互动与
协作，加强政府机构微博与政务人员微博两类微博之间的互动，使行政机
构与行政工作人员的微博运作相得益彰；二是对于政府机构的微博，同一
地域范围、同一职能范围的政府机构微博要形成合力，在服务公众、舆论
引导中发挥作用；三是对于官员个人微博，应加强与网民、相关政府机
构、其他官员的联系与互动。

### 案例：四川理县 PS 照事件

2011 年 6 月的"四川理县 PS 照事件"中，四川省凉山州会理县
政府领导视察照片由于合成痕迹明显，被网友恶搞成"会理县领导一
日环游世界各地视察"套图，在网络上广为传播。事发后，会理县政
府不仅接受媒体采访作出正面回应、在政府网站上主动发表致歉声
明，还通过微博向网友说明情况并致歉。其通过轻松诙谐的语气回应
网友恶搞，借机推介会理旅游，成功地逆转了负面网络舆论，将一起
危机舆情事件化解为地区宣传公关。

### 案例：宁夏银川市委办公厅官方微博

2011 年 11 月 1 日，宁夏银川市委办公厅官方微博点名批评银川

市地税局官方微博，称其是"后进典型"，理由是转发给银川市地税局官方微博 34 条市民投诉鲜有微博回复。而且，银川市地税局官方微博从 7 月份到 11 月 1 日只发了 12 条微博。这一现象被相关媒体称为"微批评"的典型代表，开启了网络微博问政的新章节，有助于促进我国微博问政。[2]

## （四）重视政务微博的服务性功能

服务性功能是政务微博的基础功能之一。目前我国政务微博已经成为公众表达诉求、反映问题的平台。服务性功能的增强有助于实际问题的解决。因此，建议积极推进微博服务性功能的建设，收集公众的诉求、意见、问题，为公众提供更为便捷的服务，促进社会问题的解决。

### 案例：3·15 消费投诉官方微博

2010 年 12 月 30 日，腾讯网与中国消费者报联合推出了"3·15 消费投诉官方微博"，旨在通过微博的形式，搜集消费者关注的焦点问题，并维护消费者的合法权益。该微博得到了广泛关注，截至 2011 年 11 月 4 日，有粉丝近 18 万人，发布微博 597 条，收到网友投诉、建议数千条。

### 案例：郑州铁路局微博

2011 年春运前夕，郑州铁路局分别在新浪、腾讯开通官方微博"中原铁道与您同行"和"郑州铁路局"，并派专人进行微博维护，24 小时不间断对旅客提出的咨询信息，及时同有关部门联系，第一时间给予准确回复。2011 年春运期间，郑州铁路局微博共发布信息 631 个，解答网民疑难 9000 多个，网民留言超过 2 万条。央视新闻频道、央视二套曾对此做法予以高度评价。截至目前，其在新浪、腾讯的粉丝数近 150 万。通过这个快速平台，郑州铁路局加强了与旅客及货主的沟通，增强了与社会各界的良性互动，最大限度争取了舆论对铁路的理解支持，为铁路各项工作的开展营造了良好的舆论氛围。

## （五）加强突发公共事件中的信息传播及沟通交流

近年来，微博以其病毒式传播、方便快捷等发布特点，在重大突发公共事件中也发挥了较大作用。例如，2010 年的青海玉树地震、甘肃舟曲泥石流，以及 2011 年的日本特大地震、"7·23"温州动车事故等灾害事故中，微博不仅成为新闻信息发布的重要平台，在动员征集救灾物资、亲友联络、寻人救助等方面也扮演了重要角色。

政务微博应突出强化其应对突发公共事件信息传播、沟通交流、应急与预警的平台作用。如南京出台的《关于进一步加强政务微博建设的意见》中明确，要在灾害性、突发性事件发生后 1 小时内获得信息并第一时间发布微博。又如，在突发公共事件的应用方面，美国的高层政府及联邦政府通过 Twitter 发布紧急消息，如向民众通报暴风雪、龙卷风等恶劣天气，以及反恐信息，并将微博作为政府预警系统的一部分。[3] 英国《政府部门 Twitter 使用指南》也指出，在危机应对中，Twitter 应成为与民众沟通的"基本渠道"。

### 案例："7·23"甬温线动车追尾事故

动车追尾后，不少网友的个人微博一夜之间成为"个人通讯社"。最早发微博"预警"的网友"@Smm_苗"受到了众多网友的关注。在 7 月 23 日 20：27 发出的微博中，近 3 万名网友转发了她的微博，并有近 9000 条评论。评论员童大焕的一条评论，被转发近 30 万条，且被《纽约时报》摘引。同时，浙江省卫生厅、浙江省血液中心等政府部门及机构，也迅速开通官方微博，滚动发布信息。相关部门发布"血浆告急"信息后几小时，超过 700 名温州市民迅速前往献血，甚至一度造成"凌晨堵车"。

### 案例：日本地震引发的中国抢盐风波

2011 年 3 月日本地震后，中国国内兴起"抢盐风波"。成都市政府新闻办通过官方微博"成都发布"及时发布四川省盐务局、成都市商务局的权威辟谣信息，转播省政府新闻办举行的就抢购碘盐以及公众关心的核辐射问题情况说明会上的内容，并通过三大移动通信运营商将辟谣短信分批发送至市内所有手机用户，迅速破解"谣盐"。

## （六）与微博运营商充分合作，强化认证机制

搭建政务微博平台，需借助微博运营商的支持与帮助。新浪、腾讯等国内主要微博运营平台，拥有较多的注册用户及丰富的微博运营经验。因此，政府机构或官员可以利用其平台优势，加强与各家微博运营商的合作，注册政府机构或个人微博，加大微博的宣传和推广力度。此外，需督促微博运营商对政务微博进行专门认证、合理分类、强化认证审核及安全保障机制，防止虚假信息肆意传播，影响政务微博的权威性。

### 案例：全国公安微博发展迅速

自2010年2月广东省肇庆市、佛山市公安局率先开通公安微博以来，越来越多的公安机关和个人纷纷开通微博。据公安部统计，目前仅在新浪网、腾讯网开设的公安机关政务微博已达4000余个，经过认证的民警个人微博约5000个。在新浪网"粉丝"数排名前二十的政务微博中，公安微博有15个；在腾讯网、人民网评出的全国十大政务微博中，其中7个是公安政务微博。新浪网副总裁、总编辑陈彤这样评价公安微博："在当前的政务微博中，公安微博无论覆盖面还是影响力，都是一枝独秀。"与微博运营商的积极合作，使得公安微博迅速发展起来，值得其他政府机构学习借鉴。

（本文作者系上海交通大学舆情研究实验室谢耘耕、刘锐、徐颖、王平、万旋傲、王理、荣婷、王蕾、吕晴、宫玉斐、何筱媛、李慧君、董吟雪）

## 参考文献

[1] 周雪怡.两会代表委员微博问政的原因分析及困境应对——以新浪微博为例［J］.

今传媒，2011（5）：100.

[2] 周东飞. "微批评" 开启网络问政新章节 [N]. 新民晚报，2011 - 11 - 4，http：//www. people. com. cn/h/2011/1104/c25408 - 238342801. html.

[3] Craig Chavez，Michael A. Repas，Thomas L. Stefaniak. A New Way to Communicate with Residents：Local Government Use of Social Media to Prepare for Emergencies. A report by ICMA.

# 2011 年政务微博发展分析报告（节选）

## ——以腾讯微博为例

武汉大学互联网科学研究中心①

**摘 要**：文章基于 2011 年 5 月至 11 月对腾讯微博的数据收集、整理分析和对微博个案的研究分析，描述了政务微博的现状，将其分为公安、交通、旅游、工商税务、医疗业、城管、团委机构七类；提出了内容指标、听众指标、传播互动力指标、时效指标、群体联动指标、行动力指标、管理指标和满意指标共八个政务微博评价指标；并就政务微博出现的问题和对策从理念层面和实务层面展开具体论述。

**关键词**：政务微博；评价指标；应对

# Selection and Compilation：Chinese Government Microblog Report in 2011

## —A Casestudy on Tecent Microblog

Wuhan University Internet Science Research Center

**Abstract**：This paper is based on microblog case study and data compiled (2011. 5 – 2011. 11), collected and analyzed from Tecent microblog, describing the current situation of government affairs microblog,

---

① 该报告由武汉大学互联网科学研究中心、武汉大学信息管理学院联合出品。出品人：沈阳教授；主笔人：齐思慧；参与人员：熊露娟、陈蓓、曹远晴、陈群、钟保镜、芦何秋、周琳达、吴恋、易德昌、吴荆棘、沈翠婷、刘静。数据和软件支持：腾讯微博、阳光安吉、ROST 系列软件、微博风云。

which is devided into 7 categories: public security, transportation, tourism, industry and commerce, health service, urban-management and Youth League Committee, meanwhile providing 8 evaluation indexs of government affairs microblog: content, audience, visibility, timeliness, group linkage, execution, management and satisfaction. We will further discuss in conceptual and practical level in terms of the problem and solution of government affairs microblog.

**Key Words**：Government affairs microblog, Evaluation indexs, Suggestions reaction

## 一 快速增长的政务微博

### （一）政务微博基础数据与概况

截止到 2011 年 11 月 30 日，腾讯微博用户达 3.5 亿户，政务微博 19000 个，其中政府机构微博 11420 个，公务人员微博 7580 个。从 2011 年腾讯政务微博用户注册量的增长率看，政务微博处于快速增长阶段。

表1　2011 年 5~11 月每月注册量及增长率

单位：个,%

| 月　份 | 全国政务微博注册量及增长率 | | | | | |
| --- | --- | --- | --- | --- | --- | --- |
| | 注册总量 | 增长率 | 机构微博注册量 | 增长率 | 公务人员微博注册量 | 增长率 |
| 5 月 | 1345 | −68.93 | 1046 | −33.16 | 299 | −89.18 |
| 6 月 | 2857 | 112.42 | 1540 | 47.23 | 1317 | 340.47 |
| 7 月 | 1562 | −45.33 | 1207 | −21.62 | 355 | −73.04 |
| 8 月 | 1590 | 1.79 | 1128 | −6.55 | 462 | 30.14 |
| 9 月 | 2198 | 38.24 | 1657 | 46.90 | 541 | 17.10 |
| 10 月 | 1019 | −53.64 | 986 | −40.49 | 33 | −93.90 |
| 11 月 | 1383 | 35.72 | 1046 | 6.09 | 337 | 921.21 |

就地域分布而言，机构 ID 区域排名前十位分别是浙江、江苏、河南、

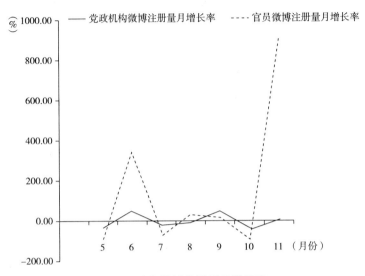

**图 1　政务微博注册量月增长率**

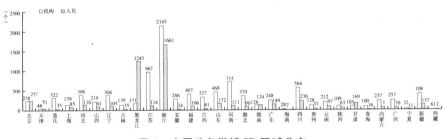

**图 2　中国政务微博 ID 区域分布**

四川、山东、新疆、福建、河北、辽宁、湖北。公务人员 ID 区域排名前十位分别是浙江、黑龙江、北京、四川、山东、甘肃、广东、河北、新疆、湖南（见图 2）。浙江省的机构微博和公务人员微博数量均遥遥领先。究其原因是领导比较重视，组织开设了微博圈，机构及公务人员同时加入，形成了良好的互动机制，起到了较好的示范和激励作用。此外，地方政策的大力扶持、良好的经济保障、开放的民风等都促使大量政务机构和公务人员开博。从行政级别分布看（见表 2、表 3），政务微博数量自上而下呈现递增趋势，政务微博主要集中在县处级（以下）单位。从类别分布看，公安司法类政务微博在全国政务微博中占有较高的比例。

**表 2　政务微博所属职能部门分布统计**

单位：个

| 所属职能部门 | 行政级别 | | | | | | | |
|---|---|---|---|---|---|---|---|---|
| | 省部级 | | 厅局级 | | 县处级 | | 县处级以下 | |
| | 机构 | 个人 | 机构 | 个人 | 机构 | 个人 | 机构 | 个人 |
| 公安司法 | 12 | 0 | 46 | 13 | 136 | 32 | 3003 | 3804 |
| 交　通 | 1 | 0 | 16 | 2 | 11 | 9 | 59 | 53 |
| 卫　生 | 0 | 4 | 17 | 8 | 49 | 6 | 404 | 223 |
| 旅　游 | 0 | 0 | 59 | 3 | 96 | 6 | 767 | 68 |
| 团　委 | 0 | 0 | 18 | 17 | 58 | 97 | 1067 | 361 |
| 组织部 | 1 | 1 | 4 | 5 | 2 | 13 | 113 | 80 |
| 工商税务 | 2 | 0 | 21 | 1 | 14 | 3 | 182 | 47 |

**表 3　分类机构级别分布统计**

单位：个

| 所属职能部门 | 行政级别 | | | | | | | |
|---|---|---|---|---|---|---|---|---|
| | 省部级 | | 厅局级 | | 县处级 | | 县处级以下 | |
| | 机构 | 个人 | 机构 | 个人 | 机构 | 个人 | 机构 | 个人 |
| 公安司法 | 12 | 0 | 46 | 13 | 136 | 32 | 3003 | 3804 |
| 交　通 | 1 | 0 | 16 | 2 | 11 | 9 | 59 | 53 |
| 卫　生 | 0 | 4 | 17 | 8 | 49 | 6 | 404 | 223 |
| 旅　游 | 0 | 0 | 59 | 3 | 96 | 6 | 767 | 68 |
| 团　委 | 0 | 0 | 18 | 17 | 58 | 97 | 1067 | 361 |
| 组织部 | 1 | 1 | 4 | 5 | 2 | 13 | 113 | 80 |
| 工商税务 | 2 | 0 | 21 | 1 | 14 | 3 | 182 | 47 |

就行为特点而言，政务微博拥有庞大的听众数。（见表4）政府机构、公务人员有转播（非认证）人数分别占听众数的28.63%、27.22%；政府机构、公务人员有转播（非认证）人数分别占非认证听众数的28.64%、27.23%；政府机构、公务人员有转播（认证）人数分别占听众数的0.03%、0.04%；政府机构、公务人员有转播（认证）人数分别占认证听众数的81.74%、82.09%，且公务人员稍稍高于政府机构的比重。（见表5）

表 4　政务微博行为特点分析

单位：人

| 政务微博　　　　类别 | 听众数 | 认证听众数 | 有转播（非认证）人数 | 有转播（认证）人数 | 有评论人数 | 有收藏人数 |
|---|---|---|---|---|---|---|
| 机构微博 | 90898228 | 36380 | 26020217 | 29736 | 19471072 | 553388 |
| 公务人员 | 52166389 | 28398 | 14199222 | 23311 | 10247515 | 322147 |

表 5　政务微博转播比例

单位：%

| 政务微博　　　　参数 | 有转播（非认证）人数/听众数 | 有转播（非认证）人数/非认证听众数 | 有转播（认证）人数/听众数 | 有转播（认证）人数/认证听众数 |
|---|---|---|---|---|
| 机构微博 | 28.63 | 28.64 | 0.03 | 81.74 |
| 公务人员 | 27.22 | 27.23 | 0.04 | 82.09 |

## （二）微博发布频率

表 6 是 17060 个账号 11 月份信息发布频率的分类统计，其中包括工商税务、公安司法、交通机构等 13 类机构和工商税务、公安司法、交通机构等 11 类公务人员。

表 6　分析数据汇总

单位：条

| 政务微博　　　　类别 | | 11月发博总数 | 日均发博数 | 账号数 | 活跃账号数 | 账号人均11月份发博数 | 活跃账号11月份人均发博数 |
|---|---|---|---|---|---|---|---|
| 机　构 | 工 商 税 务 | 2163 | 80.11 | 126 | 83 | 17.17 | 26.06 |
| | 交　　　通 | 4813 | 178.26 | 84 | 60 | 57.30 | 80.22 |
| | 公　　　安 | 126636 | 4690.22 | 3019 | 1833 | 41.95 | 69.09 |
| | 旅　　　游 | 14060 | 520.74 | 899 | 401 | 15.64 | 35.06 |
| | 体　　　育 | 404 | 14.96 | 1435 | 1424 | 0.28 | 0.28 |
| | 团 体 协 会 | 12285 | 455.00 | 742 | 397 | 16.56 | 30.94 |
| | 团　　　委 | 11008 | 407.70 | 1014 | 504 | 10.86 | 21.84 |
| | 医　疗　业 | 13613 | 504.19 | 459 | 214 | 29.66 | 63.61 |
| | 政　府　部　门 | 44940 | 1664.44 | 1512 | 1036 | 29.72 | 43.38 |
| | 政　务　活　动 | 572 | 21.19 | 26 | 20 | 22.00 | 28.60 |

| 政务微博 类别 | | 11 月发博总数 | 日均发博数 | 账号数 | 活跃账号数 | 账号人均 11 月份发博数 | 活跃账号 11 月份人均发博数 |
|---|---|---|---|---|---|---|---|
| 机构 | 组 织 部 | 18118 | 671.04 | 120 | 113 | 150.98 | 160.34 |
| | 街道乡镇村 | 6378 | 236.22 | 303 | 214 | 21.05 | 29.80 |
| | 其 他 | 37473 | 1387.89 | 1435 | 802 | 26.11 | 46.72 |
| | 机构类总数 | 292463 | 10831.96 | 11174 | 7101 | 26.17 | 41.19 |
| 人 员 | 工 商 税 务 | 5993 | 221.96 | 49 | 26 | 122.31 | 230.50 |
| | 交 通 | 2143 | 79.37 | 59 | 47 | 36.32 | 45.60 |
| | 公 安 | 87177 | 3228.78 | 3823 | 1399 | 22.80 | 62.31 |
| | 旅 游 机 构 | 2450 | 90.74 | 76 | 49 | 32.24 | 50.00 |
| | 体 育 | 895 | 33.15 | 11 | 8 | 81.36 | 111.88 |
| | 团 体 协 会 | 3754 | 139.04 | 139 | 104 | 27.01 | 36.10 |
| | 团 委 机 构 | 12908 | 478.07 | 471 | 378 | 27.41 | 34.15 |
| | 医 疗 业 | 16100 | 596.30 | 237 | 158 | 67.93 | 101.90 |
| | 政 府 部 门 | 64026 | 2371.33 | 885 | 619 | 72.35 | 103.43 |
| | 组 织 部 | 12321 | 456.33 | 98 | 82 | 125.72 | 150.26 |
| | 街道乡镇村 | 4331 | 160.41 | 38 | 35 | 113.97 | 123.74 |

图 3 是政府机构 11 月份微博发布统计图，从中可以发现，周一到周五日均博文总量在 12000 条上下浮动，最高超过 15000 条，周六、周日发博量锐减，博文总量在 4000~6000 条间浮动，但 26 日超过了 6000 条；图 4 为公务人员 11 月份微博发布统计图，从中可以看出，从月初到月末，博文总量大致呈缓慢增长趋势，周六、周日日均博文总量在 8000 条上下浮动，假日停发情况不明显。

## （三）政务微博热原因分析

其一，网络事件频发的客观压力和动力。一方面，自媒体日益普及，特别是微博的兴起，促使舆论监督渐由线下转移到线上；网民通过网络围观关注现实事件，巨大的舆论压力往往促使事件的被动解决。同时，由于网络的虚拟性、匿名性，一些虚假、恶搞、误导性事件接二连三地发生，干扰网民判断，甚至影响社会秩序，因此需要有效的监管机制进行舆论引

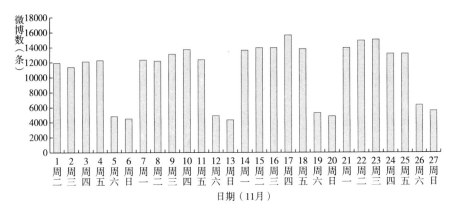

图 3 政府机构 11 月政务微博发布统计

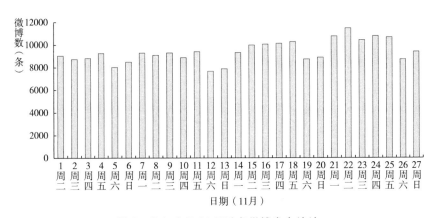

图 4 公务人员 11 月政务微博发布统计

导。另一方面，网络的即时性、互动性、分众化使公众倾向于网上交流，获取资讯和娱乐，促使网络文化迅速发展。在社会现实和网络文明的双重需要下，政务微博应运而生。

其二，政府机关的重视。政府部门积极响应网民要求，通过微博第一时间发布消息，及时参与网民互动，帮助公众排忧解难。政府机关对政务微博的重视意味着执政方式、理念的相应转变。政务微博、网络问政，已成为党和政府体察民情、倾听民声、汇聚民智的重要途径，也成为广大民众维护权益、表达意愿、参与监督的重要方式。政务微博的兴起正在改变政务信息传播的范式和政务问题处理的方式，悄然而有力地重塑政府形象。不少政府部门正在努力地尝试和转变。一些政务微博在工作方式和语言风格方面都进行了有益的尝试，扩宽了民意诉求渠道，体现了政府机关对本职工作的高度重视。

其三，免费平台。一方面微博的发展和流行，具有鲜明的 5A（Anyone，Anywhere，Anytime，Anything，Anyway）特点，为政府和公众的无障碍沟通交流提供新的路径。微博自身的技术要求不高，任何人在共同的语义空间里拥有自主话语权，没有严格的社会分层机制存在，不论是草根一族还是精英阶层，均可表达利益诉求。另一方面，开通和使用微博的整个流程都是免费的，在一种海纳百川的开放式机制下，更多的受众群体愿意在这个平台互相交流、共享信息。技术为政务微博的发展奠定了良好的受众基础，使其一产生就有较大的影响力和传播力。

其四，商业公司的积极推动。由于腾讯、新浪、网易、搜狐等多家大型互联网公司进入微博市场，竞争激烈，导致这些公司在多个微博的细分市场中发力，特别是政务微博领域，多家公司均倾注全力，协助政府开好、用好微博，从这个角度而言，微博开创了电子政务的平台免费时代。

其五，比较的压力。在 2011 年热点事件的网络讨论中，网民观点交锋中呈现出强烈的"对比"倾向，其表现为：对比政府在处理同类事件的对内措施与对外政策；以国际标准对比政府的政策制定、施行的合理性和科学性。前者往往表现为借政府对外行为的"给力"指责对内施政的"不给力"，如"甘肃正宁校车事故"与外交部向马其顿捐赠校车事件。在网友对比评论中，政府应对细节（如信息发布的时机把握）稍有不慎，就有可能成为舆情事件的二次引爆点。后者则往往表现为将政府施政的方式方法、实施效果和满意程度比照"国际标准"。如在 2011 年 7 月动车事故上，有学者和网友晒出 1998 年德国火车事故受损车体保存 5 年供调查取证，以此质疑国内救援时对车体的掩埋处理等。

网友在事实的对比评论中，突出了政府政策的情境反差，客观上"培养"了网络愤怒情绪，使事件更有新闻效应，从而增强其话语的传播力。这种讨论方式使特定新闻事件更易转变为舆情焦点。这种比较的压力也促使政务微博必须发声、发力、发展。

### （四）政务微博的功能

政务微博主要有六大核心功能：其一，服务于民。深圳公安微网等机构，已完成传统政务网与微博的初步融合，通过及时解答网友疑惑以及在线值班的形式，更加有效地服务群众，拉近距离。其二，塑造亲民形象。以中共浙江省委组织部部长蔡奇、中共云南省教育厅长罗崇敏等为代表，积极使用微博，较好地树立起亲民、敬民、为民的网络形象。其三，网络问政。例如，新疆阿克苏地区政府及职能部门人员全部开通微博，并且将微博地址放置于政府网站。其四，舆情引导和微博辟谣。在微博网络环境里，由于微博参与者数量众多、信息反馈与更新迅速，在传播过程中难免夹杂一些不实信息，而微博辟谣能有效进行舆情引导和化解潜在危机。例如在抢盐风波发生后，蔡奇、郑继伟和杭州市卫生局长陈卫强等相继通过微博作出回应，短短数小时内上述微博被转播了数千条。其五，应急救援。例如，温州动车事故发生后的第一时间，腾讯微博开展了全民大救援、网友微博寻亲活动，汇聚全国之力，搜集信息和网络互助；浙江党政官员与网友微博互动，助力事故救援。其六，宣传推广。公安部联合腾讯微博，前后五次进行全国公安微博联动：查处酒驾、春运安保、纪念建党90周年、缅怀公安英烈、全国公安特警大练兵。共3000家公安机构官方微博参与互动，原发、转播微博数近8万条，推广活动的相关微博数共近40万条。

此外，政务微博是政府从传统执政到网络参政议政的一次成功尝试。从信息的发布到网民的全面参与，尝试打造创新、高效、服务型政务微博平台，政务微博在此过程中不断完善。在众多网络舆情事件的应急处理过程中，"微服务"意识不断提升。继"@北京发布"和"@上海发布"高调开通后，"湖北民生微博服务厅"以别开生面的形象落户腾讯，这是首个以"民生"为概念、突出服务的省级微博平台。

## 二　政府机构微博的分类

本报告从腾讯微博平台分类中的公安、交通、医疗业、旅游、工商税务、城管、团委七个领域的微博中共抽取80个典型账号，从听众数、广播数、收听数、评论数、转发数、互动频率、互动情绪、认证说明等多个方面，对七种类型的机构微博的特点进行系统观察和分析。

## （一）公安机构

在机构官方微博中，公安机构微博最多。至 2011 年 9 月底，全国公安机关在腾讯网、新浪网开设的政务微博已达 4000 余个。公安"官微"在建设政务微博方面发挥着重要作用，截至 2011 年 12 月 19 日，腾讯微博"政府机构热度总榜"中"听众数"排名前 20 位的政务微博中，公安微博占据 12 个。其微博特点如下。

1. 语言风格上仔细考量，注重人情味。例如，"@ 烟台公安"发出的淘宝体通缉令："各位在逃的兄弟姐妹，亲，立冬了，天冷了，回家吧，今年过年早，主动投案有政策，私信过来吧。"62 条评论中 79% 以上为正面意见。截至第二日中午，已有两名在逃人员投案自首，效果显著。

政务微博在发布信息时要仔细考量，根据不同的身份和语境选择表达方式和遣词用句。应避免随意的表达，伤害民众情感，例如某官员曾怒斥某记者"真相都没搞清楚，就乱吠？"一石激起千层浪，官方道歉之后一周内网友评论多为负面表达等。尽管官民沟通有顺畅的微博平台，但是，如果语言过于严肃，官话套话色彩过于浓重，也会疏远官民之间的关系。因此，政务微博需要准确地进行自身形象定位和分析，同时要对粉丝心理有一定的研究。

2. 对微博进行板块分类。通过板块分类可以让受众快捷地寻找讯息。目前，公安机构微博设置了多个板块，以方便网民获取信息。例如，安全防范知识类，如"警方提示"可警醒百姓提防新的诈骗手段；预警信息类如"警方通报"可提示重大案件，让群众加强防范意识等。

3. 机构联动。机构间的联动可以扩大信息的传播范围，缩短事件发展周期。这种联动效应在突发舆情事件的处理中表现得尤为明显。以武汉建行爆炸案为例，观察微博联动传播情况（见表 7）。

表 7  武汉建行爆炸案例剖析

| 案例剖析 | 传播方式 | 联动方式 | 效果分析 |
|---|---|---|---|
| 武汉建行爆炸案：12月1日下午5时30分左右事件发生至12月16日两名护士提供线索犯罪嫌疑人落网，"@平安武汉"追踪报道，统计转播评论总数达45195条 | 转播，评论，@相关机构、媒体、政务人员 | 全方位联动集合体现 | 全方位联动，极大地缩短了事件的解决周期，加快信息传播速度，扩大信息传播范围，全民提高警惕，提供线索，保护自己安全不受损害，保障公民利益不受侵犯 |

| | 时间节点 | 机构联动 |
|---|---|---|
| 事件发生 | 12月1日18：53 | @平安武汉#微现场#早些时候，武汉市雄楚大街关山中学附近建设银行门口发生爆炸，消防官兵和辖区公安已经到达现场。平安武汉也已经派人赶赴现场，一有消息会第一时间进行通报 |
| | 12月1日18：54 | @微新闻转播#武汉关山建行爆炸# |
| | 12月1日19：00 | @腾讯新闻#武汉关山建行爆炸#更多相关新闻，请关注@新闻哥@大楚网@楚天李庆@楚天都市报徐剑桥武汉市公安消防局宣传干事  田景超 |
| | 12月1日19：47 | @嘟嘟：@大河报大河报李金雨@河南商报@肖风伟‖嘟嘟：#武汉关山建行爆炸#但愿没有人员伤亡 |
| | 12月1日19：11 | @阆风星（李宝军，肇庆市大旺分局刑警、法医）：持续紧急关注 |
| | 12月1日20：23 | @刘义昆（中国地质大学传媒学院讲师，时评作者）：#武汉关山建行爆炸#尽快破案，平安武汉 |
| 悬赏捉捕 | 12月4日12：36 | @武汉"12·1"爆炸案嫌疑人监控视频截图。嫌疑人骑白色踏板摩托车，戴白色头盔。请网民积极提供相关信息，对提供线索协助破案的人员，警方将给予10万元奖励。联系电话：110，或85395150，15202733323，联系人：唐警官 |
| | 12月4日12：38 | @盛羲（人力资源研究专家）：大家一起寻找 |
| | 12月4日13：06 | @石头：事发路段有多条公交线路，过往公交车车载监控视频应该能拍到该白色电动车车牌号，相信法网恢恢疏而不漏 |
| | 12月4日15：09 | @陈奕好：这怎么找哈这脸包的‖@王以超：#武汉关山建行爆炸#，火速扩散。‖@孙警官说事：武汉"12·1"爆炸案嫌疑人通缉 |

续表

| | 时间节点 | 机构联动 |
|---|---|---|
| 悬赏提捕 | 12 月 4 日 13：08 | @宣城市公安局治安支队：亲们一起来找出这个人，有奖的！！！ |
| | 12 月 4 日 15：03 | @张梦云（资深媒体人）：扩散！｜｜@王以超：#武汉关山建行爆炸#，火速扩散。｜｜@孙警官说事：武汉"12·1"爆炸案嫌疑人通缉 |
| | 12 月 5 日 12：21 | @江苏淮安开发区经侦：#淮安经侦#｜｜@安徽公安在线：大家积极提供线索哦 |
| 罪犯落网 | 12 月 16 日 13：36 | @平安武汉：感谢广大网民对武汉"12·1"爆炸案的关注和支持。经过 15 个昼夜缜密侦查，周密布控，12 月 16 日中午 12 时，武汉警方在武昌某医院不费一枪一弹，成功擒获在洪山雄楚大道建行一网点门前实施爆炸的犯罪嫌疑人王海剑。据警方初步审查，王海剑交代了其为劫取运钞车钱款实施爆炸犯罪的动机 |
| | 12 月 16 日 18：39 | @隋亚杰：年轻轻的，干点什么不好……｜｜@双鸭山公安局：｜｜@佳木斯市公安局 |
| | 12 月 16 日 18：40 | @检察官阿敏：大快人心！公安的兄弟姐妹们辛苦了！你们真牛！ |
| | 12 月 16 日 18：43 | @纳兰翊：太高兴了～平安武汉！｜｜@武汉市城市管理局：公安的童鞋们你们是好样的你们为打击犯罪、保民平安贡献自己的智慧和力量，辛苦喽，为你们感到自豪和骄傲！向你们致敬！ |
| | 12 月 16 日 18：51 | @叶全来：跟墙壁上贴的通缉令照片对比，完全认不出是一个人。｜｜@全国打黑办：武汉"12·1"爆炸案犯罪嫌疑人王海剑落网，交代犯罪动机 |
| | 12 月 16 日 18：52 | @向前兴：群众力量的伟大，任何犯罪分子的罪行都有逃不过人民的眼睛，感谢广大群众感受谢民警 |

续表

| 时间节点 | 机构联动 |
|---|---|
| 12月16日17：09 | @平安武汉：12月16日下午，武汉警方"12·1"爆炸案侦破专班负责人专程上门，兑现承诺，给提供线索、协助抓捕犯罪嫌疑人王海剑的有功群众送发了举报奖金 |
| 12月17日12：42 | @陈超：事实证明人民群众的力量是伟大的、无限大的。毛主席说过：人民万岁！ |
| 12月17日13：40 | @大头菜：罪犯抓不到就说他们智商太高，抓到了就说自己能力，咋不说你们智商低呢？拿着纳税人的钱悬赏，搞的跟恩赐老百姓一样的 |
| 12月17日14：09 | @森森：现在这社会愤青也太多了吧，要是人没抓到，可能还会危害社会。咱人民警察辛苦了15个日日夜夜顶着压力冒着危险把人给抓到就是应该感谢他们！有发言权也不要乱说！保卫我们安全的人民警察，你们是最可爱的人！ |
| 12月17日15：11 | @武汉市公安交管局：小微博，大平台，赞一个 |

（此行首列"奖金兑现"为合并单元格标题）

## （二）交通机构

交通微博中一线工作人员和主管相对活跃，坚持第一时间说话，主动抢占舆论澄清先机，挤压恶意炒作空间，信息更新快，对公共事件关注度高，服务意识强，自己无法解决的问题会向相关部门反映。其特点如下。

1. 交通内容为主，其他内容为辅。内容以路况信息和交通事件处理情况为主，其他相关联的为辅。丰富的内容较好地展现了机构的形象，拉近了与网友的距离。

2. 更新频繁。多数交通微博账号发博积极，内容丰富，重视网友的发问和评论。截止到2011年12月9日，"@山东交通出行"平均日广播量为41.27条，其通行状况、事故播报、出入口状况等板块为广大听众提供巨大交通信息，方便人们的出行。

3. 回应及时。交通微博十分注意沟通技巧，对于网民的批评指正虚心接受，对百姓的诉求回应及时。例如郑州铁路局的官方微博已成网民反映和官方回应问题的沟通平台。12 月 13 日下午 1 点 36 分，有网友指出网上购票取票难问题后，"@郑州铁路局"于 1 点 43 分回应网友建议，称建议很好，并表示会整理后转交有关单位。

4. 挖掘个性。一些交通机构微博利用地理位置的特殊性，借民族历史文化之名宣传当地经济发展；或者在事件评述上展现独树一帜的语言风格。例如"@新疆铁路"充分利用地域优势和鲜明的地域特色，发表沿途风光微博，语言友善得体，引起听众共鸣，并且宣传了新疆地域风光，让人们进一步了解少数民族的文化、美丽的大自然。

（三）旅游机构

旅游微博着力于宣传当地特色旅游资源，主要以贴图、参与微访谈、在线答疑等方式构建自身形象和扩大自身影响力。其中，最大的特色是以多种形式的微互动，如#旅途#、#晒照片#、#集结令#、#每日桌面#等主题，吸引听众关注，线上结合线下，调动听众的积极性。其特点为：

1. 语言亲和优美。旅游机构使用微博进行推广时，能突出旅游产品的美，以吸引游者的注意，赢得网民对旅游机构的信任，并能潜移默化地提升旅游景点的知名度。例如"@西湖暮色"曾发布微博："听人说，'杭州'是一种毒药，即使只是远远地看、隐约地听，也会中毒。你信吗?"

2. 互动结合。举办以摄影活动为主的线下活动，听众可以通过上传作品获得奖励。如"@杭州市旅游委员会"曾在微博上发起随手拍杭州、赠送明信片与门票等奖品的活动，通过微博广播转载网友的摄影作品，进行线上竞猜，积极回复网友的疑问。

3. 异域风情。截止到 12 月 16 日，腾讯微博平台已有 6 个国家的 7 个国外旅游机构微博账号。其中，美国 2 个，摩纳哥 1 个，英国 1 个，泰国 1 个，瑞典 1 个，法国 1 个。

（四）工商税务机构

1. 学无止境。政务微博的作用是快捷发布准确的官方资讯，进一步促进信息透明和信息公开；提供更加便民的服务；降低行政成本；精准掌握民情，助力政府科学决策。基于此，政务微博应努力加强内部文化学习，向其他平行机构、媒体机构、广大网友学习。例如"@广东省工商局"曾到腾讯公司深圳总部参观学习如何更好地使用微博。"@广水国税"在9月14日至16日组织了为期三天的"全市国税系统法规培训"活动，全系统94名一线干部参加了法规培训班，授课后，进行了统一结业考试。

2. 从围观到表态。在小悦悦事件、PM2.5事件等重大网络舆情事件中，不少机构的表态得到众多网民的赞同。表态有助于吸纳民意，澄清歧义，消解错误认识，促进官民良性互动。例如"@乌兰浩特315"以贴近人民生活的方式评论表态：提醒火车站有流动人员以出售毛衣为名骗取老年人的钱财；针对消费者购买预付卡，消费时招致拒绝事件，分析预付卡可能会引发的问题，并给出具体的建议供消费者采纳吸收等。

3. 话题讨论。"@杭州行政服务中心"工商窗口杭州市消保委的广播中包含了许多话题，特色鲜明。杭州市消保委推出了网上接待日，通过微博互动平台对网民们的投诉与问题作出及时回答与解决，并给出建议，切实做好服务，得到了很多粉丝的认可。

（五）医疗业机构

医疗业领域的政府官员在微博中活跃度不高，大部分账号长时间未更新，内容以添加简单评价的转播为主。其特点为：

1. 平实直白的语言。直白的表达可以让听众产生好感，增加博文转播量，拓展微博受关注的程度。如"@健康山东"博文："红"：一天一个西红柿，喝少量的红葡萄酒，吃点红辣椒改善情绪，少焦虑。"黄"：胡萝卜、西瓜、红薯、老玉米、南瓜、红辣椒，即红黄色的蔬菜，红黄色的蔬菜维生素A多。"绿"：饮料数茶最好，茶叶绿茶最好。"白"：燕麦粉、燕麦片。"黑"：黑木耳。

2. 通过微博进行系统构建。以甘肃省卫生系统微博圈为例，公众可以一键关注多个医疗业领域的微博。系统的构建，不仅可以帮助广大百姓解决各种医疗难题，而且能够明晰权责，便于公众监督，让听众寻找对口医生或机构，有路可寻，少走弯路。

## （六）城管机构

近两年来，城管事件常常成为各大新闻媒体头条新闻，城管成为暴力的代名词，而城管形象更是被网络过度妖魔化。随着城管政务微博的开通，为城管形象的正面展现开启了一个窗口。其特点为：

1. 语言风格整体比较呆板。从发布的内容看，主要以"何时＋何地＋城管＋何事＋何种积极作用"新闻导语式的形式发布，链接和图片较少。同时，不乏部分城管机构经常转载引用其他网络网站的信息。较低的评论量与转播量表明，这种语言模式单一、缺乏生动性的微博，很难在听众中引起共鸣。不过，以"@武汉市城市管理局"为代表的微博值得肯定，其改变生硬照搬的信息发布模式，融入网络流行语，如"盆友们"、"童鞋们"、"稀饭"等，增强亲切感，拉近与听众的距离。

2. 众多城管机构微博板块单一，缺乏归类。只有部分官博做得较好，如"@武汉市城市管理局"设置了城管动态、海选江城最美街景、城管人物等板块。

3. 从线上汲取民意关注民生，促进线上对线下、线下对线下的互动交流，直至问题最终解决。例如，"@武汉市城市管理局"转播"@江夏区城管局"称接到市民有关焚烧垃圾的举报，城管110指挥中心迅速调度该管辖区域的执法车辆和人员前去处理，并与119消防大队取得联系，119出警有效地控制了火势，避免了火势蔓延，减少了人财物的伤亡损失。

## （七）团委机构

微博作为新兴媒体发展迅猛，已经成为青少年新的聚集阵地和交流平台，深刻影响着青少年的生活习惯和思想观念。团委机构开通官方微博，以微博为媒介，及时主动地与青少年交流沟通，进行思想引领，可以进一步坚定青少年的信念，促使他们健康的成长。其特点如下：

1. 主题多样化。各个共青团机构切合实际，从青少年的个性特点出发，探索运用新媒体，创新方式和方法，在官方微博上开设多个主题板块，内容涉及国际国内新闻、团务动态、党团知识、青年的成长、权益保护等方面，全方位地与广大青年互动交流。例如"@广东共青团"开设了

"粤团早读"、"幸福广东·青春情暖"等板块。其中"粤团早读"，每天上午八九时就有更新，青少年在早读之余，可以一览时事要闻。

2. 机构联动。团委组织机构使用微博时注意上下之间的联动，实现信息的对流和共享，以及各微博间的协同传播。目前，团委机构的联动主要体现在与团委组织、官员、媒体、青年之间的互动上。

### 三 政务微博评价指标

2011 年政务微博发展迅猛，包括政府机构微博和公务人员微博，已成为政府管理和服务社会的新平台。尽管已有众多专家学者对政务微博进行了各方面的探讨和研究，但到目前为止，对政务微博仍然没有一个统一的评价标准。鉴于此，本报告从政务微博的建立、运营、作用等多个角度出发，汇集硬性标准和软性标准，提炼出以下八个指标。

（一）内容指标

内容指标主要考察其微博数、发博频率、内容及形式、博文原创率、评论倾向指数以及语言风格等。

作为政府快速发布信息的新渠道、诚心为民服务的新平台、密切了解民意的新方式以及公众参政议政的新空间，政务微博要求定位明确，规划清晰。政务微博发布内容要求兼具原创性和服务性，切忌官僚化、形式化，要求体现政务内容多样化、人性化。及时、迅速、适时更新内容，有节奏、有规律地发布与民众生活息息相关的政务信息，强化互动效果。少讲官话、套话、大话，切忌自说自话、例行公事。在网民意见自由表达的微博空间，网民期望听到的是朴素务实、诙谐幽默、具有亲近感，甚至是个性十足的网络特色语言。这就要求政务微博语言在体现官方权威性的同时，兼具个性风格，以民众喜闻乐见的语言表达传递信息、互动沟通。

此外，要把握微博信息"短平快"和碎片化的特点，在有限的文字范围内，综合运用文字、图片、视频多媒体等，全方位地传达信息、积极互动。

## （二）听众指标

政务微博的听众指标主要考察其听众数、听众活跃度、听众的听众数、听众认证率及收藏数等。其中听众数量包含六层评价体系：听众数量多；高质听众数量多；活跃且高质的听众数量多；有互动意愿的活跃高质的听众数量多；结构合理的与话题高度相关的听众；对博主正面支持的结构合理的与话题高度相关的听众。

听众指标主要考察政务微博的网络影响力。微博意见领袖正是因为拥有庞大的听众群，才拥有巨大的影响力。因此，政务微博需要发挥政务信息服务优势，吸引大量高质听众，扩大自身影响力。不过，听众指标只是评价政务微博的指标之一，政务微博真正的目的是提供服务，因此要警惕听众崇拜，切勿本末倒置。

## （三）传播互动力指标

传播互动力指标考量政务微博的传播影响力和互动沟通能力，包括近期平均转发量、近期平均转发率、微博评论量、微博评论率，以及政务微博发出和收到的@数、评论数。这要求微博问政不能仅"发布"与公众密切相关的政务信息，更要重视与听众网友的交流。在微博空间里遵从的是"话语权平等"的基本规则，网民积极参与政民互动，期待的是平等对话的权利体验。因此，政务机关要改变过去一贯的严肃、权威的姿态，放下架子，与网民温情互动，努力打造亲民的良好形象。

网络是一切观点的大熔炉，依托于网络的政务微博不可避免地会遇到偏激化、情绪化的观点意见。对此，政府需要抱着开放宽容的态度，在辨别信息真伪的同时，虚心接受并认真倾听群众的批评和抱怨。对咨询投诉、寻求帮助、关注政务发展的意见，相关部门评论要及时，回复要主动，解答要实时，不可不闻不问，影响网民参政议政、表达民意、互动沟通的积极性，更不能仅停留在形式上的"倾听"和"回复"，要切实讲求实效、改进作风、积极解决群众困难，最大化地发挥"微博问政"的平台作用。

### （四）时效指标

政务微博信息发布讲时效性，更讲求规律性，要求实时跟进、不断更新。根据用户使用习惯，把握发博节奏和更新频率，在网民关注微博的高峰期发博，有利于取得较好的传播效果，提高微博关注度。

在日常信息发布方面，及时、准确地发布当下相关政务信息，主动客观地回应群众和媒体当下关注的各类问题，更好地实现话题互动。例如2011年上海"两会"期间，在上海微博平台上，政务微博作为人大代表与市民之间新的互动纽带，把握了正确适时的互动时机，收到了良好的沟通效果。

面对社会热点事件、突发事件的信息公布及沟通处理，政务微博更要掌握发布技巧，把握"黄金二十四小时"原则，抢占最有利的发博时机，通过提供信息来控制信息。首次应急响应相应时间以2小时为限，低于2小时为优，2小时到4小时为良，1天内合格。突发事件如果不能及时、准确、全面、透明、恰当处理，会使相关部门处于不利位置。因此需要评估相关ID对突发事件的反应时间、反应效果、问题解决程度等。

### （五）群体联动指标

群体联动指标考察的是政府部门、媒体、意见领袖及普通公众之间的合作联动关系。在一般情况下，部门之间的信息联动在一定程度上起到综合传播的效果，从而扩大信息的覆盖面。群体联动指标包括针对某个突发事件，某个区域或某个部门的多个ID联动情况及效果，政务微博和媒体微博、意见领袖微博以及公众微博的联动情况和效果。

在突发事件发生时，通过众多主体信息的良好协作联动，不仅有利于信息的及时有效传播，让真相迅速曝光，从而降低由信息不通造成的各种成本，而且有助于事态的高效处理、资源有效安排和利用。

### （六）行动力指标

言必行，行必果。政务机构微博发言要有针对性，关注现实问题，不同级别、机构的ID需要发布与自身工作相关的内容。政务机构在几大主流平台均要同时开通政务微博，以求最大范围内的政务信息的传达和互动。同时加强同运营商的合作，依赖几大主要平台运营商强大的数据库支撑，实现对话题的分析力，展现灵活性，以求在技术上和服务上更好地协助政务微博的更新、监管和维护工作，还可通过政府网站、知名门户网站、其他社交媒体、页面索引、关注"意见领袖"等渠道，宣传推广政务微博。

微博问政，不仅止于问政，还应切实行政，也就是所发微博和业务流程的关联度，在可能的情况下尽快办，有客观原因不能尽快办的需要做好解释工作。要真正实现政务微博大范围内的推广，为群众欣然接受以及提高政府部门公信力和影响力，就必须脚踏实地、坚持不懈地服务，这才是政务微博开通的价值和目的之所在。

（七）管理指标

政务微博的管理需建立有效的运行机制和管理标准，建立政府内部快速反馈处理机制，组建专业团队实施政务信息发布、政民互动、政务微博推广等各项工作。不断完善工作机制，推动政务微博健康蓬勃发展。

建立内部运行机制、培训机制、管理机制及奖惩机制，建立健全内部监督体系，提高政务人员媒介素质，提高政务信息发布量、发布质量和发布效率，提高政民互动频率、互动效果，提高群众关注度、政府公信力、群众满意度和微博影响力，打造良好的政务机构形象，以促进政务微博品牌的传播。

建立政务微博绩效评定机制与标准，对成员单位的政务微博进行实时考核，从发帖量、受关注度、回复速度、线下问题解决、互动性程度等多个方面进行考核，促进政务微博的壮大发展。

（八）满意指标

政务微博的开通实质上是为了更好地服务社会，而服务的核心正是令服务对象感到满意。因此，满意指标是政务微博评价指标中的核心指标，是评价政务微博优劣的关键。它考量公众对政府微博服务的满意程度，包括：机构美誉度，即公众对政府机构欢迎、接纳、信任的程度，这是评价政府机构声誉的核心；社会和谐度，即政府机构与公众之间的良性互动程度，是评价政府与公众关系达到和谐的程度。

## 四 政务微博问题及对策

在网络全民发声的时代，在政务与媒体融合的时代，政务微博系统正在逐步地构建与完善。政务微博能为人民的诉求提供多途径、有效的解决方式；能不断地提高办事效率，缩短办事周期；能提高人民对政府的满意度，值得中央各部门高度关注，积极向全国推广。

目前，微政务存在一些亟待解决的问题，如盲目崇拜听众数量；高举问政大旗，却缺乏躬身听政的诚意；风格化、个性化与官方性、权威性难以权衡的难题；内容单一，更新滞后；总体动态的管理机制不完善，系统联动不到位，特别是很多部门没有统一政策和规章等问题。因此可以考虑采取以下措施。

第一，一个系统的完善，即加强微政务系统的横向与纵向构建，加强部门之间的横向沟通，多角度、多维度、多层次地解决人民的诉求；加强部门之间的纵向引导，从小做大，从弱做强，从软做硬，从虚做实。例如湖北、湖南、新疆等地纷纷开通政务微博圈，集合该地区的政府机构以及公务人员微博，形成合力。湖北省恩施州法院微博群包括恩施州各法院微博名单以及恩施州各地法庭微博名单，恩施州法院微博在线及时展示群内成员广播，方便人们关注法院动态。

第二，两个变量的统一，即做到听众数量与服务质量的统一、线上承诺和线下解决的统一。跳出听众崇拜思想的禁锢，落实"提高形象，解决问题"的思想。听众数只是衡量服务质量的标准之一，微政务应多关注网友的满意度与互动质量。例如"@南京路况直播间"从 2011 年 3 月份开通以来，已累计发微博 5390 篇，日均发微博 20 条，目前每半小时更新南京路况，使网友足不出户即可掌握全市道路通行状况，为网友的出行提供更多选择。

第三，三个主体的联动，即处理好并维护好网民、微政务、媒体三者的关系，构建动态的管理机制。尤其注意机构之间的联动。凡涉及民生、司法、教育、医疗等社会热点问题或具有一定价值的新闻信息要主动地@对口媒体。不同地区的同类机构亦可关注相关事件，不仅可以进行信息沟通，还可以在一定程度上起到监督的作用，创造更多的关注和解决问题的途径。

第四，四个要点的把握，即专业人才的打造、微博运营的定位、广播内容的考究、微博应用的推动。首先，微政务应得到政策扶持与领导重视，实行科学的规划，针对专业素养和网络素养等能力进行专业人员培训，做到"一流的微博账号需要一流的微博管理人员"的要求。其次，各部门微政务应根据自身职能特点，做到"三化"：板块风格明朗化，信息分类细致化，语言表达专业化。再次，广播内容上应该做到"五个点"：图文并茂一点，庄重严谨一点，堵疏协调一点，真诚谦卑一点，真实高效一点。最后，积极使用微访谈、微直播、投票、微群等基于新浪微博和腾讯微博的应用和产品，与新浪、腾讯等开展深度合作，共同开发和应用微博新产品。

微政务系统的完善、变量的统一、主体的联动、职能的健全，可从根本上转变微政务的服务态度，做到以稳定为重，以求实为任，构建信任机制，真正为人民服务。

## （一）理念层面

当前，政务微博存在的问题可以从理念和实务两个层面分析。所谓理念，要求政府部门对政务微博的架设形成统领性的、全局性的方案和对策，而非将政务微博当做"运动化"的产物，盲目上线、盲目运作。

### 1. 微博定位

对政府机构微博而言，定位即明晰微博服务对象、主要功能及代表形象。机构微博的主要功能包括：宣传、沟通、施政。在开通微博初期，政府机构必须明确该微博账号主要的功能，不同的功能决定着微博的管理与运营的不同方式。同时形象的定位也很重要，亲切或是严肃，轻松或是权威，对于微博内容、语言等具体操作亦有影响。如"@北京发布"定位为政府机构形象展示的全新平台，与民众沟通的新阵地，因此其在页面架构上集合焦点大图、头条新闻、视频窗口三大内容展示模块，实现了多媒介整合，以更好地进行宣传沟通工作。

### 2. 统筹安排

政务微博的开通需要统一安排规划，设定清晰的路线图和管理机制，避免出现功能重叠、资源浪费、僵尸微博等现象，损坏政府形象。

首先，为避免政务微博一哄而上、部分账号"痴呆停滞"的状态，须考量开通政务微博的可行性和必要性。针对网民需求迫切的单位，如市政民生部门，重点开通微博。对于需求量比较少的部门，应主要交由新闻发布厅组织，定期进行微访谈、微直播等活动，与网民进行互动交流。

其次，对于已经开通政务微博的部门，上级管理部门应做好统计监督工作，切实了解下属部门微博开通状况、互动状况、管理状况，做到统一归口、统一管理。

再次，在掌握基本情况的基础上，进行合理规划，对不同类型的机构做出不同的考核要求，逐步建立考核机制。值得注意的是，考核机制不能仅以粉丝量、发帖量等量化因素进行考核，还应当注重微博内容质量、互动反馈效果等定性的因素分析。

### 3. 人员管理

互联网的大国呼唤互联网的政府，一流的微博账号需要一流的微博管理人员。截止到 2011 年 12 月 11 日 13 时，腾讯微博政府机构排行榜上，听众数最多的广东省公安厅听众数达 4411684 个，这意味着该微博的影响力达到了一份国家大报的影响力。而在传统媒体，这样影响力的刊物，常由精英团队进行开发管理。因此，需要通过开班培训班、管理人员经验交流会、网友交流会等丰富多样的学习活动，不断地提升自身的媒介素养、舆情应对、语言修养等多方面的能力。

政府部门在安排政务微博运营工作期间，也要注意人员的协调。政务微博的运营既需要了解网络规律、网民心态的微博达人，也需要精通传播规律、媒体运作的新闻先锋，更需要拥有丰富实战经验的一线工作人员。

### 4. 多方联动

微博是大众的发声平台，人人都有麦克风。政务微博不仅仅是政府部门的"独唱"，还需要与意见领袖的"对唱"，与媒体的"轮唱"，与受众的"合唱"、与海外机构和人士的"隔海拉歌"。

政府部门之间横向与纵向的联动，能够促进网民意见的沟通，加快解决问题的速度，形成部门之间、上下级之间的监督合力。如黑龙江省大庆市副市长、公安局局长曹力伟开通微博与网民直接沟通，接受网民提问，并通过@相关部门督办民众难题，公开办事流程。相关部门也及时通过微博回复事件进展，反馈给网民。

意见领袖在大众传播中起到中介与过滤作用，能形成信息传递的二次传播。在信息杂乱模糊的情况下，政务微博应主动与意见领袖互动，通过其影响力，进一步扩大传播效果。同时，传统媒体作为重要的信息传播渠道，在微博时代同样具有强大的影响力与信服力，至 2012 年 12 月 11 日 13 时，腾讯微博排行榜上媒体机构排名前 10 位的单位，粉丝量均过百万。

## （二）实务层面

所谓实务，即政府部门针对政务微博采取的具体的、可操作的措施和方法，包括内容发布、沟通交流、解决问题等多个方面。

### 1. 内容管理

部分政务微博账号仅是将电子政务网站的部分宣传内容压缩为 140 字的"呆板"、"官腔"的新闻稿，直接发布。也有部分政府微博账号频繁使用网络语言、过度营销。这样的微博内容会对政务微博形象大打折扣。

政务微博内容应当根据受众结构特点、政务机构工作性质、微博管理人员特色进行综合考虑。如"@上海发布"，根据上海市政特点，分为信息解读、形象宣传、文娱休闲等多个版块，并相应调整不同板块内容、语言风格，使得微博内容同时兼备活泼与权威的特点。

### 2. 施政反馈

首先，及时发现网民问题。对于网民的提问和质疑，要及时发现、及时回应，并且通过政府内部沟通机制传达到相关部门。如"@问政银川"，建立政务微博 QQ 群，通过群内相互转发信息，使得各部门之间能够及时沟通，将网民问题落到实处。例如 11 月 9 日发现农民卖白菜难问题，通过各部门宣传转发，终为农民寻得买主。

其次，公开透明办事流程，强化监督互动。政务微博的回应落实应注重细节，包括具体落实单位、回应时限、解决措施等，使得政务公开透明，民众和其他机构可以监督督促。10 月 27 日，"@济南公安博警在线"接到"微救助"，利用济南公安对外宣传 QQ 群、济南警察公共关系群号召社会媒体和朋友加入寻血的队伍，三小时找到"熊猫血"。

再次，注重反馈，加强沟通。对于存在因客观原因无法及时解决的问题，需要与网民说明情况，加强沟通，避免出现"一问三不应"的情况。

## 3. 应急联动

首先，建立完善的、与时俱进的应急预案是微博时代的需求。从事故处置、舆情应对、事件善后等多环节，从民众、媒体、专家、海外人士等多角度着手，完善过往舆情事件案例库。同时广泛吸收微博、BBS、博客等网络民意。

其次，勇于发声，理性面对质疑，科学应对谣言是民众的呼唤。在重大突发事件之始，在微博舆论场中发声，主动表达谦逊态度，有利于化被动为主动。

再次，各层级政务微博之间加强联动是应对网络舆情的要求。11月16日甘肃省庆阳市正宁县榆林子镇校车事故后，甘肃省政府新闻办、甘肃省卫生厅等多个微博账号第一时间公布舆情、跟进信息、回应网民，在一定程度上消除了谣言。

# 2011 年中国企业微博报告

上海交通大学舆情研究实验室

摘　要：2011 年微博风靡社会各个领域，随着微博商业市场价值日益凸显，诸多企业大力投入微博运营，将其作为自身拓展业务、发布信息、营销管理的重要平台。本报告对 2011 年的中国企业微博运营进行了评估、分析，研究企业微博运作现状、特点及存在的问题，并提出相应的改良建议：准确定位、系统布局，注重企业整体形象塑造；重视内容建设，善于利用微博平台的应用服务功能；提升互动功能，重视与受众的情感沟通，培养用户忠诚度；定期开展对外宣传，策划有影响力的企业营销活动；提升负面舆情的应对能力，以微博为平台展开危机公关。

关键词：企业微博；微博营销；应对

## 2011 Annual Report on Corporations' Microblog in China

Public Opinion Research Laboratory of
Shanghai Jiao Tong University

**Abstract**：In 2011, microblog was popular in many fields of our society. With microblog's business value increasingly highlights, many corporations vigorously input operation on extending business, releasing information, and marketing management through this new platform. This report is to evaluate and to analyse Chinese corporations' microblog operation in 2011. Researching on the current situation and existing problems, and putting forward some suggestions for improvement：accurate positioning, systematic layout, pay attention to the whole enterprise image; emphasize coptent construction, utilize microblog platform service function; promote interactive function, pay attention to the emotional communication to get the users' loyalty; regularly carry out propaganda, planning influential marketing activities; promote capability to reply negative public opinion's ascension, and carry out crisis management.

**Key Words**: Corporations' microblog, Microblog marketing, Reaction

随着微博在中国社会的兴起，其社会影响力与商业价值也逐渐显现，微博营销的巨大效益和潜力使得诸多企业纷纷进驻微博，与广大民众进行直接互动，大力开展业务营销，打造企业品牌。微博营销一时间繁荣兴旺，微博已然成为企业信息发布、营销促销、开辟市场、拓展业务、延伸服务的重要平台。截至 2011 年 9 月 30 日，新浪企业微博总数已达 46602 个，共涉及 23 个行业，相关企业遍布全国各省市自治区及海外地区。①

整体来看，企业微博开通以来，在促进产品销售、提升企业品牌、加强与受众沟通等方面发挥了积极作用，但企业微博运作的理念、方法和技巧尚不成熟，微博营销也充斥着不少问题。鉴于此，本报告基于新浪微博提供的权威数据，综合分析企业微博整体分布特征，深入研究新浪微博中影响力排名前 1000 位的企业微博传播现状与特点，在此基础上，着重分析企业微博运作问题，并就企业微博如何改良现有体系、有效运作提出相关建议，以期为企业微博蓬勃发展提供参考。

## 一　新浪企业微博整体情况分析

### （一）地域分布：北上广引领企业微博发展潮流，企业微博运作之风遍布全国各地

从地域分布情况来看，开通微博的企业遍及全国 34 个省、市、自治区、特别行政区，包括 23 个省，4 个直辖市，5 个自治区，香港、澳门两个特别行政区，以及部分海外地区。其中，北京、广东、上海位居企业微

---

① 此数据由新浪微博提供，新浪微博数据截止时间为 2011 年 9 月 30 日。

博营销的第一阵营，企业微博数量在地区排名中占据前三位。如图 1 所示，至 2011 年 9 月 30 日，新浪微博中，北京市的企业微博账户独占鳌头，共 9330 个，占比 20%；广东第二，共计 8236 个，占比 17.7%。上海紧随其后，位居第三，企业微博账户 6649 个，占比 14.3%。位居企业微博营销第二阵营的为浙江、江苏、福建、四川、山东、湖北等，占比都超过了 2%。总体而言，东部地区较中西部地区，企业微博数量更多，排名前十的企业微博地区中，除四川、湖北外，其他基本都位于东部地区。这与地区经济发展程度有着莫大的关系。中西部地区企业发展水平整体低于东部发达地区，企业微博建设也相应落后，尤其是西部欠发达地区企业账户数较少，如青海企业账户数 39 个，占比 0.1%；西藏企业账户数共 23 个，占比不到 0.01%。

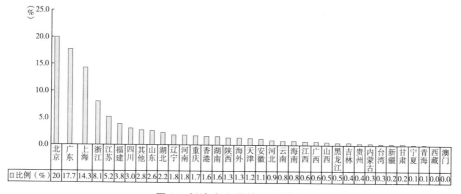

**图 1  新浪企业微博地域分布**

（二）行业分布：企业微博集中于第二、三产业，汽车交通行业的微博数量最多；房地产类品牌企业微博建设成为亮点

开通微博的企业分布在各行各业，总体来看，多集中于第二、三产业，尤其以第三产业为主。综观行业微博分布图（见图 2），可以发现，至 2011 年 9 月 30 日，新浪微博中的 46602 个企业账户中，汽车/交通行业的企业微博数量位居榜首，共计 4383 个，占全部企业微博数量的 9.4%，一定程度上反映出汽车/交通行业的企业微博意识较强。其次为电子商务类和商务服务类企业，企业微博数量分别占比 7.7% 和 7.6%。此外，IT 企业（6.9%）、服装服饰（6.0%）、房地产（5.9%）、旅游酒店（5.4%）、

文化体育（5.4%）和教育出国（5.0%）等行业微博也都呈现欣欣向荣之势，这些行业的企业微博数均占企业微博总数的5.0%以上。

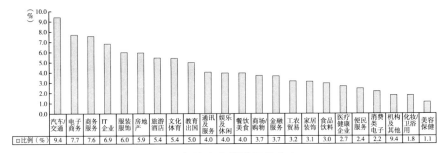

| | 汽车/交通 | 电子商务 | 商务服务 | IT企业 | 服装服饰 | 房地产 | 旅游酒店 | 文化体育 | 教育出国 | 通讯及服务 | 娱乐及休闲 | 餐饮美食 | 商场购物 | 金融服务 | 工农贸易 | 家居装饰 | 食品饮料 | 医疗健康企业 | 便民服务 | 消费类电子 | 机构及其他 | 化妆/卫浴用 | 美容保健 |
|---|---|---|---|---|---|---|---|---|---|---|---|---|---|---|---|---|---|---|---|---|---|---|---|
| 比例（%） | 9.4 | 7.7 | 7.6 | 6.9 | 6.0 | 5.9 | 5.4 | 5.4 | 5.0 | 4.0 | 4.0 | 4.0 | 3.7 | 3.7 | 3.2 | 3.1 | 3.0 | 2.7 | 2.4 | 2.2 | 9.4 | 1.8 | 1.1 |

**图 2　新浪企业微博行业分布**

　　新浪微博品牌馆是较具价值和影响力的品牌企业微博的聚集地之一。至 2011 年 9 月 30 日，新浪微博品牌馆中的企业账户数共计 6355 个。其中，房地产行业的企业微博建设成为企业微博品牌馆的一大亮点，共计 1171 个，占比 18.4%，涵盖商务租售、开发商、楼盘宣传、房产中介、装潢设计、建材等各个产业链环节。可见，企业微博品牌馆中，相较于其他行业，房地产行业的品牌企业微博运作意识更强，很多房地产企业均能运用微博传递各种房地产信息，扩大企业知名度，延伸企业服务。此外，文化体育（8.9%）、汽车/交通（7.7%）、IT 企业（7.2%）、电子商务（7.1%）、金融服务（6.8%）等行业的品牌企业也都有较强的微博运营意识，这五类行业与房地产行业占到企业微博品牌馆中企业用户的一半以上。相比之下，在美容保健、工农贸易这两行业，品牌企业微博运作意识较为薄弱，已注册用户均不足 1%。（见图 3）

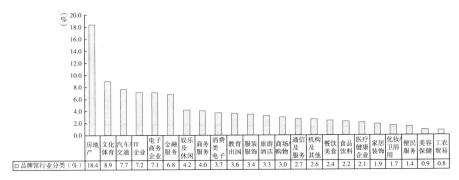

| | 房地产 | 文化体育 | 汽车/交通 | IT企业 | 电子商务 | 金融服务 | 娱乐及休闲 | 商务服务 | 消费类电子 | 教育出国 | 服装服饰 | 旅游酒店 | 商场购物 | 通信及服务 | 机构及其他 | 餐饮美食 | 食品饮料 | 医疗健康企业 | 家居装饰 | 化妆卫浴用 | 便民服务 | 美容保健 | 工农贸易 |
|---|---|---|---|---|---|---|---|---|---|---|---|---|---|---|---|---|---|---|---|---|---|---|---|
| 品牌馆行业分类（%） | 18.4 | 8.9 | 7.7 | 7.2 | 7.1 | 6.8 | 4.2 | 4.0 | 3.7 | 3.6 | 3.4 | 3.3 | 3.0 | 2.7 | 2.6 | 2.4 | 2.2 | 2.1 | 1.9 | 1.7 | 1.4 | 0.9 | 0.8 |

**图 3　新浪品牌馆行业分类**

## 二 2011 年企业微博排行榜

本报告根据新浪微博提供的权威数据，在建立影响力指标体系的基础上，得出最具影响力的企业微博排行，见表 1（数据计算时间为 2011 年 9 月 30 日）。其中影响力指标体系由活跃度、传播力和覆盖度三大指标构成，通过发微博情况、被评论、转发的情况以及活跃粉丝的数量等分指标来综合评定一个账号的影响力大小，而不仅仅是粉丝的多少。

**表 1　企业微博排行榜**

| 排　名 | 微博 ID | 所属行业 |
|:---:|:---:|:---:|
| 1 | 蘑菇街 | IT 企业 |
| 2 | 淘宝 VIP | 电子商务企业 |
| 3 | 音悦台 | 电子商务企业 |
| 4 | 美丽说 | 电子商务企业 |
| 5 | 沃 3G 促销 | 通信及服务 |
| 6 | 韩流音悦台 | 电子商务企业 |
| 7 | 美图秀秀 | IT 企业 |
| 8 | 艺龙旅行网 | 电子商务企业 |
| 9 | 嘀嗒团 | 电子商务企业 |
| 10 | 小米公司 | IT 企业 |
| 11 | 爱物网 | 电子商务企业 |
| 12 | 聚美优品 | 电子商务企业 |
| 13 | 堆糖网 | 电子商务企业 |
| 14 | 众信旅游 | 旅游酒店 |
| 15 | 华语音悦台 | 电子商务企业 |
| 16 | 同程网 | 电子商务企业 |
| 17 | 杜蕾斯官方微博 | 化妆/卫浴用品 |
| 18 | 欧美音悦台 | 电子商务企业 |
| 19 | 淘宝商城 | 电子商务企业 |
| 20 | 东瀛音悦台 | 电子商务企业 |

## 三 新浪微博影响力前 1000 的企业微博特点分析

本报告通过分析新浪微博中最具影响力的前 1000 个企业微博（数据

来源于新浪微博，数据搜集日期为 2011 年 9 月 30 日），发现其特点主要表现为以下六点。

（一）注册时间：集中于 2010 年和 2011 年，表明 2010 年以来，运作企业微博的意识逐渐普遍化

统计显示，最具影响力的 1000 个企业微博普遍于 2010 年和 2011 年认证，两年的注册数占比 93%；且影响力排名前 1000 位的企业微博中，注册数量呈逐年递增趋势，由 2009 年的 7% 增加到 2010 年的 41%，再增至 2011 年的 52%。这表明自 2010 年以来，企业微博运作逐渐普遍化，微博营销正呈现出一片繁荣景象。

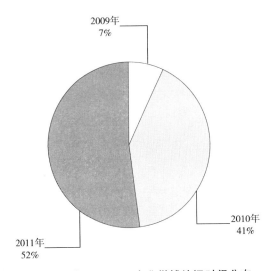

**图 4　新浪 TOP1000 企业微博认证时间分布**

（二）地域分布：主要集中于北上广等经济发达地区和海外地区

TOP1000 企业微博所属地域涵盖了我国 27 个省、市、自治区和海外地区。其中北京企业微博数遥遥领先，位居企业微博数量之首，共计 296 个，占比 29.6%。上海、广东、浙江等东部沿海经济发达地区企业微博数量也相对较多。其中，上海企业微博 178 个，占比 17.8%；广东有 113 个，占比 11.3%；浙江省的企业微博有 45 个，占比 4.5%。

值得一提的是，海外地区的企业微博也占有一席之地，共计 48 个，比

重仅次于广东，高于浙江省（4.5%）。新疆、河北、吉林等内陆地区企业微博数量相对较少。其中，影响力排名前1000位的企业微博中，河北和新疆企业微博数都只有1个，各占比0.1%。

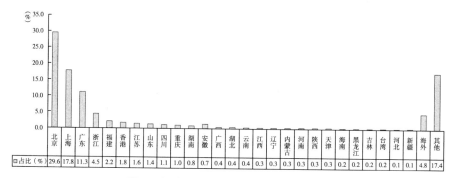

图5　新浪 TOP1000 企业微博地域分布

（三）行业分布：电子商务企业微博一枝独秀，其次为通信及服务行业微博

　　影响力前1000位的企业微博中，电子商务企业微博一枝独秀，共有274个，占比27.4%，远高于其他行业。而从前文影响力前20位的企业微博排行来看，14个都属电子商务企业微博，占比70%，数量上也遥遥领先于其他行业。这表明该行业企业能够较为充分地认识微博平台的商业价值，利用自己的技术优势，较好地运作微博，来塑造产品或企业品牌，促进企业微博营销发展。除电子商务行业以外，通信及服务行业的微博有108个，占比10.8%；IT微博86个，占比8.6%；服装服饰（7.7%）、汽车/交通（5.9%）等行业微博也有一定的发展。其他行业企业微博数量相对较少。

（四）微博关注度：整体关注度有待加强，部分企业微博关注度较高

　　报告拟从微博粉丝数、微博被转发数、被评论数等方面来观测、评估企业微博的关注度。而从这几方面数据来看，2011年企业微博关注度整体处于较低水平，但部分企业微博的关注度较高。

**1. 微博粉丝数：TOP1000 企业微博粉丝数大半都在 10 万及以下**

　　影响力前1000位的企业微博平均粉丝数为154034，低于此平均数的

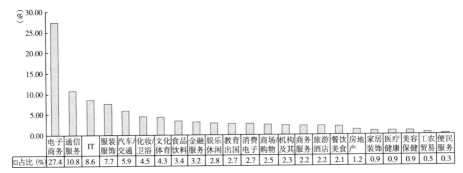

| | 电子商务 | 通信服务 | IT | 服装服饰 | 汽车交通 | 化妆卫浴 | 文化体育 | 食品饮料 | 金融服务 | 娱乐休闲 | 教育出国 | 消费电子 | 商场购物 | 机构及其 | 商务服务 | 旅游酒店 | 餐饮美食 | 房地产 | 家居装饰 | 医疗健康 | 美容保健 | 工农贸易 | 便民服务 |
|---|---|---|---|---|---|---|---|---|---|---|---|---|---|---|---|---|---|---|---|---|---|---|---|
| 占比 (%) | 27.4 | 10.8 | 8.6 | 7.7 | 5.9 | 4.5 | 4.3 | 3.4 | 3.2 | 2.8 | 2.7 | 2.7 | 2.5 | 2.3 | 2.2 | 2.2 | 2.1 | 1.2 | 0.9 | 0.9 | 0.9 | 0.5 | 0.3 |

**图 6　新浪 TOP1000 企业微博行业分布**

有 723 位，占 72.3%。如图 7 所示，影响力前 1000 位的企业微博粉丝数主要集中在 10 万及以下，占比 57.7%，其中粉丝数在 5 万以内的共计 365 个企业微博，占比 36.5%。甚至不乏粉丝数低于 10000 的企业，也凭借其活跃和频繁互动跻身于影响力前 1000 位的企业微博之列。当然，也有一些企业受关注度十分可观，统计显示，粉丝数在 50 万以上的有 65 位，占比 6.5%。另外，100 万以上的有 15 位，占比 1.5%。其中，截至 2011 年 9 月 30 日，企业微博的最高粉丝数为 3810545。

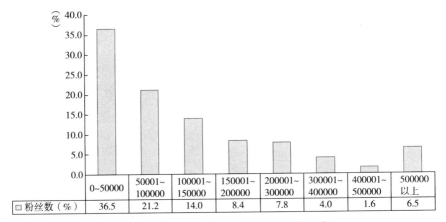

| | 0~50000 | 50001~100000 | 100001~150000 | 150001~200000 | 200001~300000 | 300001~400000 | 400001~500000 | 500000以上 |
|---|---|---|---|---|---|---|---|---|
| 粉丝数（%） | 36.5 | 21.2 | 14.0 | 8.4 | 7.8 | 4.0 | 1.6 | 6.5 |

**图 7　新浪 TOP1000 企业微博粉丝数分布**

### 2. 被转发数：逾三成 TOP1000 企业微博的被转发数超 20 万次

影响力前 1000 位的企业微博中，96.5% 的被转发量都在 10000 次以上，逾三成被转发数在 20 万次以上。但也有超过四成的企业微博被转发数都在 9 万次以下，占比 42.5%。其中，被转发数不超过 3 万次的企业微博占 11.7%，3 万~6 万次的占 19.0%，6 万~9 万次的企业微博占 11.8%。当然，也有部分企业微博被转发量在 80 万次以上，占到了排名前 1000 位的企业微博的 5.8%，这部分企业微博中，电子商务类企业微博占到了半壁江山，可见电子商务类企业在对新技术、新媒体有较多了解的基础上，更能够充分利用微博的商业价值。

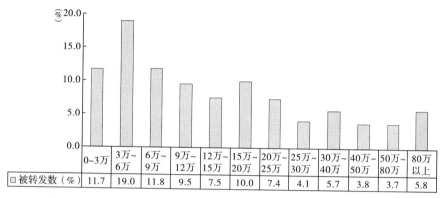

| | 0~3万 | 3万~6万 | 6万~9万 | 9万~12万 | 12万~15万 | 15万~20万 | 20万~25万 | 25万~30万 | 30万~40万 | 40万~50万 | 50万~80万 | 80万以上 |
|---|---|---|---|---|---|---|---|---|---|---|---|---|
| 被转发数（%） | 11.7 | 19.0 | 11.8 | 9.5 | 7.5 | 10.0 | 7.4 | 4.1 | 5.7 | 3.8 | 3.7 | 5.8 |

图 8　新浪 TOP1000 企业微博被转发数分布

### 3. 被评论数：近一半企业微博被评论数在 3 万次以下

影响力前 1000 位的企业微博中，84.1% 的企业微博被评论数在 1 万条以上，37.1% 的微博超过 5 万条，还有 7 个企业微博的被评论数达到了 100 万条以上。这在某种意义上彰显了企业微博的影响力，企业微博的商业价值在短短两三年间受到较为普遍的关注。但整体上看，企业微博的影响力尚处于较低水平，46.3% 的企业微博被评论数少于 3 万次，33.2% 的企业微博被评论数主要集中于 2 万条以下，可见，企业微博的建设力度仍有待加强，影响力有待进一步扩张。

### （五）影响力较高的企业微博均能利用关注、评论等基本功能实现微博互动

微博互动代表着企业与微博用户之间的主动交流情况，一定意义上可以由其微博的关注情况、转发其他微博的情况和回应微博评论数等情况来反映。

### 1. 关注：一半以上的企业微博关注人数不超过 300

影响力排名前 1000 位的企业微博中，关注数不超过 300 的微博超过一

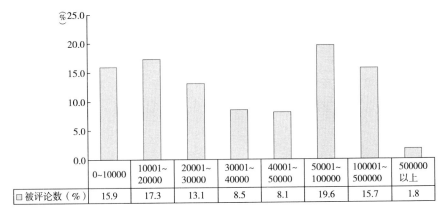

| 　 | 0~10000 | 10001~20000 | 20001~30000 | 30001~40000 | 40001~50000 | 50001~100000 | 100001~500000 | 500000以上 |
|---|---|---|---|---|---|---|---|---|
| 被评论数（%） | 15.9 | 17.3 | 13.1 | 8.5 | 8.1 | 19.6 | 15.7 | 1.8 |

**图 9　新浪 TOP1000 企业微博被评论数分布**

半，占比 51.2%。其中，关注数在 100 以内的用户占比 20.5%，关注数在 101~200 之间的用户占比 17.6%，可见不少企业整体上将微博用作发布信息、企业宣传的平台，对较具影响力的用户的需求、意见等的关注程度还远远不够。当然，也有部分企业微博拥有较高的关注用户，其中有 8 个企业微博关注人数在 2000 以上，最高关注数达 2058。

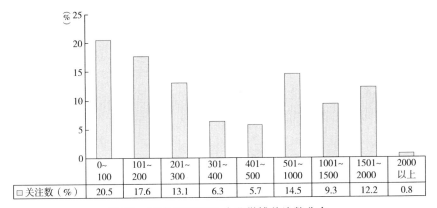

| 　 | 0~100 | 101~200 | 201~300 | 301~400 | 401~500 | 501~1000 | 1001~1500 | 1501~2000 | 2000以上 |
|---|---|---|---|---|---|---|---|---|---|
| 关注数（%） | 20.5 | 17.6 | 13.1 | 6.3 | 5.7 | 14.5 | 9.3 | 12.2 | 0.8 |

**图 10　新浪 TOP1000 企业微博关注数分布**

**2. 评论：六成企业微博发表或回复的评论数在 2000 次以下**

评论数是衡量企业微博活跃程度的一个重要指标，也是判断企业微博和其他用户互动程度的一个参照值。据统计，影响力位列前 1000 的企业与粉丝或其他用户互动不足，60.1% 的企业微博评论数都在 2000 次以下。其中，有 224 个企业微博发表或回复评论不超过 500 条，184 个企业微博发表或回复评论数在 501～1000 条，193 个企业微博评论数介于 1001～2000 条。当然，考虑到企业微博的自身经营能力和粉丝数量之间的差距，评论数一般达不到被评论数的水平，但是整体来看，互动仍显不足——评论数在 100 条以下的企业微博有 62 家，其中还不乏被评论和被转发量较大的微博，这样低的互动性体现了部分企业在利用微博这一工具中的缺陷，即尚未充分挖掘企业微博的互动价值。

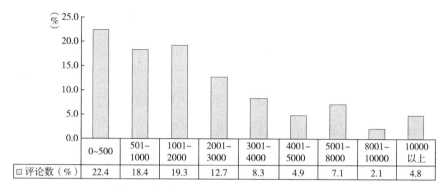

| | 0~500 | 501~ 1000 | 1001~ 2000 | 2001~ 3000 | 3001~ 4000 | 4001~ 5000 | 5001~ 8000 | 8001~ 10000 | 10000 以上 |
|---|---|---|---|---|---|---|---|---|---|
| 评论数（%） | 22.4 | 18.4 | 19.3 | 12.7 | 8.3 | 4.9 | 7.1 | 2.1 | 4.8 |

图 11　新浪 TOP1000 企业微博评论数分布

（六）微博内容：发布微博数量整体偏低，但内容原创率较高

**1. 发布微博数量整体偏低，近一半企业微博发布总数集中在 1001～3000 条**

据统计，影响力排名前 1000 的企业微博中，平均发布微博数为 2812 条，有 63.9% 的企业微博发布数都低于此平均微博数。企业微博发布数最高达 38017 条，最少的仅有 22 条。发布的微博总数大部分集中在 501～5000 条，占比 79.2%。其中，微博总数在区间 1001～3000 条的最多，占比 46.6%；3001～5000 条次之，占比 19.8%；微博数在 501～1000 条的企业微博占比 12.8%。可见，影响力排名前 1000 位的企业微博发布数量整体偏低，这一方面与企业微博自身的活跃程度有关；另一方面，也与大部分企业微博的开通时间较晚有关，52% 的企业微博是 2011 年才注册开通的，因此造成微博发布数量也相对较少。

**2. 企业微博原创内容占多数，近六成微博原创率在 70% 以上**

影响力排名前 1000 位的企业微博中，企业微博的平均原创微博数为

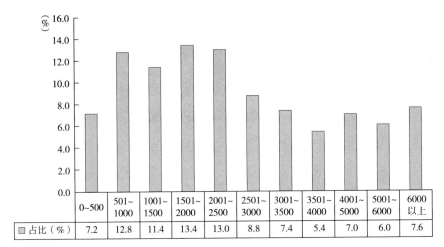

图 12　新浪 TOP1000 企业微博发布微博数分布

1999 条，低于该平均数的企业微博有 663 个，占 66.3% 。企业微博中原创微博数主要集中在 2000 条以内，占比 66.3% ，其中，原创数在 1000 条以内的企业微博占 34% 。

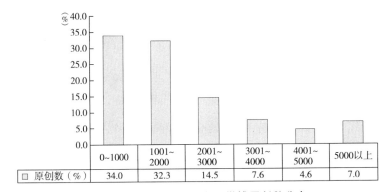

图 13　新浪 TOP1000 企业微博原创数分布

　　企业微博内容除原创微博外，还有一部分由转发微博构成。据统计，影响力排名前 1000 位的企业微博中，转发的微博数也普遍偏低，87% 集中在 1500 条以内。其中，转发微博 500 条以内的用户占 44.9% ，另外有 65.9% 的企业微博转发数在平均转发微博数（平均转发微博数为 814 条）之下。还有 8 个企业微博转发数不超过 10 条，如"SEED 实瞳"、"卡地亚"两个企业微博的转发数均为 1 条。

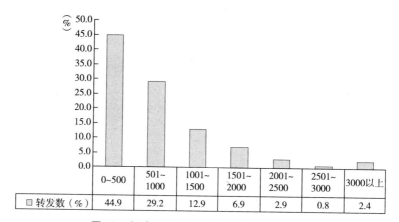

| | 0~500 | 501~1000 | 1001~1500 | 1501~2000 | 2001~2500 | 2501~3000 | 3000以上 |
|---|---|---|---|---|---|---|---|
| □ 转发数（%） | 44.9 | 29.2 | 12.9 | 6.9 | 2.9 | 0.8 | 2.4 |

**图 14 新浪 TOP1000 企业微博转发数分布**

虽然企业微博发布内容中，原创微博数和转发数都偏低，但就企业微博的原创率（即原创微博数与微博数的比值）来看，86% 的企业微博原创率在 50% 以上，57.6% 的企业微博原创率更在 70% 以上。另外，个别企业微博如 "SEED 实瞳"、"搜搜图"、"卡地亚"、"玫凌淘宝促销" 和 "建行零售"，它们的微博基本也以原创为主，原创率都高达 99% 以上。

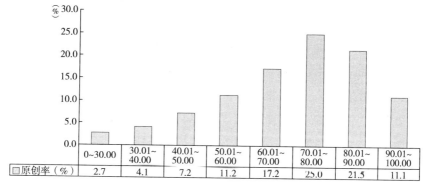

| | 0~30.00 | 30.01~40.00 | 40.01~50.00 | 50.01~60.00 | 60.01~70.00 | 70.01~80.00 | 80.01~90.00 | 90.01~100.00 |
|---|---|---|---|---|---|---|---|---|
| □ 原创率（%） | 2.7 | 4.1 | 7.2 | 11.2 | 17.2 | 25.0 | 21.5 | 11.1 |

**图 15 新浪 TOP1000 企业微博原创率分布**

## 四 企业微博运作的主要问题分析

目前，我国企业微博虽已初具规模，但由于微博发展的速度太快，企业微博实践经验积累不够，许多企业甚至还没有来得及研究清楚企业微博营运的理念、方法和技巧就匆忙上阵，造成企业微博运作问题多多。具体来讲，我国企业微博运作主要存在以下问题。

### （一）身份定位不清，企业微博运营营销效果欠佳

微博是一个独立的传播场域，然而现存的很多企业微博身份没有独立品牌化，导致部分企业微博受众目标不清晰，达不到预期传播效果。具体的问题表现如下。

一是营运目的不清晰。明确营运目的对于企业微博的良好运作有着重要意义，要厘清企业微博营运目的，即要厘清企业主导的是微博营销还是微博运营。微博营销，顾名思义，是指营销注重实际转化，最终结果是否促进线下线上销售及企业网站访问量的提升等。而微博运营则更偏向于企业品牌的口碑传播、有关企业品牌信息的动态监测管理，微博受众的倾听互动与沟通反馈等。无论是微博营销还是微博运营，这两个方面都包含着与目标受众建立关系，服务、倾听并有效互动的内容，各有侧重。[1]然而，现实中，不少企业微博却希图包打天下，没有认真考虑微博运营的目的，造成微博承担了过多的职能，营销效果平平。

二是分类不明确。诸多企业微博开设了官方微博（微媒体）、企业领袖微博（微传播）、客服微博（微服务）、产品微博（微公关）、市场微博（微营销），但未能清楚判别其中的区分，没有明确的分工，因而难以在各自范围内发挥有效作用。企业微博可以定位成官方微博（微媒体）、企业领袖微博（微传播）、客服微博（微服务）、产品微博（微公关）、市场微博（微营销）等，企业微博定位不同，其内容建设也截然不同：官方微博内容较为正式，可以发布企业最新动态，展示品牌形象；企业领袖微博是企业高管具有个性化的微博，在行业中的发言具有号召力，意在成为行业意见领袖，能够影响用户观念；客服微博为加强与企业客户之间的互动、交流，做到快速响应、火速行动；产品微博发现企业的负面消息并快速处理，更多的是作为公关之用；市场微博通过微博组织市场活动，打破地域人数的限制，实现互动营销。

三是微博内容与企业定位、立场不一致。很多企业为了吸引粉丝关注和取悦大众，在微博上大量发布与企业本身无关的娱乐、搞笑信息，偏离了自身的营销目的。

没有清晰的定位与目标，企业微博很难在规划各阶段内容及相应的话题分类时有明确的方向，在活动策划及互动沟通等环节也难有可以围绕的核心和明确的目标。

## （二）执行力薄弱，微博营销虽有理念但建设、落实不到位

应该承认，多数企业已经认识到微博的功用，并且在理念上已经有了很大的提升，意识到信任、分享、互动与口碑传播对于当今企业营销的重要作用。然而，许多企业还存在微博营销人才匮乏、队伍建设不足的问题，导致微博营销执行落实的严重不到位。

比较典型的情况是，一方面，营销团队对微博的实践探索不够，经验不丰富，同时对微博的特点及作用理解不深刻；另一方面，团队成员对营销的知识与技能掌控不够，既不能在微博营销的各个环节体现现代营销的理念，也没有较强的实际技能，致使微博营销的执行力大打折扣，进而导致微博营销最终效果的不理想。

可以说，当前大多数企业在微博营销领域还只是"就事论事"，停留于建立企业微博层面，而对于微博究竟能为企业带来哪些实际效益却关注甚少，没有充分发挥微博的其他营销功能，导致其营销手段过于单一，取得的效果也不佳。

## （三）信息质量参差不齐，内容发布频率与方式欠妥

微博是一个可供网友们自由选择和交流信息的平台，基于这一特性，如果广告主们试图通过单一地发布品牌硬性广告的方式进行微博运营，不仅对于品牌内涵的深化和宣传毫无作用，还会扰乱用户的浏览体验，从而使他们从品牌的粉丝圈中流失。这对于微博运营的最终目标——聚拢最大多数的品牌消费者是一种背离。

由于部分企业微博开设时间较晚，尚未形成成熟的运作机制，也未掌握恰当的发布技巧，因此出现微博发布不及时、信息更新不规律、内容重量不重质等情况。不少企业片面理解微博的价值，仅从企业自身出发，不注重分析微博中客户和潜在客户的真实需求，为了达到预设的宣传广告效果，不断地单向发布企业的广告和产品宣传链接，缺乏关于企业品牌有趣味性、有价值的互动内容，引起消费者的反感；还有的企业在微博中灌水

式地发布相关信息，唯恐粉丝关注不够，而企业微博的宣传信息一旦过量，就和垃圾广告没有区别，自然会引起粉丝的反感。有的微博用户甚至直接拉黑企业微博，拒绝接收企业及品牌的更新信息，微博运营效果适得其反。

### （四）缺乏战略性的营销策略，过度依赖不稳定营销活动

微博营销虽然具有低成本的特点，但从整体上来看，企业在原有媒体营销的基础上增加微博营销，明显增加了营销成本。同时，诸多企业微博盈利模式尚不明确，尚处于探索阶段或待实施阶段。由于企业对未来在微博营销上的开销难以明确，缺乏战略性的营销策略，特别是企业在短时期内难以衡量和测度微博营销的效益，导致领导层重视不够，从而难以制定具有长远性、整体性的微博营销战略，缺乏战略方向上的指导和内容上的整合，更多的还是停留在战术性的层面上。

"活动 + 奖励 + 评论 + 转发"是目前多数企业微博走的套路，主要是通过发起活动、用物质奖品吸引粉丝参与。然而，任何商业行为都讲求相应回报，企业最终需要从微博粉丝们身上挖掘出商业价值。因此，企业微博营销最核心的东西不在于物质奖励，而是提供给消费者有价值的东西。如果企业微博的关注度只能单纯依赖对粉丝的物质奖励，那么大部分粉丝只是冲着奖励而来，粉丝的黏性不够，对企业的商业价值也不大。限时抢购、优惠券、赠品、抽奖等形式是吸引粉丝反复光顾的手段，但不可能每天都有奖品赠送。即使每天都有礼品，最终留下的用户也只是为了领取奖品，不仅劳财费力，对企业的销售也没有太大的助益。

微博集聚粉丝的产品结构和裂变式的传播模式，使得企业品牌在传播过程中，难以控制营销信息的传播方向及速度，微博营销活动呈现出可控性低的特点。同时，借助于微博的"人际圈沟通优势"，微博营销在比其他营销方式更好地锁定目标受众的同时，也要承担负面信息带来的比传统营销更为猛烈的"聚焦性风险"[2]。突出表现在大型活动中，微博主短时间内聚集了大量用户，其发布信息的影响力得到次方级强化。但信息传播如有不妥，对企业品牌的负面影响难以估计。

（五）企业微博的危机应对能力不足，在负面舆情应对中处于被动地位

多数企业已认识到微博的作用，微博公关手段在企业舆情危机中应用得更加频繁，如在达芬奇事件、蓝月亮洗衣液"荧光增白剂"事件、俏江南回锅油事件、西门子冰箱门、淘宝商城、海底捞被曝骨头汤及饮料均系冲兑等事件中，微博都被企业作为发布信息的重要手段频频使用。但是，企业微博在舆情危机应对中仍存在一些问题，或事前预警不足，或仍然渴望通过删帖消除对自己的负面声音，或不做回应，或消极强硬回应，或对外口径不一等。企业微博公关能力不足，往往使企业处于被动地位，严重威胁到企业的声誉和形象。

如西门子被曝冰箱门关不上后，未能及时回应信息，两天之后才通过官方微博发布声明称："近日网友反映西门子冰箱门偶有不易关闭的现象，我们立即与生产、质控等部门进行了核查，确认不属于质量问题。"[3]在声明中他们否认质量问题，不仅不能解决问题，还引起网民愤怒和对西门子企业信誉的质疑。而之后西门子的数次被动、消极回应更使事件升级，令自己陷入了近两个月无从招架、疲于应付的泥潭。

再如 2011 年爆发的南航机长事件。6 月 9 日，一名南航乘客因换座位与该航班机长发生冲突被赶下飞机，6 月 11 日该乘客与疑似南航员工在微博上发生论战，该乘客在微博上称，将对南航员工的辱骂提起法律诉讼。对此，一名注册自称为南航机长的网友"曾鸣 CSN"在其微博上称："跟央企玩，你们玩不起，就一屁传媒人还想挑战全民航业。"这让事件急速升级为对南航和国企的骂战，网友甚至情绪激动地喊出"抵制南航"的口号，以此表示对南航机长言行的愤怒。

## 五 企业微博运作的对策与建议

微博就像一把双刃剑，既可以帮助商家吸引万千粉丝的关注，实现低成本的网络营销，也可以引爆一场品牌的危机，造成巨大的商业损失。未来随着企业微博的进一步发展，企业的微博粉丝数越来越多，发起的活动越来越频繁，与此同时，其面临的运营管理压力也在逐渐加大。总结并归

纳企业微博的运作规律，特提出以下几点建议。

（一）准确定位、系统布局，注重企业整体形象塑造

企业最终是要从微博粉丝身上转化出商业价值的，这就要求企业微博拥有有价值的粉丝。因此，企业微博营销不但要重视粉丝数量，更要重视"粉丝"质量。同时，微博营销还要准确定位，应围绕目标顾客关注的内容发布相关信息，吸引目标顾客的关注，而不能只考虑吸引眼球。微博营销不能完全以吸引大量粉丝为目的，而不考虑粉丝是否属于目标消费群体。

微博作为一种全新形态的互动形式，潜力十分巨大，应从比较全面的角度看待企业营销，制定一个全局性营销整体方案，尽可能地涵盖消费者可能的媒体接触点，把微博营销纳入整体营销规划中来，以战略的高度去挖掘微博销售的潜能，充分发挥微博营销的作用。如在戴尔的微博账号矩阵中，除了"戴尔中国"之外，还有"戴尔技术中心社区"、"戴尔促销"、"戴尔 Steak 粉丝团"、"戴尔中小型企业"、"戴尔解决方案专家"及"戴尔技术支持"等。这些不同的微博账号矩阵分别完成不同形式的客服与技术支持，并且会经常相互协作，实现企业微博整合营销效益最大化。

企业要获得良好的市场影响力和美誉度，企业文化传播和企业整体形象塑造是重要的环节。企业高层还可以通过微博打造亲民形象，获得较多的网络追随者，这对于与之相关联的企业而言，也是一种无形的宣传机会。

（二）重视内容建设，善于利用微博平台的应用服务功能

企业微博不是一个单向的营销工具，而是一个适合倾听、分享故事、建立互动交流关系的联络平台。因此在微博内容建设方面，企业应把自身品牌理念、产品特点以一种粉丝更易接受和有兴趣收听的方式进行传播。

企业官方微博运营一方面应注意发布公司新闻动态、产品服务信息、企业品牌建设等方面的内容，树立与强化企业品牌形象；另一方面可适当发布或转发一些与公司行业或业务相关的公益话题或价值内容，还可在相关性与适度原则的参照标准下，适度参与转发当日微博中的焦点关注话题，使企业微博信息能够更纵深地在用户中传播。

企业微博要善于运用微群、投票、活动、微盘等各种可以提升微博关注度的站内功能或工具，增强与粉丝互动的黏性，更有效地吸引目标粉丝的参与。在有能力和需求的情况下，可寻求开发为企业服务的相关应用，如"转发"按钮可提高从微博返回企业官网的访问量。企业可利用新浪微博提供给第三方机构的 Xweibo 平台，架设运营自己的企业微博，为自己的客户服务。开放平台有很多检测微博运营成效的应用工具，如粉丝分析类、微博价值类工具等，相关企业可充分利用此类工具更好地对运营的微博进行深度分析，找出运营不足并制定下一步的改进方向。

### （三）提升互动功能，重视与受众的情感沟通，培养用户忠诚度

微博的功能不断在升级，目前已经从核心功能"即时信息的发布与获取"功能向"人际网络的建立与维护"功能延伸。企业可以通过官方品牌微博账号的信息发布，借助活动、事件、话题等刺激用户和粉丝的情感神经，使用户能够真正从活动参与者转化为活动宣传的一个环节。用户在参与的过程中，与自身关系链上的好友通过转发、评论、私信等方式进行互动，可以实现企业营销活动的扩散，而用户本身也在传播的过程中获得心理和情感上的满足感和成就感，产生对品牌以及产品正向偏好的认知。

互动性是使微博持续发展的关键。相较赠送奖品、短期内集中地促销活动等方式，微博经营者认真回复留言，用心感受粉丝的思想，更能唤起粉丝的情感认同。要开展微博营销，达到与潜在顾客真正意义上快速、直接、有效的沟通，需要解决品牌的"社交性"问题，赋予品牌以人的属性和个性。比如宜家家居的"社交属性"定为"一个简单、真实、爱家，有小惊喜的 30 岁左右的女人，略带有瑞典传统"。这样的微博具有很高的黏性，可以持续积累粉丝与专注，培养出一批忠诚客户。

从企业营销长期发展来看，培养微博用户的忠诚度尤其重要。忠诚客户对于企业、品牌有着较高的信任感，不会因企业一时或一地的错漏而丧失对企业的信心。就像苹果自进入中国市场以来，就拥有了一大批忠实的"果粉"，不管是产品出现质量问题，或者是生产过程中有有毒物质的新闻曝出，仍有一批虔诚的用户对苹果的产品趋之若鹜。忠诚用户的培养并非是一朝一夕的事情，需要长时间的维护和巩固，其目标是使消费者从对产

品的认同上升到对企业理念、文化的认同，从对产品、服务质量的认同上升到对企业的情感认同，而微博平台在培养企业忠诚用户的过程中可以起到一个黏合的作用。

### （四）定期开展对外宣传，策划有影响力的企业营销活动

以微博为平台定期开展对外宣传，将企业微博建设为信息传播的窗口和企业日常的发布会。微博的出现为企业发布有价值的新闻信息提供了一个开放的平台，企业应把握这一契机，重视企业微博的日常宣传与管理，如每日定时对微博进行更新，发布企业动态信息；定期发布媒体相关报道，吸引粉丝的关注。

要想成功管理企业微博，还必须抓住微博营销中的关键指标，通过全面的监测、评估、分析和管理，才能确保营销活动效果的最大化。做好策划是成功微博营销的基础。诺基亚 N8 手机利用微博进行了长达八小时的直播，至今还被业界所津津乐道。其实，诺基亚运用的就是"草根专业"的双通道营销模式制造注意力。先通过邀请众多明星在人人网、开心网等社交网站主打"眼球战"，以此覆盖更多人群，再邀请 300 多位业界媒体、专家，用 3D 视频介绍诺基亚 N8，这样不仅提升了产品在业界和专业玩家中的口碑，还培养了终端的最忠实、最活跃的粉丝。

### （五）提升负面舆情的应对能力，以微博为平台展开危机公关

微博作为一个"零距离"接触的交流平台，负面的信息与不良的用户体验很容易迅速传播，给企业带来不利的影响。但"败也微博，成也微博"，微博不仅可以利于企业负面信息的扩散，也可以帮助企业快速处理突发事件，及时化解品牌危机。

企业应该建立起完善的微博营销监控和反应机制，平时应及时跟踪信息，监控潜在的或已发生的舆论危机，通过微博发现舆论危机的迹象并及时解决。一旦危机发生，微博应该成为企业最早表态的平台。企业在没有详细了解事情经过时不便做出决定性的回应，但应该即时通过微博表明企业积极应对、绝不推诿的态度，在公众面前树立负责任的企业形象。

企业还可以通过微博与记者、博主以及其他媒体人建立关系，从而处理好企业外围的舆论关系。

此外，对突发危机事件的应对要及时和准确，建立规范的反馈机制，在第一时间向公众做出解释。在遇到负面信息时应该正面回应，并把自己回应和处理投诉的细节详细记录在微博上，让用户看到企业处理危机的诚意。

可以预见的是，利用与企业相关的具有新闻价值的事件，经过加工包装加以传播，达到比广告更好的效果，将是企业展开微博营销的下一个热点。而在处于舆论劣势时，利用"粉丝"的力量，通过微博展开危机公关，也是企业维护自身形象的一种有效手段。

（上海交通大学舆情研究实验室项目负责人谢耘耕。执笔人：万旋傲、于鹏亮。资料搜集：何筱媛、李慧君、董吟雪、吕晴）

## 参考文献

[1] 关于企业微博运营，十个你不得不知道的问题 [EB/OL]. 华搜传媒，2012 – 1 – 1，http：//www. huaso. net/html/zxzx/2012/0101/1018. html.

[2] 微博营销成企业新宠 [N]. 新华日报，2011 – 4 – 26.

[3] 西门子官方微博就冰箱门事件的第一次声明 [EB/OL]. http：//weibo. com/1899293080/xqrUArBmA.

学术论坛

# 微博在社会道德重建中的作用研究

## ——由"小悦悦事件"引发的思考

曹永荣　韩瑞霞

**摘　要：**"小悦悦事件"后，社会道德滑坡已经成为官方、媒体和大众的共识。在这种情况下，微博用户、论坛和 QQ 用户率先果断采取行动，以杜绝社会冷漠的蔓延。道德滑坡原因有多个方面，备受诟病的主要有官员腐败、社会转型、媒体误导等。而微博由于其碎片化的信息传播方式，多渠道、多方式的传播渠道和病毒式传播等特点，在克服这些社会弊端中的作用初步凸显出来。本文探究了如何建立政府机构－微博、微博用户之间和媒体、传统媒体与微博等三层面的渠道互动和监督机制，从而对社会起到"正本清源"的作用，这必将有助于社会道德的重建。

**关键词：**微博；社会道德；滑坡；重建

# Research on the Affections of Microblog on the Reconstruction of Social Ethics

## —Considering on the "Little Yueyue Incident"

Cao Yongrong　Han Ruixia

**Abstract：**After the "Little Yueyue Incident", the moral declination of China's society has obviously become a fact which was almost acknowledged by the official government, general public and media. Under such a circumstance, the user of microblog, QQ and forum, take some action to prevent from the spread of the social indifference. There are some reasons for the social moral declination, such as corruption, social transformation, misleading from media, and so on. However, with the characteristic of fragmentation of information, multi-channel, and fast speed, the microblog have playing an important role to overcome the now – existing social ailment. This article explores how to establish channels between microblog and government institutions to reveal the corruption, and build a network of acquaintances between the microbloggers, and the supervision between microblog and traditional media etc. In this way, it will be important to help in the reconstruction of social ethics.

**Key Words**：Microblog, Social ethics, Moral declination, Reconstruction

## 一 "小悦悦事件"

"2011 年 10 月 13 日，年仅 2 岁的小悦悦（本名王悦）在佛山南海黄岐广佛五金城的巷子里被一辆面包车两次碾压，几分钟后又被一小型货柜车碾过，7 分钟内 18 名路人视而不见，漠然而去，最后拾荒阿姨陈贤妹把小悦悦抱到路边并找到她妈妈。2011 年 10 月 21 日，小悦悦经医院全力抢救无效离世。"[1]此事被媒体称为"小悦悦事件"。随后"小悦悦"迅速成为国内和国际媒体关注的对象，在短短一周的时间内，小悦悦成为百度风云榜的热点人物，连续数天位于百度热词榜首，21 日的单日搜索达到350317 次。11 月初被互动百科列为 10 月份互联网十大热词榜首。[2]

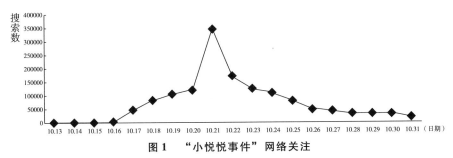

图 1    "小悦悦事件"网络关注

数据来源：百度风云榜[3]。

从图 1 的网络关注度发展趋势看，"小悦悦事件"受到了媒体和网民的强烈关注。该事件震惊了中国社会，国内舆论一片哗然，环球网于 2011年 10 月 20 日开展了"中国社会道德状况是否严重滑坡的公众意见调查"，截至 2011 年 11 月 2 日，共有 26001 人投票，调查结果显示，86.3% 的网民认为中国的社会道德有很大倒退，9.2% 的认为有一些倒退（所以有95.5% 的网民在该事件之后认为中国的社会道德有滑坡），1.6% 的网民认为有进步，2.1% 的认为没有变化。[4] 本次调研受到 "小悦悦事件" 的 "干扰"，其调查结果并不一定能够准确地反映中国当前的社会道德水准，但是近年来 "毒奶粉"、"地沟油"、"瘦肉精"、"药家鑫" 以及 "肇事逃逸" 等系列社会问题引发的关于中国人道德滑坡的争论，在 "小悦悦事件" 的推波助澜之下达到了空前的高潮。

"小悦悦事件" 及其视频也迅速被国际媒体援引，西方媒体同样被该场面惊得目瞪口呆，瑞士法文报纸《晨报》用了 "反感（pouvant choquer）" 一词来形容事故发生时的录像场景，它是指由惊恐、惊骇、震惊而导致的令人毛骨悚然、令人发指、令人撕心裂肺的、发自内心深处的极端痛苦、厌恶和反感。美国和英国的媒体在播放该视频的时候，部分画面采用了 "马赛克" 处理，足见其触目惊心的程度。日本网民感叹道，中国在发展经济的同时造成了原本优秀文化的缺失，也造成了中国人社会道德观念的倒退，并认为 "社会的麻木和冷漠比经济落后更加可怕"。[5]

与此同时，中国全国范围内引发了广泛的道德反思热潮，有人认为近30 年来中国专心致志搞经济发展，留下了道德真空；有人认为是法律不够周全；也有不少人认为媒体在报道五年前的 "彭宇案" 时，在导向方面出现了偏颇，片面渲染和夸大南京市民彭宇搀扶摔倒老太反而被老太以撞倒自己为由控上法庭，从而造成今日民众普遍有 "想救不敢救" 的心理[6]，等等。不过，客观来说，单凭此孤立事件并不能准确地认定中国的整体社会道德水平已经严重滑坡，然而，该事件的严重程度依然不容忽视，如果我们不采取任何措施，那么社会道德滑坡将势成必然。

适逢中共十七届六中全会推出《中共中央关于深化文化体制改革推动社会主义文化大发展大繁荣若干重大问题的决定》。我们需要采取必要的措施挽救日下的 "世风"，网民们在网络上纷纷采取行动，通过微博和各论坛纷纷为 "小悦悦" 祈福，寄托哀思，同时呼吁用良知的尖刀切断 "小悦悦事件" 的繁衍，随后相继在 QQ、微博上开展 "拒绝冷漠，传递温暖" 活动。尽管我们看到 18 名冷漠的路人，但毕竟还有 "拾荒阿婆"，网友在对路人冷漠的批判和痛恨，体现的也正是对生命的尊重、对善良的坚守。

我国经过几千年"礼义廉耻"的熏陶教化，其实在我们心中也早已刻下清晰的人性底线：守望相助、扶危济困，这些乃天经地义。"头顶灿烂天空，心中道德律令"，让我们每个人都有了为善的动力和可能。[7]

整个小悦悦事件中，微博用户积极快速地回应大家的提问，在大家质疑"救人的陈婆婆是炒作时"，搜狐微博@TVS罗凯则回复："如果大家见过这个阿婆，就会知道这是一个多么淳朴的人。她回忆起那天的情况，眼中都噙着泪水，而且她也并没有要求小悦悦一家人给予她什么回报。指责陈阿婆炒作的人，我只想说有本事你们也这样炒作一次，毕竟陈阿婆救了人，你们呢？"[8]可见，"小悦悦事件"中，微博在社会道德重塑中的积极作用初步凸显，本文将重点就微博如何在该方面发挥作用展开深入探讨。

## 二　我国社会道德滑坡现象及其成因

就中国社会是否存在道德滑坡现象，中国的媒体、学术界等已经争执了多年。一些人坚决否认有所谓道德滑坡现象的存在，他们认为，那些慨叹世风不古的人是在用旧眼光来看待新问题[9]，近来有机构研究表明中国目前的精神文明现状并不差，并有所提高。但随着"小悦悦事件"的发生，这种结论受到了广泛的质疑，尤其是2011年10月20日，广东省委书记汪洋针对"小悦悦事件"发表重要讲话，他要求进行认真的反思，结合贯彻十七届六中全会精神，采取积极有效的行动，努力提升全社会道德水平。[10]通过此事件，结合媒体和汪洋的拷问，中国目前存在道德滑坡似乎是个不争的事实，不仅广大媒体，学界以及中央高层都认为有进一步改善的空间。不过究竟是什么导致中国社会目前的道德滑坡呢？有人将其归咎于"文化大革命"对道德观念的破坏；有人将其说成是市场经济带来的必然的结果；有人认为是法律不健全；有人认为是制度问题；有人将其归于学校教育不得力或个人自我修养差等，莫衷一是、众说纷纭。因此，如果我们不能找到真正的原因，或找到造成道德滑坡的具体因素或机制，任何努力都可能是徒劳的，只有发现其真正的结症，我们才能对症下药。

其实个人道德和公共道德的下降是个全球性现象，美国报纸《基督教科学箴言报》曾就世纪人类议事日程问题征询几十位世界著名思想家，道德滑坡就是6个焦点和要点之一。[11]针对中国的道德状况，大量的文献对此进行了深度的剖析，比较有代表性的主要有以下学者的研究。李期认为双重经济和政治体制、文化的变化和心理因素是主要原因，并认为需要通过加强道德教育，强化道德奖惩，重建道德伦理文化体系和净化社会环境的方式来进行道德重建。[12]孙立平认为是"种种制度安排客观上使得遵从道德的行为成本过高，而违反道德的行为需要付出的代价太小，这样就加大了人们不遵从道德的可能性"。这需要通过制度安排、道德示范和构建多元化的社会结构来实现。[9]周红英认为是中国社会转型期间商品经济刺激下爆发出的"原欲"给社会生活带来的剧烈震荡、腐败、道德权威的缺失以及法治不健全造成。[13]谢俊春认为主要原因在文化根源上，比如儒家道德体系的崩溃；俗与雅对道德的双重破坏；新中国成立后反右运动和"文化大革命"对中国伦理道德的破坏，以及腐败观象、分配不公和暴富阶层的出现损害了公众遵守道德的信心等，并提出需要处理好依法治国和以德治国的关系，结合中国传统的道德精华（包括宗教引导）和共产主义道德精神，培育符合社会主义市场经济的新道德规范。[14]

综合现有的研究，学界、媒体等对道德滑坡的成因可以归纳为以下几个方面：（一）改革开放以来，中国片面地追求经济的快速增长，而忽略了道德和法制的建设，这一方面使得违反道德，甚至违反法律的成本都很小，一些不法商人"利欲熏心"、"为富不仁"，同时催生了泛滥的"拜金主义"和腐败现象，甚至"笑贫不笑娼"的扭曲价值取向和道德观。（二）传统文化的割裂，由于新中国成立以后如火如荼的社会运动，在摒弃一些封建糟粕的同时，矫枉过正，一些传统的伦理道德"仁义礼智信，温良恭俭让"等也受到严重冲击，并被忽视。同时由于城市化进程的快速推进，传统的以"家国"为主体的儒家伦理秩序受到损害，中国开始从"熟人社会"快速步入"陌生人社会"，再加上社会上"坑蒙拐骗"的存在，加剧了人们之间的戒备，使得"互信"更加匮乏。（三）部分媒体片面追求经济效益和眼球效益，过度地渲染一些低俗"非主流"文化，对一些社会事件进行非理性报道。比如《非诚勿扰》中的"拜金主义"话语对婚姻交友取向的诱导，"彭宇案"后中国的"老年人"甚至与"碰瓷"直接挂钩等。而"小悦悦事件"后媒体更多的是对18名路人的责难，而忽视追究其父母监护的失责，从中也可窥豹一斑。

援引孔子"为仁由己，而由人乎哉"的箴言，我们认为，将道德滑坡无论归咎于媒体，或制度，或法律都是不够周全的，我们需要的"唯独从自身的角度对此事进行自省和反思"（《联合早报》）。而微博确实能够给我们每个人提供一个自省的渠道和空间，网友通过微博等发起的"拒绝冷漠，传递温暖"活动也显示我们的社会道德并不一定像广受诟病的那么差。微博让我们不再是空洞地面对传统媒体无助的"呼吁"，而是用我们自己的行动来挥臂直呼，改变我们一贯"说话的巨人，行动的矮子"的社会现状。

## 三　微博在社会道德重塑中的方式和途径

微博是微博客（Microblog）的简称，是一个基于用户关系的信息分享、传播以及获取的平台。作为 Web2.0 和 Web3.0 的产物，微博属于博客的一种形式，用户可以通过 Web、Wap 以及各种客户端组建个人社区，但单篇的文本内容常常限制在一定范围内，国内通常是 140 个汉字（网易为 163 个字）。并且允许用户通过微博融合的多种渠道（如网页、手机、即时通信、博客、SNS 社区和论坛等）发布文字、图片、视频和音频等形式的信息。它起源于博客技术先驱 blogger 创始人埃文·威廉姆斯（Evan Williams）创建的新兴公司 Obvious，该公司于 2006 年 3 月推出 Twitter 是微博发展史上的里程碑事件。

微博进入中国的标志是 2007 年饭否的诞生和腾讯滔滔的相继上线，2009 又有新浪、搜狐等微博产品出现，2010 年国内微博如雨后春笋般崛起，四大门户网站均开设微博。中国互联网络信息中心（CNNIC）发布的《第 28 次中国互联网络发展状况统计报告》显示，截至 2011 年 6 月底，中国网民规模达 4.85 亿人，微博用户数量爆发增长至 1.95 亿户，中国互联网的普及率增至 36.2%，微博在网民中的普及率达 40.2%，手机网民规模达 3.18 亿人，占网民总体 65.5%，手机微博在网民中比例达 34%，新浪微博和腾讯微博的用户数分别在 1.4 亿户和 2 亿户以上。[15]

尽管不同微博产品略有差别，但主要功能都是信息的获取与发布、社会性交往与互动、整合网络应用等。[16] 基于以上功能，谢耘耕、徐颖（2011）总结了微博传播的三个主要特征：①传播方式上，碎片化的信息传播。对于信息篇幅的限制，使微博的内容和信息量也受到一定的局限，呈现出碎片化的特点。②传播信道上，实现多渠道、多方式整合。③传播速度上，病毒式传播加速信息流通。

基于微博的上述特征，微博在公益和承担社会责任方面的作用早在几年前就已初现端倪。如玉树地震发生后，中国国际救援队发布了一条微博称："急需棉衣、棉被、帐篷、药品和食物。请直接寄往灾区！地址：玉树州人民政府救灾物资办邮编815000。黄立明（青海玉树州人民政府副秘书长）电话15352985890。"这条微博产生了很强的传播力，经过近2000次转发，每次转发都意味着在不同的微博圈得到强化接力式的传播，继而得到广泛关注。[17]2011年1月26日，由中国社会科学院农村发展研究所于建嵘教授设立的"随手拍照解救乞讨儿童"微博活动，获得广泛的关注，并成功解救多名儿童。这证明微博在弘扬社会正气、创建文明家园方面有重要的作用。基于目前社会道德滑坡的原因，以及微博在传播方式、传播信道和传播速度上的特点，在重新塑造社会道德过程中，如果能够充分发挥微博的优势从而切断诱导道德滑坡的根本性问题，那么这对重建社会道德必将起到事半功倍的作用。这需要从三个方面构建官方机构、网民和传统媒体之间的响应机制。

**（一）从官方和群众层面，构建畅通的"信息—行动"互动渠道**

一是构建反腐网络渠道。微博在揭露腐败、曝光违法乱纪行为等方面不断发挥作用，尽管这可能只揭露冰山的一角，但其作用不容忽视。如新疆人民广播电台汉语新闻广播行风热线部主任孙建忠采访喀什地区建设局时受到办公室主任霍敏辱骂事件；溧阳市卫生局局长"裸聊"事件；黄石中院院长"过夜"事件等，使得微博成为贪官头上又一根夺命绳索。这样就会使得贪腐者必因贪婪而自葬前程，清廉者必因勤廉而受到民众尊敬。不过依然需要检察、公安等机关依职权名正言顺地开通"官网"，真正利用好网络搜集举报线索，还需要切实有效地搭建、维护好网络举报平台，并依法保护好举报人的信息和人身安全。[18]官风不整，民风难变，重塑道德需要自上而下地推动。没有公平正义的社会机制垫底，道德规范必然成无源之水、无本之木。[19]

二是构建微博与政府机关（如公检法等机关）的沟通渠道。如2011

年9月1日早高峰出行期间，重庆街头一名烫伤儿童等待送医，在开往儿童医院途中遇上早高峰的交通拥堵。随后的士司机刘波拨通了重庆交通广播的电话，交通广播通过车辆广播以及新浪微博等平台发布了这一消息。收到求助信息后交巡警指挥中心迅速联系上沿途执勤的民警，一场生命接力由此展开，渝北、江北、渝中区10个交巡警平台的33名交巡警，为这辆出租车"保驾护航"。因就医及时，孩子脱离生命危险。无疑这种信息渠道，不仅可以救死扶伤，避免更多的"小悦悦事件"的发生，同时对社会风气的塑造起着至关重要的作用。

在上述这些事件中，微博内容短小精悍、传播速度快的特点发挥得淋漓尽致。如果官方机构和微博之间能够形成畅通的信息渠道和快速的响应机制，更多的社会恶性事件将会胎死腹中，更多的贪污腐败分子也将被及时揭露。

### （二）在网民之间，构建网络熟人社会

传统的中国社会，交往主要以家庭生活为核心，依赖于血缘、亲缘和地缘等亲密关系建构和维系，交往也主要发生在家庭内部、血缘亲属、朋友或同乡等熟人社会中。但随着城市化进程的迅猛发展，传统的人际交往关系逐渐瓦解并转型，国民交往更多地体现为陌生人间的交往。由于手机微博用户的快速增长，现实生活中的陌生人社会将转换为网络社会的"熟人社会"。克服陌生人社会信任基础薄弱的弱点，微博成为网民建立互信机制的纽带。2011年10月28日凌晨1点左右，何先生83岁的母亲从位于广州金沙洲的家中出门后走失。何先生的外甥女"Ms_May-MaYMayMaYMay"在新浪微博上发布了寻人帖子，并将走失阿婆的外貌特征、衣着及照片等信息发布在网上，并留有何先生的联系方式。经过网友"Tiffany_Wolf"和拥有众多粉丝的微博用户"乱up社区"的两次转发，最终"乱up社区"的粉丝黎小姐在大街上看到走失的阿婆后，在其身边陪伴半个多小时直至何先生赶来。网友们回帖表示："这让人深感社会并不冷漠。"[20] "六度理论"认为，通过6个人就可以联系到世界上的任何一个人，然而由于有微博（或脸谱facebook）的存在，米兰大学的科学家研究发现，世界上任何两个人之间间隔的人数不是6个，而是4.74个人。也就是说现在通过微博（或脸谱）只需要辗转通过4.74个人就可以认识

任何一个陌生人。[21]这样人与人之间的距离就大大地缩短了，或者可以说每个人受到社会监督的概率比过去大大增加。其实何先生的事件中，起到关键作用的几个人之间仅仅经过了 3 次（Ms_ MayMaYMayMaYMay→Tiffany_ Wolf→乱 up 社区→黎小姐）重要节点信息的传递。此外，微博不受传统媒体发布容量的限制，可以大力发现生活中真善美的事件，并为大力弘扬和讴歌真善美的事件和人物做铺垫。我们生活中原本有很多善良的、默默无闻地做着"雷锋"的人并没有得到及时发现和宣扬，然而对于一些恶性事件，传统媒体又做了过度的解读。当代"雷锋"郭明义 16 年为失学儿童、受灾群众捐款 12 万元，20 年来 55 次无偿献血，数十年如一日地用自己的博大爱心挽救无数人的生命[22]，过去鲜有人关注。2011 年 8 月一部微电影《雷锋侠》的迅速飘红网络，再次用事实说明雷锋和雷锋精神永远都不会过时。

### （三）构建传统媒体、微博和官方机构相互监督的机制

"狗咬人不是新闻，而人咬狗才是新闻"的低俗新闻取向，导致部分传统新闻媒体过度追求新闻效果，占用大量新闻资源，并有误导民众的嫌疑。然而微博出现后，渐渐地开始牵制这些媒体舆论的导向。根据上海交通大学舆情研究实验室统计的数据，2010 年 72 起影响力较大的舆情热点事件中，微博作为重要媒介参与事件的比例达 81%。[16]微博不仅对媒体的导向，对国家机关的执法也能起到监督作用。2011 年 9 月 22 日，河南洛阳性奴案后，采写该新闻的记者纪许光就曾在微博中爆料称遭遇官员质问，出现"国家机密闹剧"。

然而由于微博容量的限制和内容的碎片化，使得微博报道内容的逻辑性、深度受到制约，易于被断章取义，流于表象。如 11 月 11~16 日，石河子市木某、乌鲁木齐市刘某、伊犁州张某、巴州甘某 4 人分别通过微博、QQ 群大量转发新疆籍艾滋病人通过滴血传播艾滋病的谣言。针对此事件，卫生部新闻办公室 11 月 16 日回应称："科学证据表明，艾滋病传播有三种途径，即经血液途径、性途径和母婴途径。艾滋病病毒不能通过餐具、饮水、食品而传染。自艾滋病病毒发现以来，国内外没有一例经食品传播艾滋病病例的报告。"[23]这样的谣言就不攻自破。

而事实上微博辟谣也是让谣言止于微博的最好途径。就微博容易滋生

谣言的状况，一些媒体和网民开始思考怎样负责任地使用微博等社交网络工具。英国《卫报》网络版列出9种负责任地使用微博的方式：（1）除非你看到事情发生，否则不要发微博；（2）有些人发微博只是想开玩笑；（3）害怕某些事情发生，并不等于知道某些事情将要发生；（4）如果看到谣言，直接质疑。如果你转发谣言，即便是以求辟谣的方式转发，也可能吓坏一群完全不了解情况的人；（5）设法求证；（6）如果你看到你知道并非真实的微博，设法纠正；（7）如果你发微博说你看到的情况，请说具体一点，说明你在哪里，看到了什么，不要夸张，也不要想当然；（8）"关注"那些你认为值得相信的人；（9）如果你出门遇到打劫和骚乱，请发相关微博，那样可以让警察的工作更容易。[24]

## 四　结论

中国目前社会道德滑坡似乎已经是一个不争的事实，尤其是"小悦悦事件"的发生，让中国人个个痛心疾首，它几乎突破了中国人乃至整个世界人民的底线。道德滑坡可能源于多方面，有研究指出官场腐败是一方面原因，而诸多的社会问题或多或少与腐败有一定关系。而微博在反腐方面的功效初见端倪，如果建立良好的网络渠道，假以时日，必将起到关键作用。道德滑坡的另一个原因是，这是从"熟人社会"向"陌生人社会"转型过程中出现的一种现象。微博的出现将"熟人社会"过渡到网络，从而避免"陌生人社会"的进一步拓展。国外研究显示，通过微博（脸谱）等新兴媒体，过去的六度空间进一步缩短到4.74。这将有利于网民之间构建互信机制。最后形成传统媒体—微博（新媒体）—政府互相监督机制，从而克服各自存在的缺陷。三者的相互关系如图2所示，在政府机构和媒体的相互作用的基础上，微博和政府机构构建畅通的信息传递通道，处理各种应急事务，同时起到互动和相互监督的作用。微博另外可以引导传统媒体的舆论导向，并将公共资源合理分配，而传统媒体也可以对微博的信息准确度和逻辑性进行梳理。

这样就使得政府部门受到监督，微博的弱点得以克服，传统媒体的导向有所指引。通过上述渠道，可以实现社会"正本清源"的作用，这必将有助于社会道德的重建。

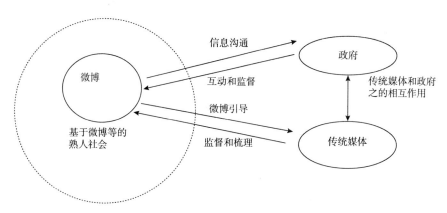

**图2　传统媒体、微博、政府三者关系**

（作者曹永荣，上海交通大学人文艺术研究院、安泰经济与管理学院博士后；韩瑞霞，上海交通大学人文艺术研究院、安泰经济与管理学院博士后）

## 参考文献

［1］佚名.小悦悦［EB/OL］.百度百科，http：//baike. baidu. com/view/4682882. htm.

［2］佚名.互动百科公布10月互联网十大热词：小悦悦、iSad……［EB/OL］.中国江苏网（2011 - 11 - 01），http：//economy. jschina. com. cn/system/2011/11/01/011984683. shtml.

［3］百度热点人物风云榜.小悦悦［EB/OL］. http：//top. baidu. com/detail. php？b = 258&w = % D0% A1% D4% C3% D4% C3.

［4］环球网—环球舆情调查中心.中国社会道德状况是否严重滑坡的公众意见调查［EB/OL］.环球网（2011 - 10 - 20），http：//opinion. huanqiu. com/roll/2011 - 10/2100374. html.

［5］日媒关注中国女童遭碾无人救　日网民：道德缺失须重视［EB/OL］.环球网（2011 - 10 - 18），http：//world. huanqiu. com/roll/2011 - 10/2094353. html.

［6］季卫东."小悦悦事件"引发中国对道德良知反思［N］.联合早报，2011 - 10 - 23.

［7］新华网评小悦悦事件：记住那些平凡的善良和感动［EB/OL］.北方网，http：//news. enorth. com. cn/system/2011/11/01/008050731. shtml.

［8］佚名.10·13广东佛山女童遭两车碾压事件［EB/OL］.（2011 - 10 - 23）http：//zcscxkj. banzhu. net/article/zcscxkj - 12 - 3165896. html.

［9］孙立平.道德滑坡的社会学分析［J］.中国青年政治学院学报,2010,20（5）：665 - 669.

［10］汪洋.认真反思小悦悦事件提高社会道德水平［EB/OL］.网易（2011－10－21），http：//news.163.com/11/1021/08/7GSILD4U00014AED.html.

［11］张跃进，徐朝阳.道德滑坡和道德建设［J］.兰州学刊，1999（2）：35－38.

［12］李期.论社会转型期的道德滑坡与道德重建［J］.陕西青年管理干部学院学报，2002，15（2）.

［13］周红英.道德滑坡探源［J］.求索，2005（2）：125－126.

［14］谢俊春.论中国道德滑坡的原因和道德中国的重建［J］.甘肃理论学论，2002（6）：16－19.

［15］第28次中国互联网络发展状况统计报告［EB/OL］.和讯网，http：//tech.hexun.com/2011/cnnic28/.

［16］谢耘耕，徐颖.微博的历史、现状与发展趋势［J］.现代传播（《中国传媒大学学报》），2011（4）：75－79.

［17］邹晨洁.从玉树救援看"微博"中国式发展［EB/OL］.人民网（2010－05－17），http：//media.people.com.cn/GB/40628/11615018.html.

［18］微博反腐让官员触礁［EB/OL］.琼海在线（2011－11－06），http：//www.qiong-hi.com/html/2011/11/060413033235.htm.

［19］杨亚军.重塑道德，需要自上而下的行动［J］.中国职工教育，2011（5）：15.

［20］微博接力寻走失阿婆网友自发"拒绝冷漠"［EB/OL］.大洋网（2011－11－02），http：//gdgz.wenming.cn/daodemofan/ddmf/201111/t20111115_388287.html.

［21］陌生之人不陌生［EB/OL］.参考论坛，http：//ck.jun360.com/Article/ckxxdzb/398_8.html.

［22］郭明义等全国道德模范候选人16日做客网络演播室［EB/OL］.中国网络电视台（2011－09－15），http：//kejiao.cntv.cn/20110915/100479.shtml.

［23］卫生部"滴血"传播艾滋病系谣言［N/OL］.环球网（2011－11－17），http：//health.huanqiu.com/exposure/news/2011－11/2180487.html.

［24］佚名.英媒列出九种负责任地使用微博方式［N/OL］.艾瑞网（2011－8－15），http：//web2.iresearch.cn/87/20110815/147120.shtml.

# 微博对个人社会网的影响：基于个案的研究

韩瑞霞　曹永荣

**摘　要**：微博是一种微型博客形式的积极传播中介。通过发布信息和关注他人信息，人们建立了新的人际传播网络。在格兰诺维特强关系和弱关系的理论分析框架中，在现实中与他人的不同关系距离将会影响个人行动的效率。文章通过四个维度：关系的时间量、情感紧密性、熟悉程度和互惠性分析了微博客们之间的关系。在此基础上提出三大假设：①个人社会网络通过微博将得到极大的扩展。②个人在微博中的强关系连接与他/她在现实中的强关系人群并不完全相同。③微博中的强关系将利于个人情感需求和信息需求的满足。文章通过对两个"微博客"的个案研究对这三大假设进行了检验，并就微博对个人社会网络的影响作了简短评论。

**关键词**：微博；社会网络；强关系；弱关系

# Two Cases' Study on Personal Social Network in Microblog

Han Ruixia　Cao Yongrong

**Abstract**：Microblog is a passive broadcast medium in the form of blogging. By publishing message independently and focusing on others' message, people build new interpersonal social network. In Granovetter's framework of strong tie and weak tie, different distances of relationship in reality would influence the efficiency of individual action. The paper analyzes the relationship among microbloggers by four dimensions including a linear combination of the amount of time, the emotional intensity, the intimacy, and the reciprocal. Furthermore the paper proposes three hypotheses：1）Personal social network would get greatly extend-ed by microblog. 2）Personal strong ties in microblog are not identical with his/her strong ties in reality. 3）Strong ties in microblog would be beneficial to satisfy personal emotion need and information need. By doing case study on 2 microblog-gers，the paper tests the three hypotheses and gives a short comment on the influ-ence of microblog on personal social network.

**Key words**：Microblog，Social network，Strong tie，Weak tie

## 一 研究背景

中国互联网信息中心权威发布的《中国互联网络发展状况统计报告》指出，2011 年上半年，中国微博应用出现爆发式增长，微博用户数量从上年的 6311 万暴涨至 1.95 亿，半年新增用户 1.32 亿，增长率超过 200%。[1] 与此同时，根据艾瑞报告，在商务社交网站 LinkedIn 注册用户数量已超过 90 万。[2] 这些数据都表明微博已经成为一个新的互联网新贵以及人际交往的重要平台。而由微博引发和微博中的活动也将对网络社会产生巨大影响，尤其是当我们聚焦于微博在建设和拓展个人社交网络中所具备的潜力的时候。

事实上，对社会网构建进行分析一直是一个社会学的问题。在 1930 年代中期，面对宏观理论已经成为社会学中的主流和流行趋势时，默顿（Merton）提出要发展一些"中层理论"（middle - range theories）。[3] 格兰诺维特（Granovetter）的"强关系"与"弱关系"理论正是代表性的理论之一。在 1973 年发表的文章中，格兰诺维特指出，当前社会学理论的一个根本弱点就是它无法把微观互动和宏观层次的模式以一种令人信服的方式连接起来。为了解决这个问题，格兰诺维特认为，对人际网络构建的分析提供了最有成效搭建微观与宏观联系的桥梁。[4] 通过这些网络，小规模的互动由此编织进大规模的模式中，而这些分析反过来也使大模式反馈入小群体的解释中。[4] 那么如何研究人际网络？格兰诺维特的策略是通过分析人际纽带的强度来实现。

在格兰诺维特看来，人际关系可以分为三个类型：强关系、弱关系和无关系（strong tie，weak tie and absent tie），其由四个尺度来衡量：关系的时间量、情感紧密性、熟悉程度和互惠交换。[4]根据格兰诺维特所说，无关系是没有实质意义的关系，如生活在同一条街上的人们之间的"点头"关系。而强关系是指那些有密切关系的人们，例如父母、配偶、子女和亲密的朋友等。而弱关系主要是指那些我们称之为"熟人"的关系。强关系和弱关系的结合才使社会成为可能。在格兰诺维特的文章中，最著名的发现则是弱关系在个人寻找工作的过程中可以提供更多的帮助。弱关系少的个人将被剥夺从遥远社会系统得到信息的可能性，而仅限于地方性的信息和亲密朋友的资讯。[5]

但是这个观点受到其他许多研究者的挑战。例如，边燕杰发现在中国因为社会体制和文化传统的关系，个人在获取工作方面更依赖于强关系而非弱关系。[6]由此表明我们应该检验人际网络作用在不同社会情境中的适用性问题。当前，互联网把人类的活动扩展到了虚拟空间。是否网络空间中的人际网络与现实社会中的人际网络一致呢？弱关系和强关系框架是否适合解释在线活动呢？微博的快速发展为我们解释这些假设提供了机会，因为微博正是这样一个连接虚拟与现实的人际互动平台。

事实上，一些研究人员已经开始运用格兰诺维特的理论分析互联网中的关系和行动。例如，格拉德威尔（Gladwell）认为在线社交网络不适合"真实的"社会运动，如推特网（Twitter）和伊朗，或脸谱网（Facebook）和奥巴马，因为"在线网络都是弱关系，而真实的社会运动则依赖于强关系"。[7]但是通过回顾格兰诺维特的理论，乔纳·莱勒（Jonah Lehrer）认为微博中弱关系的力量可能导致更重要的革命。[8] N.B. 埃里森（N. B. Ellison）和斯坦菲尔德（C. Steinfield）通过研究脸谱网（Facebook）中大学生的"朋友"关系，也发现作为弱关系的在线互动关系将成为连接社会资本的桥梁。[9] J. 维尔茨（J. Wirtz）还发现，"在网络环境中，弱关系可能会成为比在现实世界中更重要的口说传播的资源"[10]。所有这些研究都证明弱关系理论在解释互联网中的人际关系时所具有的巨大潜力。那么，在微博中人际互动的模式和特征是什么？由微博形成的弱关系和强关系的影响又为何呢？

## 二 研究对象与假设

为了分析微博中人际网络的力量，首先需要知道微博中个人社会网的模式和特征。强关系和弱关系框架是一个很好的理论模型。也就是说我们应该知道对于一个"微博客"来说谁是他的强关系，谁是他的弱关系。那么如何界定一个"微博客"的使用者到底是他/她的强关系还是他的弱关系呢？格兰诺维特通过四个维度来测量：关系的时间量、情感紧密性、熟悉程度和互惠交换。[4] 当考察微博中人际网络的时候，需要进一步地对这四个维度进行操作化。但在此之前，首先需要了解微博中的角色。

本文的研究对象是"微博客"，他在现实社会中的身份可能是一个专家或只是一个普通人，但每一个"微博客"都可以浏览或传播信息。那些浏览他信息的一部分人将变成他的"强关系"，而另一些人则成为他的"弱关系"。如何判断？我们采用格兰诺维特的四个维度来进行划分。

关系的时间量：在微博中，我们通过一个"微博客"加另一个"微博客"作为他"关注对象"的时间来进行测量。在最初始的意义上，传播和播报信息的角色被称为"被追随者"，而接收信息和积极关注某个"微博客"信息的人被称为"追随者"，而这些称呼也被用来指某个"被关注者"的粉丝群体。

情感强度：我们可以通过观察一个"微博客"和他的粉丝之间在一个时间段内的互动频率来获得。这项研究中，我们将考察的是在一个月内发生互动多少次。其次，我们也将关注在每段对话中所包含的内容信息。通过内容分析，我们可以发现谁与研究对象有更多的情感接触。

亲密关系（或熟悉程度）：关于亲密度的衡量，我们可以通过观察一个"微博客"和他的"追随者"间的话题范围来获得。我们认为，如果两个"微博客"之间的话题越多，他们之间的关系也会越紧密。因此，对亲密度的测量可以通过计算和分析在微博上的消息来实现。

互惠交换：对这个维度的测量，我们将通过分析在"微博客"和他的"追随者"之间的每一个消息内容来获得。通过对信息的内容分析，我们将会发现，不管是在现实中还是在网络空间中，互惠的行动是否出现。

通过以上四大指标，我们会发现谁与我们的研究对象联系更紧密，谁与他/她关系不太密切。在本文中，我们将不只关注谁是强关系和弱关系。个人社会网络和影响力的构建也是我们探讨的主题。通过观察微博中的日常人际互动，我们提出以下三个假设。

（一）微博将使个人的社会网络获得极大拓展

个人在微博中将吸引到更多的陌生人。由于时空分离和进一步的空间与场所的分离，现代生活因而变成现实。[11]远距离关系因而也成为人际互动的一部分。在这一过程中，电子技术扮演了一个重要角色。建基于互联网技术，微博成为人们构建社会网络的工具。通过打破时间和空间的限制，越来越多的陌生人可以成为某个"微博客"的粉丝，这将极大地扩展个人社会网络的范围。

（二）个人在微博中的"强关系"与他在现实中的"强关系"并不完全一致

如上所述，由于互联网技术的架构，陌生人之间在微博中可以接触并成为朋友，特别是一些明星可能会吸引很多粉丝来关注他自己的微博。这就意味着在现实中作为"弱关系"或"无关系"的一些人因而可能成为他的"强关系"。与此同时，某个"微博客"在现实中的"强关系"也可能在网络中变成"无关系"或"弱关系"。例如，有些人在微博上并没有注册，一些人在微博中与他在现实中的"强关系"并没有频繁互动。对于第二种情况，可以通过观察一些青少年不加他们的父母作为他们在微博上的朋友得到证实。

（三）微博中的强关系将利于满足个人的情感需求和信息需求

威尔曼（Wellman）发现弱关系较强关系更具有工具性，它更多地提供信息资源而不是提供如现实生活中一样的信任交换和情感支持。[12]海森怀特（Haythornthwaite）也发现弱关系还能够增加一个人获得工作的机会，如晋升机会、专业认可和社会融合。[13]但在微博中，也许是强关系更有利于满足个人情感需要和信息需要，因为在现实中的一些弱关系可能成为在微博中的强关系。它使强关系不仅提供情感支持，而且在信息支持上也可发挥工具性的功能。

三 研究方法及结果

微博中的事实情况究竟如何呢？为了检验我们的假设和发现微博中人

际互动模式，我们采取了个案研究的方法。也就是说，我们通过观察和分析微博客对微博的使用和他们在微博中的网络来获得。我们把新浪微博作为一个平台，因为它是目前中国最为流行的一个微博平台。与此同时我们关注"蔡康永"（台湾著名电视节目主持人，在新浪微博排名前五）和"咯 * 妈"（新浪微博的一名普通用户）作为我们的研究对象，因为他们分别代表了微博中的明星博主和大众（草根）博主。根据台湾中兴大学陈姿伶所言，在选取研究个案时，要兼顾目的性（即是否具有代表性，能体现差异和独特性，是否符合研究需求）、可能性（即是否随机的选取，符合机会均等的原则），以及方便性（即便于进行资料搜集和观察开展），[14] 而本文个案研究对象"蔡康永"和"咯 * 妈"也正是在这一研究原则指导下所选取的。

通过观察和浏览，我们发现"蔡"（"蔡康永"简称）有 7240000（至 2011 年 6 月 15 日）粉丝或者是"追随者"，但是他关注的对象只有 374 个。这意味着在微博中他的强关系少于 374 名。因为我们认为只有两个"微博客"互动他们才可能变为强关系。进一步地发现在"蔡"所关注的 374 人里，大约有 80 位为一些机构而不是个体"人"。在本文中，我们采取把机构排除在人际网络的范畴外来考量。经此步骤后，就会发现蔡关注的人大概有 300 个。通过分析蔡在过去三个月里（2011 年 3 月 15 日 ~ 2011 年 6 月 15 日）① 所发布的信息，会发现他提及了大约 24 个人。在这些人里，超过 5 个"微博客"得到了蔡的回复或被蔡提及两次。"小 S"被提及 5 次，"林熙蕾"被提及超过 3 次。这 24 个人我们都可以认为是蔡的强关系。但是这并不是说蔡在微博中的强关系仅由这 24 个人组成。强关系的数量应该介于 24 到 300 之间。通过分析过去三个月里所有的信息，我们发现大约有 3/5 的信息是情感性的或评论性的，只有大约 2/5 的信息是信息性的。进一步地，当聚焦于这 2/5 信息的时候，我们发现他们大部分

---

① 之所以研究从 2011 年 3 月开始到 6 月结束，是因为根据国内最大的社会化分享工具提供商 JiaThis 最新发布的《2011 年 3 月—国内社会化媒体分享数据排行报告》显示：3 月期间国内各大社会化媒体分享数据较 2 月相比平均增幅达 60% 以上，呈现爆发式增长。其中以"新浪微博"、"搜狐微博"上升幅度最为显著，均比上月数据增加一倍以上。（具体参见 http：//www.jiathis.com/report/html/2011 - 03）同时三个月一个季度也构成观察研究个案社交情形的一个单位。

是蔡对他在现实社会中的粉丝或工作伙伴的回复。而在另外 3/5 的情感性或评论性的信息中，大部分都是蔡发给他的朋友的。例如，当蔡提及"小 S"或"林熙蕾"时，所有的信息都是情感性的。通过观察蔡的微博，我们也可以发现蔡经常回复他的粉丝。这使得他的一些粉丝变成他在微博中的强关系，而他与他的朋友的大部分信息都是情感性的。这一事实间接证明了我们的假设：蔡的社会网络通过在微博中与他的粉丝和工作伙伴的互动而扩展了，而一些微博客成为他强关系的事实则进一步证明他的强关系构成与在现实世界中相比发生了改变。与蔡关系越近的"微博客"，他们之间的互动信息也更多为情感性的。新的强关系大多由蔡的粉丝和工作伙伴构成，而发生在蔡和他们之间的互动则更多是信息性的。由此也间接证明格兰诺维特的发现即个人的弱关系将更多地为个人提供信息性的帮助。

那么这些发现是否可以推论到微博的一般使用者呢？为回答这个问题，我们通过对新浪微博的一般用户"咯 * 妈"这一普通"微博客"的考察来获得。"咯 * 妈"在新浪微博中有 2273 个微博追随者，与此同时，她关注 344 个"微博客"，这一关注人数与蔡康永的非常接近，这表明无论是名人还是普通人他们在微博中的日常互动人数是非常接近的，但是在粉丝也就是"追随者"的数量方面却大为不同。与蔡的粉丝数相比，"咯 * 妈"的粉丝数仅为蔡的 1/3000。这表明二人对公众的影响力有巨大差异。名人"微博客"将有更多的弱关系在微博中。在"咯 * 妈"所关注的 344 个微博客中，大约 80 个微博客是各类机构或者组织。与此同时大约 150 个为各行各业的名人。另外 100 个为她在现实社会中的朋友或熟人。在过去三个月中（2011 年 3 月 15 日 ~ 2011 年 6 月 15 日），"咯 * 妈"的微博中大约发生了 30 次互动。这些互动中的一半主要是"咯 * 妈"对各类著名"微博客"的评论，而另一半则是对"咯 * 妈"的回应。比较蔡康永的微博，"咯 * 妈"的互动中更少涉及信息的部分。而互动也更为经常地发生在"咯 * 妈"与她的朋友之间。所有的信息几乎都是评论性质的，其中既有情感性的也有信息性的。但是与蔡的微博相比，"咯 * 妈"的互动为信息性的相对要少。互动也更为经常地发生在"咯 * 妈"与她的朋友之间。这表明尽管通过微博作为普通"微博客"的"咯 * 妈"的社会网络扩大了，但是与蔡康永的相比，"咯 * 妈"的强关系纽带并没有发生很大的改变。但是"咯＊妈"的弱关系连接有一定的增长，这源于"咯＊妈"对许多名人微博的评论和"加关注"行为。这种单向的互动使得名人微博客不可能成为"咯＊妈"的强关系。由此表明，作为一个普通的微博客，"咯＊妈"尽管通过微博扩展了自身的社会网络，并在一定程度上改变了强关系，但是这种关系网络的改变程度并没有我们想象中的大。

## 四　结论

通过对蔡康永和"咯＊妈"的个案研究，并与之前提出的三大假设对比后，我们可以尝试得出如下结论：

1. 微博确实扩展了个人社会网的范围。对于现实世界就为名人的蔡康永而言，微博使许多陌生人（例如他的粉丝）能够接近他。对于"咯＊妈"而言，微博使得她能够追踪她所关注的一些人。两种微博客案例都表现出微博在扩展人际社会网络方面的巨大潜能，而这将不可避免地影响网络社会的结构。

2. 个人在微博中的强关系与其在现实中的强关系并不一致，但是差异的程度并不如我们想象的巨大。尽管微博确实使一些陌生人成了朋友并且增加了许多在现实社会中不可能发生的互动，但是陌生人之间成为强关系的可能性却不大。例如，尽管"咯＊妈"加了许多名人作为她关注的对象并且追踪这些人的消息，但是这些名人中几乎没有一个回复"咯＊妈"。这使得"咯＊妈"作为普通微博客的强关系很难扩展。

3. 微博中的强弱关系在满足人的情感需求和信息需求方面是不同的。通过对蔡康永微博的个案研究，我们可以发现关系越紧密，情感性的互动就越频繁。在蔡和他的工作伙伴或粉丝间的互动信息则大部分是信息性的。这间接证明格兰诺维特关于弱关系相比于强关系将为个人提供更多信息性帮助的论断。

这些结论都说明微博作为一种社会互动平台正在改变我们的生活。它使得人们社会互动的范围扩展并间接改变了人际传播的结构。与此同时，它也提供了一种对现实社会中社会理论检验的新领地，例如格兰诺维特关于强关系和弱关系的理论。但是这种变化的程度有多大，则需要进一步展开具体研究。在我们的个案研究中，尽管设法运用格兰诺维特的四维度来衡量关系的强度，但事实上并没有实现。这需要更为严谨和精细的研究，而这也正是我们下一步要开展的工作。

（作者韩瑞霞，上海交通大学人文艺术研究院、安泰经济与管理学院博士后；曹永荣、上海交通大学人文艺术研究院，安泰经济与管理学院博士后）

## 参考文献

［1］ 中国微博用户骤增至 1.95 亿微舆论深刻影响中国社会. 合肥热线［EB/OL］. http：//news. hefei. cc/2011/0824/020093992. shtml.

［2］ The amount of users in Linked in has been over 90 million in 2010［EB/OL］. http：//www. iresearch. com. cn/View/134631. html，2011 - 6 - 21.

［3］ R. B. Merton. On Theorrtical Sociolgy［M］. New York：The Free Press，1967.

［4］ Granovetter，M. The Strength of Weak Ties［J］. American Journal of Sociology，1973，78（6）：1360 - 1361.

［5］ Granovetter，M. The Strength of Weak Ties：A Network Theory Revisited［J］. Sociological Theory，1983（1）：201 - 233.

［6］ Bian Yanjie，and Soon Ang. Guanxi Networks and Job Mobility in China and Singapore［J］. Social Forces，1997（75）：981 - 1006.

［7］ Malcolm Gladwell. Why the revolution will not be tweeted［EB/OL］. http：//www. newyorker. com/reporting/2010/10/04/101004fa_ fact_ gladwell？printable = true，2011 - 6 - 21.

［8］ Jonah Lehrer. Wired：Weak Ties，Twitter and Revolution［EB/OL］. http：//www. irannewsnow. com/2010/09/wired - weak - ties - twitter - and - revolution/，2011 - 6 - 21.

［9］ Ellison，N. B.，Steinfield，C.，& Lampe，C. The benefits of Facebook "friends"：Social capital and college students' use of online social network sites［J］. Journal of Computer - Mediated Communication，2007. 12（4）：382.

［10］ Patricia Chew，Jochen Wirtz. The effects of incentives，deal proneness，satisfaction and tie strength，and deal proneness on word - of - mouth behavior［J］. Asia Pacific Advances in Consumer Research Volume 4，eds. Paula M. Tidwell and Thomas E. Muller，Provo，UT：Association for Consumer Research，2001：335.

[11] Anthony Giddens. The Consequences of Modernity [M]. Polity Press, 1990：17.

[12] Wellman, B. Computer Networks as Social Networks [J]. Science, 2001, 292（9）：2031－2034.

[13] Haythornthwaite, C. Introduction：The Internet in everyday life [J]. American Behavioral Scientist, 2001, 45（3）：363.

[14] 陈姿伶. 个案的选取与研究场域的界定 [EB/OL]. http：//www. docin. com/p－214438116. html.

# 传统媒体出身的网络意见领袖在突发公共事件舆论中的作用机制研究

## ——以盛大林为例

刘　锐

**摘　要**：传统媒体出身的意见领袖是网络意见领袖群体中一支不可忽视的生力军。以盛大林为代表的传统媒体出身的网络意见领袖在突发公共事件舆论中主要起的作用是放大并深化舆论，促进公众对问题的深入思考；激发舆论，开启舆论思考新方向；其起作用的时间一般为事件发生（发现）之后尤其是政府干预不久的较短时间内；评论基调为站在公众立场上，对政府进行理性的舆论监督；作用路径为传统媒体与门户网站的共鸣交响；发布主体具有较高的知名度和新闻素质。分析传统媒体出身的意见领袖作用机制对于政府舆论引导具有极大的启示意义。

**关键词**：网络意见领袖；突发公共事件舆论；作用机制

# Study on Action Mechanism of Network Opinion Leaders from Traditional Media in Public Opinion of Unexpected Public Incidents

## —Taking Sheng Dalin as an Example

Liu Rui

**Abstract**：Opinion leaders from traditional media are the new force that can not be ignored in network opinion leader groups. The roles of Network opinion leaders from traditional media in the representative of Sheng Dalin in public opinion of unexpected public incidents are as follows：enlarging and deepening public opinion, promoting the public to rethink the problems; stimulating public opinion to open new directions of public opinion. The time of playing the role is always in a relatively short period of time after the events occurred or are discovered especially government intervention is carried out. The comment tone is standing for the station of the public position, undertaking rational supervision to the government; the path of playing the role is resonance symphony of traditional media and web portals; the author has higher visibility and press quality. Analysis of action mechanism of network opinion leader from traditional media is of great significance to guide public opinion for the government.

**Key Words**: Network opinion veader, Public opinion of unexpected public incidents, Action mechanism

近些年，传统媒体出身的网络意见领袖在突发公共事件中的作用有目共睹。在突发公共事件网络舆论的发展演化过程中，他们的言论，借助传统媒体和门户网站的东风，极大地影响着网络舆论的风云变幻，上演了一场传统媒体和网络媒体相互作用的交响。在这场交响中，国内最为活跃的时事评论家之一盛大林日益跃入人们的视线。2003 年至今，在刘涌案、华南虎事件、瓮安事件、邓玉娇事件、山西问题疫苗事件等国内众多的突发公共事件中，都可见盛大林的身影在这些事件的网络舆论中投下的深深印迹。他曾被网友誉为"2008 年度十大最具影响力评论家"和"史上最牛的公民"[1]。他发表的时评大部分被新浪、搜狐、腾讯、凤凰四大门户网站的博客主页推荐，基本上每周都有文章登上四大门户网站的首页。至2012 年 4 月 14 日，盛大林的四大门户网站博客访问量合计已近 7000 万人次，在国内时事博客访问量中名列前茅。那么，以盛大林为代表的传统媒体出身的网络意见领袖在突发公共事件中到底起到了什么样的作用？其作用于突发公共事件网络舆论的机制如何？探讨这些问题对于深入研究意见领袖、更好地引导网络舆论具有重大意义。

## 一　盛大林在突发公共事件舆论中的作用分析

从四大门户网站相关博文的浏览量、评论数、转载量、价值取向一致性等指标，以及对盛大林的深度访谈中可知，盛大林至少在山西问题疫苗事件、砒霜门事件、邓玉娇案、杭州保时捷撞人案、胡斌替身案、邢鲲案、天价烟事件、卢玉敏嫖宿幼女案、孟连副县长之女施暴案、宝马拖人案、瓮安事件、山西黑砖窑事件、华南虎等事件中担当了意见领袖的角色。那么，其在这些网络突发公共事件中到底发挥了什么样的作用？笔者主要将其归结为两点：其一，放大并深化舆论，促进公众对问题的深入思考；其二，以独特的视角看问题，在舆论发展过程中，激发新一轮的舆论波，开启舆论思考新方向。

与韩寒之类意见领袖可以充分发挥其名人效应，部分草根型意见领袖可以充分利用其掌握信息的优势抢占舆论的第一赛道，在舆论形成期起到汇聚舆论、点燃舆论的作用不同的是，盛大林之类的意见领袖由于本身在普通大众中的知名度相对较小，往往又不掌握引爆突发公共事件网络舆论的信息，这就决定了其很难在舆论的形成期发挥作用。然而，塞翁失马焉知非福，在舆论的扩散期和转折期，盛大林一样可以凭借自身作为媒体人的专业素养，并借助传统媒体和门户网站的传播力，登上意见领袖的宝座。本文以盛大林发挥作用较大的胡斌替身门事件和杭州保时捷撞人案为例来说明这个问题。

胡斌替身门事件。2009 年 7 月 20 日下午，杭州市西湖区人民法院对备受公众关注的杭州 "5·7" 交通肇事案进行一审判决，被告人胡斌一审被判有期徒刑 3 年。庭审结束后，由于法庭上胡斌与之前胡斌照片的巨大差异，关于胡斌替身的说法也在全国各大论坛上流传开来。21 日，就沸沸扬扬的胡斌替身舆论，中新网第一时间采访了杭州法院，法院相关工作人员表示，这些猜测纯属无稽之谈，毫无事实根据。采访完毕，中国新闻网当日下午 14：24 发表消息《网友质疑飙车案庭审胡斌是替身 法院称无稽之谈》辟谣。腾讯网、新浪网等门户网站随即转载了中国新闻网的这则报道。但由于杭州西湖区法院的辟谣没有提供详尽的事实证据，仅仅是简单的矢口否认，因此并没有起到制止谣言的作用，"胡斌替身说" 的舆论依然呈扩散蔓延之势。

当晚 10 点多盛大林发出题为《"杭州飙车案" 出庭的胡斌是 "替身"？》的博文，文章尽管认为不敢相信发生替身这样的事情，但从胡斌入狱前后的照片变化以及西湖区法院难以服众的解释来看，确有颇多蹊跷之处亟待厘清。由于盛大林著名时评家的身份，文章发出后，对"胡斌替身说"的网络舆论更是起到了推波助澜的作用，其四大门户博客网站的访问量迅速超过了 12 万人次，评论数超两千条。该博文也迅速成为不少论坛、博客等的转载对象。一些论坛还以盛大林的博文链接作为怀疑胡斌可能是替身的证据。自此以后，关于胡斌是替身的舆论在网络上升温。后《新民周刊》在分析胡斌替身门事件的"谣言"[1] 路线图时就将盛大林的这篇博文放在了非常重要的位置。

### 胡斌替身"谣言"路线图[2]

7 月 21 日，百度 WOW 吧出现了已知的第一个替身帖子：《众神相信法庭上的那个胡斌是本人么？（有图）》

7 月 21 日，时评人盛大林就网络流传的"替身说"在博客上发表评论：《杭州飙车案出庭的胡斌是"替身"？》

7 月 22 日，天涯网友发布了帖子：《杭州飙车案胡斌替身真相（技术帖）（有图）》

7 月 22 日，猫扑某网友发布了已知第一个出现"张礼礤"这个名字的帖子：《有小道消息传出法庭上的胡斌的确是顶包，其名为张礼礤》

7 月 26 日凌晨，时评人盛大林再次就此在博客上发表评论：《张礼礤，你妈妈喊你回家吃饭！》

7 月 26 日，猫扑某网友发布了已知第一个公布"刘先生"照片的帖子：《胡斌替身案主角张礼礤已被人肉出来了，有图有真相！》

7 月 27 日，西湖区法院通过媒体澄清未平息该事件。

7 月 29 日，成都商报刊发《照片主角现身：我不是胡斌》的报道，称"张礼礤"照片真身出面澄清，实为姓刘。

7 月 31 日，"胡斌"在监狱中接受媒体采访，并展示右臂的伤疤。

随后，7 月 22 日 10 时 32 分，猫扑网友"warscofield"发布了已知第一个出现"张礼礤"这个名字的帖子：《有小道消息传出法庭上的胡斌的确是顶包，其名为张礼礤》，但帖子当时的影响力并不大。直至 7 月 26 日 0：08 盛大林发表《张礼礤，你妈妈喊你回家吃饭！》的博文后，有关张礼礤的博文迅即在网络上刮起一阵旋风，不但引发网络的疯狂转载，"在谷歌上，用 0.15 秒就可搜出约 8800 个相关查询结果；在百度上，仅用 0.069 秒就能搜出 765 个相关网页；连中文互动百科中，也新增了'张礼礤'的词条查询"[3]而且盛大林的这则博文 7 月 28 日之后更被传统媒体频

---

① 之所以将谣言二字加引号，是因为盛大林后来发表的时评《怀疑胡斌为"替身"：是"观点"还是"谣言"？》认为，这不是谣言，而只是网民观点的表达。

频引用。其中，7 月 28 日 02：39，腾讯网转载《成都商报》的文章《网友怀疑杭州飙车案疑犯被拘时已是替身》两次提到了盛大林博文的内容，该文发表后评论数迅速达到 138470 条（至 2012 年 4 月 14 日统计）。网友对胡斌为替身的说法依然持认同态度。据腾讯网当时作出的网络调查，有 93% 的人认为胡斌是替身。[4] 盛大林所认为的胡斌替身说依然有着广泛市场。

值得注意的是，在此期间，7 月 27 日，杭州市西湖区法院发表声明称：“本案被告人胡斌的身份，经过严格的司法程序核实确认。”[5] 然而，此声明由于只是原则性的说明，并未解答网民心中的疑惑，因此，声明发出之后，网友并不买账，仍然坚持胡斌是替身的观点。谭卓的父亲谭跃得知通报情况后也称声明没有意义。政府部门发出两次声明，网友为什么仍然不依不饶呢？盛大林对其进行了深入的思考，于 29 日凌晨发表博文《杭州“替身门”需要“外力”的介入》，认为政府应该拿出更令人信服的解释来说服网民，并提出鉴于“胡斌”在被警方拘留的时候就被顶包的可能性很大，“替身门”的调查应把杭州市的公检法都排除在外。这是对之前简单批评法院敷衍塞责的网络舆论的进一步深化，不但提出了胡斌替身门事件的批评意见，还提出了政府进一步改进工作的相关建议。博文发出后至 2012 年 4 月 14 日，四大门户网站点击量合计超 7.3 万人次，评论数达 800 多条。据笔者对搜狐博客进行的抽样统计，有 86.67% 的网友认同盛大林的观点。当天搜狐博客还将其推荐到博客首页，并因点击量较高位居当日搜狐博客热点文章的第十位。而同日，文章发表在《中国青年报》、《检察日报》等传统媒体上后，立即又被新浪、搜狐等门户网站转载，进一步扩大了其在网络舆论中的影响力。据笔者以该博文名为关键词搜索发现，至 2012 年 4 月 14 日，提及该博文的网页有 444 篇。后来的事实证明，确实是在“外力”的帮助下，胡斌替身门事件的网络舆论才逐渐平息。7 月 31 日，在监狱的会见室里，胡斌的几位老师和同学看望了胡斌。人民日报、新华社以及当地电视台的记者（注意：非杭州政府部门）见证了这一过程。在会见过程中，胡斌现场指认了他的班主任及同学，还展示了他右臂上的伤痕，并称案发时他戴的是隐形眼镜。至此，由于证据确凿，互联网上流传的胡斌为替身的观点才慢慢消退。

杭州保时捷撞人案。2009 年 8 月 4 日，“5·7”杭州飙车案尚未尘埃落定，杭州又发生一起斑马线上车辆撞死行人的交通肇事案件。事件发生之后，即引起群情激愤。杭州钱江频道"九点半钟山播报"节目在当晚的直播中第一时间插播了该报道，主播钟山在节目中拍案而起，炮轰肇事者对生命的漠视，说出了"杭州，你今夜蒙羞!"的言语，怒斥肇事者"赶着投胎"，并质问"难道开好车就要开出坦克的效果"。[6]当日22：40：00天涯杂谈发出帖子《杭州保时捷酒后狂飙撞死17岁女孩（肇事者魏志刚被刑拘)》，获得众多网民广泛关注。该帖至2012年4月14日已有超过120万人次点击，近9000人次回复。众网友在对肇事者表示愤慨的同时，表示只有严惩肇事者，方能防止类似的恶性交通事故再度发生（一些网友此时业已提出以"危害公共安全罪"论处肇事者的问题[7]）。8月5日，舆情继续高涨，各大传统媒体以及门户网站纷纷对"8·4"交通肇事案作出报道。

在此情形下，8月6日凌晨盛大林发表的博文《遏制"闹市飙车"必须"严刑峻法"》，沿用了大部分网友的思维框架，认为必须严刑峻法才能遏制"闹事飙车"行为。文章参考成都孙伟铭醉驾被法院认定为"以危险方法危害公共安全罪"并被判处死刑的情况，认为杭州保时捷撞人案也应以"危害公共安全罪"论处，以加大犯罪的成本，减少胡斌们"繁衍"的速度。博文发表后，得到绝大多数网友的认同，据笔者对回帖量最大的搜狐博客532个跟帖每隔5个帖子进行的抽样统计，共有62.50%的人赞同盛大林的观点。该文作为传统媒体人的代表性观点，也在网络上引起强烈反响，至2012年4月14日，百度搜索引擎共有3400个网页全文转载或提及了该时评。

然而当日下午，杭州公安局就"8·4"交通肇事案再次召开的新闻发布会上，并未以"危害公共安全罪"，而是仍以涉嫌"交通肇事罪"向检察机关提请批准逮捕，这与"5·7"杭州飙车案的肇事者胡斌是同样的罪名。这一结果的发布原本可能再次引爆舆论，然而，由于通报会称被害人马芳芳是在横穿马路时距斑马线南侧10米左右处被肇事车撞上身亡的，加之，肇事者魏志刚的最终判决还须经检察机关裁断，此时网民并没有对判决结果进行穷追猛打。反而，被害人是否走斑马线的议题，一时间成为网民议论的焦点。

此时的盛大林没有止步于此，而是另辟蹊径，提出了一个新的思考问题的角度。8月8日作者发表的博文是《杭州警方怎么不提"无证驾驶"

了》。细心的作者发现，《今日早报》8月5日报道中，交警大队事故中队中队长徐勇称：魏志刚所持的驾驶证早就作废了——他实际上是"无证驾驶"，然而，8月6日的通报中，对魏志刚的处理结果却未提无证驾驶之事，对魏志刚提出的初步判决明显有避重就轻之嫌。因为无证驾驶是最严重的交通违法行为之一。"根据规定，如果发生交通事故，不管对方有无违法情况，无证驾驶者都要承担全部责任。"[8]而法庭的判决却强调马芳芳未走斑马线，只字未提魏志刚无证驾驶，采取的是对魏志刚"趋利避害"的说法。这到底是为什么？盛大林对法院的初步决定提出了质疑。时评发出后，迅即被四门门户网站推荐到博客首页，点击量和评论数剧增。大部分网友对盛大林的观点持赞同态度，人们期待相关政府部门作出进一步的解释。然而，令人失望的是，8月28日，杭州"8·4"交通肇事案的最终结果——被告人魏志刚犯交通肇事罪，判处有期徒刑2年3个月，依然延续了之前的初步判决。"肇事者是否为无证驾驶"的疑惑并未解开，埋下了舆论再次引爆的隐患。

从上面的典型案例中，我们可以看出，在大多数网络突发公共事件中，盛大林发挥的是扩大并深化网络舆论的作用。盛大林在介入网络舆论时，网络舆论基本已经形成并开始扩散。但由于大多数网民即兴发言的特点，不可能对事情做出深入的思考，网络舆论往往呈现出零散化、碎片化的状态，此时介入舆论的盛大林恰恰可以凭借其所具有的较高的新闻素质，对网络舆论进行考察并深入挖掘事件的来龙去脉，发挥网络舆论后发优势。这方面的案例还有盛大林就山西疫苗门事件发表的博文《山西"疫苗门"不要重蹈陕西"周老虎"的覆辙》、砒霜门事件的博文《"砒霜门"事件："毁灭性权力"必须慎用!》、孟连副县长之女施暴的两篇博文《"副县长之女施暴"与"只招公务员子女"一脉相承》、《"施暴"变"打架"是"侮辱"的继续》、《断定嫖幼局长"不知幼"的理由是什么?》、《周久耕"公款购烟"应该公布证据》、《"宝马拖人案"：请昆明警方自圆其说!》、《"瓮安事件"究竟因何而起?》、《"黑窑场"的处理结果令人失望!》、《"周老虎"事件很可能载入史册》等。同时，我们可以看到，在某些发挥较大作用的网络突发公共事件中，盛大林除影响网络舆论外，一定程度上还设置了传统媒体的报道议程或政府干预议程，只不过与韩寒类的精英型意见领袖不同之处在于：传统媒体或政府干预时并不会将盛大林的观点作为主体显示，更多的是作为一个代表符号使用，如作为论证记者观点的材料或典型网友的发言等。

盛大林作为网络意见领袖在突发公共事件中发挥的第二大作用是：独具慧眼，发现大多网民并未关注或深究的问题，从而激发新一轮舆论风浪。上述杭州保时捷撞人案中的博文《杭州警方怎么不提"无证驾驶"了》即为典型的例证。除此，还有针对卢玉敏嫖宿幼女案的一篇博文《请问宜宾县委：嫖过幼女还能当局长吗？》等。其或是从政府相关部门或领导之前的说法中引申开来，或是依靠自己丰厚的知识储备，对事件提出与众不同的看法，由于这些颇有见地的言论都是不少网友未经思考或未深入思考过的，加上作者著名时评作者的身份，因此容易在众多观点重复的网络舆论中凸显出来，形成新的舆论波峰。

## 二　盛大林在突发公共事件舆论中的作用机制分析

### 1. 作用时间：事件发生（发现）之后尤其是政府干预不久的较短时间内

考察盛大林之所以能够起到意见领袖作用的原因，不能不提的是发表博文的时间问题。传统媒体出身的盛大林发表博文，有一个非常明显的特点：基本上都是在政府干预期发表博文。从盛大林发表的20篇影响力较大的博文[①]的相邻时间上来看，有17篇博文都是在政府干预之后发出的，占博文总数的85%。这可能与政府干预期往往是舆论最为关注的时期，意见领袖此时介入，最容易引起舆论的注意有关；当然也与传统媒体出身的媒体人有着深深的舆论监督情怀和职责意识关系紧密。

从具体时间上来看，盛大林发表的博文一般都是在政府干预之后很短的时间内发布的。17篇博文中，1篇是在政府干预的当天发出的，8篇是政府干预之后的次日发表的，考虑到博文一般为凌晨0~1时之间发表，其实相隔时间至多也就十几小时，也可算作第一时间发表的。两者合计占到博文数的52.94%。另有7篇是在政府干预的第三天凌晨发布的，1篇是在政府干预之后的第四天凌晨发出的。

---

① 从四大门户网站相关博文的浏览量、评论数、转载量以及搜索引擎收录数总和博文价值取向一致性等几大指标综合考量。

表 1 盛大林影响较大的突发公共事件博文的相关时间统计

| 盛大林博文 | 参与事件 | 发表时间 | 与事件相关的相邻时间 | | 博文发表时间与相邻时间的时间差 | |
| --- | --- | --- | --- | --- | --- | --- |
| | | | 事件发生（发现）时间 | 相邻政府行为时间 | 与事件发生（发现）时间相隔时间 | 与政府行为相邻时间相隔时间差 |
| 山西"疫苗门"不要重蹈陕西"周老虎"的覆辙 | 山西问题疫苗事件 | 2010－3－22 | / | 3月20日，数名来自山西各地的家长来到山西省卫生厅门口，山西省卫生厅领导避而不见 | / | 2 天 |
| "毒奶门"事件："毁灭性权力"必须慎用！ | 毒奶门事件 | 2009－12－02 | / | 12月1日，海口工商和统一产品复检合格 | / | 1 日 |
| 真相会不会在"死角"里"躲猫猫"？ | 邢鲲案 | 2009－12－14 | / | 12月12日晚，昆明市公安局就涉嫌盗窃罪犯罪嫌疑人邢鲲死亡事件向媒体做了通报 | / | 2 日 |
| 关于"用鞋带自缢"的八个疑问 | 邢鲲案 | 2009－12－17 | / | 12月16日，警方召开新闻通报会公布调查情况、公布部分录像，邢鲲用纸币打开手铐后悬吊死、缢死工具为鞋带 | / | 1 天 |
| "杭州飙车案"出庭的胡斌是"替身"？ | 胡斌替身案 | 2009－7－21 | / | 7月21日，杭州当地法院、法院相关工作人员表示，胡斌替身猜测纯属无稽之谈、毫无事实根据 | / | 当天 |
| 张礼嵝，你妈妈喊你回家吃饭！ | 胡斌替身案 | 2009－7－26 | 7月25日，网友人肉搜索出张礼嵝 | / | 1 天 | |

续表

| 盛大林博文 | 参与事件 | 发表时间 | 与事件相关的相邻时间 | | 博文发表时间与相邻时间的时间差 | |
|---|---|---|---|---|---|---|
| | | | 事件发生（发现）时间 | 相邻政府行为时间 | 与事件发生（发现）时间相隔时间 | 与政府行为时间相隔时间 |
| 杭州"替身门"需要"外力"的介入 | 胡斌替身案 | 2009-7-29 | / | 7月27日杭州市西湖区法院回应称"出庭受审的就是交通肇事犯罪致嫌卓妮死亡的胡斌本人" | / | 2天 |
| 遏制"闹市飙车"必须"严刑峻法" | 杭州保时捷撞人案 | 2009-8-6 | / | 8月5日下午，杭州市公安局召开"8·4"交通肇事案新闻发布会 | / | 1天 |
| 杭州警方怎么不提"无证驾驶"了 | | 2009-8-8 | / | 8月6日下午，杭州公安就"8·4"交通肇事再次召开新闻发布会，称已于当天对肇事者魏志刚以涉嫌"交通肇事罪"向检察机关提请批准逮捕 | / | 2天 |
| 向为民除害的娱乐城女服务员致敬 | 邓玉娇案 | 2009-5-13 | 《长江商报》5月12日率先报道 | / | 1天 | / |
| 邓玉娇究竟是被"推倒"还是被"按倒"？ | | 2009-5-20 | / | 5月18日中午，巴东县公安在互联网上通报了"5·10"案件的一些细节和警方的处置情况 | / | 2天 |

续表

| 盛大林博文 | 参与事件 | 发表时间 | 与事件相关的相邻时间 | | 博文发表时间与相邻时间的时间差 | |
|---|---|---|---|---|---|---|
| | | | 事件发生（发现）时间 | 相邻政府行为时间 | 与事件发生（发现）时间相隔时间 | 与政府行为相隔时间 |
| "副县长之女施暴"与"只招公务员子女"一脉相承 | 孟连副县长之女施暴案 | 2009-5-25 | 5月24日各大媒体开始报道孟连副县长之女施暴事件 | / | 1天 | / |
| "施暴"变"打架"是"侮辱"的继续 | | 2009-5-27 | / | 《京华时报》5月26日报道日前，云南孟连傣族拉祜族自治县教育局就副县长之女率众殴打侮辱初二女生事件发出通报 | / | 1天 |
| 断定嫖幼局长"不知幼"的理由是什么？ | 卢玉敏嫖宿幼女案 | 2009-5-11 | / | 5月9日，宜宾县公安局举行新闻通气会称：卢玉敏事前并不知道小何未满14周岁，因此，决定卢玉敏"不构成犯罪"，行政拘留15天 | / | 2天 |
| 请问宜宾县委：嫖过幼女还能当局长吗？ | | 2009-5-12 | / | 5月9日，宜宾县公安局举行新闻通气会 | / | 3天 |

续表

| 盛大林博文 | 参与事件 | 发表时间 | 与事件相关的相邻时间 | | 博文发表时间与相邻时间的时间差 | |
|---|---|---|---|---|---|---|
| | | | 事件发生（发现）时间 | 相邻政府行为时间 | 与事件发生（发现）时间相隔时间 | 与政府行为时间相隔时间 |
| 周久耕"公款购烟"应该公布证据 | 天价烟事件 | 2008 - 12 - 30 | / | 12月28日，南京市江宁区委宣布，免去周久耕房产管理局局长职务 | / | 2天 |
| "宝马撞人案"：请昆明警方自圆其说！ | 宝马撞人案 | 2008 - 9 - 10 | / | 9月9日昆明市交警部门通报会 | / | 1天 |
| "瓮安事件"究竟因何而起？ | 瓮安事件以"瓮安事件盛大林"为关键词检索，找到相关网页约3700篇 | 2008 - 7 - 1 | / | 6月30日，贵州省委书记、省人大常委会主任石宗源专程赶到瓮安县，现场安置"6·28"事件处置工作 | / | 1天 |
| "黑窑场"的处理结果令人失望！ | 山西黑砖窑事件以"黑砖窑盛大林"为关键词检索，找到相关网页约2790篇 | 2007 - 7 - 17 | / | 2007年7月16日，山西省纪律检查委员会公布调临汾、运城两市所属8个县的干部查处情况 | / | 1天 |
| "周老虎"事件很可能载入史册 | 华南虎事件以"华南虎事件盛大林"为关键词检索，找到相关网页约12100篇 | 2008 - 6 - 30 | / | 6月29日，陕西省政府新闻发言人、省政府办公厅、省监察厅的负责人出席新闻发布会，向公众通报"华南虎照片事件"调查处理情况 | / | 1天 |

盛大林还有少部分博文是在事件发生（发现）后发出的。如在 20 篇影响力较大的博文中有 3 篇是在事件发生（发现）的次日发表的。由于事件发生不久，舆论刚刚形成，此时进入网络舆论场，凭借传统媒体人的巨大公信力，也能够迅速起到引领舆论的作用。

**2. 评论基调：站在公众立场上，对政府进行理性的舆论监督**

盛大林发表的绝大多数博文不单在时间上是在相关政府行为之后的较短时间内发表的，而且内容基本都是对公权力的质疑和监督，而这往往也是网民关注的重点。具体来看，盛大林的博文的评论类别如下：首先，对政府干预行为本身的问题剖析。如"砒霜门"事件中对海南有关政府部门前后不一说法的质疑；邢鲲案中对两次新闻通报警方"监控死角"和"鞋带自缢"说法的怀疑；杭州保时捷驾车案中对肇事者以"交通肇事罪"论处的疑惑；邓玉娇案中，对公安局由"推倒"改为"按倒"的说法的质问；孟连副县长之女施暴案中，对教育局的通报说法由"施暴"改为"打架"的辛辣评点；卢玉敏嫖宿幼女案中，对宣判结果"卢玉敏事前并不知道小何未满 14 周岁，因此不构成犯罪"的疑问；天价烟事件中，对周久耕"公款购烟"的拷问；"宝马拖人案"中，对警方认为肇事者不存在"肇事故意"的质疑；黑砖窑事件中，对政府有避重就轻处理嫌疑的评论等。其次，呼唤政府及时介入进行干预，对政府干预提出可行性建议。如胡斌替身案中，希望"第三方"介入调查，以给广大网民一个圆满的交代；卢玉敏嫖宿幼女案，盛大林认为不仅应对其进行治安处罚，还应对其进行党纪政纪处分；山西问题疫苗事件中，对政府迟迟不回应家长提出批评，呼吁政府尽早正确处理此事，防止"疫苗门"演变为"周老虎门"。此外，还有对政府干预的最终结果进行总结反思的。如瓮安事件中，对政府及媒体在事件的表现进行评点；华南虎事件中，对政府干预得失和整个事件经验教训进行总结；等等。

可见，在这些事件中，盛大林并非秉持"官民对立"的思维框架，对所有的政府行为都持以严重的不信任态度发表议论，而是以建设性的态度对政府行为进行合理的舆论监督。当政府行为出现问题时，盛大林往往站在公众立场上，有理有据地指出其不当之处；而当政府其他行为或做法得当之时，盛大林又会不失时机地予以称赞。同时，政府干预可能出现问题时，盛大林还会予以善意的提醒。即使面对同一事件，盛大林也会从辩证的角度看问题，不偏激，不片面，不一棍子打死。如周老虎事件中，既有对陕西省林业厅等政府部门遮遮掩掩做法的批评，又有对陕西省政府最终圆满解决问题的肯定；瓮安事件中，既有对当地媒体第二天即发出报道的表扬，又有对报道中只呈现政府一方声音的批评意见等。

论证方式上，盛大林之类意见领袖一个明显的特点是，对问题发表看法总是持之有据，而非简单地进行逻辑推测。盛大林的博文一般采用的都是标准的时评体，观点鲜明，论证严密，有理有据。首先，其引用的信源绝大部分是传统媒体的报道和政府言论。为表明信源的可靠性，盛大林还总是将信息来源的出处标注出来。从表2可以看出，20篇影响力较大的博文中，共有15篇的信源是传统媒体报道，另有4篇来源于当日举行的政府新闻发布会和政府部门相关负责人的受访语录，只有1篇来源于网站论坛等的信息，但为表明消息未必可靠，盛大林在文章的开头首先即声明这是"路边社消息"。除重视信源外，在论证过程中，盛大林也总是采用不同途径证明自己的观点和判断，既有正面提出自己观点、用各种事实论证的立论，如邓玉娇案、周老虎事件、疫苗门、砒霜门事件、孟连副县长之女施暴案等；又有反面的驳论，即就对方的错误或不当观点进行发问，从而揭露和驳斥对方的错误之处。邢鲲案中，最初警方通报称邢鲲是自缢身亡的，但自缢的工具"还在进一步调查中"，但问题是，如果是自缢的，罪犯不可能毁掉证据，警方又是第一时间进入现场的，怎么会发现不了自缢工具呢？盛大林以此立论，警方一开始的说法不攻自破。在杭州保时捷撞人案、宝马拖人案、卢玉敏嫖宿幼女案等突发公共事件中，盛大林也都运用了这种方法，以暴露出对方言辞的漏洞和自相矛盾之处。

表2　盛大林影响较大的突发公共事件博文的信源分布

| 盛大林博文 | 信源 |
| --- | --- |
| 山西"疫苗门"不要重蹈陕西"周老虎"的覆辙 | 3月21日《广州日报》 |
| "砒霜门"事件："毁灭性权力"必须慎用！ | 12月1日《成都晚报》 |
| 真相会不会在"死角"里"躲猫猫"？ | 12月13日《新京报》 |
| 关于"用鞋带自缢"的八个疑问 | 新闻通报会 |
| "杭州飙车案"出庭的胡斌是"替身"？ | 杭州法院说法 |
| 张礼礤，你妈妈喊你回家吃饭！ | 网络论坛 |

续表

| 盛大林博文 | 信 源 |
|---|---|
| 杭州"替身门"需要"外力"的介入 | 7月28日《北京青年报》 |
| 遏制"闹市飙车"必须"严刑峻法" | 8月5日《今日早报》 |
| 杭州警方怎么不提"无证驾驶"了 | 8月7日《广州日报》 |
| 向为民除害的娱乐城女服务员致敬 | 5月12日《长江商报》 |
| 邓玉娇究竟是被"推倒"还是被"按倒"? | 5月20日《重庆时报》、《东方今报》 |
| "副县长之女施暴"与"只招公务员子女"一脉相承 | 5月24日《京华时报》 |
| "施暴"变"打架"是"侮辱"的继续 | 5月26日《京华时报》 |
| 断定嫖幼局长"不知幼"的理由是什么? | 5月10日四川新闻网 |
| 请问宜宾县委:嫖过幼女还能当局长吗? | 5月11日《新京报》 |
| 周久耕"公款购烟"应该公布证据 | 12月29日《新京报》 |
| "宝马拖人案":请昆明警方自圆其说! | 9月10日《生活新报》 |
| "瓮安事件"究竟因何而起? | 7月1日《贵州日报》 |
| "黑窑场"的处理结果令人失望! | 政府新闻发布会 |
| "周老虎"事件很可能载入史册 | 政府新闻发布会 |

行文语言上,盛大林基本采用的是平实、理性的语言,绝少言辞激烈的话语,这从其文章标题即可看出一二。盛大林时事评论的题目一般直接表明观点,让人一眼就能看出作者的倾向性,不故弄玄虚,不卖关子。在分析问题时盛大林也时刻注意保持理性的态度,采用较为客观的话语或符号。最为典型的是胡斌替身案。尽管盛大林认为,"说实话,我也不敢相信会发生'替身'这样的事儿,但眼睛让我不能不产生这样的怀疑"[9]。然而在没有确切证据的情况下,盛大林不敢妄言,因此标题里盛大林特意加了个问号以提醒大家注意。在第二篇博文《张礼礤,你妈妈喊你回家吃饭!》中,尽管标题似乎有认可替身说之嫌,但作者只是呼吁有关部门应尽快查清事实,使真相水落石出,并未肯定张礼礤——胡斌的替身确有其人,并在文章一开头就将网络传言称为"路边社消息"。

### 3. 作用路径:传统媒体与门户网站的交响

与韩寒之类意见领袖主要依赖个人影响力兼网站推荐赢得各大网站论坛、博客转载,进而引领网络舆论不同的是,以盛大林为代表的意见领袖作用于舆论的特点是背后有强大的传统媒体和门户网站资源支撑。因为盛大林的文章除在博客上发表之外，往往还发表于传统媒体上，这就形成了盛大林在网络突发公共事件中的两种作用路径：

时评供稿——传统媒体—网络媒体（门户网站）—论坛、博客等转载、评论

时评博文—所属博客推荐—论坛博客转载、评论……传统媒体——网络媒体

这里仅以邢鲲案的一篇博文《真相会不会在"死角"里躲猫猫》为例来说明。这篇博文曾分别发表于 2009 年 12 月 14 日的《西安晚报》、《重庆时报》、《东方早报》、《青年时报》和 12 月 15 日的《京华时报》等几家纸媒上，其中，《京华时报》的文章摘自前日的《西安晚报》。这几家媒体发表后，立即被国内各大网站转载，其中不乏国内影响力较大的门户网站，这些网站的转载扩大了文章的影响力。而该文发表在四大门户网站博客后，也迅即被几大网站推荐，引发更多的博客、论坛等转载该文。由此，这篇博文的传播链条可图示如下：

| 发表报刊 | 被网站转载数 | 被论坛博客等转载 |
| --- | --- | --- |
| 《西安晚报》 | 27（包括搜狐网、中国新闻网、神舟网等） | 天涯社区、人大经济论坛、网易博客等 |
| 《重庆时报》 | 117（包括腾讯网、凤凰网等） | 定向传播网博客首页 |
| 《东方早报》 | 14（包括网易） | 天津人社区等 |
| 《青年时报》 | 13（包括新浪网） | 华声在线等 |
| 《京华时报》 | 3（包括京华网等） | 无 |

| 发表博客 | 博文被推荐或加精 | 被论坛、博客等转载数 |
| --- | --- | --- |
| 新浪博客 | 是 | 4 |
| 搜狐博客 | 是 | 6 |
| 腾讯博客 | 否 | 0 |
| 凤凰博客 | 是 | 1 |

**图1 盛大林博文《真相会不会在"死角"里躲猫猫》的传播链条**

上述博文影响力的铸就是传统媒体和门户网站共同起作用的结果，其中传统媒体在网络舆论中的作用不可小视，从网站转载数、论坛博客转载数等相关数据可知，传统媒体推广之后的影响力甚至远远大于被推荐或加精的博文的影响。

　　盛大林曾任《大河报》首席评论员，并在《深圳商报》、《大河报》等报刊上开设过专栏。现为河南东方今报社首席评论员。同时他还向全国各大报社投稿，担任全国不少媒体的特约评论员。可以说，传统媒体是他发表文章的主阵地，"我主要就是为报纸写的。"① 甚至为了传统媒体的发表效果，他不得不将博文的发表时间延迟。据他透露，时评一般是中午写就，但直到次日凌晨才贴到博客上，因为"报纸编辑不愿意让网站提前发表出来"②，这导致其博文的时效性受到一定影响。但"失之东隅收之桑榆"，他的博文在传统媒体特别是国内影响力较大的传统媒体上发表后，往往会被众多门户网站等转载，反而扩大了其在网络媒体上的影响力。

　　与此同时，他的博文更是经常被各大门户网站放置在博客首页位置。"绝大部分被四大门户网站的博客主页推荐，基本上每周都有文章登上四大门户网站的首页。"[10]而被放置在首页之后，往往点击量就会猛增。据盛大林介绍，他的那些点击量和评论量非常高的博文，基本都曾被置于博客或网站首页位置，"点击量大，一般都是上首页了"③。而未被放在首页的则点击量和评论数立即大减。"不上首页，点击量肯定上不去的"④。虽然由于时间的关系，我们找不到有哪些文章曾被置于网站或博客首页，但从图1中其博文是否被推荐或加精的情况也可以从一个侧面了解到相关情况。由此可见，是否被推荐以及推介的力度如何直接关系到一篇博文在网络世界的影响力。

　　另外，盛大林也有少量博文未在传统媒体发表，这尽管可能会一定程度上制约其对网络舆论的影响，但如果博文被博客推荐，点击量较高并被广泛转载后，也可能会起到引领舆论的作用，甚至促使传统媒体介入报道。比如胡斌替身案的博文《张礼礤，你妈妈喊你回家吃饭！》就被传统媒体广为报道，而传统媒体的报道被各大网站转载后，反过来又扩大了博文的影响力。如收获超过10万以上评论数的搜狐网转载《新快报》的文章《杭州"飙车案"起波澜传胡斌庭审替身为张礼礤》和腾讯网转载《成都商报》的文章《网友怀疑杭州飙车案疑犯被拘时已是替身》中，盛

① 笔者采访盛大林，盛大林语。
② 笔者采访盛大林，盛大林语。
③ 笔者采访盛大林，盛大林语。
④ 笔者采访盛大林，盛大林语。

大林的博文就被作为典型网友观点广为流传。

**4. 发布主体：作者在时评界较高的知名度和出众的新闻综合素质**

人们不禁要问，传统媒体和各大网站为什么会不断刊发盛大林的文章，并将其文章推至网站首页的位置？这与其在时评界较高的知名度和高人一等的新闻素质有着极为密切的关系。

盛大林1993年起开始写作评论，供职于传统媒体后更是笔耕不辍。基于近二十年的时评积累，他已是中国时事评论界知名评论员之一，发表的两千余篇时评中，百余篇被《杂文选刊》、《报刊文摘》、《作家文摘》等转载，数十篇入选各种版本的《年度最佳杂文》。他的时评曾获北京杂文奖一等奖、首届中国时评大赛二等奖等。借助于传统媒体积淀的知名度，他曾先后任新浪观察特约评论员、搜狐评论特约评论员等。本身即为时评高手，再加上与各大门户网站的良好关系，盛大林的博客理所当然成为各大门户网站重点推介的对象。他现在是腾讯、搜狐博客特约评论员、新浪博客专栏作家、凤凰播报特约顾问等。

但拥有较高知名度的评论员在全国也不少，为什么盛大林能够在网络世界脱颖而出呢？这与其较高的新闻素质有关。正如著名杂文家、解放军信息工程大学教授陈鲁民所说："平心而论，时下国内写时评数量多的，大林肯定排不到第一；笔锋比他尖锐犀利的，也颇有几人；文字比他讲究、涉猎面更广的，也能找出不少，但能在这些方面都排在前列的，则为数不多——而大林就是其中之一。"[11]新浪副总编辑孟波则将盛大林的时评比作庞中华的钢笔字："漂亮、舒服、规范、标准，具有很强的示范性、普适性、可操作性、可复制性。"并进一步将其时评特点归结为三点，"写得非常漂亮，规范和高效"，其"规范性、普适性适合了各级各类媒体和读者的需求"[12]。这里的说法不一，但都从某些方面反映了盛大林写作时评具有较高的综合素质。试分析如下。

首先，强烈的社会责任感。盛大林在谈到意见领袖的素质时第一条就将其归结为"要有社会责任感，要关注时事、关注国家的前途命运、关注公众的冷暖。这是写作的原动力"[13]。近些年，盛大林基本上每天都要发表一篇新闻评论。而面对突发公共事件，则往往如连珠炮般持续发表多篇时评，很少只发一篇时评的。在华南虎和邓玉娇等事件中，盛大林更是发表了十余篇评论，这样的评论频率不是其他时评写作者都能够做到的，主要得益于其强烈的社会的责任感和公民意识。而正是由于强烈的社会责任感，盛大林对于网络突发公共事件，总是秉持理性的、建设性的态度去分析，去评判，而不是像不少网民那样采取简单的"官民对立"二维思维框架去思考问题。

其次，突出的新闻敏感。其一，"能够比较准确地判断出哪些新闻可能成为热点。毕竟是搞新闻的嘛。"① 邓玉娇案、胡斌替身案等事件，盛大林作为传统媒体人士的第一时间介入，即为明证。其二，超群的问题发现能力和角度选择的能力。当山西问题疫苗发布会刚刚举行之时，他就提醒有关部门，不要将疫苗门演变为"周老虎"事件的翻版；当杭州保时捷案定案后，盛大林第一时间发现判决没有将之前警方对其"无证驾驶"的说法考虑在内，有避重就轻之嫌。就黑砖窑事件发表的文章，同样也有对其判决结果"抓小放大"的质疑……这些"奇思妙想"虽然异乎常人，但细细想来，却大有道理。

再次，丰厚的知识储备。评论写作是对一个人知识功底的考验，能够写作几篇时评并不难，难的是对各种事件和问题都能够发言，而这没有丰厚的知识储备是绝对做不到的。尤其是很多突发事件涉及法律、政治、经济等各个学科的知识，更需要评论者具备多方面的素质。不少评论者包括有名的时评家因为知识面的限制往往对不熟悉的领域望而却步，比如著名时评家陈鲁民就坦陈："譬如对法律问题，我是视为畏途，生怕说不好会露怯。"[14] 然而盛大林却经常就法律等各种问题发表自己的看法，比如《"砒霜门"事件："毁灭性权力"必须慎用!》、《杭州警方怎么不提"无证驾驶"了》、《断定嫖幼局长"不知幼"的理由是什么?》、《请问宜宾县委：嫖过幼女还能当局长吗》、《"黑窑场"的处理结果令人失望》、《"宝马拖人案"：请昆明警方自圆其说》等都涉及法律问题。对这些问题盛大林论证起来鞭辟入里，引经据典，令不少法律界人士都惊叹不已，甚至有网民还怀疑其职业为律师。② 除了法律问题，盛大林对"经济问题，教育问题，政治制度问题，企业转制问题，文化问题，他都能谈得头头是道，有理有据"[15]。可想其丰厚的知识储备。

---

① 笔者采访盛大林，盛大林语。
② 笔者采访盛大林，盛大林语。

最后，对敏感问题的处理能力。突发公共事件不少属于敏感事件，稍有不慎，即会触雷区，引发政治风险。正因为此，不少时评写手不愿触及此领域，即便涉足于此，也绝不纠缠于一个事件不放，像盛大林这样连连发表时评，议论敏感突发公共事件的，实不多见。这与其长期在传统媒体工作，有着丰富的处理敏感事件和敏感问题的经验有关。他的时评相对客观理性，基本不会因言论过激遭遇政治风险，同时，他又较为注意采用受众喜闻乐见的表述方式进行写作。这种写作风格受到不少网络编辑的青睐：作为网站，它们是国家意识形态宣传体系的一个有机组成部分，不可能脱离中国国情而运营；而作为网站特别是商业网站，它们又要吸引网民的关注，如何做到两者之间的平衡、保持两者之间适度的张力是各大网站编辑主要考虑的问题之一。能够做到两者兼顾的评论者往往受到网站编辑的特别青睐。盛大林恰恰是其中不可多得的一位。以其写作的《半小时让人"撞墙死"的警察为什么不"撞墙死"？》的时评为例，从标题即可看出其言辞之激烈，然而文中却将个中道理娓娓道来，让人觉得此说法并不唐突过分。

### 三 盛大林作为意见领袖的作用机制对网络舆论引导的启示

作为传统媒体出身的意见领袖，盛大林作为意见领袖的作用机制对于政府舆论引导具有极大的启示意义。

**1. 多管齐下，提升传统媒体出身的网络意见领袖影响力，引导网络突发公共事件舆论走向理性**

由前文的分析可知，传统媒体出身的网络意见领袖对突发公共事件的评判和分析更富理性，更具责任感，因而对于政府网络舆论引导来说，这是一支更具有建设性的力量。故在突发公共事件网络舆论引导中，政府有必要重视传统媒体出身的网络意见领袖的作用，采取各种方式提升传统媒体出身的意见领袖影响力，使其作用得到最大程度的发挥。在此，笔者建议：

其一，支持意见领袖第一时间在网络上发表时评，抢占网络舆论引导的制高点。在网络世界，舆情瞬息万变，越早启动网络舆论干预程序，对于网络舆论引导越有利。然而，很多时候，由于一些传统媒体领导害怕网络媒体先行发表影响其发表效果，往往会对供职于传统媒体的意见领袖的博文发表时间作出限定，这就极大地削弱了其对网络舆论的引导作用。因此，为及早抢占舆论引导高地，传统媒体领导应尽量摒除个体利益得失，站在整个舆论引导大局上考虑问题，让出身于传统媒体的意见领袖的时评即时在网络媒体上发表出来，及早抢占网络舆论高地。

其二，为保证意见领袖能够第一时间获得相关信息，尽快发表意见引导舆论，政府干预之时比如召开新闻发布会、通报会时，除邀请媒体记者参加外，还应考虑邀请传统媒体出身的意见领袖参与。假若意见领袖非本地工作人士，政府相关部门也应尽快将事件的真实情况通报这些意见领袖知晓，以便意见领袖的言论能够第一时间跟进，及时在网络舆论场中占据有利地位。

其三，在各大论坛、博客、微博等媒介上大力推广传统媒体出身的意见领袖的言论，采取置顶、加精等各种方式让这些意见领袖的言论在网络舆论中占据主导地位。考虑到传统媒体出身的意见领袖言论在网络突发公共事件中的影响力在论坛尤其是大型论坛中受限的情况，各大网络论坛应注意将传统媒体出身的意见领袖的意见作为重点推荐。虽然置顶和加精等并不一定能够保证作者在网络突发公共事件舆论引导中占据意见领袖的地位，但置顶和加精的帖子往往能够得到网民的较高关注是不容置疑的。

**2. 注意政府干预效果，政府干预要充分汲取传统媒体出身的网络意见领袖的意见建议**

由上述可知，盛大林的大多数时评发布于政府干预期，这些时评或是对政府相关说法的质疑，或是对政府工作的建议，或是对政府行为的批评，但无论对政府的批评如何猛烈、言辞如何激烈，盛大林都是秉持一种对政府进行合理的舆论监督的态度进行的，其基调是建设性的，行文言辞是理性的。而对于这些言论，一些政府部门及时作出回应，收到了较好的舆论引导效果。譬如邢鲲案，尽管政府部门未解答盛大林为代表的网民的全部疑问，尚有一些存疑的地方，但网友的疑问由于基本得到解答，网络舆情自此慢慢消散。这从之后盛大林又发出了《邢鲲案：昆明警方的释疑为什么不能服人？》的时评，但并未得到很多人的响应，跟帖数明显减少、认同此观点的人数也极为有限，即可看出。

然而较多出现的情况是盛大林的时评发出后，不少政府相关部门并无反应，致使网络负面舆论"涛声依旧"。比如《"杭州飙车案"出庭的胡斌是"替身"?》、《张礼礤，你妈妈喊你回家吃饭!》、《邓玉娇究竟是被"推倒"还是被"按倒"?》等时评都是在政府阶段性干预后发出后，但政府干预后，舆情并未消退，特别是盛大林的时评发出后，更是引起网络舆论一阵大哗。可惜的是，此时的政府并没有针对网络意见领袖的意见进行及时干预，导致舆论愈演愈烈。还有的时评是对政府干预的最终结果发出质疑，如《遏制"闹市飙车"必须"严刑峻法"》、《杭州警方怎么不提"无证驾驶"了?》、《"宝马拖人案"：请昆明警方自圆其说!》、《"瓮安事件"究竟因何而起?》、《"黑窑场"的处理结果令人失望!》等，然而时评发出后，政府相关部门也未予以回应，导致突发公共事件网络舆论留下了一个长长的尾巴。长此以往，可以想见，政府的公信力将会受到极大的损耗，越发加重百姓对政府的不信任。

无论是正面的还是反面的例子，都提示有关政府部门在进行网络突发公共事件舆情干预之时，一定要高度重视网络舆论尤其是意见领袖的意见和建议，并就这些意见和建议制定有针对性的预案，采取相应的举措，尽可能全面完整地回答以他们为代表的网络舆论的疑问，这样才能够最终平息某一突发公共事件网络舆论。

**3. 重视传统媒体和门户网站在政府网络舆论引导中的作用**

盛大林之所以能够发挥网络意见领袖的作用，与传统媒体与门户网站的助推作用有着极为密切的关系，一定意义上，没有传统媒体和门户网站在其中的推波助澜作用，盛大林的网络意见领袖地位也难以树立。未来要充分发挥传统媒体出身的网络意见领袖在突发公共事件网络舆论引导中的作用，也必须更加重视传统媒体和门户网站的作用。当网络突发公共事件发生时，传统媒体要第一时间进行报道，发布准确快速的信息供意见领袖参考；门户网站也应尽早转载传统媒体的相关新闻报道，并将理性有力的意见放置在突出位置予以推荐。

需要看到的是，一些最先起于网络之上的突发公共事件舆情，传统媒体介入之时，已是网络舆论形成并扩散之时，从时间上来说已经丧失了引导舆论的第一时间，此时传统媒体出身的意见领袖若仍以传统媒体的报道作为信源发表评论，时间上更是"慢了两拍"。因此，为使传统媒体和意见领袖尽早介入舆论，政府或其他相关部门在监测到网络舆情时，可以考

虑将一些有可能演变为网络突发公共事件的讯息即时提供给有关媒体，供
其作为新闻线索，进一步核实、验证使用。而从长远来看，应考虑适度放
宽网络媒体采访权的限制。即使暂时做不到开放商业门户网站新闻采访
权，也可以考虑放宽对人民网、中新网、新华网等网络媒体的要求，特别
是在网络突发公共事件中，让其充分按照网络媒体的规律采写报道新闻，
而非简单地跟在传统媒体身后亦步亦趋。

（作者系上海交通大学人文艺术研究院博士后。本文为国家社科
基金重大招标项目"突发事件网络舆情预警指标体系研究"（批准号：
09&ZD013）和教育部人文社会科学基金项目"大部制改革背景下三
网融合的机遇、挑战和对策研究"（批准号：11YJC860029）阶段性成
果。本文一些观点的形成来源于对著名时评家盛大林先生的专访，特
此致谢）

## 参考文献

［1］佚名.盛大林"微言"中显"大义"［N］.读者报.影响力周刊，2010－7－20，ht-
tp：//www.dooland.com/magazine/article_65645.html.

［2］季天琴.从70码到29秒［EB－OL］.新浪网，2009－8－12，http：//news.sina.
com.cn/c/sd/2009－08－12/180918421132_7.shtml.

［3］佚名.真假胡斌［N］.郑州晚报，2009－7－28.

［4］腾讯调查.杭州飙车案出庭受审者是不是胡斌［EB－OL］.腾讯网，2009，http：//
news.qq.com/zt/2009/standpoint/hubin.htm.

［5］柴燕菲，袁爽.杭州法院证实杭州飙车案被告人胡斌身份确认无疑［EB－OL］.中
国新闻网，2009－7－27，http：//www.chinanews.com.cn/sh/news/2009/07－27/
1792678.shtml.

［6］佚名.杭州公安局就保时捷撞死人案召开新闻发布会［EB－OL］.搜狐网，2009－8－6，
http：//news.sohu.com/20090806/n265746972.shtml.

［7］hangzhou70.杭州保时捷酒后狂飙撞死17岁女孩（肇事者魏志刚被刑拘）［EB－
OL］.天涯杂谈，2009－8－4，http：//www.tianya.cn/publicforum/content/free/1/
1644345.shtml.

［8］盛大林.杭州警方怎么不提"无证驾驶"了［EB－OL］.价值中国网，2009－8－

8，http：//www.chinavalue.net/General/Blog/2009 - 8 - 8/187357.aspx.

［9］盛大林."杭州飙车案"出庭的胡斌是"替身"？［EB - OL］.新浪网，2009 - 7 - 21，
http：//blog.sina.com.cn/s/blog_ 53e839d20100effl.html.

［10］盛大林.网站网页意见领袖是怎样炼成的［M］.北京：人民日报出版社，2009，
陈鲁民序.

［11］盛大林.网站网页意见领袖是怎样炼成的［M］.北京：人民日报出版社，2009，
陈鲁民序.

［12］盛大林.网站网页意见领袖是怎样炼成的［M］.北京：人民日报出版社，2009，
孟波序.

［13］佚名.盛大林：网络评论推动网络事件发展［EB - OL］.腾讯网，2009 - 6 - 8，
http：//news.qq.com/a/20090608/001249.htm.

［14］盛大林.网站网页意见领袖是怎样炼成的［M］.北京：人民日报出版社，2009，
陈鲁民序.

［15］盛大林.网站网页意见领袖是怎样炼成的［M］.北京：人民日报出版社，2009，
陈鲁民序.

# 我国网络议政面临的挑战及其路径选择

王哲平　周　琼

**摘要**：网络议政是我国民主执政的一种新形式。本文阐述了目前我国网络议政面临的诸多挑战，如网络议政中的非理性倾向、公民话语权的不平等、公共领域的伪性构建及网络的泛娱乐化趋势等，在此基础上从落实制度保障、完善法规体系、加大政务公开、加强公民素养等方面探寻我国网络议政发展的路径选择。

**关键词**：网络议政；公共领域；挑战；对策

# The Challenges and Road to Development of China's Discuss Politics on Net

Wang Zheping　Zhou Qiong

**Abstract**：Discuss politics on net is a new form of democracy in China. The paper introduces various challenges in China's current discuss politics on net and analyzes the irrationality in its tendency, inequality in citizens' rights of speech and false construction in public sphere. On the basis of the above, the paper discusses the road to development of China's discuss politics on net in the following aspects: implement institutional guarantee, improve legal system, make government affairs more open, and strengthen citizen's moral quality.

**Key words**：Discuss politics on net, Public sphere, Challenges, Counter-measure

　　网络议政是政府通过对网络媒介资源的使用和对议程的有效设置，从而在公众中形成广泛关注的议题、提高政府威望和执政公信力的一种民主执政的新形式。网络议政既是我国党和政府执政理念创新的内在要求，也是提高党和政府执政能力的迫切需要。作为一种"社会实验"，网络议政将会大大地加快我国政治民主化的进程。

## 一　当前我国网络议政面临的挑战

### （一）网络议政中的非理性倾向成为影响社会政治稳定的隐忧

传统舆论学认为，舆论的自在功能影响事态的发展，舆论由于受到主体自身条件的限制，常表现为一种理智与非理智的混合体，因此舆论并非总是正确，其质量的关键在于理性程度。[1] 网络是无中心、无界限的离散结构，是标榜极端个人主义的自由领地。置身其间，任何人都可以成为自主的信息源。网络接触壁垒、虚拟空间的匿名性与非责任性等特点，激发了网民内心深处追求刺激、引人关注的冲动，为网民提供了一片情感宣泄的狂欢广场，以致他们的诸如冷漠、嫉妒、极端、残忍等心理都有可能在赛博空间中萌生，甚或演变为网络暴力，造成公众理性精神的缺失、法律意识的淡薄。正是在这个意义上，美国学者克利福特·斯托尔说，网络是历史上存在的最接近真正的无政府主义状态的东西。[2]

网络崇尚个人自由主义，否定权威。就某些能够引起广泛关注、点击率和回复率较高的议题来看，细查其回复内容，大多没有经过深入思考，发布观点随意，充满了模糊性和不确定性，某些观点的发布甚至并非发帖人的真实看法。这样的"自由参与"由于不受任何规范制约，容易导致不实信息的泛滥，而一旦泛滥则很难掌控，且有可能酿成大患。一些恐怖组织、敌对势力正是利用网络大肆散播谣言，蓄意对国家电子政务管理系统进行侵扰。

拥有足够的客观信息是公民理性政治参与的基本前提，而网络极易被操纵的缺陷，使得网民获取的信息未必真实。网上任何组织和个人都可以自由传播政治信息，表达个人的政治见解，海量爆炸的网络信息很容易导致公民的网络政治参与在人云亦云中失去辨识力。倘若网络信息资源不能得到有效控制，公民参与的非理性化倾向无法消除，那么，网络时代的公民政治参与就难以排除可能酿成社会政治不稳定的潜在威胁。

## （二）网络技术的"知识沟"导致公民话语权的不均等

2011年7月19日中国互联网信息中心发布的《第28次中国互联网络发展状况统计报告》显示，截至2011年6月底，中国网民规模达到4.85亿，较2010年年底增加2770万人；最引人注目的是，微博用户数量以高达208.9%的增幅，从2010年年底的6311万爆发增长到1.95亿，成为用户增长最快的互联网应用模式。尽管目前我国互联网普及率高于世界平均水平，但是，总体上呈现出较大的不均衡性。

从网络基础设施看，我国各个地区的网络基础设施建设不同步，互联网发展状况差异较大，有13个省份网络普及率仍然低于全球平均水平；上网人数的分布极不平衡，主要分布在东南沿海和内陆的经济发达城市，地区之间、城乡之间存在着较大差异。在经济欠发达地区，普通公民很少上网参与公共事务的讨论，参与网上投票、网上调查等网络政治活动，于是，上网便成为拥有上网条件者的特权。这也意味着网络舆论汇聚的主要是居于城市、有经济能力使用网络、乐于发表意见的青年群体的心声，然而这些"特定社会群体"的心声很难代表"普遍民意"。

从身份特征看，不同文化层次、不同年龄段甚至不同性别的网民之间也存在着较大差异。我国的网民呈现年纪轻、学历高和收入低三大特点，其中又以青年学生尤其是大学生为主体。尽管随着网络技术的发展，上网操作日益简单化，但对一部分缺乏电脑操作技能的公民而言，其网络政治参与的权利无形中被剥夺了。

从社交习惯看，网络技术的发展激发了公众的网络政治参与热情，喜欢上网的人参与网络政治的途径和频率显然高于一般人群。但是，也有一部分人远离互联网，不喜欢或不习惯从事网上社交活动。尽管电子邮箱、网络论坛账号、博客账号可以免费利用，他们却留恋传统的方法获取资料和互动交往，这些人便自然沦为网络议政的旁观者。

由此观之，受过计算机教育、拥有先进计算机设备的人，可以充分享用网络的优势，获得网络时代的信息特权；而无力购置网络设备、无力支付网络费用、无力应付网络技术、对网络无兴趣者，则无法成为网络议政时代的网络公民，先进的网络信息技术对其已失去意义。换言之，获取和支配信息的不平等，必然导致政治参与能力的巨大反差，从而导致网络政治的不公平性。[3]网络议政的实质是要让利益相关者均能参与公共事务的讨论和决策。网络技术对于公民网络政治参与的限制，实质上限制了网络议政的参与范围。如果让一部分公民代替其他人来参与公共事务的讨论和决策，那么这种网络公民的网络议政极有可能会演变成网络贵族的网络议政，其局限性和缺陷性甚至比当今普遍实行的代议制政治参与还要大。

### （三）公民文化的不成熟导致公共领域的伪性建构

现实地看，我国的权力结构基本上是一种金字塔式的集权结构。下层众多的管理机构和人员隶属于上层少量的管理机构和人员，管理信息由底层自下而上，层层上报；管理权力由上层自上而下，层层贯彻执行。管理机构和人员的规模是上层小、下层大，形成一个金字塔形；而管理权力是上层大、下层小，形成一个倒金字塔形。这样就很容易导致政策传播的路径烦琐，降低信息传播的速度，扩大信息失真的程度。

尽管政府对公众舆论行使着绝对的领导权，却无法保证政府的政令能够时刻通畅无阻地抵达权力底层，反之，也无法保证基层的反馈能迅速及时地向上传递。目前我国中产阶级的力量仍显弱小，这在很大程度上无法保障公众的反馈和公民的意志顺利流通和保真传播。网络公共领域多半处于离散状态，尚未形成成熟高效的对话平台，论坛上的交流往往缺乏具有共鸣感的话题，普世价值未必能够得到网民的一致认同。即使某些网络"意见领袖"的发言很有"含金量"，也常常会在无人关注和无人喝彩中昙花一现。而最能引发热议的一些主题，或因缺乏有效的议程设置而未能发挥自身的潜在优势效应。[4]

网络是网络时代公民表达政治意愿、参与政治的重要渠道，公民参与政策制定是衡量现代社会民主化程度和水平的一项重要表征。虽然我国网民可以在网上就各种社会问题自由讨论，直抒己见，但是，由于目前我国还缺乏建构哈贝马斯愿景中的公共领域的社会基础，当下中国的网络公共空间充其量是一种半公共领域状态，为此有论者将其喻为公共领域的伪性建构。公民文化的不成熟使得我国公民一时很难摆脱网络、返回现实的社会生活。[5]

## （四） 网络的泛娱乐化趋势影响网络议政目标的达成

如今，网络的泛娱乐化趋势有目共睹。有的网站为了在第一时间吸引最大多数人的眼球，过分追求新闻标题的趣味性、新奇性和娱乐性，甚至将新闻报道"娱乐"为子虚乌有的虚假新闻；有的网站为了提高浏览量和点击率，专业主义的新闻生产让位于曲折离奇的娱乐故事，时政内容娱乐化、庸俗化和低俗化，新闻的品格与志趣令人怀疑；有的网站假互动之名，行娱乐之实，或对一些网民讨论公共事务时随心所欲的鼓噪听之任之，或对歪曲事实真相、造成新闻人物的无辜被伤害漠然纵容。由于缺少了新闻叙事与传播过程中的权威审查机制，网络舆论中充斥了大量的偶然性的情绪表达；网络叙事过程因虚拟而显得更为自由率性，并悄然转化为一种娱乐消费过程。

体现网民心声的网络舆论，是一种符号学意义上的情绪反映和一种无须实际行动的情感表达。《第 28 次中国互联网络发展状况统计报告》显示，目前 24 岁以下网民人数所占比例超过一半，而这一年龄段的网民越来越热衷于在网络上的集体狂欢。他们中有的人热衷于在博客中披露他人隐私、发布虚假低俗的八卦信息；有的在某些热门论坛里以语不惊人死不休的方式任意侮辱谩骂、人身攻击；有的恣肆地发泄私愤、图一时口舌之快……他们以网络恶搞、娱乐至死的形式挑战网民的道德底线。[6] 需要正视的是，泛娱乐化背景下的网络舆论未必是民意的真正体现，少数抱持娱乐心态的网民不一定代表多数网民，众声喧哗演绎出的媒介事件也绝非理性的现实诉求。网络的泛娱乐化趋势对网络议政目标的达成有着不容忽视的消极影响，它在分散网民有限的注意力的同时，也干扰了人们的独立思考与理性判断。

## 二　我国网络议政发展的路径选择

### （一） 提供把网络民主的理想转换成常态性实际运作的制度保障

尽管互联网致力于建构去中心化空间，以此淡化协商过程中的权威色彩，但政府仍是公共论坛政治参与利益诉求的最终对象。让网络议政的意见进入政治决策过程，把网络民主的理想转换为常态性的实际运作需要政府提供一定的制度保障。[7]

公众和权威之间的对话是网络议政实质参与的前提条件。在一些公民关注、公共意见集中的公共事件中，已开始出现公众和权威的对话。要完成间接对话到直接对话的转变，政府决策过程应该从公民参与的角度做出相应的调整，注意把从互联网上搜集信息作为决策输入过程中的常规步骤。[8]

一是建立定期协商制度。在重大决策尤其是政策定案之前的重要阶段，安排政府官员、网民代表、专家学者进入网络公共领域与网民反复讨论，理清细节，阐明政策意图。[9]有条件的可建立一支网络顾问队伍，顾问可邀请一些社会学家、法学家、公共危机处理专家担任，主要是在公共事件发生后能够为危机的处理提供指导和咨询。

二是建立网络民主制度。各级政府要加快建设社区网络公共领域，鼓励居民通过社区公共论坛的协商，参与本社区的政策制定，就社区工作的做法达成共识，通过决策下放，使网络公共领域政治参与同加强基层民主联系起来，提高公民的社会治理能力。

三是建立应对舆情制度。各级政府要转变观念，大力提升应对网络舆情的能力。在公务员培训中增加一些应对舆情的课程，提高他们的舆情管理能力，邀请经验丰富的舆情研判专家、公共危机处理专家通过专题报告、专家讲座、模拟教学等方式进行舆情培训；通过专门培训，提高公务员与媒体打交道的能力、运用互联网的能力、舆论引导的能力，确保政府在应对舆情中掌握话语权、赢得主动权。

四是建立权力监督制度。发挥舆论监督作用，要"从决策和执行等环节加强对权力的监督，保证把人民赋予的权力真正用来为人民谋利益。重点加强对领导特别是主要领导干部的监督"[10]，加强对公务员的监督。

### （二）构建和完善规范的互联网法规体系

法治是网络民主的基础，也是网络议政有序进行的保障。只有法律权威的存在，才能使公民在网络政治的参与过程中能够对网民有稳定的行为预期，才能为互联网公共论坛的政治参与提供法律和制度的保障。[11]因此，建立规范、完善的互联网法规体系尤为重要。

近年来，我国互联网的法制建设取得了一定的进展，我国是世界上最早将互联网纳入法制管理的少数国家之一。《中华人民共和国计算机信息网络国际互联网管理暂行规定》、《互联网信息服务管理办法》、《互联网电子公告服务管理规定》、《关于互联网安全的决定》等规定为网络议政奠定了法律基础，但仅仅依靠行政性规定仍然显得过于单薄，需要有一个权威部门牵头，联合各个相关部门制定出一个更加系统的规范，并最终形成一部专门法。

已经出台的规定中，包括了对公民网络议政行为的规定，网络信息安全问题的规定，却很少有对政府部门网络执政责任的规定，也没有信息处理规范的制定。对公民网络议政基本权利的保障和强调，以及对网络公民和政府的协商机制的规定，尚属空白。因此，国家有必要制定一部有关互联网的专门法，以规范明确的法律法规维护公民的基本权利，保证政府快速有效地处理信息反馈和提供服务，以促进政府和公众在网络公共领域的互动。

（三）加大政务公开和舆论开放的力度

一是及时更新政府网站，及时反馈政府论坛，实现政务信息共享。目前的中国社会，政府是最大的信息资源占有者，各级政府掌握着80%以上的社会、经济、文化、法律以及政策信息。因此，政务公开是实现网络议政的必要前提。按照《中华人民共和国政府信息公开条例》的要求，要积极、主动、及时地公开政府信息，凡是可公开的不涉密文件，都要通过政府网站公开发布。要做好财政预决算、公共资源配置、重大建设项目、社会公益事业等领域政府信息的发布工作；涉及群众切身利益的重要决策，要在政府网站公开征求意见；重要政策出台后，要及时通过政府网站做好政策解读工作；对公众关注的社会热点问题，要主动在政府网站予以回应，发布权威信息，讲清事实真相、有关政策措施以及处理结果等。政务公开，一方面极大地降低了信息收集和传播的成本，实现政治体系与社会各界的信息共享，真正使互联网成为政府与公众交流的公共空间；另一方面，政府通过及时地在网上发布其所掌握的翔实准确的信息，有利于客观信息的广泛传播，抑制虚假信息的影响和网络谣言的泛滥，以确保公众网络议政的客观性和真实性。

二是充分利用"微访谈"、"微投票"、"在线访谈"等形式的功能特点，形成政府与网民有效的对话机制。政治文明的时代，公众不再只是政府管理的对象，同时也是政府执政的伙伴和智慧资源。"微访谈"有助于官民互动，提升政府机构的公关形象；"微投票"解决了执政能力与执政效果评价受制于平台因素而导致的参与成本高、参与人数少、人群覆盖面小等弊病；"在线访谈"具有受访对象权威、传播内容准确、互动沟通有效和线下处理及时的特点。多样化的交流沟通手段，既为信息公开和舆论畅通提供了保障，又为政府修正政策汇聚了民智。

### （四）加强公民意识与公民素质的培养和教育

公民意识是公民对自己在国家中的地位和作用的认识，是公民以宪法和法律规定的基本权利和义务为依据，以自身作为国家经济生活、政治生活、文化生活和社会生活等活动主体的一种心理感受与理性认识。[12]公民素质是民主政治的人文基础，当代公民素质教育的主要内容是强调以人为本、人格培养、情感教育、尊重个性和创造。

党的十七大报告提出，"加强公民意识教育，树立社会主义民主法治、自由平等、公平正义理念"。实现网络议政，要以整个社会为平台，动员和整合全社会力量进行全方位的公民意识与公民素质教育。公民意识与公民素质的教育和培养，离不开社会大环境。

首先，要营造有利于公民教育的社会环境。营造良好的教育环境，就是要优化环境因素，发挥环境特别是舆论环境的导向、监督、教育功能，充分发挥学校教育在现代公民意识培养中的主渠道地位和作用，建构崭新的以"培养公民"为宗旨的现代公民教育形态和教育模式。[13]

其次，要扩大公民有序的政治参与，培育公民良好的政治参与意识。政治参与是民主实践的重要形式，是公民自我教育和实现政治社会化的重要手段。通过健全公民利益表达机制、社情民意反映制度、社会听证制度等民主制度，增强公民的民主意识，扩大公民有序政治参与的广度和深度；通过参与实践活动能够使公民在参与中熏陶公民意识，提高参与技能。

再次，要提高公民媒介素养。要培养公民筛选信息的能力和利用网络媒体表达意见的能力。公民在使用媒介时要抱持平等、谨慎的态度，不仅能够自由表达对自身权益的维护，还要尊重他人的自由讨论，善于倾听持不同观点的人的意见和建议，理性地在网络平台上展开争论，逐渐完成从自由无序的表达到富有建设性和可操作性的意见提出的转变，对社会公共问题进行反思，促成社会问题和公共事件的有效解决。

（作者系浙江工业大学人文学院教授、浙江工业大学人文学院硕士研究生。本文系浙江省钱江人才计划（社会科学类）项目"民主与问责：传媒多样化背景下我国网络执政的理论与实践研究"系列成果之一）

## 参考文献

［1］陈力丹.舆论学——舆论导向研究［M］.中国广播电视出版社，1999：22.

［2］比尔·盖茨.未来之路［M］.北京大学出版社，1996：23.

［3］徐海，郝涛洁.论网络政治参与的消极影响及其对策研究［J］.科技信息，2009（34）：631-633.

［4］陶建钟.我国网络政治参与的发展条件分析及前景展望［J］.学习与实践，2008（5）：90-93.

［5］刘文.网络化对社会主义国家政治安全的挑战及对策［J］.社会主义研究，2004（2）：100-102.

［6］顾宁.网络政治：虚拟空间里的绝对民主——从"网络愤青"现象看网络舆论对政治的影响.理论界，2006（3）：123-124.

［7］朱德米.网络政治学：虚拟和真实［J］.国外社会科学，2001（1）：72-75.

［8］谢金林.论网络空间的政治沟通［J］.社会科学，2009（12）：19-27.

［9］陈剩勇，杜洁.互联网公共论坛与协商民主：现状、问题和对策［J］.学术界，2005（10）：37-49.

［10］马征.网络舆论对公共事件的影响［D］.2009年兰州大学硕士学位论文.万方数据库.

［11］毛昱铮，李海涛.政治文明视野中的网络话语权［J］.南京社会科学，2007（5）：98-102.

［12］许耀桐.大力加强公民意识教育［J］.求是，2009（5）：36.

［13］程垒.公民意识教育的意义及路径选择［EB/OL］.中思网，2008-12-29.

# 去中心的斜眼：社会变迁中的流行语

甘莅豪

**摘　要**：流行语的生成经历了一个公众对普通词语再生产的过程，其往往体现了对权威的"去中心化"。或者说，一个词语即使再平淡无奇，一旦被公众赋予"去中心化"的意义，就具有广被传播、成为流行语的可能。流行语的"去中心化"又反映了媒介技术创新下社会变迁的"去中心化"趋势。

**关键词**：去中心化；网络；流行语；舆论

## Decentralizing Squint：the Popular Words under Social Change

Gan Lihao

**Abstract**：The generation of popular words and phrases comes from the reproduction of ordinary words and phrases by the public which reflects the decentralization of authority. In other words, even if a word or phrase is no stranger, once the public gives it a meaning of decentralization, it is very possible to spread widely. The decentralization of popular words and phrases also reflects the decentralization of technology innovation and social change.

**Key word**：Decentralization, Internet, Popular words, Public opinion

在网络背景下，流行语作为一种与当今社会紧密互动的语言现象，应该是传播学、语言学、社会学、修辞学不可回避的一项新兴课题，而一个新兴课题能否得到较为深入的分析和研究，首先在于学界能否就此课题提出较有意义的问题，其次在于学界能否用合适的方法来合理地解决这些问题。

以往流行语研究提出了以下几个问题：某个或某类流行语的形式和语义结构如何构成和演变，这些演变又基于什么样的语言学机制，基于什么样的社会、心理基础。针对以往局限于单个或单类流行语研究，本文试图提出几个问题：各个或不同种类的流行语之间有无关系，即它们到底是毫无联系地随机产生，还是彼此之间有共同的诞生原因和动力；如果有，这个动力又是什么；流行语群诞生、传播的动力和社会变迁如何发生关系。

由于问题提出的不同，导致运用的方法可能不同。以往流行语研究往往只关注单独一个或一类流行语，所以可以基于结构主义视角，找出语言学意义上流行语的演变机制，比如运用语法学理论描写流行语在形式上的演变机制，运用语义学理论描写流行语在语义上的扩散机制，运用语用学理论描写流行语在隐喻上的认知机制。而当我们把视野投向流行语群的时候，我们就不能仅仅把流行语看成具有语言学意义的特殊语言现象，而应该将其定位于体现社会变迁的透镜，即我们不是从结构主义视角找出流行语背后的某种机制，相反也许我们应该运用话语分析的方法，结合流行语的语境，从解构主义视角来考察流行语生产、使用、再生产及其和社会变迁趋势的呼应关系。

## 一 "斜眼"论的提出

"斜眼"即患有斜视的眼睛，这种眼睛无法专注于一个中心，或者说观察者以为斜眼专注于甲处，其实它专注于乙处，它既是一种病态的表现，也是一种轻视的神情，或者说斜眼无法形成唯权威的谄媚，相反它更可能是一种反叛、一种不屑，也可能是精神分裂的外在表征。薄泽（Beauzee）在《方法论百科全书·语法与文学》中把斜眼和语言结合起来，指出："Louche【斜眼的，曲解】，这一词语在语法的上下文中，用来指初看是一种含义，但是实际却指示完全不同含义的表达……就像斜眼的人看似在望向一个方向，实际却是在看别的地方。"[1]实际上，薄泽表达了两层意思：第一，语言单位是形式化后的概念，也是言说者的眼睛，即语言在对世界区别化、概念化、情绪化的同时，也给了言说这种语言的人一双洞察又带着曲光的眼睛，透过这个眼睛，我们看到了一个五彩缤纷的世界，但这个世界是在语言认知框架限制下的世界。第二，语言单位虽然可以影响言说者的认知，但是言说者也决定着语言单位的意义。每种词语都可能有无穷种语义义项——不同的语境可能赋予该词语不同的义项，而言说者则可以根据自己认同的语境选择这个词语的义项，即言语博弈中的双方或者多方虽然使用了同一个词语，但是由于彼此认同的语境不同，可能对此词语的理解完全不同甚至相反。

如果说第一层意思是名词"斜眼"，指称"限制言说者对世界认识"的语言单位；第二层意思则是动词"斜视"，强调言说者曲解语言单位意义。这两层意义并不彼此孤立，而是相互影响的，表现了一个词语"再生产"的演变过程，即使用者在某个语境中使用该词语之后，受众开始关注并"斜视"该词语，即受众结合语境对该词语进行偏离使用者初衷的阐释，并将阐释义临时赋予该词语中。随着该词被频繁使用，该阐释义就会渗入并固化入该词语意义中，该词语随即完成再生产，变成斜眼，重新进入流通领域，随后新受众在理解该词语的时候，透过该斜眼，会自然理解并联想到渗入该词语的阐释义，而生产此阐释义的语境借助词语的流通也随之得以传播。

显然，薄泽的"斜眼"论和流行语密切相关，从第一层意义上看，新词语的出现与流行其实意味着言说者重新认识、区分、概念化世界，而这种重新认识可能是为了顺应并促进社会变迁的需要。从第二层意义上看，流行语"再生产"的过程，必然伴随言说者的斜视，即使用者最初用它看此处的时候，接受者重新解读它，并将其看向他处。而接受者重新解读该流行语的时候，他在告诉使用者，我不仅是使用者，还是生产者，或者说在现实力量强弱悬殊的话语博弈中，虽然作为弱者的接受者可能并不具备行政、资本上的优势，但其可以通过生产流行语取得话语上的优势，即通过斜眼，轻视你，歪曲你，最终影响甚至颠覆行政、资本上的权力中心，从而成功地影响舆论，影响政策的执行和制定。在这个意义上，流行语是个政治概念、经济概念，也是一个意识形态概念。

## 二 流行语：去中心化的斜眼

21 世纪，网络流行语层出不穷，包括来源于公众事件的词语流行语："躲猫猫"、"欺实马"、"俯卧撑"；来源于公众事件的语录流行语："很黄很暴力"、"我是出来打酱油的"、"你信不信，反正我信了"、"先感谢国家"、"一个艰难的决定"。也有来源于某个网络公众人物的，如"凤姐"、"犀利哥"、"芙蓉姐姐"。还有来源于某个特殊句式的"被 + 动词"，来源于方言的"山寨"，有来源于官方话语的"和谐"、"情绪稳定"、"不明真相"，来源于外来语的"控"、"粉丝"等。这些流行语来源表面看似不同，可实际上它们有共同的流行原因和动力：后现代背景下的去中心化。

### （一）"政治去中心化"的流行语

"政治去中心化"指公众面对某些管理部门公然愚民的行为，不再唯命是听，不再迷信行政权威，而是开始怀疑其合理性，并通过行使监督权，彰显自我权利。流行语和"政治去中心化"密切相关。

首先，我们考察来源于公众事件的一组流行语"躲猫猫"、"欺实马"、"俯卧撑"。"躲猫猫"源于 2009 年 2 月 8 日男青年李乔明因盗伐林木被羁押入看守所内受伤死亡事件。"欺实马"源于 2009 年 5 月 7 日富二代胡某在杭州市区内飙车引发的恶性交通事故。"俯卧撑"源于 2008 年 6 月 28 日瓮安打砸抢烧突发性事件。这三个流行语最初都来源于官方对公共事件的解释。

> 昨日上午晋宁县公安局相关负责人的回答是，通过他们的初步调查，发现李乔明受伤是由于其在放风时间，与同监室的狱友在看守所天井中玩"躲猫猫"游戏时，由于眼部被蒙而不慎撞到墙壁受伤。（《云南信息报》2009 年 2 月 13 日）

> 根据当事人胡某及相关证人陈述，案发时肇事车辆速度为70公里/小时左右，而肇事发生地路段限速 50 公里/小时。胡某承认，当时未注意到行人动态。（杭州西湖区交警大队事故通报会，2009 年 5 月 8

日）

李树芬在与刘某闲谈时，突然说"跳河死了算了，如果死不成就好好活下去"。刘见状急忙拉住李树芬，制止其跳河行为。约十分钟后，陈某提出要先离开，当陈走后，刘见李树芬心情平静下来，便开始在桥上做俯卧撑。当刘做到第三个俯卧撑的时候，听到李树芬大声说"我走了"，便跳下河中。（贵州省公安厅新闻发言人王兴正，2008年7月1日）

这些官方话语引发了公众强烈质疑：一个在羁押期间的成年人，怎么还有心情和狱友玩"躲猫猫"？"躲猫猫"又怎么可能致人死亡？根据国家法律，在限速50公里的地方行驶，如果超速50%，即超过75公里，就涉嫌犯罪，而70公里则顶多是交通肇事。那么杭州警方称肇事车辆速度为"每小时70公里"，是否官方帮助富二代胡某逃避罪责的措辞？官方为何避实就虚，用大量篇幅描述"俯卧撑"，而不阐述李树芬自杀的真相，到底想隐瞒什么？可见，当官方利用自身权威，使用"躲猫猫"、"七十码（公里）"、"俯卧撑"等词语试图取信公众的时候，由于措辞不得体，事实描述明显不合情理，以及带有强烈的偏袒性，引发公众通过斜视行为，看到个别地方管理部门公然愚民的弄权形象。

公众并没有停留于斜视，而是将官方话语中某些典型词语提炼出来，并把"公然愚民"含义固化入这些词语中，并迅速在不同场合高频率使用这些词语，最终促使这些词语变成流行语。

卫生部食品安全"黑名单"不能对公众"躲猫猫"。（2011年7月25日，中财网）

一家筹建五星级酒店的"欺实马"闹剧。（2009年5月22日，迈点网）

动车车头是自己跳进泥塘做俯卧撑的。（2011年7月26日，新浪微博）

这些流行语都变成了斜眼，暗含了强烈的讽刺含义，当网民一遍一遍地使用这些流行语的时候，总能唤起"官方公然愚民"的群体记忆，而不知晓这些公共事件的网民碰到这些流行语的时候，又会积极探求这些流行语的来源，从而反过来加快公共事件的传播，而管理部门的行政权威也逐渐在流行语的传播中瓦解。

其次，我们来考察网络流行语"情绪稳定"。"情绪稳定"来源于官方宣传套语，往往用来表达管理部门面对突发事件，采取措施迅速有力，效果明显。

> 中石油称，兰州石化公司在全力组织抢险的同时，已迅即对全厂装置进行风险排查，在运装置运行平稳，职工队伍情绪稳定。（《人民日报》2010 年 1 月 9 日）

作为官方宣传话语，"情绪稳定"最初确实起到了维护政治权威的效果，但是后来随着各类突发事件频发，此词语被不分场合地频繁滥用，最终演变成官方套语，引发公众质疑和反感，比如面对"死伤者家属情绪稳定"之类的套语，公众开始质疑"事故刚刚过去三四天的时间，死难者家属仍在撕心裂肺地哭号，一些领导干部怎么能不顾客观事实说出死难者家属情绪稳定之类的鬼话"[2]，于是针对"情绪稳定"，公众也进行了斜视性的再生产。

> 目前海洋生物情绪稳定，中海油又一次河蟹圆满完成了突发事件实战演练。（新浪微博）

公众故意将已被滥用的套话进一步反常规、反逻辑、反事实地滥用，把指称对象从人类扩大到毫无意识的物体或者动物，从而实现了对官方套语的反讽和瓦解，完成"政治去中心化"。

最后，我们讨论最近流行的语录体流行语"至于你信不信，我反正信了"。此句源于 2011 年公共事件"7·23 甬温动车追尾事故"，铁道部新闻发言人王勇平在新闻发布会上的发言：

> 他们把车头埋在下面，盖上土，主要是便于抢险。他们给出的解释是这样，至于你信不信，由你，我反正是信的。

"至于你信不信，我反正信了"最初目的是为了让公众信服，但由于发言人用语强硬，给出的理由又经不住推敲，并没有达到让公众信服的效果，相反，网民立刻斜视性地再生产：

> 北京今天没堵车，这是一个奇迹，但它就是发生了。至于你信不信，我反正信了。（天涯论坛）

网民通过对该官方话语嘲弄、仿拟、泛化，并将其命名为"高铁体"，从而赋予其流行特质，进而把"难以置信"的意义固定入该流行语中，促使该话语变成"斜眼"流行开去，成功实现对官方所谓权威解释的瓦解，完成"政治去中心化"。

综上分析，我们可以看出对权威的不信任、对被愚弄的愤怒是流行语流行的重要原因。可以预见，在网络背景下，即使最平淡无奇的话语，一旦和"政治去中心化"相关，都有成为流行语的潜质。

### （二）"经济去中心化"的流行语

所谓"经济去中心化"，指公众面对当今中国部分垄断企业控制了社会资源，享受着政策保护，得到了政府补贴，可却屡屡无视并侵犯消费者利益的现实，开始质疑垄断企业的合法性，并有意维护自身作为消费者的根本权益，流行语和"经济去中心化"密切相关。

首先，我们来考察流行语"山寨"的起源。2003年联发科技股份有限公司成功研制出了第一颗"基频芯片"，推向市场。这种芯片内置了功能丰富的软件平台，功耗很低，售价便宜，大大降低了手机准入门槛和手机价格，大量非正规工厂也由此诞生。但是由于国内依然实行"牌照制度"，这些手机生产厂无法通过"牌照制度"审批，实际处于非法状态，由此被命名为"山寨厂"，其生产出来的手机叫"山寨机"[3]。

虽然"山寨"作为流行语往往和"假冒"、"伪劣"联系到一起，但是从其诞生的那一刻起就蕴涵了积极的含义。

> 狼性山寨机：他们不怕丢脸，他们进军海外。（2008年8月20日《南方人物周刊》）

可见，"山寨"蕴涵了消费者对大型企业依仗政策保护，实行经济霸权，导致产品价格居高不下的愤怒，对某种固有的产品因为垄断长久没有创新和换代的不满。它还是公众对民间智慧和创新的呼唤，是公众对"经济去中心化"的呐喊。

其次，我们再来考察"一个艰难的决定"如何成为网络流行语的。此语最初来源于腾讯公司。

> 当您看到这封信的时候，我们刚刚作出了<u>一个非常艰难的决定</u>。在 360 公司停止对 QQ 进行外挂侵犯和恶意诋毁之前，我们决定将在装有 360 软件的电脑上停止运行 QQ 软件。（腾讯公司《致 QQ 用户的一封信》）

腾讯公司在使用该话语的时候，主要是为了表明自己对恶性竞争的无奈，希望得到用户的谅解。可是公众却从字里行间中，看出腾讯和 360 公司进行竞争的时候，为了自我利益，任意践踏消费者权益的本质，由此迅速对其进行斜视性的再生产，自发产生出著名的 QQ 体。

> 广电总局作了个<u>一个非常艰难的决定</u>，如果发现用户下载美剧，将自动转化成新闻联播。（百度百科）

从而把"一个艰难的决定"变成"斜眼"，流行开去，在广大网友中造成影响，最终成功揭开垄断企业的虚伪面纱，维护了自己的利益。

综上，"经济去中心化"和"政治去中心化"都体现了弱者对强者的反抗，它们揭示了流行语可能具有在网络场域中把彼此并不认识的"乌合之众"[4]团结起来，进行群体性活动，夺取话语权，对抗行政权与资本权勾结而双重异化的社会霸权的作用。

### （三）"主流去中心化"的流行语

所谓"主流"指一段时期占据主导或中心地位，受到社会广泛认同和关注的事件、人物、媒体、思想等。主流往往具有统一公众思想、引导社会舆论、开展社会运动、维护社会稳定、开展对敌斗争等积极功能，但是随着时代的进步，经济全球化、社会多元化、意识多样性越来越被广泛认同，大一统的主流意识开始遭到公众的质疑：主流意识形态会不会对思想自由进行限制？热点事件真有其关注的价值吗？主流人物真的就值得尊敬吗？主流媒体宣传真的可信吗？流行语往往和这些疑问密切相关。

首先，我们考察 2008 年的一句流行语"很黄很暴力"。该流行语源自2007 年 12 月 27 日新闻联播播出一段抨击不良网络视听节目的报道，其中采访了北京某学校的一个女生，这个女孩子对着 CCTV 话筒很正经地说道：

> 上次我查资料，忽然蹦出一个网页，很黄很暴力，我马上把它给关了。

接着，"很黄很暴力"成了一句流行语，以极其迅猛的速度在整个互联网快速传播开来。小姑娘并不是个强者，其很正经的"表态"之所以会被网友斜视性地恶搞，正是因为"很黄很暴力"带着浓厚的迎合报道、应景制造典型、诱导道德判断的色彩，具有充当新闻联播主流意识形态宣传"木偶"的嫌疑。网友通过把此词再生产为一个斜眼，表达了对主流宣传的去中心化。

其次，我们再考察 2010 年的一句流行语"先感谢国家"。该流行语源自 2010 年 3 月 7 日上午，国家体育总局副局长、国际奥委会副主席于再清参加全国政协体育界分组讨论，谈到周洋在温哥华冬奥会夺得 1500 米冠军后的感言"让父母生活得更好一点时"表示：

> 感谢你爹你妈没问题，首先还是要感谢国家。小孩儿有些心里话没有表述出来，说孝敬父母感谢父母都对，心里面也要有国家，要把国家放在前面，别光说父母就完了。

接着，"先感谢国家"就被网友斜视性恶搞，再经过韩寒等舆论领袖的使用，迅速在互联网传播开来。"先感谢国家"流行的原因在于很多运动员在表达主流意识形态——"爱国主义"时，常常套路固定呆板、言不由衷。公众对此深为反感，从而通过对该词语进行再生产，把"先感谢国家"变成斜眼，表达了对周洋"真情流露感言"的赞扬，从而完成对主流意识形态套语的去中心化。

最后，我们再看看 2008 年度十大网络流行语之一"打酱油"。该词语源自广州电视台在街头随机采访市民，"请问你对艳照门有什么看法？对陈冠希等明星又有什么看法？"某男性受访者从容应答：

> 关我鸟事，我出来<u>打酱油</u>的……

这句话在网络上迅速被网友恶搞，出现"酱油男"、"酱油党"等新名词，并被引入社会各领域。"打酱油"虽然源自娱乐新闻一次很普通的采访，表达了受访者对热点事件娱乐化、无聊化的反感，但更重要的是它还表达了公众对参政议政诉求无法得到满足的无奈。它是公众开展的一场"非暴力不合作"话语运动，表达了公众通过消极地不迎合主流、自我放逐式的"主流去中心化"。

总之，"主流去中心化"是对主流意识形态的反思，对某些主流人物、媒体的无情揭露，是对某些人自愿中心化、自愿臣服的奴隶心态的嘲讽。当网友利用斜视的权力打造流行语的时候，实际是在宣示自己的价值，暗示自己就是中心，而不是去迎合中心，套用另一句流行语，就是"我的地盘，我做主"。

（四）"精神去中心化"的流行语

所谓"精神去中心化"是指：人们通常认为人类基本的思考结构及认知是统一的，人类可以理性地控制自己的精神和行为，可是弗洛伊德的潜意识理论告诉我们非理性是一种与理性相对立存在的本能，是人类固有的一种动力，也就是说每个人并非时刻都能自主地控制自己，每个人都是自控与非自控的结合体，具有精神分裂的潜质。流行语往往和"精神去中心化"相关。

首先，我们来看看流行语"粉丝"。"粉丝"源自2005年湖南卫视"超级女声"选秀节目，指称某些对偶像盲目崇拜的人，这些人通常表现为无法自控、非理性的特征。

其次，我们再来看看流行语"控"。"控"在字典中的解释，是自我对他者的控制，可是流行语中的"控"却是一个精神分裂字眼，它来源于英文单词 complex（情结）的前头音（com），日本人借用过来（コン），形成"某某控"的说法。"控"在此需要被分裂式的理解，即"所役"等同于"所自役"，人们试图控制某物，实际被物（事物）所役。

接着，我们再考察流行语"被+动词"。"被+动词"这个句式只有在具备分裂性理解的可能情况下才能符合流行语的特质，比如"被杀死"就不具备流行语特点，而"被自杀"却具备流行语特点，因为"被"表示"受控"，而"自杀"却是"自控"性动词。显然，"受控的'被'＋自控性动词"在分裂中反讽了一种荒诞的现实：强权部门连弱者自主性的精神空间也要压制。

最后，我们考察一组来源于网络人物的流行语"犀利哥"、"凤姐"、"芙蓉姐姐"。这三个流行语也是分裂性的词语。"犀利"意思是睿智、具有洞察力、思维缜密、切中要害，可是"哥"却是一个在街边乞讨的精神病人。"凤"、"芙蓉"在中国文化意象中象征高贵、纯洁、漂亮，可是"姐"却是一个下层、庸俗、略带神经质的形象。

总之，"精神去中心化"的流行语一方面本身具有自控与被控的两面性，另一方面要求言语者对流行语进行分裂性的理解，其主要强调了现实的荒诞，以及公众对自身处于精神病人式无法自控的无奈处境的反思。

## 三　去中心化：流行语与社会趋势的共变

一花一世界，一沙一天堂，一个细胞包含整个机体的 DNA 信息，而一个流行语往往映射了整个社会的变化。20 世纪 60 年代中期美国学者威廉·布赖特就提出了语言和社会结构的"共变"理论：词语内含的社会意义与社会具有共存的关系。[5] 费斯克认为，话语是"一种被社会化发展出来的语言或再现系统，有赋予和传播一整套有关某一重要话题的含义"[6]。福柯也指出，"话语意味着一个社会团体依据某些成规将其意义传播于社会之中，以此确立其社会地位，并为其他团体所认识的过程"[7]。夏中华则指出，"流行语则是这种历史见证的显示器，它反映社会生活变化最积极最准确最快速，要研究流行语，认识流行语的发展规律，就不能脱离社会，社会生活的发展变化是流行语形成的根本原因"[8]。

我国各个年代的流行语可以充分证明其和社会发展的共变关系。20 世纪 50 年代，随着"大跃进"运动和困难时期的来临，流行语有：鼓足干劲、力争上游、放卫星、合作社、大锅饭、自力更生、艰苦奋斗、超英赶美、以钢为纲、忙时吃干闲时吃稀、跑步进入共产主义、瓜菜代、老大哥、苏联的今天就是我们的明天、纸老虎、糖衣炮弹、供给制、解放、我为人人人人为我、身体是革命的本钱等。六七十年代"文化大革命"出现的流行语简单粗暴，充满斗争性：打倒、横扫、炮轰、火烧、打翻在地再踩上一脚、砸烂某某狗头、牛鬼蛇神等。八九十年代改革开放，国民视野大开，一些港台流行语和新鲜事物出现：大哥大、老板、蛮好的、抢滩、登陆、生猛、火暴、炒作、玩家、作秀、的士、巴士、的哥、酷毙了、帅呆了、靓丽、人气、指数、红包、桑拿、打工仔等。21世纪，网络成为流行语制造厂，"躲猫猫""俯卧撑""犀利哥""被……"等词语大量出现。那么网络时代的流行语到底反映了新世纪什么样的社会特点呢？我们认为依然是：后现代背景下的去中心化。

未来学家奈斯比特早在20世纪90年代考察中国城市后就发现中国将出现"权力从中心向边缘的分散化趋势"[9]，而媒介技术的创新又进一步解构了原有单向文化的社会结构。Web2.0的核心理念之一就是"去中心化"，其"是由高度集中控制向分布集中控制转变，变得更加个体化和多元化，直接影响了网络文化的形成和呈现"[10]。在Web2.0时代每个个人博客网页就是信息节点，传统大众传媒的"把关人"一定程度上已经丧失作用，在SNS社群中每个人创建自己的播客，拥有自己的粉丝，都是自我创建社会网络的中心，搜寻者、咨询者、浏览者、反馈者、对话者的界限越来越不明显，现实社会的科层制也被瓦解，每个人都有利用Web2.0获得更大权力的可能性。随着微博的出现，嵌套性的传播途径更是进一步瓦解了中心，即以每个用户为中心的人际关系网络在关注他人或被他人关注时，会嵌套到另外一个用户的圈子里，成为他人的外围。[11]总之，"去中心化"的创新媒体技术是孕育流行语的土壤，是网友斜视的乐园。

"中心化"社会形成的关键在于信息不对称，即一个机构控制了大部分资源，我们只能被动地接受信息，而在"去中心化"社会，用户面对的是一个信息爆炸的社会，任何试图掩盖信息的行为都会受到公众的唾骂，所以"去中心化"并不是没有权威，而是人人都是权威；并不是无人关心政治，而是人人都具有了高度的参政意识。而"去中心化"的流行语就是中国大众高度参政意识的话语与口号，是一个个"觉醒的斜眼"。

清华大学社会学教授李强在解释"中国社会不平等基尼系数已经超过警戒线为什么还保持稳定"时指出，目前中国社会已经出现了严重的两极分化，但是这两个阶级如果没有交集，则不会产生重大的社会问题，只有同时出现以下这两个情况的时候，才会出现重大社会问题，"第一，出现了客观的'社会结构失衡'，第二，人们主观上出现了'公正失衡'意识，即产生了'不公正感'"[12]。根据李教授的论断，基尼系数过高表明了中国社会结构早已失衡，而中国社会之所以保持稳定，关键原因在于两个阶级还没有交集，人们主观上还没有产生强烈的"不公正感"。

可是网络带来的信息透明化，促使两个阶级之间开始产生交集。而这种交集最直接的表现就是网络流行语。流行语的"去中心化"正是中国公民自我意识的觉醒，这种觉醒直接导致公众对权威的反抗，引发公众强烈的"不公正感"。随着流行语在"不公正感"心理动因的作用下迅速传播，又会激发更多民众产生"不公正感"。

实际上，流行语的"去中心化"蕴涵着另外一个"中心化"的过程，它把网络场域中彼此并不相关的乌合之众联系起来，通过流行语斜视的默契，建立身份认同，促发出网络群体性事件，并借助手机短信、大众媒体渗入现实社会，最终导致重大社会现实问题。

总之，随着互联网的进一步"去中心化"，信息透明化乃是大势所趋，中国已经无法通过严密的舆论宣传和监管，压制人民自我意识的觉醒，或者说每一次权力部门对舆论不当的宣传和压制，都有可能遭到公众报复性的斜视，并最终损害权力部门自身。作为引领社会变迁的先锋号角，流行语告诉我们，从社会结构上减少两极分化，平衡各方利益，缩小社会差距才是维持社会稳定的根本办法。

（作者系华东师范大学传播学院助理研究员、博士，该文为华东师范大学 2011 年人文社会科学思勉跨学科"预研究"项目"突发事件政府形象受损的话语应急与修复策略研究"（项目批准号：78110122）的阶段性成果；教育部人文社会科学规划青年项目（项目批准号：11YJC740027）的阶段性成果）

## 参考文献

[1] 布尔迪厄. 言语意味着什么——语言交换的经济 [M]. 北京：商务印书馆，2005：138.

［2］王淼之.人怎么能说出"死者情绪稳定"之类的鬼话［EB－OL］.强国论坛，
     http：//bbsl. people. com/post Detail. do？id＝97112941，2010－01－12.

［3］缪俊."山寨"流行语中语义泛化与社会文化的共变［J］.修辞学习，2009
     （1）.

［4］勒庞.乌合之众——大众心理研究［M］.北京：中央编译出版社，2005.

［5］William Bright. The dimensions of sociolinguistics. Sociolinguistics：Proceedings of the
     UCLA Sociolinguistics Conference，The Hague，The Netherlands：Mouton，1966.

［6］丹尼斯·麦奎尔，斯文·温德尔.大众传播模式论［M］.第2版.上海：上海
     译文出版社，2008.

［7］王治河.福柯［M］.长沙：湖南教育出版社，1999.

［8］夏中华.关于流行语流行的基本理据的探讨［J］.语言文字应用，2010（5）：
     89－96.

［9］奈斯比特.世界大趋势：正确观察世界的11个思维模式［M］.北京：中信出
     版社，2010.

［10］高宪春."去中心化"对网络文化的影响［J］.网络传播，2010（2）.

［11］张佰明.嵌套性：网络微博发展的根本逻辑［J］.国际新闻界，2010
      （6）：81－85.

［12］李强.当前我国社会分层结构变化的新趋势［J］.江苏社会科学，2004（6）：
      93－99.

# 舆情热点

# 2011 年医疗业热点事件与话题

郝希群

## 一 香港针对内地孕妇赴港产子的政策调整

2011 年 4 月初，香港医管局宣布从 4 月 9 日至 2011 年年底，香港公立医院不再接受内地孕妇预约。4 月 28 日，香港食物及卫生局局长周一岳与公立及私人执业妇科医生会面后宣布，推出 7 项措施，其中包括打击非法中介，禁止滥收孕妇。这一政策的调整引起了舆论的热议。6 月 24 日，香港食物及卫生局宣布 2012 年计划接收内地产妇 3.44 万人，缩减接收名额，港人内地配偶孕妇也包括在内。

## 二 武汉拆线事件

2011 年 8 月 5 日晚，从仙桃来武汉的饭店打工仔小曾在洗盘子时，不慎被摔破的盘子割伤，由于伤口较深，工友将其送往离饭店一街之隔的武汉市第三医院。

手术后 50 分钟，医护人员将缴费单交给陪同小曾的工友，并示意其缴费。单上为 1830 元，而由于老板不在店内，工友仅带了 1000 元，因金额不够无法缴费，工友希望能够先垫付 1000 元，剩余的第二天交上，遭到拒绝。此时，小曾的手术已经完成，但当他听到医护人员说"要么交钱，要么拆线"时，便让医生把石膏和线拆除。拆线的时候没有使用麻药。

### 三　浙江急诊科主任自杀事件

2011 年 8 月 10 日上午 10 时许，在杭州采荷东区 32 幢，负责保洁的王保国与往常一样打扫到顶层 18 楼，发现通往楼顶的铁门被打开，留有一条缝隙。他推开铁门后发现有个人"面对着铁门，背靠在栏杆上，用一根铁丝把自己吊死在上面。"后经证实，死者是浙江大学医学院附属第一医院急诊科主任黄卫东。

这起案件的源头，是 2011 年 2 月浙江曝出的"回扣门"事件。网友的曝光帖中提供了一份"2011 年 1 月医疗回扣详细清单"，涉及 5 家医院的 200 多名医务人员，其中包括黄卫东及其所在科室的 22 名医生。一位与黄卫东熟识的浙江省卫生厅工作人员说，相对来说，黄卫东对自己的要求和期望值比较高，不允许自己犯错误。一旦自己有了"污点"，羞耻感对他内心的冲击会非常大。

### 四　"8·23"江西南昌医院斗殴事件

2011 年 8 月 20 日上午，因一患者抢救无效死亡，患者家属纠集近 100 人，在医院烧纸、放鞭炮，并封堵附近的象山北路。经警方处置，事态很快平息。

8 月 23 日上午，患者家属又纠集 30 多人乘坐 4 辆面包车来到医院，寻找院领导要求解决问题。上午 10 点左右，患者家属纠集的人员与院方 50 多名手腕上扎了红布、手持木棍的人员发生冲突，导致院方 2 人、患者家属 13 人不同程度受伤，家属方面 3 辆面包车受损。随后，受伤患者家属方面拦堵象山北路，后经民警处置，恢复了秩序。

### 五　上海"医跑跑"事件

2011 年 8 月 24 日 22 时许，上海交通大学医学院附属第三人民医院手术室突发火灾。正在手术的 6 名医护人员离开手术台，而躺在手术台上被全身麻醉的病人不幸身亡。医生在危急时刻留下正处于全麻状态中的病人自行离开，导致病人最终窒息死亡，公众就此对如今医生的职业操守等提出质疑，有的甚至认为当事医生"或许该负刑事责任"。据该院院长说，当时手术室区域确有 6 名医护人员，包括两名手术医生、两名麻醉医生、两名护士。"他们当时最大的失误在于未能准确地判断火势的发展，对于火灾的严重程度没有充分认识。"

## 六 台湾误植艾滋感染者器官事件

2011 年 8 月，新竹县一位脑死亡患者家属主动通知台大和成大两家医院，要进行器官捐赠。台大医院移植团队火速取下这名脑死亡患者的心、肺、肝、肾等器官，给 5 名患者进行了移植手术，其中心脏送到成大医院，其他器官送进台大医院。但完成移植手术后，台大医院在收集资料时发现，捐赠器官的脑死亡患者竟然是一名艾滋病患者，换句话说，这 5 名接受器官移植的患者面临感染艾滋病的高风险。

这一起发生在台湾的由于医方失误而造成的重大医疗事故，影响极其严重和恶劣，引发社会各界震惊，让台大医院乃至整个医疗系统蒙羞。中国台湾网称之为"全球医学史上最严重的疏失"。

## 七 "八毛门"事件

2011 年 8 月 21 日，一个出生仅 6 天的婴儿无法正常排便，到深圳市儿童医院就诊。深圳市儿童医院建议做造瘘手术，全部费用需 10 万元；而学医的父亲陈刚拒绝了手术，到广州市妇女儿童医疗中心再次看病，仅开了 0.8 元的石蜡油，即缓解了孩子症状。此事经媒体曝光后被称为"八毛门"。

20 天后，该患儿因病情反复，再次进入广州市儿童医院治疗。10 月20 日，患儿在武汉同济医院小儿外科被证实患先天性巨结肠，已做手术。至此，关于"八毛门"的舆论关注点，由谴责"过度医疗"转为反思医患关系。

## 八　沈阳病人上吊自杀事件

2011 年 8 月 31 日凌晨，沈阳阜康心理医院一名住院的精神病患者苏秀云老人在医院内上吊自杀。值班医生两次打卡（指纹机上按手印），并看向老人房门的方向（当时老人已经上吊），但竟视而不见。面对家属和记者的采访质问，医院竟然出来两名自称精神病人的男子，动手打记者和警察。

9 月 9 日，卫生部新闻发言人邓海华做出回应，那位"值班医生"是沈阳阜康中西医结合医院聘用来看护精神病患者的一个护工，而非医生；并称调查发现这名护工第一次打卡并未发现老人上吊，第二次发现后第一时间呼救并拨打了 120。

邓海华还模仿"高铁体"回应："医院发生这样的事，不管你信不信，反正我不信。"

## 九　同仁医院女医师被砍事件

2011 年 9 月 15 日下午，同仁医院耳鼻喉科一名女医师在门诊楼的耳鼻喉二区被一名男子持菜刀追杀砍伤，左臂受伤，后被送到手术室进行治疗。女医生伤势严重，但未危及生命。

后经家属证实，肇事者为书法家王宝洺。5 年前其患喉癌后，在同仁医院接受过一次"破坏性手术"，导致其不得不切除全喉，从此失声致残。

该起医疗纠纷被诉至法院已有 3 年，9 月 15 日中午 2 时许，王宝洺接到律师杨春香的电话，得知自己的案子无法尽快开庭。下午，便发生了砍伤女医生事件。

## 十　《老年人跌倒干预技术指南》引热议

2011 年 9 月 6 日，卫生部公布《老年人跌倒干预技术指南》提出，"不要急于扶起，要分情况进行处理"。媒体纷纷猜测这份指南与"殷红彬案"有关，热议不断。

8 月 26 日，殷红彬在驾驶大巴车途中，停车搭救了骑车侧翻的石老太，结果却反遭获救者的儿子诬陷为撞人者。幸亏公交车的监控录像将救人的过程清晰记录下来，殷红彬这位幸运的好心人才得以被证明清白。

对此，卫生部回应称："伤害干预系列技术指南的制定历时两年多时间，与近期的社会事件无关。"

## 十一　"录音门"事件

2011 年 9 月 20 日，山东人徐先生儿子小涵发烧，诊断为手足口病，9 月 22 日被送到广东省妇幼保健院。

患儿父亲和医生彼此不信任。父亲很紧张，详细记录诊疗过程，医生通话也录音；医生也很紧张，没有睡过好觉，很多治疗要家长签字。

广东省卫生厅副厅长廖新波在微博上谈及这一事件时表示："为什么医患要'战'呢？谁是谁的敌人呢？患者一开始就想到医生要敛财，医生一开始就想到患者要闹事，这样的'病'如何治呢？希望矛盾恶化的初期，大家共同关注，大家一起讨论，在医学的问题上，并没有谁赢，也不知道谁输！"

## 十二　微博求血案例

2011 年 10 月 3 日凌晨 1 点，56 岁的李保仁驾驶大卡车运送燃油管道时，在榆林贺旗段汽车爆胎。当他下车换轮胎后准备出发时，被一辆三菱越野车撞到，直接送往医院抢救。该病人的血型是一种罕见 O 型 RH 阴性血，俗称熊猫血，因缺血无法进行第二次手术。

10 月 9 日下午，他的事情被网友"Ms 晨裳"知晓。为帮助病人，这名网友在新浪微博里发了一条求助的帖子。次日凌晨，伤者的儿子李岩也开通新浪微博，发出求助帖。

在微博的帮助下，截至 11 日 15 时许，已经成功献血者共三人，共计采血 1200ml，可以提取 600ml 的血浆，刚好够手术用血。17 日，伤者李保仁手术成功。

### 十三　佛山"乌龙门"事件

2011年10月底，佛山市南海红十字会医院发生了荒唐的一幕：妇产科医护人员不仅将一名刚刚出生的活男婴当做死婴装进塑料袋丢进厕所，还向家属谎称是一名女婴。所幸，发现及时，该名男婴经过治疗后情况良好，涉事人员事后受到处理。

此事在国内引起了对中国医疗质量及医患关系的大讨论，也引起了不少外媒的关注。有外媒称，医护人员对家长谎称死婴是女孩，是想减少家人失去孩子的伤痛。还有媒体说，由于一系列医疗事故，中国医疗体系正面临着昂贵、资金不足、治疗水平低下等严厉指责。

### 十四　《医生工作场所防暴力行为中国版指南》惹争议

2011年11月，一家医学网站发布了一份《医生工作场所防暴力行为中国版指南》，其内容引起网友热议。指南中称医生遇险时应"及时脱掉白大褂，混在现场人群当中，迅速逃离现场，以躲避伤害"。

从医生防暴指南发布目的来看，是"为了确保医疗环境健康有序、确保医生的身心健康、确保中国医改大计顺利推进"。指南主要分为事前防范、事中应对和事后处理三部分。分别针对医疗场所暴力事件的萌芽、爆发以及善后等不同阶段进行处理。

专家表示，该指南表明当前医患矛盾很尖锐，呼吁各方共同努力解决问题。

### 十五　潮州"砍杀门"事件

2011年11月3日中午，潮州发生一起重大伤害案，造成2死2伤。男科医院负责人宋某某（男，49岁，河南洛阳市人）当场死亡，医院医生邹某某（男，32岁，江西景德镇人）和另一名工作人员柯某（男，24岁，潮州市湘桥区人）被砍伤。另外，行凶者黄某当日上午还将一名48岁妇女砍死在家中。

犯罪嫌疑人黄某（男，32 岁，江西省安远县人，现在潮安县龙湖镇打工）交代，他 2011 年 10 月到男科医院就诊，花了约 3000 元的手术治疗及后续治疗费后，认为治疗效果不好，治疗费用无法退回，遂怀恨在心，持刀窜到男科医院行凶。

（执笔者系华东师范大学传播学院硕士研究生）

# 2011 年食品安全热点事件与话题

高云微

## 一 大米镉超标

镉是一种重金属。在自然界，它作为化合物存在于矿物质中，进入人体后危害极大。医学文献已经证明，镉进入人体，多年后可引起骨痛等症。

2002 年，农业部稻米及制品质量监督检验测试中心曾对全国市场稻米进行安全性抽检。结果显示，稻米中超标最严重的重金属是铅，超标率28.4%，其次就是镉，超标率10.3%。2007 年，南京农业大学农业资源与生态环境研究所教授潘根兴和他的研究团队，在全国六个地区（华东、东北、华中、西南、华南和华北）县级以上市场随机采购大米样品 91 个，结果同样表明：10% 左右的市售大米镉超标。

2011 年 2 月 14 日，《新世纪》周刊以《镉米杀机》为封面，首次专题揭露"镉米"问题，提到了潘根兴教授的研究成果。其中《调查显示我国约10% 大米镉超标可引起骨痛病》一文引起舆论的广泛关注。

## 二 可燃面条

2011 年 2 月 23 日，有网友通过微博爆料称郑州等地市场的一些不法商贩通过在面条中加入食用胶等化工添加剂来增强面条的筋度和弹性，或加入明矾使面条白亮光洁。这样的面条可以被点燃，且燃后有刺鼻味道。当晚《扬州晚报》记者购买三份湿面进行实验，发现三家超市面条均可燃。

2 月 24 日，中国农业大学食品学院营养与食品安全系副教授范志红表示，食用胶、强面精和蓬灰都不会对面条燃烧产生助燃作用。同时，果壳网在其官方微博"谣言粉碎机"表示，通过实验证明，潮湿的面条是可燃的，网络传言不足信。"谣言粉碎机"称面粉的主要成分是淀粉和蛋白质，这两种有机物都是可燃的。

### 三 "瘦肉精"

瘦肉精是一类化学药品的总称，如莱克多巴胺（Ractopamine）及克伦特罗（Clenbuterol）等。将瘦肉精添加于饲料中，可以增加动物的瘦肉量、减少饲料使用、使肉品提早上市、降低成本等，但其对人体会产生一定的副作用，因而各国标准不同。

我国从中央到地方各级政府采取各种举措严打生产销售"瘦肉精"行为，并由公安部统一行动，在全国破获案例 120 余起。如侦破了湖南邵阳生产销售"瘦肉精"案、四川成都生产销售"瘦肉精"案、湖北武汉生产销售"瘦肉精"饲料案等一系列重大案件。

其中影响较大的案例为 2011 年 3 月 15 日上午 9 时许，央视新闻频道播出《每周质量报告》3·15 特别行动——《"健美猪"真相》，节目曝光了"养猪户添加违禁药'瘦肉精'"。其中提到双汇集团涉入瘦肉精事件，一时间民族企业双汇卷入瘦肉精风波，并采取了一系列措施挽回企业形象，引发舆论热议。

### 四 台湾塑化剂

塑化剂（Plasticizer），或称增塑剂、可塑剂，是一种增加材料的柔软性或是材料液化的添加剂。而 DEHP 是一种不得使用于食品加工和食品包装的塑化剂，其会导致儿童性别错乱，危害男性生殖能力，致使女性性早熟等，被台湾列为第四类毒性化学物质。

2011 年 4 月，台湾岛内卫生部门例行抽验食品时，在一款"净元益生菌"粉末中发现，里面含有 DEHP，浓度高达 600ppm（百万分之一）。追查发现此次塑化剂污染事件规模涉及两岸三地，不少知名企业和公司旗下运动饮料、果汁、茶饮、果酱、果冻等几百项食品、保健品均被不同程度污染。

## 五　毒豆芽

毒豆芽是一种对人体有害的豆芽，它外表看似新鲜，但是至少含 4 种违法添加剂，尿素超标 27 倍。长期食用"加料"豆芽可致癌。

2011 年 4 月，沈阳地区接到举报称有不法商贩生产销售有害豆芽。沈阳公安局等部署展开打假行动，截至 4 月 24 日，累计打掉有害豆芽黑加工点 23 个，抓获犯罪嫌疑人 30 余名，缴获有害豆芽超过 55 吨，并查获了一起非法销售泡发豆芽药剂的跨省销售案，批捕嫌疑犯 13 人。

在此过程中，早期沈阳农业部门、卫生部门、质监部门等各机构相互推诿，均不愿意监管，引发了公众热议。后来由沈阳农委牵头，有效地处理了该事件。

## 六　染色馒头

2011 年 4 月 11 日，央视媒体披露上海华联等多家超市销售的高庄馒头、玉米馒头和黑米馒头，在其生产加工过程中存在随意添加防腐剂等滥用食品添加剂的行为，引发了媒体和公众的热议。

上海市政府就此事进行了联合调查和处理，吊销了生产馒头的企业食品生产许可证，逮捕了犯罪嫌疑人，查获了问题馒头。上海市人大常委会就"问题馒头"查处情况召开专题汇报会，并向公众致歉。

## 七　墨汁粉条

2011 年 4 月 20 日，广东省中山市接到群众举报后，查获了一家违法生产粉条的小企业。该企业在制作粉条时，通过添加石蜡、墨汁等非食品添加剂，以谋求经济利益。而食用"墨汁粉条"，会使人产生腹泻、呕吐等症状，危害人的健康。

## 八　问题爆米花

2011 年 4 月 22 日，国际食品包装协会发布了对京城 5 家影院爆米花桶质量和爆米花的调查报告，发现市场上所使用的爆米花桶普遍存在荧光增白剂超标等问题。荧光增白剂是一种荧光染料，可提高纤维织物和纸张等的白度。一旦进入人体，会对人体造成伤害，如果剂量达到一定程度还可能使细胞发生变异，成为潜在致癌因素。该报告引发了全国各地的媒体和公众的关注。

各地也纷纷采取措施，封查问题爆米花桶。其中以上海为典型，共查封问题爆米花桶近 10 万只。

## 九　黑心烤鸭

2011 年四五月，网友爆料在北京购买袋装"北京烤鸭"上当现象。经新华社记者调查发现，北京前门大栅栏商圈、北京站、北京西站、西单等地不法商贩兜售冒牌劣质"北京烤鸭"的情况非常严重。北京黑心烤鸭是一种假冒北京烤鸭的产品，外表包装与一般北京烤鸭的包装无异，但包装内其实就是一堆烂肉。经媒体报道后，北京市工商局等相关部门展开调查。最终，9 名涉案人员因生产、销售菌落总数、大肠菌群严重超标的"黑心烤鸭"，分别于 11 月 8 日、9 日上午在东城法院、西城法院领刑，获刑 1 年至 6 年不等，并被判处罚金 1 万元至 6 万元不等。

## 十　"合法牛肉膏"

牛肉膏（Beef Extract）又称牛肉浸膏，是一种食品添加剂，能够将猪肉腌制成"牛肉"。其在一定安全剂量内食用，并无危害，但若违规超量和长期食用，则对人体有危害，甚至可能致癌。

2011 年 4 月，安徽合肥、南京等地工商部门查获市场上存在的牛肉膏。广东工商局官员在回应"牛肉膏"事件时，称其销售"合法"，引发争议，遭到媒体和公众的声讨。

### 十一　西瓜膨大剂风波

2011 年 5 月 13 日，《扬子晚报》发出报道《数十亩西瓜成熟前纷纷炸裂疑与增甜剂有关》。西瓜使用了膨大剂增产一事由此被曝光，影响迅速波及全国西瓜产销市场。经媒体报道后上海、福建、河南、海南等地先后出现不同程度的西瓜销售不畅现象。

6 月，农业部首次出台专项措施指导西瓜产销工作。7 月，农业部针对个别地方出现的"膨大剂西瓜炸裂事件"首次作出正式回应，称促进植物生长的膨大剂或者调节剂，其功能和植物体内的激素一样，都能调节植物生长发育。按照国家规定适量使用，对人体没有副作用。

### 十二　公安部侦破特大地沟油生产加工销售事件

2011 年，全国各地捣毁了大量生产销售地沟油的黑窝点，并且摧毁了多条采集、粗炼、倒卖、精加工、销售地沟油的地下产业链。7 月，公安部统一指挥浙江、山东、河南等地公安机关，摧毁了一条采集、粗炼、倒卖、精加工、销售地沟油的地下产业链，捣毁生产销售地沟油的黑窝点 6 个，并抓获主要犯罪嫌疑人 32 名。这是全国公安机关首次全环节侦破非法收购"地沟油"炼制食用油，并通过粮油公司销售给群众的案件。由此，"地沟油"流向餐桌的传闻得到证实。

### 十三　洋快餐行业曝出弊端

2011 年 7 月 23 日，味千拉面宣传的纯猪骨熬制的汤底被曝是用浓缩液勾兑而成的，陷入"骨汤门"；7 月，肯德基曝出"黄金蟹斗为臭鱼肉"、其豆浆为粉末冲制的"豆浆门"事件以及存在违规生产加工食品的"后厨风波"；7 月麦当劳陷入食品中有虫的"蛆虫门"，以及面包遭遇"暴晒门"的质疑；8 月 DQ 陷入"奶浆门"，号称"冰雪皇后"的 DQ 冰淇淋与八喜牌冰淇淋系出同门，且号称进口的果酱实际产地在天津。

## 十四　沃尔玛销售虚假"绿色猪肉"

"绿色猪肉"是指按特定生产方式生产不含对人体健康有害物质或因素，经有关主管部门严格检测合格，并经专门机构认定、许可使用"绿色食品"标志的猪肉。

2011 年 8 月，经群众举报，重庆工商部门抽查沃尔玛旗下超市时，发现其销售的"绿色猪肉"涉嫌造假，卖出的"绿色猪肉"数量多于进货量，非法获利 1 万多元。此后重庆市召开新闻发布会称沃尔玛自入渝以来，因销售过期食品、不合格食品，虚假宣传等行为，已被工商部门处罚了 21 次。针对用普通猪肉冒充"绿色猪肉"一事，重庆工商部门开出罚单：停业整顿，没收所有违法所得，总计罚款 269 万余元。

## 十五　问题血燕事件

血燕曾被认为是燕窝中的精品，实际上，根本不存在"血燕"。市场上的"血燕"多为鸟粪熏染而成。血燕是不法分子为了获取利益、专门为中国人量身定做的。

近年来，媒体纷纷曝出血燕造假事件。2011 年 8 月 16 日，浙江省工商局召开新闻发布会公布此前开展的燕窝市场血燕产品专项清查行动结果。结果显示，浙江市场所售血燕亚硝酸盐含量普遍超标，高剂量的亚硝酸盐会产生很大毒性。此后，马来西亚农业及农基工业部专程在上海召开新闻发布会，承认马来西亚只出产白燕，没有所谓"血燕"，"血燕"只是不法出口商家为了获取更高利润而制造的噱头。并表示马来西亚警方已查实两名假冒官员的真实身份，将追究其法律责任。

## 十六　思念、三全、湾仔码头陷入"细菌门"

2011 年 10 月 19 日，北京市工商局公布了一批不合格食品名单，其中一种"思念"牌三鲜水饺被检出含有金黄色葡萄球菌，将全市停售。思念方面称，已经将该批次水饺全国下架，消费者可以要求退货。

2011 年 11 月 3 日，广州市工商局公布 2011 年第三季度食品质量检验报告显示，三全的"三全灌汤水饺（猪肉玉米蔬菜）"、"三全灌汤水饺（三鲜）"验出含有金黄色葡萄球菌，同样上榜的还有海霸王的"经典包心鱼丸"产品。

2011 年 11 月 16 日，微博上热传一份标称为南京工商局最近的检验报告，显示湾仔码头一个批次的"上汤小云吞（荠菜猪肉）"检出金黄色葡萄球菌不合格，并质疑结果仅通知厂商处理而未对外公布。"湾仔码头"产品也陷入"细菌门"风波。

## 十七  食品谣言——新疆艾滋病患者血滴感染食物

2011 年 11 月初，一条谣言通过手机短信、微博、QQ 群等迅速扩散。该谣言称一伙感染了艾滋病的新疆人在全国部分城市通过竹签挑破自己的皮肤滴血液来传染他人，或把血液滴到食物里，从而传染他人。

11 月 16 日，卫生部新闻办公室通过官方网站回应称：这是一起典型的造谣事件，并进行了科学解释。新疆维吾尔自治区公安厅也通过官方新浪微博"平安天山"辟谣。之后，新疆维吾尔自治区警方和河南省公安机关经过调查，对参与谣言传播的两地共 6 人进行了治安处罚。

（执笔者系华东师范大学传播学院硕士研究生）

# 2011 年环境热点事件与话题

宫玉斐

## 一  环境空气 PM10 和 PM2.5 的测定重量法

环境保护部于 2011 年 9 月 8 日发布 2011 年第 65 号公告，从 2011 年
11 月 1 日起，原先的国家环境保护标准《大气飘尘浓度测定方法》废除，
由《环境空气 PM10 和 PM2.5 的测定重量法》取而代之。新发布的规定用
以规范环境空气中 PM10 和 PM2.5 的测定方法。

悬浮在空气中直径在 100 微米以下的颗粒物，称为总悬浮颗粒物，是
我国大气污染的主要来源。其中，对人体危害最大的是直径小于 10 微米的
浮游状颗粒物，此前称为"飘尘"，后改为"可吸入颗粒物"。直径小于等
于 10 微米的可吸入颗粒物被称为 PM10，直径小于等于 2.5 微米的称为
PM2.5，又称细颗粒物。我国曾在 1996 年版的国家环境空气质量标准中，
将 PM10 列入了控制标准，但未将 PM2.5 列入。

## 二  限塑令

2007 年 12 月 31 日，中华人民共和国国务院办公厅下发了《国务院办
公厅关于限制生产销售使用塑料购物袋的通知》。这份被称为"限塑令"
的通知明确规定："从 2008 年 6 月 1 日起，在全国范围内禁止生产、销售、
使用厚度小于 0.025 毫米的塑料购物袋"；"自 2008 年 6 月 1 日起，在所有
超市、商场、集贸市场等商品零售场所实行塑料购物袋有偿使用制度，一
律不得免费提供塑料购物袋"。

国家实行"限塑令"是为了限制和减少塑料袋的使用，遏制"白色污染"。"限塑令"至 2011 年已实施三年有余，很多地方和媒体总结三年来的实施效果，并在各地开展又一轮检查和"禁白"探讨。

### 三　黑色污染

黑色污染是相对"白色污染"而言的污染，主要是指废橡胶（主要是废轮胎）对环境所造成的污染。目前，我国是世界上第一大橡胶消耗国和第一大橡胶进口国，全国每年产生的废轮胎大约 1.4 亿条，居世界第三位。

越来越多的废旧轮胎形成的"黑色污染"正日益威胁着人类的生存环境，废旧轮胎的再生利用成为一道世界性的难题。2011 年 10 月，由四川乐山亚联机械有限公司起草并制定的《废旧轮胎常温机械法制取橡胶粉通用技术条件》和《废旧轮胎常温机械法制取橡胶粉检测方法》两项国家标准获得国家标准委的批准，并于 2012 年 1 月 1 日正式实施。

此外，也有将石油污染定为"黑色污染"。由于石油污染近年来愈加频发，给地球和人类带来严重的危害，引起公众对"黑色污染"的讨论。

### 四　长江污染加剧

各类数据显示，过去 30 年间，长江水质恶化趋势非常明显。据长江流域水资源保护局统计，根据最新数据显示，2010 年长江排污量达到 339 亿吨。长江污染问题成为媒体和舆论热议的焦点话题之一。

2011 年 7 月 21 日凌晨，山洪泥石流造成四川岷江电解锰厂渣场挡坝部分损毁，泥石流卷走部分矿渣，冲入河道造成涪江污染。绵阳市政府 7 月 26 日晚发布公告称，涪江绵阳、江油段水质因受到污染，呼吁广大市民近期生活饮用尽量使用瓶装水、桶装水等成品水。绵阳市政府 7 月 29 日宣布解除警报后，"同饮涪江水"的遂宁市则决定切断涪江水源。7 月 29 日，遂宁市涪江黄莲沱入水口关闸封堵工作完成，涪江水已经不能流进渠河。7 月 31 日，遂宁市环境监测站发布监测结果，困扰涪江的锰污染被清除。

此次污染事件，促使多个城市考虑寻找备用水源地。江苏省疾病控制中心环境疾病防治所所长陈晓东表示，目前长江沿岸的城市，几乎都以长江水为饮用水源，而从战略角度考虑，必须寻找备用水源或建设备用水源库。但目前南京、常州、南通、江阴等沿江十几个城市，根本找不到合适的备用水源。[1]

## 五　农村环境污染

目前农村的污染排放已经占到了中国污染的"半壁江山"。农村的环境问题主要体现在三个方面，一是农村环境污染很严重，根据 2010 年完成的第一次全国污染源普查，农村的污染排放中 COD（化学需氧量）占 43%，总氮占 57%，总磷占 67%；二是农村的环境基础设施建设严重滞后；三是农村环境管理的基础很薄弱，法规标准很不完善，监管能力严重不足。农村环境污染问题是近年来媒体一直关注的环境舆情话题之一。

中国自 2008 年开始实施农村环境综合整治"以奖促治"政策。中央财政共计投入 40 亿元，带动地方社会资金投入超过 80 亿元，共整治 6600 多个村庄，2400 万农民直接受益，解决了一批群众反映比较强烈、直接关系到农民群众健康的突出环境问题。

财政部于 2011 年上半年下拨 2011 年农村环境连片整治示范资金 15 亿元，主要用于支持山西省、吉林省、安徽省、山东省、河南省、广西壮族自治区、甘肃省、青海省和新疆维吾尔自治区开展农村环境连片整治示范工作。

## 六　灰霾天气污染

近年来，我国东部地区灰霾天气不断增加。灰霾，特指人类活动源排放的大气污染物诱发的低能见度事件。其本质是细粒子气溶胶污染，与光化学烟雾相关联，具体成因复杂。由灰霾天气日趋严重引发的环境问题和气溶胶辐射强迫引发的气候问题，引起科学界、政府部门和社会公众的广泛关注，成为热门话题。[2]

2011 年 10 月 25 日，受国务院委托，环保部部长周生贤向全国人大常委会报告称，从大气污染看，2010 年，全国 17.2% 的城市空气质量未达到国家二级标准，主要是可吸入颗粒物浓度超标。"珠三角、长三角、京津冀等区域性大气污染日益突出，广州、深圳、上海、南京、苏州、天津等大城市的灰霾天数已占全年的 30% 至 50%。"

## 七　重大环境污染事故罪

2011 年 2 月 25 日，第十一届全国人大常委会第十九次会议审议通过了《刑法（修正案八）》，自 2011 年 5 月 1 日起施行，其内容涉及我国现行《刑法》多个方面。其中，修正案对《刑法》第三百三十八条"重大环境污染事故罪"做了较大修改，因而引发媒体和舆论对"重大环境污染事故罪"的热议。

修改后条文规定："违反国家规定，排放、倾倒或者处置有放射性的废物、含传染病病原体的废物、有毒物质或者其他有害物质，严重污染环境的，处三年以下有期徒刑或者拘役，并处或者单处罚金；后果特别严重的，处三年以上七年以下有期徒刑，并处罚金。"

本次修改，通过扩展适用范围、降低入罪门槛的方式，极大地增强了《刑法》的威慑力。这对我国刑事法律责任的完善、加大对环境污染犯罪行为的打击力度，具有重要意义。[3]

## 八　环保部出台"世界最严"火电减排标准惹质疑

2011 年 9 月 21 日，环境保护部和国家质量监督检验检疫总局联合发布了新修订的《火电厂大气污染物排放标准》，新标准自 2012 年 1 月 1 日起实施。新标准不仅相比于原标准大幅度提高了火电环保准入门槛，而且与欧美等发达国家相比，亦更为严厉，被业内人士称为"世界最严"火电减排标准。

由于高煤价而造成的政策性亏损已让众多火电企业叫苦不迭，新的大气排放标准又让其背上了"额外"负担。面对史上最严厉的强制性减排，火电行业企业纷纷对新标准表示强烈质疑和不满。对于火电企业而言，这样的排放要求无异于一场生死考验，中国电力企业联合会秘书长王志轩坦言，这是一项火电企业不可能完成的任务。这位曾经从事多年火电环保工作的专家认为，如果严格按照环保部的排放标准，火电企业的出路只有两个：倒闭或者造假。而政策的制定者——环保部则认为，面对我国当前环境难以承受的压力和日益严峻的形势，迫切需要提高各行业的排放控制要求，降低排放强度，切实兑现环境成本。

在火电企业与环保部相互较劲之时，利益的另一方却在暗中得意，在这一标准下，脱硫、脱硝和除尘设备市场会因此被激活，数千亿的下游市场空间在今后几年将会急速爆发。由于中国企业并不掌握上述设备的核心技术，也因此有人判断，外资设备商将成为这场游戏的最终受益者。甚至有人称，这一标准的出台，是国外设备商绑架了中国环保部。

## 九 "肃铅风暴"（《加强铅蓄电池及再生铅行业污染防治工作通知》）

自 2005 年以来，全国各地已经发生了多起与铅蓄电池生产和回收行业有关的严重的集体铅中毒事件。据环保部、农业部 2010 年公布的污染普查数据，仅 2007 年一年就有 900 吨铅、汞、铬、镉和砷进入环境当中。

自 2005 年以来，全国各地已经发生了多起与铅蓄电池生产和回收行业有关的严重的集体铅中毒事件。2011 年，血铅事件更是层出不穷，如安徽怀宁血铅事件、浙江台州和德清血铅超标事件等，导致各地纷纷对铅蓄电池企业进行摸底排查。2011 年 5 月 18 日，环保部更是紧急下发了《加强铅蓄电池及再生铅行业污染防治工作通知》，通知要求地方各级环保部门对辖区内所有铅蓄电池及再生铅企业开展监督性监测，加大铅蓄电池及再生铅企业的执法监察力度。"肃铅风暴"由此展开。

民间舆论对于"肃铅风暴"大多持肯定态度，希望相关政府部门能持之以恒地治理重金属污染，一抓到底，并要注意铅矿的提炼和废电池再生中的污染问题。2011 年 6 月至 7 月，大量铅蓄电池生产厂家暂时停产。截至 11 月，全国各地共关闭 583 家铅蓄电池制造和回收厂家。另据媒体报道，由环保部和工信部联合制定的《铅蓄电池业准入条件》已完成征求意见程序，有望近期出台。

## 十 石家庄缺水

国际公认的缺水警戒线为人均水资源量 1000 立方米，而石家庄市人均水资源量仅为 228.9 立方米，不足全国平均水平的 1/10。缺水对这一省会城市不再是单纯的资源问题，已上升为生态问题、民生问题。此外，全市还有很多山区吃水困难。对此，媒体和舆论给予很高关注度。

2011 年 12 月，石家庄市政府常务会原则通过《石家庄市关于实行最严格水资源管理制度的意见》（以下简称《意见》）。围绕水资源的开发、利用、节约和保护，到 2015 年，该市将建立用水总量控制、用水效率控制、水功能区限制纳污"三条红线"和控制指标、实时监控、考核评估"三个体系"，形成最严格水资源管理制度体系；全市年用水总量控制在 35 亿立方米以内。到 2020 年，全面建立和实行最严格水资源管理制度。[4]

此外，河北省于 2011 年 12 月相继出台了一系列新规，通过拓宽财政预算安排、水利基金征收等，为河北省加快水利改革发展提供强有力的资金保障。

## 十一 渤海近半海水遭污染变质

2011 年 6 月初，美国康菲公司与中海油合作开发的中国近海最大油气作业项目蓬莱 19 - 3 油田发生了严重漏油事故。渤海的污染问题成为媒体和舆论关注的热点话题。

据相关调查，渤海的污染比例已经从 2005 年的 14% 上涨到了 2010 年的 22%，这个数据还在不断上升。目前渤海海水中 I 类和 II 类海水只占到 55.1%。伴随着水质的恶化，昔日的渤海渔场已经闹起了"鱼荒"。天津市渤海水产研究所发布的"渤海湾渔业资源与环境生态现状调查与评估"项目报告显示，渤海渔业资源已经从过去的 95 种减少到目前的 75 种，野生牙鲆、河豚等鱼类已彻底绝迹。

据专家指出，渤海目前复合污染十分严重，水体严重富营养化，重金属、石油类污染、持久性有毒污染物交叉作用，从而使渤海一步步迈向了"死"海的边缘。[5]

## 十二 燃煤污染太原连续 3 个三级天

2010 年 2 月 13 日至 19 日，太原市共出现了 5 个二级天、两个三级天。

两个三级天分别出现在农历大年初一和正月初三。太原的空气状况已开始引发媒体关注。2011 年 11 月上旬，太原出现了 6 个三级轻度污染天。14 日到 16 日，更是连续出现 3 个三级天，空气污染指数最高时达到 117。环保部门回应，主要是受到采暖期燃煤污染的影响。该事件又一次引发媒体和公众关注。

太原市已经作为山西省唯一试点城市，将空气污染监测指标从 3 项扩展到 9 项，PM2.5 也是其中一项，但目前设备刚刚到位，还未正式开始监测。就目前监测到的情况来看，颗粒物是有，但首要污染物还是二氧化硫，罪魁祸首依旧是燃煤锅炉，这和气象条件也有直接关系。

### 十三　民间环保组织呼吁北京出台法规防治二手烟

2011 年民间环保组织达尔问自然求知社通过对北京市 51 家不同禁烟政策的餐厅进行的暗访调查，发布了《北京部分餐厅室内烟草烟雾污染情况报告》。他们呼吁北京尽快出台一个二手烟危害防治法规，规定包括餐馆在内的所有室内公共场所禁止吸烟，保护公众的健康权益。

该研究报告指出，全面禁烟餐馆室内 PM2.5 浓度平均值为 $61\mu g/m^3$，即一立方米的空气中 PM2.5 颗粒物为 61 微克。相比之下，没有禁烟规定的餐馆，室内空气污染程度严重，室内 PM2.5 浓度平均值达到 $114\mu g/m^3$，比世界卫生组织推荐的 PM2.5 空气质量标准 $10\mu g/m^3$ 高 11 倍。部分禁烟的餐馆中，室内空气污染程度同样严重，非吸烟区内 PM2.5 浓度平均值达到 $103\mu g/m^3$，比世界卫生组织推荐的 PM2.5 空气质量标准高 10 倍。

### 十四　海南环境污染

2011 年 6 月，一则《实拍：触目惊心的海南环境污染谁之罪？》的帖子在网络上引起广泛关注，由此引发公众对"海南环境污染"的关注。

11 月，海南省公布了海洋环境保护联合执法检查取得的成效。据悉，2011 年以来通过对全省沿海 12 市（县）海洋环境保护情况专项检查发现，海南不断加大海洋环境监管力度，建立应急反应机制，大力削减陆源污染物排放，有效保护了海洋生态环境，海南海洋生态环境保持良好态势。

海南省国土环境资源厅数据显示，自 2010 年以来，海南管辖海域海水水质总体良好，近岸海域Ⅰ类、Ⅱ类水质占 88.9%，海洋与海岸生态环境总体保持良好。[6]

## 十五　环保部下发《关于进一步规范监督管理严格开展上市公司环保核查工作的通知》

2011 年 2 月 17 日，环保部下发的《关于进一步规范监督管理严格开展上市公司环保核查工作的通知》称，对上市环保核查前一年内发生过严重环境违法行为的企业，各级环保部门应不予受理其核查申请，这一规定将在 6 个月后开始实施。此外，在核查过程中，公司仍存在违法情形尚未得到改正的，环保部门应退回其核查申请材料，并在 6 个月内不再受理其上市环保核查申请。对于核查过程中，公司有做假行为的，环保部门 1 年内不再受理。

据媒体报道，环保部的这一举动使上市公司环保"核查风暴"再次升级，上市公司将面临更高标准、更严格的环保政策。

## 十六　北京空气污染严重

自 2011 年 10 月底开始，浓雾笼罩京城引发了公众的对空气质量的焦虑。12 月 4 日夜间至 5 日凌晨前后，北京市浓雾弥漫，部分地区能见度不足 50 米，首都被网友戏谑为"雾都"。

市环保局的监测数据显示，从 12 月 4 日中午 12 点到 5 日中午 12 点，北京的空气污染指数为 193，首要污染物为可吸入颗粒物（即 PM10），属轻度污染。但在朝阳、海淀、丰台等多个站点，空气污染指数均超过 200，达到中度污染，而房山良乡的空气污染指数竟高达 314，达到了重度污染。

12 月 4 日晚，美国驻华使馆发布的北京 PM2.5 监测数据再次爆表，超过了最高污染指数 500，此时的 PM2.5 浓度 522，也因为"超出了该污染物的值域"，在美国环保局网站上无法转换为空气质量指数。根据美国环保署 EPA 的空气质量标准，当 PM2.5 的浓度介于 250 和 500 之间，所有人都应该避免户外体力活动。

针对公众热议的 PM2.5 空气质量检测标准，环境保护部华北稽查中心主任熊跃辉认为，舆论焦点不应该只关心运用了何种标准，而应该更多地关注如何控制空气质量污染。

## 十七　国务院关于加强环境保护重点工作的意见

2011 年 10 月 17 日，国务院发布了《国务院关于加强环境保护重点工作的意见》（以下简称《意见》）。《意见》明确了环境保护工作的目标、任务和措施，对我国下一阶段的环保工作做出了重要部署。《意见》指出：

推进污染企业环境绩效评估，严格上市企业环保核查。支持符合条件的企业发行债券用于环境保护项目。

实施有利于环境保护的经济政策。把环境保护列入各级财政年度预算并逐步增加投入。适时增加同级环保能力建设经费安排。加大对重点流域水污染防治投入力度，完善重点流域水污染防治专项资金管理办法。

加大对符合环保要求和信贷原则的企业和项目的信贷支持。建立企业环境行为信用评价制度，健全环境污染责任保险制度，开展环境污染强制责任保险试点。

积极推进环境税费改革，研究开征环境保护税。对生产符合下一阶段标准车用燃油的企业，在消费税政策上予以优惠。对"高污染、高坏境风险"产品，研究调整进出口关税政策。

鼓励多渠道建立环保产业发展基金，拓宽环保产业发展融资渠道。实施环保先进适用技术研发应用、重大环保技术装备及产品产业化示范工程。着重发展环保设施社会化运营、环境咨询、环境监理、工程技术设计、认证评估等环境服务业。

严格落实燃煤电厂烟气脱硫电价政策，制定脱硝电价政策。对可再生能源发电、余热发电和垃圾焚烧发电实行优先上网等政策支持。对高耗能、高污染行业实行差别电价，对污水处理、污泥无害化处理设施、非电力行业脱硫脱硝和垃圾处理设施等鼓励类企业实行政策优惠。按照污泥、垃圾和医疗废物无害化处置的要求，完善收费标准，推进征收方式改革。推行排污许可证制度，开展排污权有偿使用和交易试点，建立国家排污权交易中心，发展排污权交易市场。[7]

（执笔者系上海交通大学人文艺术学院硕士研究生）

## 参考文献

[1] 佚名.长江被众污染企业包围污染加剧黄金水源岌岌可危［N］.经济参考报，2011－11－09.

[2] 吴兑.灰霾天气的形成与演化［J］.环境科学与技术，2011（3）.

[3] 王炜.刑法修正案八"重大环境污染事故罪"修订解读［N］.中国环境报，2011－3－20.

[4] 刘娴.石家庄实行最严格水资源管理制度［N］.河北日报，2011－12－6.

[5] 余姝，胡泽曦，梁鑫.渤海污染触目惊心或成"死"海渔民无鱼可捞［N］.羊城晚报，2011－11－13.

[6] 孙秀英，陈祖洪.海南加大污染防治海洋环境保持良好［N］.中国环境报，2011－11－7（5）.

[7] 王颖春.国务院出台加强环境保护重点工作意见［N］.中国证券报，2011－10－21.

他山之石

# 医疗卫生篇

*郝希群*

## 一　全民覆盖的医疗保险制度

实行市场经济的发达国家，从 19 世纪末期到 20 世纪中期，陆续形成了范围和程度不同的社会公共医疗保障制度。这其中的原因主要是市场机制在医疗业领域存在的局限性和经济、社会发展的客观要求。

美国和加拿大在 20 世纪 70 年代前的医疗业制度的发展很相似。1971年，两国的医疗业支出都占 GDP 的 7.5% 左右。但 1971 年以后，两国的医疗业制度开始向不同方向发展。加拿大建立起了主要通过社会筹资的国家全民健康保险制度，而美国则基本维持现状。结果是美国的医疗业费用增长速度很快，但同时又有相当部分的人群未能享受到公共医疗保险，美国因此成为发达国家中医疗业费用花费最高而效率却最低的国家。[1]

美国受传统文化的影响，崇尚市场和个人选择。因此，美国医疗保障制度的整个体系主要建立在市场化基础上。但医疗业领域固有的市场失灵也使美国以市场化为基础的医疗保障制度陷入困境。由于美国一开始没有建立全民覆盖的医疗保险制度，形成了不同的利益团体，致使是否实施全民社会医保在美国一直争论不休。美国以市场化为基础的松散的第三方支付制度没有也不可能有效地发挥控制医疗费的作用。而且，由于美国没有全民社会医保，造成医保体系分割和无序，而以市场化为基础的松散的第三方支付制度也造成了医疗需求方和医疗供给方都没有节约医疗业资源的动机。[2]

在美国当前医疗体系下，一个人的医疗保险通常通过雇用关系获得，如果失去工作，也就无法继续享有这一保险。尽管社会保险制度包括一些医疗福利和救济措施，但不是每一名失业者都符合条件，因此造成了生病——失业——没有医疗保险——无钱治病——病入膏肓——医院不得不使用纳税人的钱为其免费治疗——国家预算赤字加大的恶性循环。[3]

以上所述的内容对我国的启示是：我国应朝着建立全民医疗保障制度发展。可喜的是，国务院医改办公布数据称：截至 2011 年 10 月 12 日，我国三项基本医疗保障制度的总参保人数达到 12.8 亿，覆盖了 90% 以上的城乡居民。[4]我国医疗工作的下一步应该是尽快覆盖剩下的 10% 的城乡居民，真正实现全民医保。

## 二 如何缓解老龄化的压力

根据联合国教科文组织制定的标准，当 60 岁以上人口比例达到 10% 或 65 岁以上的人口占人口总数的 7% 或以上时，就意味着该国步入"老龄化社会"。据此判断，我国在 2000 年就已经进入老龄化社会，而且其后老龄化趋势不断加快。第六次人口普查数据显示，截至 2010 年 11 月 1 日零时，我国 60 岁及以上人口达 1.78 亿，占总人口的 13.26%，比 2000 年时上升 2.93 个百分点，其中 65 岁及以上人口接近 1.2 亿，占总人口的 8.87%，比 2000 年时上升 1.91 个百分点。[5]

针对我国的老龄化现状，许多人口学家建议政府尽快调整人口政策，目前呼声最高的是"放开二胎"政策。然而，放开二胎政策能否收到实效还有待观察。韩国十几年前发生的情况与我国目前遇到的情况十分相似，当时韩国政府废除了控制人口的政策，但情况并未好转。

自 20 世纪 60 年代开始，韩国政府为了控制人口增长实行"家庭计划"政策，并提倡小规模家庭。政府通过指导和适当的辅助措施鼓励国民少生孩子。家庭计划成功地降低了人口增长速度，但在推行了几十年后，韩国却遭遇了严重的出生率下降问题。比如，韩国的生育率从 1960 年的 6.0，削减到 1970 年的 4.5、1980 年的 2.8。随着生育率的逐步下降，韩国政府于 1996 年废除了长达 36 年的控制人口的政策，并开始鼓励国民生育。可情况并未发生根本好转。在进入 21 世纪后的韩国，逃避生孩子的趋势愈演愈烈，以致生育率于 2005 年下降至 1.08，创造了"经济合作与发展组织"成员国中的最低水平。因为担心日趋老龄化的韩国将来会失去成长的动力，韩国政府制定了《低出产高龄社会基本法》，并开始鼓励多生孩子。可 2010 年的生育率也仅升至 1.22。据 2011 年 5 月 30 日韩国统计厅发布的人口普查数据，韩国 65 岁以上的老龄人口为 542 万人，占总人口的 11.3%，超过了预期。韩国将在 2018 年从老龄化社会（65 岁及以上人口占总人口的 7% 至 13%）进入到老龄社会（65 岁及以上人口占总人口的 14% 至 19%）。[6]

这也印证了我国国家人口计生委新闻发言人、政策法规司司长于学军在宣布实行"双独二胎"政策时就已做出的判断：不能完全通过调整人口政策来解决人口老龄化问题。人口老龄化是个社会问题，不能仅仅依靠人口政策来调整。

在跨入老龄化社会的过程中，法国用了 115 年，英国用了 80 年，美国用了 60 年，而我国只用了 18 年。同属亚洲国家的日本，30 年前就跨入老龄化门槛，因此，其养老政策值得我国借鉴。日本养老保险制度是由国民养老保险和厚生养老年金构成。凡年满 20 岁以上、65 岁以下在日本居住的人都必须参加国民养老保险。厚生养老年金是在国民养老保险的基础上设定的一种附加年金，强制性地要求工薪阶层必须加入，保费分别由政府、企业、个人共同负担。为了缓解人口老龄化给社会带来的压力，开始领取养老金的时间已经从 60 岁推迟到了 65 岁，国民养老金待遇占老人家庭收入的 63.6%，这一制度是人们老年时生活的主要保障。[7]此外，日本政府于 2000 年 4 月开始实施了一种颇为成熟的老人护理制度。按照需要的护理程度分成了不能站立、不能步行、不能用餐等各个级别，并按照这些不同的级别提供登门访问、入住老人福利院等不同服务。这个看护制度的实施有效地解决了老年人生活和医疗问题，是社会养老保险的重要组成部分。

## 三　医疗纠纷处理借鉴[8]

国外对医疗事故与纠纷的定性主要根据后果，一般采用法律裁决。其基本特点是：一要经过法律程序；二要给予经济赔偿。

自 20 世纪 70 年代以来，美国在强烈追求个人人权的情况下，增强了救济患者和追究医生责任的观念，医务人员被控告的案件越来越多。据报道，1975 年美国大约有 2.5 万条新的法律条款是针对医生的。发生医疗事故或差错，患者可以直接向法院控告有关的医护人员。在医疗实践中，医护人员超越自己的权限和能力造成了不良后果，都要受到法律的制裁，且多表现为经济赔偿。赔偿金额根据患者机体损害程度、对职业和生活的影响以及根据患者预期生命的测算而定。

英国在审理医疗过失案件时，法院对医疗过失提出的赔偿，要求受害人提供证据，一名医生无论是否与患者签有合同，都有一项法定义务，即竭尽全力，关心病人，用所有的知识、技巧并小心谨慎。法律要求医生在爱护患者和胜任治疗方面具备良好的水准。提出控告的举证责任在患者一方，未能证明医生有过失的则不负有责任。医生在进行诊疗时，需按照一个由医术高超和经验丰富的人员组成的团体认可的方法行事。

新西兰自 1974 年以来，由劳动部、社会福利部、卫生部联合在中央和地方分别设立意外事故赔偿委员会，主席由劳动部推荐，助手由法院的律师担任。法律规定无论是什么原因造成的损伤，包括医疗事故，都要在 24 小时内报告意外事故委员会调查处理。他们认为在判定医疗事故时，首先考虑医疗的特殊性，因为许多治疗手段都有一定的危险性，并发症不能算是医疗事故。当事人有异议，可由意外事故赔偿委员会仲裁。出了医疗事故，医生本人虽不负赔偿责任，但都有被解雇的可能。

在西欧，如丹麦和比利时等国有明文规定，凡不属医师责任使患者增加痛苦的，一般由国家付给一定的经济赔偿。如果医师有责任，一般以公函形式通知医院和本人，指出医务人员在某一方面发生了医疗过失，严重的提交法庭按有关法律处理。丹麦设有全国医学法律委员会，成员由司法机构选择的一批医学专家组成，受理地区卫生官解决不了的疑难医学纠纷问题。

日本自 20 世纪 70 年代开始公布一套医疗事故特殊处理办法，即日本医师赔偿责任保险制度。日本医师会作为一个团体与保险公司签订合同，对已参加保险的医师会会员的医疗过失负有赔偿责任。医师会下设调查委员会和鉴定委员会，均由医学专家和律师组成，两个机构分立是为了避免片面性，求得公正的判定，协同地方医师会一起出面与患者家属协商解决；如协商失败，则通过诉讼经法院解决。日本对医疗事故判断强调注意义务、说明义务、回避义务和承诺。即医务人员在医疗行为中，用现代医学标准衡量，应该注意的事项注意到了没有；如果违反了了注意义务，就要追究法律责任。法律要求必须预见到并采取相应防范措施加以避免的，就是履行了预见义务和回避义务。说明义务是要求医生说明病情，根据治疗目的，围绕病情，讲清为什么要做这样的手术、手术预后如何，让患者行使自己的决定权。说明病情书要有护士和家属在场。承诺是患者对要实行的重要处置表示同意，要有承诺书存查为证。

## 四　医患矛盾如何应对

### 1. 美国：力求平衡医患利益[9]

医疗疏忽和医疗失误在美国是个严重问题。据统计，美国每年有 4.4 万至 9.8 万名患者死于医疗疏失，近 3% 的患者是医疗手段不当的受害者。美国有关部门处理医疗纠纷等医患矛盾时，力求照顾医患双方，努力寻找两者利益的平衡点。在维护患者利益的同时，也注重保护医生的权益。美国有 11 个州规定，只有医疗疏失的责任超过 50%，被告才需要进行赔偿，其他州则规定按责赔偿。美国一些州的执法部门认为，如果对医院和医生的惩罚过重，使其经营成本和风险高到难以忍受，只会使专业人才外流，最终倒霉的可能还是患者。

此外，美国几乎所有的医院都设有伦理委员会，这个委员会只负责倾听医生、病人和家属的意见，并提供建议。委员会成员并非只是来自医院，而是来自社会的方方面面，包括医院的医生、注册护士、牧师、社区代表、社会工作者、律师等。伦理委员会成立之后，医院的医患纠纷大为减少。[10]

### 2. 日本：建立医患互信关系

为了有效缓解医患矛盾，日本采取了一系列措施。其中最关键的是：建立医患信任关系，提供优质服务。医患互信使病人相信诊断并积极配合治疗，使医生增强自信，提高诊治效率。为了监督医院的服务质量，日本自 1995 年开始对医疗机构实行评估制度。评估包括五大指标：医疗记录是否严格管理；对患者有没有实行主治医生责任制；每个病例是否进行了认真研究；有无医生进修制度；患者权利是否有明文规定。每个指标分五个等级。评估结果上网公布，评估合格发给合格证书。患者根据评估结果选择优质医疗的同时，又增加了对医生的信赖。

### 3. 德国、新加坡：庭外调解化矛盾

德国医疗技术发达，医疗水平享有盛誉。但德国卫生组织公布的统计资料却显示，德国每年的医疗事故总数仍高达 10 万起，其中 1/4 事故导致病人死亡。对于医疗事故引起的纠纷，当事人除了通过法院寻求解决外，采用最多的还是庭外解决的方式。医疗事故发生后，病人或家属一般先与当事医生或院方进行直接接触以确认事实，并协商可能的赔偿问题。如果协商未果，病人可以向医疗事故调解处求助，该机构专为解决医患纠纷设立，目的是避免医患双方"对簿公堂"或打"马拉松医疗纠纷官司"。

新加坡处理医患矛盾的方式和德国很相似，虽然该国目前没有专门针对医患关系的立法，但医院对医疗事故、医疗纠纷和病人的投诉比较重视，设有专门的纪律和投诉调查委员会。新加坡 1997 年成立医疗纠纷调节中心，鼓励和平化解医患矛盾。

### 4. 俄罗斯：法律保护细致周全

俄罗斯处理医疗纠纷一般倾向于通过法律手段来解决。俄罗斯患者权益的法律保障在多部法律中都得到体现，如行政违法法典、消费者权益保护法、民法、刑法、民事和刑事诉讼法、医学司法鉴定法。俄罗斯有一项贯穿多项法律的原则——维护公民健康。

在俄罗斯，"不良医疗后果"分为三类：医疗事故、过失和医务人员在疏忽或蓄意的状态下实施的违法行为。一旦发生不良医疗后果，患者或其亲属可向有关医疗机构的行政管理部门、州一级卫生主管机构、市或地区司法机关，以及为患者提供医疗保险的单位提出索赔要求。通常医疗行政管理部门在收到书面索赔要求后，须在 30 天内作出书面决定。患者或家属若对结果不满意，则可向法院提起民事诉讼。

## 五 保护好心人的免责条款

2004 年，一位叫亚历山德拉的年轻女子发生车祸被卡在车里动弹不得。另外一名叫丽莎的女子将其救出，但丽莎由于没有专业的施救技能，

导致了亚历山德拉车祸后瘫痪。2008 年，亚历山德拉把将她从车里拖出来的丽莎告上法庭，称丽莎救助疏忽导致她瘫痪，所以丽莎要为她的瘫痪负责。2009 年，美国加州议会以 75：0 票通过"好心人免责条款"，条款宣布了类似丽莎这样的案例：因救助他人的疏忽导致其受到伤害，此种情况下救助者得以免责。[11]

加州议会所通过的这个"好心人免责条款"，其实在美国乃至整个北美地区都不罕见，这种条款被称为"好撒玛利亚人法"。这条法律源自一个古老的圣经故事，其中的"好撒玛利亚人"（Good Samaritan）是用来指既没有法定义务也没有约定义务而出于内心的道德要求无偿对他人进行救助的人。好撒玛利亚人法（Good Samaritan law）是美国法律体系中著名的制定法，主要是关于在紧急状态下施救者因其无偿的救助行为给被救助者造成民事损害时的责任免除的法律制度。美国联邦和所有州的制定法中都有其各自的具体条款或者无偿施救者保护法，其主要目的在于通过豁免见义勇为者在一些特定情形中的责任，从而达到鼓励社会的见义勇为行为的作用。

加拿大也有与美国类似的"好撒玛利亚人法"，立法形式与美国不同的是，除魁北克省采用民法以外，其他省采用普通法的形式。加拿大一些省法律则规定，施救行为对一般疏忽造成伤害不担责。如安大略省 2001 年《好撒玛利亚人法》规定："无论习惯法如何规定，自愿且不求奖励报酬的个人，不必为施救过程中因疏忽或不作为所造成的伤害承担责任，除非能证明该人系因严重疏忽而造成伤害。"

作为东方国家，新加坡的法律完全站在保护施救者权益的立场上。惩罚机制规定，被援助者如若事后反咬一口，则须亲自上门向救助者赔礼道歉，并施以其本人医药费 1 至 3 倍的处罚。影响恶劣、行为严重者，则以污蔑罪论处。

尽管此项法律旨在保护施救人，但是要想对其行为造成的损害免责，必须具备法定的要件：首先是在紧急状态下对遭受严重身体伤害的人或处于即刻到来的危险中的人进行救助；其次此种救助必须无偿，施救者必须要有良好动机，而非为钱或受其他利益驱动。救助行为在被救助者还具备意识时，救助行为不得违背被救助人的主观意愿。并且，施救者和被救助者间不存在法定或约定的救助义务，像父母、医生（上班时间）、警察、消防员等履行责任的人不在免责条款之内。

（作者系华东师范大学传播学院硕士研究生）

## 参考文献

［1］王绍光.政策导向、汲取能力与卫生水平［J］.中国社会科学，2005（4）：101-120.

［2］王根贤.公共财政视角下的中国医疗业保障制度研究［M］.成都：西南财经大学出版社，2008：70.

［3］王薇，刘丽娜.医改：未来左右美国经济的变量［N］.经济参考报，2009-11-19（A05）.

［4］王茜.我国三项基本医疗保障总参保人数达12.8亿［EB/OL］.新华网，2011-10-12，http：//news.xinhuanet.com/society/2011-10/12/c_122149434.htm.

［5］佚名.第六次人口普查结果：中国人口达13.39亿［N］.中国经营报，2011-4-28.

［6］金宰贤.韩国"低生育率陷阱"的启示［N］.南方都市报，2011-6-21（AA31）.

［7］黄学清.中国逐渐"老龄化"专家称可借鉴日本养老政策［N］.香港商报，2011-11-4.

［8］转自佚名.国外处理医疗纠纷借鉴［EB/OL］.法律快车网（下文内容均引自该文），2011-9-15，http：//www.lawtime.cn/info/sunhai/yiliaoqita/yiliaojiufen/20110915119049.html.

［9］转自彭永清.奥地利医护人员频繁挨打各国如何应对医患矛盾［N］.青年参考，2010-12-1.

［10］见贤.医院屡变战场，医患哪个更伤？［N］.羊城晚报，2011-9-24（A02）.

［11］小易.好撒玛利亚人法：保护好心人的免责条款［EB/OL］.光明网-光明观察（以下各国条例均引自该文），2011-10-20，http：//guancha.gmw.cn/2011-10/20/content_2819902.htm.

# 食品安全篇

高云微

　　食品安全问题小则涉及每个人的生命健康，大则关乎国家政治社会稳定，从这种意义上而言，任何一个国家都非常重视食品安全问题。无论是就政府层面而言的立法保障、健全管理体系、完善监管体制、落实召回制度等自上而下的举措，还是就公众用户体验而言的公开详细的详细信息、可及时查阅食品源头的溯源制度保障等，不少国家为我国面对和处理当下频发的食品安全问题提供了一些借鉴。

## 一　与时俱进，以人为本，专项立法

　　完善的法律法规能有效地为食品安全提供法律保障，也是政府、企业、公众在面对不同的食品安全问题时可供诉求的强有力保障。法律规章并非经由立法机构讨论、颁布之后便可束之高阁，十几年如一日一成不变地以供参考。唯有与时俱进，不断适应变化着的实践，经多次修改、增补，兼顾细节和整体，才能成为真正意义上的典范。

　　现今国内外食品添加剂问题频出，而涉及食品添加剂的立法，一贯被认为是涉及范围多、界限模糊，难以立法。而欧盟却基于"食品改善剂包"形式，于2011年推动了新食品添加剂立法，并且制定了较长远的计划，在接下来数年里分阶段逐步实施。目前该法律已经经由欧盟常委议会批准并提交至欧盟议会，于2011年10月在官方刊物公布，经过18个月充足的过渡期之后，新附录预计将于2013年4月生效。[1]

　　此项新立法可以说是历经几次修改，是不断对一些法律法规的附录进行合并、更新和修正的结果。2009年，关于添加剂的基本原则就已经被修改和添加到一个相对独立的欧洲食品添加剂条例中。但当时是将甜味剂、色素、添加剂等的种类适用范围以立法形式分别进行说明的，而此次的新法律附录则是在此前基础上，将上述三个相对独立的范畴融合在一起，从总体上对食品分类系统加以规定和明确。此新法律也并非完全改道易辙，而是保留了大部分实施效果较好的食品添加剂用途方面的内容，并且在保障公众安全、适应公众需求上对一些特定食物适度下调某些添加剂使用的上限值。

除食品添加剂法律法规，从欧盟食品标签法规的变迁也可以看出：基于不断变化发展的食品现状和各种日益复杂的食品安全问题，一部相对成熟的法律也需要历经时间的考验。1979 年，欧盟食品标签法的基本法规出台。然而 30 年中，食品的消费环境和个人习惯不断变化，于是欧盟在 2009 年对该法规开始了修订工作，并在 2011 年年底正式出台，之后还将预留 3 到 5 年的过渡期供各国各食品生产商适应和过渡。[2]

在这部新的标签法规中，人性化地要求食品标签必须增加食品的营养价值。同时为保护食物过敏者的权益，新法规规定在预包装食品和非预包装食品中，必须标明过敏原的存在，且以字体区别其他成分。为了保障老年人和视力较差者的权利，使食品商标更加清晰易懂，该法规还强制性地对标签上最小字体进行了硬性的规定。[2] 就新标签法规而言，其宗旨是最大限度地保障消费者不被食品包装的外观文字、描述图片所误导，是真正意义上从消费者角度出发的一种人性化立法。

同样，以日本为例，自 1995 年来，日本已经先后对《食品卫生法》进行了 10 多次的修改，因为一部法律法规并不意味着一劳永逸，而不断发展变化的社会环境，往往会出现食品安全监管的真空地带。此点对于改变我国食品安全法律法规内容相对比较陈旧的现状而言，无疑是值得借鉴的。

## 二 依法严处，以儆效尤

食品安全问题一旦爆发，往往涉及面广，影响深远，一旦处理不好，就可能造成食品安全问题频发的局面。为防患于未然，同时也为亡羊补牢，以儆效尤，不少国家在制定涉及食品安全的法律法规时，不仅确保法律门类齐全，与时俱进，而且从惩处角度而言，一旦触犯这些法律法规，其后果将是极其严重的。相比之下，我国食品安全法律法规则惩戒力度不足，从而使得一些不法分子在利益面前，屡屡违反法律规定。

以德国为例，一旦触发了食品安全法律法规，等待触犯者的不仅仅是刑事诉讼，还将是巨额处罚赔偿。2010年年底，德国西部发现一些鸡蛋遭遇致癌物质二噁英污染，经过一系列调查后，对于肇事者，德国检察部门提起了刑事诉讼，同时受到危害的农场提出了民事赔偿，数额预计高达每周4000万至6000万欧元，完全可能让肇事者破产。[3]而德国的邻国，同为欧盟大国的法国，商场、超市内出售过期食品，一旦被发现，就会遭遇关门停业的结局。而判断食品是否过期，直接取决于标签上的保质期和生产日期。

美国在2010年8月发生鸡蛋受沙门氏菌污染事件，并因此召回鸡蛋5.5亿枚。[4]之后美国国会法律委员会同意就加大处罚力度，对食品安全相关法律法规进行修改。该法律中，对犯罪者的指控更为严厉，无论是哪一个环节导致的食品污染，甚至宠物食品以及添加剂污染、掺用等都不能逃脱法律的惩罚。此外，对于在食品、宠物食品、添加剂中造假的所有人员，从从原来的轻罪处罚升级为重罪处罚，同时对于故犯者将判处10年监禁和不封顶的巨额罚款。

韩国在2004年爆发"垃圾饺子"风波之后，时任总统的卢武铉亲自承诺"一定要让与食品相关的犯罪无立足之处"。此后，韩国加大了食品安全管理力度，特别是加重了对违法厂商的处罚力度。韩国《食品安全法》中明确规定，一旦制造或销售有害食品被判刑者，5年内将禁止在《食品卫生法》所管辖的所有领域从事经营活动，此外还附以高额的罚款。[5]

## 三　追根溯源，全程监管

"一站式服务"最早来源于欧美国家企业的商业模式，其本质是一种销售服务，即最大限度地满足消费者购物所需要的一切。换言之，一站式服务是一种能够高效率对某种商品或者服务进行出售的方式。而不少国家食品监管就堪比这样的"一站式服务"，拥有整套完善体系，不同的机构相互配合，形成一套较为完整的"从农场到餐桌"的监管体系，从而从源头、流通环节，乃至出了问题之后的召回环节都能够对食品安全进行有效的保障。例如美国有多层次"一揽子"监管，欧盟奉行"从农田到餐桌"全程监控，日本有多方协同制衡监管，加拿大实行一体化监管。[6]

为了从源头上消灭食品安全的隐患，不少国家纷纷成立了食品溯源机构。这种机构基于食品链原则和可追溯性原则而成立，通过对不同食品分门别类进行编码，从而保障消费者可以依据编码上的数字了解该食品的产地、生产方式等所有信息。一旦发生危机，也可以根据编码迅速寻找原因。欧盟于 2002 年首次对食品生产提出了"可溯性"概念，以法规形式对食品、饲料等关系公众健康的产品强制实行从生产、加工到流通等各阶段的溯源制度。2006 年，欧盟推行从"农场到餐桌"的全程控制管理，对各个生产环节提出了更为具体、明确的要求。[7]

例如，2010 年 12 月，德国在鸡蛋中发现了超标的致癌物质二噁英，引发全国关注。根据德国鸡蛋上的数字编号，有关机构迅速地顺藤摸瓜将污染的鸡蛋源锁定在了一家名为"哈勒斯和延奇"的饲料原料供应公司上。该公司将被污染的脂肪酸供货给了生产饲料的企业，进而导致了这一重大的食品安全事故。随后，德国政府采取措施，隔离了超过 4700 个养猪场和家禽养殖场，强制宰杀了超过 8000 只鸡，才平息了该事件。[3]

同样的，2010 年在英国也爆发了一场克隆牛风波。有一些英国农场主饲养了克隆牛及其后代，并出售了相关牛肉制品。由于对克隆动物食品尚存在争议，最终英国食品标准署在借助食品溯源体系信息的基础上，确认了该牛是从美国进口的，并公布了调查结果，迅速地平息了公众的舆论。

在源头上对食品安全加以保障，除了食品溯源机构这种监管性质的机构外，不少国家甚至从食品的源头生产环节入手。在欧盟奉行"从农田到餐桌"全程监控的原则下，各欧盟国也有针对性地将该原则落实到实处。例如法国开展发展理性农业，通过全面兼顾生产者的经济利益，发展满足消费者需求、符合环境保护需要的有竞争力的农业，这样的理性农业既能够保障农民收入，满足市场需求，同时一定程度上规避了可能存在的为谋求经济利益而造成的食品安全隐患。

在荷兰的全程监管中甚至涉及种子。芬兰农业部就要求所有农作物的种子不得含有违犯相关法律法规的有害生物体，肥料中也不得含有对土壤、环境、人类和动物健康有害的物质。[8]而芬兰还对杀虫剂的使用进行了严格的限制和监控。

## 四　召回制度，缓解后顾之忧

尽管不少国家从法律、机构制度上均采取一系列措施保障食品安全，但是并不能完全规避食品安全问题的爆发。无论是欧洲的"疯牛病"、亚洲的"口蹄疫"还是近年美国发生的李斯特菌、沙门氏菌、大肠杆菌事件等，食品安全问题层出不穷。而此类食源性疾病造成的危害性极大，影响深远，其传播路径为：往往率先在小范围地区爆发，随后可能波及全国乃至全球。所以在面对此类事故时，一旦局部地区出现苗头，不少国家或者是生产者势必要采取行动加以遏制。而基于上述溯源机制基础上的召回制度，则成为能够有效遏制食品安全事故进一步恶化的法宝。而这种召回，是一种承认错误、亡羊补牢的做法。

美国将召回食品分为三级，此前在食品召回问题上美国政府鼓励企业诚信自律主动召回。但自 2011 年 1 月份起，奥巴马政府对食品监管进行改革的重点之一即授予美国食品和药物监管局强制召回权。从此美国政府主持召回食品的主体既有地区政府部门机构，也有国家级别的全国疾病控制和预防中心、食品和药物管理局等，还包括一些企业和公司。而其召回的食品种类多样，从蔬菜到牛肉，从原材料到成品，从饼干类到酱料类应有尽有。美国历年多次召回各类有问题的食品，这里列举从 2007 年至今的重大召回事件（见表1）。

**表1　美国历年重大食品召回事件**

| 时　间 | 事　件 | 召回主体 | 备　注 |
|---|---|---|---|
| 2007 年 6 月 10 日 | 因牛肉可能感染了大肠杆菌紧急召回已在 11 个州售出的 200 多万公斤牛肉 | 美国加利福尼亚州"联合食品公司" | |
| 2008 年 2 月 | 因加利福尼亚州一家屠宰场处理牛肉没有经过"全面和适当"的检验，下令召回 1.43 亿磅（1 磅约合 0.45 千克）冷冻牛肉 | 美国农业部 | 为美国历史上规模最大的一起牛肉召回事件 |
| 2008 年 3 月 | 因怀疑紫花苜蓿芽遭到沙门氏菌的感染，宣布紧急召回超市里所有的该类蔬菜 | 美国乔氏食品连锁公司 | |

续表

| 时　间 | 事　件 | 召回主体 | 备　注 |
|---|---|---|---|
| 2009 年 1 月 | 受沙门氏菌感染的潜在危险，召回旗下 16 种花生酱饼干 | 美国食品生产商乐氏公司 | |
| 2009 年 12 月 | 令佐治亚州西尔威斯特市的 ConAgra 公司召回花生酱产品 | 美国食品与药物管理局 | |
| 2010 年 8 月 | 在发生鸡蛋受沙门氏菌污染事件后，全美共召回鸡蛋 5.5 亿枚 | 美国食品和药物管理局 | 其他召回主体：艾奥瓦州赖特县鸡蛋农场，艾奥瓦州另一家蛋商希兰代尔农场等 |

资料来源：《美国近年来发生多起食品安全事故》，新华网，2009 年 1 月 20 日。

　　有效的召回能够有效遏制风险和危机的扩大化，一定程度上能够使政府和企业在危机中占据一定的主导权，有利于顺利解决食品安全事故。2011 年 9 月，经过调查确认美国 19 个州的李斯特菌病例报告源于延森农场的香瓜之后，该农场于 9 月 14 日对香瓜主动发出了召回通知。[9] 仅 2011 年第一季度美国发生的食品召回事件共 103 起。其中被美国食品和药物管理局通报的召回就有 76 起。[10]

　　在英国，通过食品标准署网站可以查询问题食品的召回信息、食品生产厂家、包装明细和召回原因等。较近的一次召回信息是：2011 年 11 月 25 日，特斯科公司召回香蕉太妃口味蛋挞（banoffee tart），而召回的原因是由于该产品包装失误，一部分芝士蛋糕被装入了香蕉太妃口味蛋挞包装中，最重要的原因是芝士蛋糕的成分中含有鸡蛋，而标签上没有写明。[11] 仅仅是因为细节上的包装失误，同时标签上成分漏标了一个看似无关紧要的鸡蛋，作为五百强的公司就必须在政府的监督下进行召回。管中窥豹，可见一斑。如此细节的失误，都有召回作为保障，更不用说那些出现较大安全隐患的问题食品了。而正是从细节上落到实处的召回制度的保障，成为食品安全问题的最后一道壁垒，一定程度上缓解了食品安全问题爆发带来的严重后果。

## 五　利用好新媒体双刃剑

当今社会，新媒体迅猛发展，互联网时代下，人们获得信息的途径扩大了，有关食品安全问题的话题和议题层出不穷。新媒体如同一把双刃剑，其内容也是良莠不齐，真假难辨。合理正确地利用新媒体能够促进我国食品安全健康发展，反之，则可能扩大消极影响。

一方面，利用新媒体工具，加强对食品安全的舆论监督，能够有效地实现食品各个环节的安全化。利用官方的权威网站定期公布市场不合格食品信息等，已经成为各国针对食品安全的预警机制中的一个重要环节。例如美国的食品和药物管理局（FDA）、英国的食品标准署（FSA）、加拿大食品监督局（CFIA）等都拥有自己的官网，并定期或者不定期公布涉及食品安全的新闻、事件，以及召回食品信息等。

另一方面，不少政府和公司也时刻警惕着由于网络匿名性等各种原因导致的涉及食品安全的谣言，并采取多种渠道降低谣言导致的风险。较为经典的一个例子是针对美国肯德基公司的电子邮件谣言，该谣言借助匿名的电子邮件在美国广为流传。其谣言称该公司将名称从"肯德基炸鸡店"更名为"肯德基公司"，是因为肯德基销售一种人工转基因的合成物，该鸡仅有鸡翅，是畸形的鸡，而该公司不再使用"鸡"这个词则验证了此种说法。这一谣言一度引发了美国公众对肯德基食品乃至整个快餐食品的担忧。最终，肯德基通过召开新闻发布会，并通过电子邮件、官网信息等多种渠道进行辟谣，之后该谣言慢慢消散。但隔几年此类谣言还会卷土重来。总而言之，正是因为造谣者借助了网络的匿名性，从而滋生了一些危言耸听的无稽之谈。而这种谣言一旦扩散，势必破坏正常的食品安全秩序。

国内政府和企业应当对此问题特别警觉。涉及食品安全的各种谣言已经屡次出现，例如 2011 年 11 月，国内互联网上通过 QQ、论坛、微博等新媒体疯传的"新疆艾滋病患者将血滴入新疆食物"的谣言，在社会上就引起了恐慌。[12]因此，加强网络监督，同时合理适度地对新媒体加以管理和引导，能及时地发现并解决问题。

## 六　第三方介入，提供科学技术支持

无论是不同食品本身的研发生产，还是在食品安全出现问题时，各国政府都有相对独立的第三方监管机构进行科学技术层面的调查、研究活动，以科学、严谨、认真的态度对待每一份食物，对待每一次可能导致食品安全隐患的问题。而正是这种相对独立的科学技术支持，才保障了每一次食品安全突发事件过程中对真相的刨根问底，探究出真正原因，从而为政府做出正确判断、制定决策等提供依据。

第三方服务的概念最早诞生于15世纪初其最初服务的领域就是食品安全领域。近年来，在欧美国家奉行的从"农田到餐桌"的食品质量全程监管体系中，有着强劲科研力量支持的第三方监管机构发挥着重要作用。我国第三方检测相对起步较晚，且不少检测机构往往停留在对食品样品本身的检测上，样品的真实来源和代表性受到一定条件的制约。而国外的第三方服务监管机构，囊括了第三方检测机构，对食品能够从生产源头上进行控制，并参与工厂加工生产环节，乃至流通和最终的消费环节的把关，一旦食品安全问题爆发，能够及时有效地加以处理。

此外，国外第三方监管的信息化管理体系还有先进科学技术的支持。无论是食品信息可追溯系统的建立管理，还是食品安全信息体系，又或者是食品安全专家咨询和数据库，乃至完善的食品安全监控、预警和反应体系等，都拥有强有力的信息技术的支持。如在视频信息可追溯系统标准化上，影响较大、使用最多、可供借鉴的为国际物品编码协会（EAN）和美国统一代码委员会（UCC）推出的 EAN·UCC 体系系统。该系统广泛适用于食品与饮料、肉制品和鱼制品的追溯。

（作者系华东师范大学传播学院硕士研究生）

### 参考文献

［1］佚名.新的食品添加剂法［J］.国外食品安全动态，2011（9）：3－6.

［2］佚名.欧盟食品标签法规的变化［J］.国外食品安全动态，2011（9）：6－8.

［3］佚名.国外应对食品安全——我们为何不可"经验借鉴"［EB/OL］.http：//www.
　　21food. cn/html/news/35/643297. htm. 2011 – 7 – 9.

［4］宗荷. 5.5 亿枚鸡蛋召回背后［N］.北京日报，2010 – 8 – 29.

［5］温玉顺，陶短房.国外打击食品造假狠招：造毒刑事诉讼 10 年内禁营业［N］.北
　　京晚报，2011 – 4 – 26.

［6］张莉.国外食品安全危机［J］.世界农业，2009 – 1：16 – 18.

［7］新华网.盘点国外保障食品安全的五大措施［EB/OL］.http：//news. sina. com. cn/
　　w/sd/2011 – 05 – 02/075222392084. shtml，2011 – 5 – 2.

［8］王平.荷兰农产品质量安全管理体系［EB/OL］.中国质量新闻网，2009 – 2 – 24，
　　http：//www. cqn. com. cn/news/zgzljsjd/253825. html.

［9］佚名.美国多州爆发的李斯特氏菌病与延森农场的香瓜有关［J］.国外食品安态，
　　2011（10）：3.

［10］刘彦华.从农田到餐桌的监管［J］.小康·财智，2011 – 5 – 17.

［11］ ［UK］ Food Standards Agency ［EB/OL］. http：//www. food. gov. uk/news/newsar-
　　chive/2011/nov/banoffeetart. 2011. 11. 25.

［12］亚新网.新疆 4 人传播滴血传播艾滋病谣言被处罚［EB/OL］.http：//news. iyax-
　　in. com/content/2011 – 11/19/content_ 3170040. htm，2011 – 11 – 19.

# 环 境 篇

吕  晴


## 一  美国：环境立法条款可操作性强，各方责任明晰[1]

美国的环境立法对责任的界定十分明确。如 1980 年的《综合环境反应、补偿与民事责任法》（CERCLA），也被称为《超级基金法》。CERCLA 明确规定了排放至环境中造成环境事故的有害物质的治理者、治理行动、治理计划、治理责任、治理费用和其他治理要求，建立了比较完备的有害废物反应机制和环境损害责任体制。CERCLA 实行"可追溯的、严格的和连带多方"责任。在确定法定责任时，并不考虑污染方实际过错的多少。如果损害是不可分的（一般是这样），任何一个潜在责任方均可能对全部赔偿数额完全负责，而不管其个别责任实际有多大。

在确保法律有效实施方面，一方面美国联邦政府最主要的责任在于污染源调查与信息披露。政府有义务对潜在的、可能造成污染事故的污染源进行普查，列出清单，并向社会及时披露。地方政府的职责在于维护好运行管理体系，并有效开展执法。另一方面，美国国会的监督是法律有效执行的重要保障。美国对 BP 漏油事件的赔偿确定是一个典型案例。根据美国法律，漏油的赔偿上限仅为 7500 万美元。美国国会快速修订了这一法律条款，取消了对漏油事故责任方的赔偿上限，并确定此次事件需要设立 200 亿美元的赔偿金。另外，在环境执法中，美国不同州之间会相互监督。

在矿区治理方面，美国联邦政府于 1977 年制定了《土地恢复法》，各地方政府又据此制定出实施细则，确保企业采矿后对地质环境进行治理和恢复。根据这个法令，企业在申请采矿证书时，必须递交如何采矿和怎样恢复环境的环境保护计划书，并缴纳环境恢复履约保证金。如果企业在采矿中履行了职责，政府就将这笔资金退还给企业。否则，政府就强制动用这笔资金来修复和治理被破坏的矿山环境。此外，采矿企业还必须根据采矿量缴纳矿山修复基金。立法以来，用于煤矿修复的基金累计约有 40 亿美元。

## 二 日本

### 1. 确定环境立国发展战略，完善环保立法体系[2]

2007 年 6 月，日本内阁会议通过《21 世纪环境立国战略》。该战略进一步明确了通过发展环境、能源技术和改革社会经济系统以实现经济发展与环境保护的双赢，走经济社会可持续的发展道路，奠定了日本对内对外环境政策的基础。

目前，日本形成了五个层次相对完善配套的环境立法：一是在宪法基础上制定的环境基本法，最初称作《污染对策基本法》（1967），随后几经修订成为今天的《环境基本法》（1993 年 1 月 19 日法律第 91 号，2008 年最新修改）；二是综合性法律，主要有《大气污染防治法》、《水污染防治法》、《湖沼水质保护特别措施法》等；三是建设计划、规划类法律，如《城市规划法》、《环境影响评价法》等；四是工业等专项法律，如《关于在特定工厂建立污染防治组织的法律》、《劳动安全卫生法》等；五是经济责任等其他相关法律，如《企业负担污染防治事业费法》、《污染防治国家财政特别措施法》等。

在农村环境保护方面，日本以农业基本法为核心制定了一系列农业环境保护法，并以法律为准绳制定相应的配套政策和措施。例如，《有机农业法》出台之后，又相继颁布实施了《有机农产品蔬菜、水果特别标志准则》、《有机农产品生产管理要点》、《有机农产品及特别栽培农产品标准》等。另外，政府还对绿色农业实施许多优惠政策，如向从事有机农业生产的农户提供了农业专用资金无息贷款，对堆肥生产设施或有机农产品贮运设施等实行建设资金补贴和税款的返还政策，对采用可持续型农业生产方式的生态农业者给予金融、税收方面的优惠政策等。

**2. 加大对环保企业的支持力度，推动环保产业发展和环保技术研发
利用**[3]

与法律相配套，日本政府对发展节能环保的企业实施倾斜性的产业政
策。日本国会每年通过的与环保有关的预算近 130 亿美元，资金拨给环境
省、经产省、农林省和国土交通省等主要相关部门。国家对生产废弃物再
资源化工艺设备，给予相当于生产、实验费 1/2 的补助，对引进先导型能
源设备企业予以 1/3 的补助等。税收方面，对引进再循环设备的企业减少
特别折旧、固定资产税和所得税。日本对废旧塑料再生处理设备在使用年
度内，除普遍退税外，还按取得价格的 14% 进行特别退税；对废纸脱墨、
玻璃碎片杂物去除、空瓶洗净、铝再生制造等设备实行 3 年的退还固定资
产税等。

**3. 培养国民强烈的环保意识和先进的环保理念**[3]

日本国民的环保理念和环保意识，来源于对环境污染的切肤之痛，来
源于法律，来源于从娃娃抓起的教育培养。不同年级的学生都要参加清理
滩涂、回收废品、上街宣传等环保体验活动，使学生们从小了解自然、亲
近自然、保护自然。东京政府还对官员做出规定——部长级以下的人员，
原则上不许开车上下班，而要靠公共交通工具出行。对于民众的生活垃
圾，日本也有一套回收体系；对于大件的垃圾，回收后则被用来填海造
陆，开发其他公共设施等。

## 三 英国：对农民保护环境性经营实行补贴[4]

自 2005 年起，英国政府开始对农民保护环境性经营实行补贴。农场主
在其经营的土地上进行良好的环境管理经营，每公顷土地每年可得到最多
达 30 英镑的补贴，而实施不使用化肥和农药的绿色耕作则可以得到 60 英
镑的补贴。按照英国环境、食品和农村事务部的规定，无论是从事粗放型
畜牧养殖的农场主，还是进行集约耕作的粮农，都可与政府部门签订协
议。一旦加入协议，他们有义务在其农田边缘种植作为分界的灌木篱墙，
并且保护自家土地周围未开发地块中的野生植物自由生长，以便为鸟类和
哺乳动物等提供栖息家园。

## 四 德国：废物循环利用，大力开发可再生资源[5]

1991 年 6 月德国颁布《废物分类包装法》，1996 年 10 月正式实施
《循环经济法》。这两部法律最基本的理念是进行环保预防，让人们在日常
生活中养成环保节约的习惯，如在超市购买饮料和矿泉水时要多收 0.15 ~
0.25 欧元的"瓶子抵押费"，超市不提供免费的塑料袋，普遍使用再生纸，
城市普遍使用"感应电梯"等。在家庭垃圾回收方面，德国出动"环保警
察"挨家挨户定期抽查分类垃圾桶。对于不合格的垃圾，贴红条禁止收取
该处垃圾，并注明原因，给垃圾所有者重新分类的机会。若 5 个工作日内
分类状况仍未改善，市政府派人收走垃圾，垃圾所有者必须缴纳一定数额
的清洁费。

德国在节能环保领域也一直处于世界领先地位。德国是世界上最早实
行太阳能上网电价法的国家，政府的大力支持和电价补贴政策极大地推动
了德国太阳能发电技术的发展，也造就了上下游完整的太阳能产业链，目
前拥有世界上最先进的太阳能技术和研发团队。

德国不仅把发展可再生能源作为确保能源安全、能源多元化供应和替
代能源的重要战略选择，而且也视之为减少碳排放和节约石化类燃料引起
的环境问题的重要措施。政府财政部、环保部及各联邦有关部门，还有受
政府和企业资助的民间机构和大专院校、科研机构已形成节能环保网络，
他们从法律法规建设、新技术开发利用、财税支持等各方面对可再生能源
的开发利用提供支持和保障。

## 五 法国：完善相关法令制度，综合管理水资源[6]

对水量、水质、水工程、水处理等进行综合管理，是法国水资源管理
的特点之一。法国颁发的一系列法令和制度使法国实行以流域为单元进行
综合管理的设想变为现实，并使"谁污染谁付费"的原则得到贯彻落实。
这种综合管理建立在一套完整的法律体系之上，以法律的、行政的管理手
段为主，经济手段为辅，国家与有关的公共或私立合作对象达成协议，同
时采取各种手段加以贯彻实施。这种注重以流域为单元的水量水质综合管

理极大地促进了法国水资源的合理利用和水环境保护。

法国在1919年10月16日就颁布了第一部《水法》，后逐步修改补充完善，目前采用的是1992年1月3日颁布的《水法》。该《水法》对国家、流域、地方政府用户及水公司等所从事的所有水资源规划、水资源开发利用、污水处理及水资源保护等一切水事活动均有较为详细的规定，以规范各级水管理机构的水管理行为。

根据"谁污染谁付费、谁用水谁付费"这一原则，用水者和污水排放者都必须交费。水费是法国水资源管理经费的主要来源。以生活用水为例，水费由运行成本费、污水处理费用、水税和污染税、清洁水发展基金、增值税等部分构成。其中运行成本费包括输水、制水及运行、维护及用户管理等费用；污水处理费用包括废水的收集和净化处理费用；水税相当于中国的水资源费，作为管理水源的资金；污染税相当于中国的排污费，作为改善水源质量的资金。

（作者系上海交通大学人文艺术学院硕士研究生）

## 参考文献

［1］曹俊.美国怎样实现制度环环相扣？——责任明晰是基石，可操作性很重要［N］.中国环境报，2010－10－14.

［2］李冬.日本的环境立国战略及其启示［J］.现代日本经济，2008（2）.

［3］张乐，杨娜，棕禾.日德如何提高环保公共服务水平？［N］.新京报，2007－4－15.

［4］看国外如何治理乡村环境［J］.农家参谋，2011（11）.

［5］祁碧茹，杨尚东.国外电力企业可持续发展的成功经验［N］.中国企业报，2009－6－26.

［6］佚名.国外对汽车尾气治理的经验［EB/OL］.宁波环保网，http：//www.nbepb.gov.cn，2010－8－26.

［7］吕春香.值得借鉴的国内外河流治理成功经验［EB/OL］.http：//www.chinacitywater.org/bbs/viewthread.php？tid，2009－1－22.

**图书在版编目（CIP）数据**

新媒体与社会 . 第 2 辑 / 谢耘耕，陈虹主编 . —北京：社会科学文献
出版社，2012.7

ISBN 978 - 7 - 5097 - 3536 - 7

Ⅰ.①新… Ⅱ.①谢… ②陈… Ⅲ.①媒体（新闻）- 社会学 - 研究
Ⅳ.①G206.2 - 05

中国版本图书馆 CIP 数据核字（2012）第 138981 号

## 新媒体与社会（第二辑）

主　　编 / 谢耘耕　陈　虹

出 版 人 / 谢寿光
出 版 者 / 社会科学文献出版社
地　　址 / 北京市西城区北三环中路甲 29 号院 3 号楼华龙大厦
邮政编码 / 100029

责任部门 / 社会政法分社 （010）59367156　　责任编辑 / 李兰生
电子信箱 / shekebu@ ssap. cn　　　　　　　　责任校对 / 韩海超
项目统筹 / 王　绯　　　　　　　　　　　　　责任印制 / 岳　阳
经　　销 / 社会科学文献出版社市场营销中心 （010）59367081　59367089
读者服务 / 读者服务中心 （010）59367028

印　　装 / 北京季蜂印刷有限公司
开　　本 / 787mm × 1092mm　1/16　　　　　印　　张 / 23.25
版　　次 / 2012 年 7 月第 1 版　　　　　　　字　　数 / 365 千字
印　　次 / 2012 年 7 月第 1 次印刷
书　　号 / ISBN 978 - 7 - 5097 - 3536 - 7
定　　价 / 68.00 元